公路施工手册

PAVEMENT
路面

主编／王秉纲 张起森　副主编／田小革 郑木莲

人民交通出版社
China Communications Press

内 容 提 要

本手册共分三篇,系统介绍了国内外沥青路面和水泥混凝土路面施工技术方面的最新成果和经验。第一篇为路面工程施工组织,内容包括原始资料调查,施工方法,工程进度,资源调配计划,实施性施工组织示例;第二篇为沥青路面施工技术,内容包括材料,沥青路面表面处治与贯入式路面,透层、封层、黏层的施工,普通密级配沥青混合料的摊铺与压实,沥青玛蹄脂碎石混合料路面的施工,多碎石沥青混合料路面施工,开级配沥青混凝土路面的施工,Superpave混合料路面的施工,沥青再生的施工方法,其他沥青混凝土面层铺筑,沥青路面施工质量控制,沥青路面工程质量检验评定;第三篇为水泥混凝土路面施工技术,内容包括普通水泥混凝土面层材料,面层混凝土摊铺机施工,面层混凝土三辊轴机组与小型机具施工,配筋混凝土面层施工,复合式路面施工,施工质量管理与验收。

本书可供公路工程技术与管理人员使用,也可供公路工程专业在校师生学习参考。

图书在版编目(CIP)数据

公路施工手册·路面/王秉纲,张起森主编.—北京:人民交通出版社,2008.6
ISBN 978-7-114-07144-7

Ⅰ.公… Ⅱ.①王…②张… Ⅲ.①道路工程-工程施工-技术手册②路面-工程施工-技术手册 Ⅳ.U415-62

中国版本图书馆CIP数据核字(2008)第061114号

书　　名: 公路施工手册　路面
著 作 者: 王秉纲　张起森
责任编辑: 丁润铎
出版发行: 人民交通出版社
地　　址: (100011)北京市朝阳区安定门外外馆斜街3号
网　　址: http://www.ccpress.com.cn
销售电话: (010)59757969,59757973
总 经 销: 北京中交盛世书刊有限公司
经　　销: 各地新华书店
印　　刷: 北京盛通印刷股份有限公司
开　　本: 787×1092　1/16
印　　张: 23
字　　数: 568千
版　　次: 2008年6月第1版
印　　次: 2010年3月第2次印刷
书　　号: ISBN 978-7-114-07144-7
印　　数: 3001—5000册
定　　价: 55.00元

前　言

近几十年来,我国公路建设事业迅猛发展,随着公路里程的增长和公路等级的提高,对路面提出了更高要求,促使沥青路面和水泥混凝土路面的研究工作深入开展。这个时期,路面科学研究与施工技术不断取得进展,新的沥青和水泥技术标准、沥青混合料和水泥混凝土配合比设计方法相继提出并颁布实施。

本书收集了国内外沥青路面和水泥混凝土路面施工技术的最新研究成果和成功经验,既注重技术的实用性,又注重内容的深度与广度;既立足我国的技术现状和发展趋势,又反映世界的技术水平与动态;既注意突出重点,又考虑详略得当,而且对新技术进行必要的叙述,对前沿性内容也给予足够的重视。

本书共分为三篇:第一篇(第一至六章)介绍了路面工程施工组织,其中对施工方法、工程进度、资源调配计划方面进行分析,并举例加以说明。第二篇(第八至十八章)介绍沥青路面施工技术,其中第七章为沥青路面原材料;第八章为沥青路面表面处治与贯入式路面施工技术;第九章为透层、封层、黏层施工技术;第十章为普通密级配沥青混合料摊铺和碾压;第十一章至第十五章为特殊沥青混合料路面施工技术,其中包括沥青玛蹄脂碎石混合料(SMA)、多碎石沥青混合料(SAC)、开级配沥青混合料(OGFC)、Superpave 沥青混合料路面以及沥青路面再生施工技术;第十六章为其他沥青混凝土面层铺筑;第十七章、第十八章为沥青路面施工质量控制及检验评定。第三篇(第十九至二十五章)介绍水泥混凝土路面施工技术,其中第十九章简要介绍水泥混凝土路面的结构构造与使用性能;第二十章为普通水泥混凝土面层材料的组成要求与配合比设计方法;第二十一章为水泥混凝土面层滑模摊铺机与轨道摊铺机施工技术;第二十二章为水泥混凝土面层三辊轴机组与小型机具施工技术;第二十三章为钢筋混凝土、连续配筋混凝土及钢纤维混凝土等配筋混凝土面层的构造与施工技术;第二十四章为水泥混凝土复合式路面结构及水泥混凝土与沥青混凝土复合式路面结构,并重点介绍贫混凝土基层、碾压混凝土基层及多孔混凝土基层的配合比设计方法与施工技术;第二十五章为水泥混凝土路面的施工质量管理与验收。

全书由王秉纲教授、张起森教授主编,田小革教授、郑木莲副教授为副主编。其中,张起森、田小革负责第一篇、第二篇的编写;王秉纲、郑木莲负责第三篇的编写。此外,关宏信、张淑泉、荆滨、栾利强、刘伟、仰建岗等参与了本书的编写工作。

在本书的编写过程中,参考了大量的相关文献,均列于每篇之后,在此向各位作者表示感谢,同时对编写过程中给予热情帮助的长沙理工大学、长安大学的老师们表示衷心感谢。

由于编著者水平所限,书中错误与不足之处在所难免,恳请读者批评指正。

编　者

2008 年 4 月

目　　录

第一篇　路面工程施工组织

第一章　概述 …… 3
第二章　原始资料调查 …… 6
第三章　施工方法 …… 9
　第一节　施工保证措施 …… 9
　第二节　施工方法 …… 17
　第三节　施工机械 …… 19
第四章　工程进度 …… 45
　第一节　施工进度计划制订的方法 …… 45
　第二节　施工进度图 …… 46
　第三节　施工网络计划 …… 49
第五章　资源调配计划 …… 57
　第一节　劳动力、材料和设备计划 …… 57
　第二节　临时设施 …… 59
　第三节　工地运输组织 …… 62
　第四节　施工平面布置图 …… 65
　第五节　临时设施工程 …… 69
第六章　实施性施工组织示例 …… 71
　第一节　工程概况 …… 71
　第二节　设备、人员动员周期和设备、人员、材料运到现场的方法 …… 72
　第三节　主要工程项目的施工方案、施工方法 …… 73
　第四节　各分项工程施工顺序 …… 84
　第五节　确保工程质量和工期的措施 …… 86
　第六节　重点(关键)和难点工程的施工方案、方法及其措施 …… 91
参考文献 …… 96

第二篇　沥青路面施工技术

第七章　材料 …… 99
　第一节　沥青 …… 99
　第二节　集料 …… 106
　第三节　其他材料 …… 109
第八章　沥青路面表面处治与贯入式路面 …… 111
　第一节　沥青路面表面处治 …… 111

第二节　贯入式路面施工 …… 113
第九章　透层、封层、黏层的施工 …… 116
第一节　透层施工 …… 116
第二节　黏层施工 …… 118
第三节　封层 …… 119
第十章　普通密级配沥青混合料的摊铺与压实 …… 124
第一节　一般规定 …… 124
第二节　施工准备 …… 124
第三节　沥青混合料的摊铺 …… 127
第四节　沥青路面的压实及成型 …… 129
第五节　接缝及其他 …… 131
第十一章　沥青玛蹄脂碎石混合料(SMA)路面的施工 …… 133
第一节　施工准备工作 …… 133
第二节　施工温度 …… 136
第三节　混合料生产 …… 137
第四节　混合料运输 …… 139
第五节　混合料摊铺 …… 140
第六节　混合料压实 …… 143
第七节　接缝施工 …… 145
第八节　开放交通及其他 …… 145
第十二章　多碎石沥青混合料(SAC)路面施工 …… 146
第一节　原材料 …… 146
第二节　施工温度 …… 148
第三节　拌和检验 …… 149
第四节　混合料碾压 …… 150
第五节　开放交通及其他 …… 154
第十三章　开级配沥青混凝土路面施工 …… 155
第一节　开级配沥青路面施工对机械的要求 …… 155
第二节　施工温度控制 …… 156
第三节　混合料的拌制 …… 156
第四节　运输与摊铺 …… 157
第五节　混合料的碾压 …… 158
第六节　接缝处理技术 …… 159
第七节　开放交通及其他 …… 161
第十四章　Superpave 混合料路面的施工 …… 162
第一节　施工温度控制 …… 162
第二节　混合料的拌和 …… 162
第三节　混合料的运输 …… 164
第四节　混合料的摊铺 …… 164
第五节　混合料的碾压 …… 166

第六节　施工接缝处理……168
第七节　开放交通及其他……168
第十五章　沥青再生的施工方法……169
第一节　沥青再生方法……169
第二节　厂拌热再生施工……172
第三节　现场热再生施工……175
第四节　冷刨施工……178
第五节　全厚再生施工……181
第六节　冷再生施工……188
第七节　厂拌冷再生施工……191
第十六章　其他沥青混凝土面层铺筑……193
第一节　桥面沥青铺装层的结构组成……193
第二节　混凝土桥铺装层沥青混合料……194
第三节　钢桥面沥青铺装……197
第四节　隧道沥青路面施工……201
第十七章　沥青路面施工质量控制……202
第十八章　沥青路面工程质量检验评定……210
第一节　路面工程质量检验一般规定……210
第二节　沥青混凝土面层和沥青碎(砾)石面层质量评定……210
第三节　沥青贯入式面层(或上拌下贯式面层)质量评定……212
第四节　沥青表面处治面层质量评定……213
第五节　路缘石及路肩质量评定……214
第六节　钢桥面板上沥青混凝土铺装质量评定……215
参考文献……216

第三篇　水泥混凝土路面施工技术

第十九章　概述……219
第一节　水泥混凝土路面结构构造……219
第二节　水泥混凝土路面使用性能……221
第三节　水泥混凝土路面施工……223
第二十章　普通水泥混凝土面层材料……226
第一节　组成材料要求……226
第二节　主要技术经济性质……236
第三节　配合比设计……239
第二十一章　面层混凝土摊铺机施工……251
第一节　概述……251
第二节　施工准备……252
第三节　工艺流程与机械配置……255
第四节　混凝土拌和与运输……257
第五节　滑模摊铺机施工……260

第六节　轨道摊铺机施工…………………………………………………………………… 266
第七节　表面修整与抗滑构造制作…………………………………………………………… 267
第八节　接缝施工……………………………………………………………………………… 268
第九节　混凝土面层养生……………………………………………………………………… 274
第十节　混凝土面层断裂破坏的成因及防治………………………………………………… 275
第二十二章　面层混凝土三辊轴机组与小型机具施工…………………………………… 279
第一节　概述…………………………………………………………………………………… 279
第二节　施工准备……………………………………………………………………………… 279
第三节　机具配置……………………………………………………………………………… 281
第四节　混凝土拌和物搅拌与运输…………………………………………………………… 286
第五节　混凝土面层铺筑……………………………………………………………………… 287
第六节　其他工序……………………………………………………………………………… 290
第七节　真空脱水……………………………………………………………………………… 293
第二十三章　配筋混凝土面层施工………………………………………………………… 297
第一节　钢筋混凝土面层……………………………………………………………………… 297
第二节　连续配筋混凝土面层………………………………………………………………… 300
第三节　钢纤维混凝土面层…………………………………………………………………… 305
第二十四章　复合式路面施工……………………………………………………………… 313
第一节　复合式路面结构……………………………………………………………………… 313
第二节　贫混凝土基层………………………………………………………………………… 325
第三节　碾压混凝土基层……………………………………………………………………… 331
第四节　多孔混凝土排水基层………………………………………………………………… 336
第二十五章　施工质量管理与验收………………………………………………………… 346
第一节　全面质量管理………………………………………………………………………… 346
第二节　质量保证体系………………………………………………………………………… 347
第三节　三阶段质量控制……………………………………………………………………… 349
参考文献……………………………………………………………………………………… 357

第一篇　路面工程施工组织

第一章　概　　述

一、公路施工组织设计的阶段和内容

在公路工程施工过程中，根据各阶段的工程内容，施工组织设计按以下几个阶段进行。

1. 施工组织计划

设计阶段编制的施工组织计划的内容主要是：制订公路施工的轮廓计划，初步拟订施工方案、施工程序及施工时间（工期）。它是由工程设计者编制，是编制施工图预算和招标标底的依据。

2. 指导性施工组织设计

施工单位在参加工程项目投标时，根据工程招标文件的要求，结合企业的具体情况，编制施工组织设计。中标后，在工程正式开始之前，施工单位还要重新进行审查、修订或重新编制施工组织设计。这个阶段的施工组织设计称为指导性施工组织设计。

指导性施工组织设计是施工单位在深入了解和研究设计文件，以及调查、复核了现场情况之后着手编制的。它不但要在设计中拟订的施工方法付诸实施的具体措施，还要深入研究加以改进甚至变更，并对设计中没有规定的施工方法进行落实。施工所需要的劳动力的数量及进场、退场时间；所需机具的种类，数量，规格及进、退场时间；所需材料的品种、规格、数量及分期供应计划；工地运输组织工作；附属企业、加工厂的设置，预制厂布置，工地临时房屋的规划，工地供水、供电的计划，施工场地的平面布置，以及降低成本措施、施工财务计划等，都要通过施工组织设计来反映。

指导性施工组织设计的主要任务是：

（1）确定最合适的施工方法和施工程序，以保证在合同工期内完成或提前完成施工任务。

（2）及时而周密地做好施工准备工作、供应工作和服务工作。

（3）合理地组织劳动力和施工机具，使其需要量没有骤增、骤减的现象，同时尽量发挥其工作效率。

（4）在施工场地内最合理地布置生产、生活、交通等一切设施，最大限度地节约临时用地，节省生产时间，同时方便生活。

（5）施工进度计划及劳动力、机具、材料供应计划，要详细按月安排，以便于具体进行组织供应工作。

指导性施工组织设计是编制施工预算的主要依据，是组织施工的总计划，所以，应使其尽可能符合客观实际，并随时根据客观情况的变化不断调整和修改。

3. 实施性施工组织设计

对于单位工程和分部工程，应在指导性施工组织设计的基础上，分别编制实施性的施工组织设计。实施性施工组织设计的任务是：

（1）用来直接指挥施工的计划，因此应具体制订出按工作日程安排的施工进度，这是实施性施工组织设计的核心内容。

(2)根据施工进度计划,具体计算出劳动力、机具、材料等的日程需要量,并规定工作班组及机械在作业过程中的移动路线及日程。

(3)在施工方法上,要结合具体情况考虑到工程细目的具体施工细节,具体到能按所定施工方法确定工序、劳动组织及机具配备。

(4)工序的划分、劳动力的组织及机具的配备,既要适应施工方法的需要,还要考虑适应工作班组的组织结构和设备情况,既要最有效地发挥班组的工作效率,又要便于实行分项承包和结算。此外,还要切实保证工程质量和施工安全。

(5)要考虑到当发生意外情况时,留有调节计划的余地。如因故中途必须停止计划项目的施工时,要启动非关键工程,调动原计划安排的班组继续工作,避免窝工。

实施性施工组织设计,必须具体、详细,以达到指导施工的目的,但应避免编制过于复杂、烦琐。

上述三种施工组织设计中,用来指导施工的主要是指导性施工组织设计和实施性施工组织设计。不过,实施性施工组织设计是在指导性施工组织设计基础之上,基本按照指导性施工组织设计规定的内容进行编制的,其作用是把指导性施工组织设计分期、分步付诸实施。

二、编制依据

只有依据实际资料编制的施工组织设计文件,才能满足使用要求。

1. 计划文件及合同文件

指国家批准的基本建设计划文件,施工期限要求,建设单位对工程设计、施工的指示,施工单位上级主管部门下达的施工任务等。实行施工招投标工程的合同,与施工沿线单位签订的协议、合同、纪要等。

2. 工程设计文件

包括设计说明书、设计图纸、有关表格等。特别应了解各项工程的结构形式和结构特点,工程数量的分布情况,个别工程对施工的特殊要求,采用新技术、新工艺、新结构、新材料的情况。

3. 自然条件调查资料

公路勘测设计阶段对沿线自然条件的调查资料,可以在施工组织设计中使用。

4. 各种定额及技术规范

编制施工组织设计时,应对上一阶段的施工组织设计文件进行分析,并根据确定的施工方案计算资源数量,因此应收集相关的定额,施工操作规程、安全规程,设计与施工规范等。

5. 施工时可能调用的资源

工程施工的进度,直接受到资源供应的控制。在进行实施性施工组织设计时,对资源的供应情况应有十分具体、确切的资料。在设计阶段,因施工单位未确定,资源供应情况一般由建设单位提供。为了落实施工时可能调用的资源,要进行施工资源调查。

6. 类型相似或相近项目的经验资料

影响公路施工组织设计的因素很多,每项工程都必须单独编制施工组织设计文件。参考以往工程的成功经验,可以少走弯路,提高施工组织设计文件的质量。

7. 其他资料

指施工组织与管理工作的有关政策规定和规章制度,环境保护要求,以及历史文物、风景名胜地区对施工的特殊规定等。

三、施工组织设计的编制程序

编制施工组织设计要遵循一定的程序，要依据施工时的具体条件，按照施工本身的规律协调处理好各个环节的关系，用科学的方法进行编制。一般的编制程序如下。

1. 分析设计资料，了解工程概况，进行调查研究

这是掌握原始资料、熟悉编制依据必须进行的工作。特别是实施性施工组织设计的编制人员，应充分了解施工对象的特点、重点和难点，全面理解设计人员的设计意图，了解工程概况、做到心中有数，为编好施工组织设计打好坚实的基础。

2. 提出施工整体部署，选择施工方案和施工方法

工程施工不论规模大小都要根据可能的施工条件做出整体部署，即在确保工期和工程质量的前提下，对各单项施工的顺序进行总体安排。然后选择能保证施工部署顺利实现的施工方案和施工方法，从宏观上控制工程的建设进程。

3. 编制工程进度图，即安排各项工程的进度

根据施工部署，采用恰当的施工组织方法，如流水作业、网络计划等，具体落实各单项工程的施工进度。事先应按照选择的施工方法划分施工段，计算工程数量和施工作业的持续时间。由工程进度图安排的竣工日期不得超过建设计划规定的日期。

4. 计算人工、材料、机具、设备需要量，编制资源计划

根据工程进度图，计算人工、材料、机具在施工期间的动态需要量。如超出实际可能的供应量，应对工程进度图作适当调整。

5. 编制临时工程计划

包括临时生产、生活设施，临时供水、供电、供热计划等。便道、便桥、预制场等临时生产设施，按施工的实际进度和需要编制。临时生活设施应能保证施工高峰期全体施工人员的生活需要。

6. 工地运输组织

公路施工需用的大量外购材料都要运送到施工现场。合理的运输组织既要满足工程按计划进度施工对材料的需用量，又要有适当的储备。运输、使用、储备三者之间应保持恰当的比例，以尽量减少临时仓库的规模。

7. 布置施工平面图

施工场地千变万化，施工条件各地不同。良好的施工平面布置应是综合考虑施工需要、安全、环境等因素的因地制宜的方案。

8. 评价技术经济指标

主要的技术经济指标有工期、劳动生产率、质量、安全、机械化作业程度、工程成本、主要材料消耗等。这些指标与相近或类似的工程对比，就可反映施工组织设计的技术经济效果。

9. 编写施工组织设计说明书

第二章　原始资料调查

一、自然条件调查

1. 地形、地貌

重点调查公路沿线大桥、隧道、附属加工场、施工困难地段。调查资料用于选择施工用地、布置施工平面图、规划临时设施、掌握障碍物及其数量等。

2. 地质

用以选定自采加工材料料场、制订障碍物的拆除计划等。

3. 水文地质

调查地面水和地下水的分布及其水位、流向、流量，不同季节水文的变化情况，沿溪线应选择具有代表性的河床断面，调查冲刷、淤积以及历史最高水位等情况，还要特别注意灌溉区、水土保持区、排水不良区的情况。

判定地下水水质及其侵蚀性质，制订施工注意事项，研究降低地下水位的措施，复核地下排水设计，确定临时供水的措施。

4. 气象

气象条件和地质条件一样，是决定工程可施工性的又一重要因素，特别是降雨可使土壤的性质发生较大变化。施工地区气象的季节性特征，直接影响施工工期和施工机械的使用。调查的内容应包括以下几方面：

(1)气温

可以根据气温确定冬季施工及夏季防暑降温措施，估计水泥砂浆的强度增长情况，选择路面工程及砌筑工程的施工季节。其主要包括年平均气温，最高、最低气温，冬季不能施工的气温起止时间，全年温度变化大致情况等。

(2)降雨

可以根据降雨情况确定雨季施工措施、工地排水及防洪方案，确定全年施工作业的有效工作天数。其主要包括年降雨天数，降雨量，雨季起止时间，连续降水天数及其降雨量。

5. 其他自然条件

如地震、泥石流、滑坡等，必要时应进行调查。

二、施工资源调查

1. 筑路材料

(1)外购材料的供应及发货地点，规格、单价、可供应数量，运输方式及运输费用。

(2)地方材料的产地、质量、单价，运输方式、运输距离及运输费用。

(3)自采加工材料的料场、加工场位置、可开采数量、运距等情况。

2. 交通运输条件

需了解物资材料、机械设备进出工地的道路状况，包括公路、水路、铁路及航运条件，如航道的封冻、洪水及枯水期等。公路的情况尤为重要，包括桥涵在内的容许载荷、路宽、完好率等均应了解清楚。此外，还应掌握当地运输工具的种类、数量、效率、运费等情况。

3. 供水、供电、通信

对于供水，应了解当地水厂供水的可能性，当地供水的水量、水压、水质、水费，输水管道的长度；工地自选水源的可能性，其水质、引水方式、投资费用及设施。对于供电条件，应了解当地电源供电的容量、电压、电费、每月停电次数，如需自行发电，应了解发电设备、燃料、投资费用等。对于通信，应了解当地电信机构的设置情况，如当地能为施工提供水、电及通信服务，应签订相应的协议书或意向书，以利于有关部门提前做好准备。

4. 劳动力及生活设施

(1)当地可动用的劳动力数量、技术水平，如系少数民族地区，还应了解当地风俗习惯。

(2)可供作临时施工用房的栋数、面积、地点，以及房屋的结构、设备情况。

(3)工地所在地区的文化教育、生活、医疗、消防、治安情况及其支援能力。

(4)环境条件，如附近有无有害气体、污水及地方性疾病等。

5. 地方施工能力

如当地木材加工厂、采石厂、混凝土拌和厂等建筑施工附属企业的生产能力，及其满足公路施工需求的可能性和数量。

三、施工单位能力调查

在公路设计阶段，若可行性研究报告没有明确施工单位，应向建设单位调查落实施工单位，确定是由专业队伍施工还是由当地队伍施工。对施工单位，主要调查其施工能力，如施工工人数量及水平、技术人员数量及类别、施工机械设备的装备水平、施工单位的资质等级及近年的施工业绩等。对实行招标、投标的工程，在设计阶段不可能明确施工单位，编制施工组织设计时，应从工程设计的角度出发，提出优化的、最合理的意见作为依据。在施工阶段，施工单位已确定，施工单位能够调动的施工力量，包括本单位自身的施工能力和按合同规定允许分包的其他施工能力，都是编制施工组织设计的依据。

1. 机械化装备程度

拥有施工机械的品种、型号、数量、完好率、利用率及分配、新购情况，机械维修能力和零配件储备情况。

2. 劳动力情况

施工工人总数、各工种人数、技术等级、技术人员数量及各专业人员配置情况。

3. 施工经验

习惯施工方法，采用先进技术的可能性，同类工程的经历等。

四、技术调查

1. 研究和熟悉设计文件并进行现场踏勘核对

(1)组织施工有关人员熟悉和研究设计文件、图纸、资料，核对是否齐全，有无遗漏、差错或相互之间有矛盾之处，发现问题向设计单位提出，或补齐或更正，并做好记录；并通过研究设计文件和资料，使施工人员明确设计意图，熟悉设计细节，掌握设计人员收集各种原始资料。

(2)组织有关人员对设计文件和图纸资料进行现场踏勘核对。其主要内容是：

①设计文件所依据和提供的水文、气象、土壤等资料是否准确、可靠、齐全。

②核对路线中线、主要控制点、水准点等是否准确无误。

③了解沿线需要重点保护的历史文物、古迹、测量标准及军事设置等。

④了解现场附近供水、供电、通信设施、运输路线、场地及其他设施的情况。

⑤了解沿线各单位因施工受到的影响情况，以及车辆交通影响，以便提出安排方案。

⑥核对设计所采用技术参数是否合理，如现场发现设计不合理和错误之处，应做好详细记录并拟订修改意见，待设计技术交底时提出。

2. 设计交桩和设计技术交底

施工准备期内，勘测设计单位应向施工单位进行设计交桩和设计技术交底，该项工作应由建设单位主持，设计、监理、施工单位参加。交桩应在现场进行。设计单位将路线测设时所设置的导线控制点和水准点及其他重要点位的桩志逐一移交给施工单位。施工单位在接受这些控制点后，要采取必要措施妥善加固保护，并做好交桩记录。

设计技术交底时设计单位应说明工程的设计意图、设计依据和功能要求，并对某些特殊结构、新材料、新技术、新工艺及施工中的难点和需要注意的方面作详细说明，提出设计要求。施工单位则将在研究和熟悉设计文件中发现的问题提出有关修改设计的意见，由设计单位对有关问题进行澄清和解释。对于合理的修改设计的意见，经过讨论认为确有必要，可在统一认识的基础上，对所讨论的结果逐一记录，并形成纪要，由建设单位正式行文，参加单位共同会鉴，作为与设计文件同时使用的技术文件和指导施工的依据，以及进行变更设计和工程价款结算的依据。

3. 技术培训

施工前对参加项目施工的全体管理人员和具体施工操作人员、测试人员等进行技术培训，使每位施工人员明确自己所从事具体工作的内容、标准、要求及工作程序，了解公路项目的客观情况，有利于工程开工后施工和管理工作开展。培训的主要内容有：

(1)宣贯工程招标文件和施工承包合同内容，使施工人员总体了解工程规模、技术标准、工程期限、质量标准、中标标价和办事程序等。

(2)向施工企业内部人员分层次、全方位做技术交底工作，使全体施工人员掌握自己的工作内容、工作方法和达标标准。

(3)学习企业规章制度、每个工作岗位的质量责任及操作规程等。

(4)对于有新材料、新工艺的工程项目，要对技术性能、技术指标检验标准，技术要点要领及施工操作方法等作重点培训，使每位操作者熟练掌握。

第三章　施工方法

第一节　施工保证措施

一、施工组织机构

1. 公路项目施工管理组织机构的设置原则

(1)任务、目标原则

所谓的任务、目标,就是项目管理者所要进行和完成的事。项目管理组织机构的设置要以事为中心,因事设机构、设职务、配备人员,做到人与事高度配合;而不能以人为中心,因人设职、因职设事。

(2)分工协作原则

根据提高管理效率的要求,把项目管理的任务目标分解成各级、各部门、各成员的任务、目标,在此基础上,确定人员之间的协作配合关系;不能出现职责不清、无人负责的混乱局面。

(3)责、权、利一致原则

明确了责任,就要授予相应的权力,做到责权统一,并把责任的大小同经济利益挂钩,做到以责任为中心,以责定权,以尽责定利。

(4)命令统一原则

为了保证命令和指挥统一,下级机构只能接受一个上级机构的命令和指挥,而不能有多头领导。

(5)精干高效原则

项目管理组织在保证履行必要职能的前提下,尽量简化机构,不用多余的人,做到"一专多能"。

(6)类型适应原则

项目管理组织有多种类型,分别适应于规模、地域、工艺技术等各不相同的工程项目。应当在正确分析工程特点基础上选择适当的类型,设置相应的项目管理组织机构。

2. 公路项目施工管理组织机构的类型

(1)部门控制式

它是在不打乱企业现行建制的条件下,把项目委托给企业内部某一工程处或施工队,直接采用其固有的项目管理组织形式。其一般适用于小型简单项目和单一专业型项目,不需涉及众多部门,职责明确,职能专一,关系简单,便于协调;但这种形式不适应大型复杂项目或涉及多个部门的项目,局限性较大。

(2)综合工程队式

这是完全按照对象原则组建的项目管理组织机构,适用于大型项目和工期要求紧迫的项目,或者要求多工种、多部门密切配合的项目。项目管理组织成员来自公司内部不同部门和单位，首先聘任项目经理，从有关部门抽调管理人员组成项目班子，然后抽调队伍归其指挥，建立一个项目经理部，组成新的项目管理经济实体。项目完成后，项目经理部所有人员仍回原单位。图 3-1 为综合工程对项目管理组织体系图。

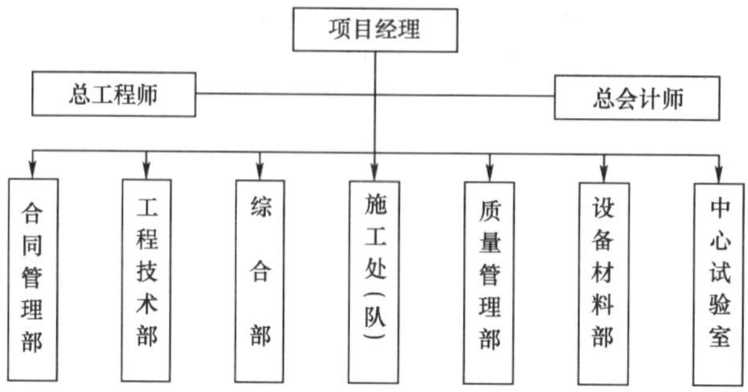

图 3-1　综合工程队项目管理体系图

综合工程队项目管理组织优点如下：

①可以培养一专多能型人才。

②减少矛盾，能及时解决问题。

③权力集中，决策及时，工作效率高。

④减少管理界面和行政干预，便于协调。

其缺点是人员来自不同部门，缺乏共同协作的经历，职工长期离开原单位，容易影响积极性的发挥；人员分散，培养困难。

这种形式也有它的局限性，当人才紧缺时，有多个项目需要完成，或对人工效率要求很高时不宜采用。

(3)矩阵式

矩阵式是现代大型项目管理中应用最为广泛的新型组织形式，已有很多施工企业开始采用。当企业同时承担多个项目，专业技术和管理人才需求量很大而企业人才资源又有一定限度，且大型复杂项目又要求多部门、多工种配合实施，人工利用率要求很高时最为适用。在矩阵组织中，永久性专业职能部门和一次性项目管理组织同时交叉起作用。图 3-2 为矩阵式项目管理组织体系图。

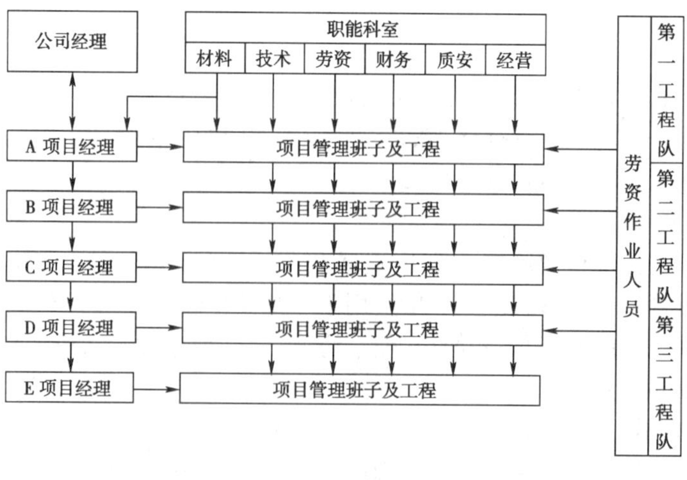

图 3-2　矩阵式项目管理组织体系图

在图3-2中，纵向表示不同职能部门，横向表示不同项目。纵向，职能部门对所有项目中的本专业人员负有组织调配，专业指导和管理考查的责任；横向，项目经理对参加本项目的各种专业人才均负有领导责任，并按项目实施的要求把他们有效地组织协调到一起，为实现项目目标共同配合工作。矩阵式管理组织的具体做法是公司设置综合性的具有弹性的管理科室，科室负责人根据不同项目的需要和忙闲程度，将本部门的专业人员在项目之间进行增减调配。项目经理部则视项目管理的需要，在项目经理之下设经营经理、施工经理、生活经理等，这样便使得项目管理中既有职能系统的竖向联系，又有以项目为中心的横向联系。纵向上表现出施工生产上的决断，横向上表现出现场协调、平衡。对劳务作业力量实行切块分包任务，根据项目网络计划的需要确定进场时间，完成任务后自行撤离现场，从而为项目提供了一支灵活机动、弹性多变的施工力量。一个项目由多个工程队承担，一个工程队同时用于多个项目，利用各项目施工高潮的错落起伏统筹安排，穿插交错，多点使用，流水作业，使人力、物力、财力得到最大限度的利用。

矩阵式项目组织形式的好处是有利于充分利用人力、特别是技术力量，用较少的人力完成较多的项目。同时项目中各项专业管理可以由精通专业、经验丰富的人员担任，有利于各类专业管理的加强。其局限性是纵、横双重领导的体制容易发生纵、横向需求矛盾而使具体工作人员无所适从，管理水平要求高，协调难度大。

3. 施工组织机构设置示例

项目经理部设项目经理1人、副经理兼总工程师1人、副经理1人。下设5个部分别是：合同管理部、综合部、工程技术部、质量管理部和设备材料部；1个中心实验室，4个工程处和2个沥青拌和厂。建立：(1)项目经理部工作人员一览表；(2)各部门、各生产单位人员分布及汇总情况表；(3)各技术工种、机械设备操作人员一览表。

二、技术保证措施

1. 建立以主管总工程师为首的各级技术负责制

在施工技术管理基础工作中，首先建立和完善以总工程师为首的，从上到下实行技术业务统一领导和分级管理的工作系统，并根据需要设立各级技术管理的职能机构或职能人员。各级技术管理机构都有明确的职责范围，使他们在技术管理工作中有职、有权、有责，建立各级技术责任制，必须正确划分各级技术管理的权限，明确各级技术领导的职责。

(1) 总工程师的主要职责

①全面负责工程项目的技术工作和技术管理工作。

②贯彻执行国家的技术政策和上级颁发的技术标准、技术规程、验收规范和技术管理制度。

③领导编制工程项目的总体施工组织设计，组织重大施工方案的制订和技术攻关项目的实施，审定重要的技术文件，处理重大质量事故和安全事故。

④会同合同工程师参加投标谈判，领导工程竣工验收和总结工作。

(2) 主任工程师的职责

①全面负责单位工程的技术工作和技术管理工作。

②主持编制和审定单位工程的施工组织设计，组织施工方案的制订工作。

③参加单位工程的图纸会审和技术交底。

④组织技术人员学习和贯彻各项技术政策，技术标准，技术规范、规程和各项技术管理

制度。

⑤组织制订质量保证和安全技术措施，主持单位工程的质量检查，处理施工技术、施工质量和安全问题。

⑥负责单位工程的技术总结，汇总竣工资料、原始技术凭证，做到工完资料清。

⑦领导技术学习和技术练兵。

(3)专职工程师的职责

①全部负责分部工程的技术和技术管理工作。

②参与编制重要工程的作业计划。

③组织学习和贯彻执行各项技术政策，技术标准，技术规范、规程和各项技术管理制度。

④参加设计交底，图纸会审，组织图纸学习，做好技术交底，指导按图施工。

⑤参加质量检查、质量评定，参加隐蔽工程验收，处理质量和安全事故。

⑥负责技术总结，汇总竣工资料及原始技术凭证。

(4)技术负责人的职责

①开工前参与施工预算的编制、审定工作；工程竣工后参与工程结算工作，提供设计变更，材料代用，材料试验，结构补强，特种作业等技术签证材料；提供制订补充定额的依据，实际工程量消耗和竣工结算资料。

②参与编制施工组织设计，并负责贯彻执行。

③负责所管工程的图纸审查，向工人进行必要的技术交底。

④负责技术复核，如中线、高程、坐标的测量与复核。

⑤贯彻执行各项专业技术标准，严格执行操作规程、施工规范及质量验收标准。

⑥负责材料试验准备工作，如原材料试验及混凝土等混合料的试配。

⑦向上级提供技术档案的全部原始资料，并整理施工技术总结及绘制竣工图。

⑧参加质量检查活动及竣工验收工作。

2. 建立和健全施工技术管理的管理制度

一般认为，根据在施工过程中通常开展的技术活动，主要应建立下述几种管理制度。

(1)图纸会审及设计变更技术核定制度

图纸会审是为了及时发现和纠正图纸本身的错误，避免因盲目“按图施工”而导致的严重后果，影响正常的施工生产。会审图纸必须有领导、有组织、有步骤地进行，一般由建设单位组织，设计单位交底，监理单位、施工单位及有关部门参加。会审图纸的内容主要有：

①设计是否符合国家有关技术规范的规定。

②图纸及设计说明是否完整、齐全、清楚，图中尺寸、坐标、高程、轴线、各种管线等是否准确；一套图纸前后是否一致；互相联系的各套图纸设计是否有矛盾；同一设计的地上与地下部分是否吻合。

③主要结构的设计在强度、刚度、稳定性等方面有无问题；主要部位的结构构造是否合理。

④施工技术装备条件能否满足工程设计的要求；采用新结构、新工艺、新技术的设计，施工单位在技术上有无困难，能否确保工程质量和安全施工的要求。

⑤设计所选用的各种材料、配件、构件，在采购供应时，其品种、规格、性能、质量、数量等方面能否满足设计需要。

⑥对设计中的疑问，可请设计单位解释清楚。

⑦其他有关问题及合理化建议。

(2)施工日记和施工记录制度

施工日记是在整个施工阶段,对施工活动和现场情况变化的综合性记录。从开始施工时,就应以单位工程技术负责人为主,全体技术人员参与,按单位工程分别记录,直至工程竣工。施工日志应逐日记录,不允许中断,必须保持其完整。施工日记在工程竣工后,由施工单位列入技术档案保存。施工日记的主要内容有:

①日期、气候。

②工程部位、施工队组。

③施工活动记载。主要包括主要分部、分项工程施工的起止日期;施工中的停水、停电、停工等的记录;质量、安全、设备事故或未遂事故发生的原因,处理意见和处理方法的记录;设计单位在现场解决问题的记录;变更施工方法或在紧急情况下采取的特殊措施和施工方法的记录;进行技术交底、技术复核和隐蔽工程验收等的摘要记载;有关领导或部门对该项工程所作指示、决定或建议。

施工记录是按工程施工技术规范及验收规范中规定填写的各种记录,是检验施工操作和工程质量是否符合设计要求的原始数据。其中有些记录,须经有关各方签证后方可生效。作为技术资料,在工程完工时,应交建设单位列入工程技术档案保存。

(3)技术交底制度

通过技术交底,使参与施工的技术人员和工人,明确所担负工程任务的特点、技术要求、施工工艺等,做到心中有数,以利于有计划、有组织地开展工程施工。

技术交底工作一般应分级进行,凡重要工程项目,以及采用新技术、新材料、新工艺等的工程,应先由公司总工程师或项目总工程师,向有关职能部门人员、作业层技术人员以及有关班(组)长进行交底;然后,作业层技术人员再根据上级技术领导交底的内容和要求,向操作人员进行交底。一般工程项目,操作人员应该熟悉,可以由作业层技术人员向工人交底。

作业层技术人员向工人交底的内容有:

①图纸交底。主要是设计图纸上必须特别注意的问题。

②工艺交底。采用的施工方法、操作工艺和其他工种的配合要求等。

③材料交底。所用材料的规格、品种、质量及使用要求等。

④规范、标准交底。施工规范、质量评定标准中的有关要求。

⑤措施交底。保证质量、安全生产、降低成本、文明施工和工程产品保护等技术措施的要求。

⑥样板交底。凡采用新技术、新工艺、新材料的工程和技术复杂的工程,应在正式施工前做出样板或实际样品,经有关各方核查研究同意后方可正式施工。

技术交底应在分部、分项工程施工前进行,要结合各分部、分项工程特点有的放矢、有针对性地做好交底。

(4)材料、构配件检验制度

材料、构配件质量的优劣在很大程度上决定了公路工程产品质量的好坏。正确合理地使用材料、构配件,是确保工程质量、降低成本、节约原材料的关键。因此,应该重视材料、构配件的试验、检验工作。

凡用于施工的原料、材料、构件等物资,必须由供应部门提出合格证明文件。对那些没有合格证明文件或虽有证明文件,但技术领导或质量管理单位认为有必要时,在使用前应按规定程序进行抽查、复验,证明合格后,才能使用。

为了做好材料、构配件的检验工作，施工企业及各个项目经理部都应根据实际需要，建立和健全试验、检验机构，配备试验人员，充实仪器设备。试验、检验机构在各级主管工程师或技术部门的领导下，严格按照国家有关的试验操作规程进行操作，提出准确可靠的数据，确保试验、检验工作的质量。

凡初次使用的材料、结构构件或特殊材料、代用材料，必须经过试验和鉴定，并制订操作规程，经上级技术主管部门批准后，才能正式用于施工或推广应用。

有关材料、构件、半成品等的合格证明文件或抽样检验报告，应列入技术档案资料，妥善保存。

(5)工程验收制度

工程验收制度是检查评定工程质量的重要一环，在施工过程中除按有关质量标准逐项检查操作质量以外，还必须根据公路工程施工的特点，对隐蔽工程、结构工程和竣工工程进行工程产品验收。

①隐蔽工程验收。对那些在施工过程中上一工序的工作结果，今后无法进行复查的工程部位，在下一工序施工以前，由作业层技术员通知工程监理人员对隐蔽工程进行检查、验收，并认真办好隐蔽工程验收签证手续。做好隐蔽工程验收是保证工程质量，防止留下质量隐患的重要措施。

②结构中间验收。在分部或单位工程施工过程中，经由监理工程师逐道工序检查认可的基础上，待该项工程完工后，再由项目经理部总工程师及时通知监理工程师，对工程质量进行全面检查和评定。

其内容包括：外观检查，即检查工程结构外观质量是否符合质量标准和设计要求；各项工程技术鉴定，包括原材料试验、试块强度、隐蔽工程验收、技术复核、质量评定，必要时需进行实测或复验。中间验收合格后，须由双方共同签字留证。

③竣工验收。由建设业主、监理工程师和工程承包方共同组织，对所建项目进行全面的、综合的、最终的检查验收。验收的依据是承包合同和有关的通用工程质量验收管理办法及标准等。在交工过程中，若存在不合格的项目，应限期修复完工，到时再进行验收，直至合格。竣工验收合格后，应评定质量等级，办理工程交接手续，存入技术档案，同时开放交通。这时，施工方应将工程使用管理权交还建设业主，但施工方仍然负有一定期限的保修职责。

3. 建立技术管理的标准化体系

技术标准和技术规范是技术标准化的主要内容，是组织现代化施工的重要技术保证，是组织施工和检验、评定各种筑路材料的技术性能或等级的技术依据，也是检查和评定工程质量的标准。

技术标准和规程分国家标准、部级标准和企业标准三级，后者必须依据和遵循前者的标准和要求，且是对前者的具体化和补充。

标准和规范，是一定历史条件和技术经济条件下工程实践的总结。因此，它不是一成不变的，必然要随着生产力的发展，技术水平的提高，每隔一定时期做必要的补充、修订和完善，以适应施工生产的技术管理需要。

贯彻执行技术标准和规范的基本要求是：

(1)组织施工人员学习各种有关的标准与规程，要求熟悉和掌握。

(2)加强技术监督和检查。

(3)将技术标准和规程进行必要的分解和具体化。

4. 建立技术档案

技术档案不同于一般的技术资料，是公路项目施工、科研等项活动中形成的，具有保存价值并按一定的立卷归档制度集中保管的技术文件和资料，可分为以下两大部分。

（1）为工程竣工验收准备的技术资料。这些资料是评定工程质量和竣工后对工程进行维护的技术依据之一。施工单位在竣工验收时，应提交完整的施工原始记录、试验数据、分项工程自检数据等质量保证资料，并进行整理分析。其内容包括以下六个方面：

①所用材料、半成品和成品质量检验结果。

②材料配比、拌和加工控制检验和试验数据。

③地基处理和隐蔽工程施工记录。

④各项质量控制指标的试验记录和质量检验汇总表。

⑤施工过程中遇到的非正常情况记录及其对工程质量影响分析。

⑥施工中如发现质量事故，经处理补救后，达到设计要求的认可证明文件。

（2）为公路施工企业管理需要保留的技术资料。这些资料是继续进行生产、科研以及对外技术交流的重要依据，主要包括施工组织设计，各种定额的执行情况；新技术、新工艺的应用或推广情况；施工总结材料；重大质量事故、安全事故的情况分析和处理措施；技术管理工作总结等。

5. 收集信息和开展科学技术研究

对于科技信息，必须重视信息资源，建立信息系统，组织交流。科技信息工作的内容，主要包括有关资料的收集、整理和报道等。科技信息的获取方式，可采用人工和计算机检索、参观学习等。对生产中的关键问题和普遍问题，可按专题系统收集资料，组织小型研讨会、专题讲座、现场交流等。

技术文件是根据施工的需要在施工过程中产生的，是企业生产经验的积累和总结，是技术管理的重要手段和对象。技术文件的内容十分丰富，主要包括各种施工图纸和说明书、各种技术标准以及施工中的记录、签证材料等有关的技术档案。技术文件的管理，应根据实际需要，建立和健全专职管理机构。对技术文件的收发、复制、修改、上报、审批、会签、装订、归档、保管、借用和保密等环节，都应该建立起一套严格的管理制度，以保证技术文件的完整性、正确性和及时性，以满足施工生产和科学研究的需要。

三、质量保证措施

1. 质量体系概述

质量保证体系是施工企业在合同条件下为了实施业主规定的工程质量要求，并向业主证实质量保证能力所建立的质量体系。

（1）质量体系的结构

质量体系是各要素的构成、内容、各个部分的组织配合和相互关系等结合的总体。施工企业质量体系结构包含企业领导的职权和职责、组织结构、资源、工作程序等方面。这些方面既包括人员和物质资源、施工和检测设备、施工经历等硬件性的技术因素，也包括组织结构人员的责任、权限、工作程序等软件性管理因素。只有当它们在质量方针和质量目标指导下，按一定结构或相互联结成为一个协调的有机活动体时，施工企业才能经济、合理地完成满足需要的公路工程项目。

（2）质量体系文件

质量体系文件是质量体系存在和实施的方针性文件。它是指将施工企业管理体系中采用的全部要素、要求和规定,系统地编成方针性或程序性文件,一般包括质量方针、质量手册、质量计划、程序文件、质量记录等。由于一般企业都把质量方针编入质量手册之中,所以质量体系的文件的基本层次为以下四个层次。

1)质量手册。质量手册是纲领性文件(含有质量方针),是阐明一个组织的质量方针,并描述其质量体系的文件。它通常至少应包括或论及以下内容:企业的质量方针,从事影响质量的管理、执行、验证或评审工作的人员的责任、权限和相互关系,质量体系各要素的控制程序和规程,评审、修改和控制该手册的具体规定。

2)质量计划。质量计划是补充性文件,是针对某个工程项目或合同,规定专门的质量措施、资源和活动顺序的文件,是对质量手册内容的补充,包括的内容如前所述。

3)程序文件。程序文件是质量体系和质量手册的支持性文件。按其性质可分为以下两类:①管理性程序文件,指各项与质量和质量体系有关的管理标准、工作标准及规章制度等。其是各职能部门为落实质量手册要求而规定的具体实施细则、管理规范和程序,或者是就某项质量活动规定的实施办法等。②技术性程序文件,指直接指导操作人员或工作人员,按技术规范要求完成具体质量活动的技术性文件。其包括工艺规程、操作规程、作业指导书、采购技术文件、检查或试验指导书、技术服务规范等。

4)质量记录。质量记录是见证性文件,是为已完成的活动或达到的结果,提供客观证据的文件。它是证实质量形成过程各阶段活动确已达到要求和质量体系及要素,并已有效运行的客观证据。其包括施工、检查、试验、调研、评审、审核、复审的质量记录与图表或有关结果。由于质量记录十分重要,因而要对之进行控制和管理,包括对质量记录的标记、收集、编目、归档、存储、保管、送审、收回、处理、查询与追踪的各项规定的管理。质量记录应按有关规定保存一段时间,用以分析和确定质量变化的趋势,纠正措施的必要性和有效性,并分析追踪有关的质量责任。

2.施工阶段的质量管理

根据工程设计及规范文件的要求,把材料、设备、能源、操作人员与专业技术等方面合理地组织起来,明确规定施工方法和程序,分析影响工程质量的因素,采用有效的控制方法,确保施工按已制定的工艺方法和工艺过程在受控制状态下进行,为工程获得合格的性能质量创造条件。其包括制订施工质量控制计划,施工工序能力的验证,对原材料、辅助材料、公用设施、环境条件以及工艺文件的质量控制等。

(1)制订施工质量控制计划

在施工质量控制计划中,必须有规定的活动内容,有进度、有分析、有检验、有成果表等,要求负责部门认真对待,保质、保量、按期完成。其主要有以下几个方面的内容:

①保证施工方案和施工组织设计的质量。讲究科学的编制程序和方法,编制时要进行技术分析和比较,做到设计优化,以保证工程施工质量,确保施工顺利进行。

②检查施工前的准备工作的质量,选择与质量特性要求相对应的机械设备,配备必要的测试仪器、仪表,对采用的新材料、新工艺、新设备进行试验、验证,设计、制造、验证专用的工艺装备、储运工具和辅助设备。

③编制工序质量控制计划。对于关键工序、部位和环节实行重点的工序控制,对于重点控制的质量特性设置工序质量控制点。

④编制工程检验计划。指导检验人员开展正常质量检验。

⑤作为技术交底,使施工人员熟悉工程情况、设计意图、技术要求、质量标准和施工方法,分析影响工序质量的因素,并确定其主导因素,在施工工序中加以控制,编制各种控制工序质量的文件和图表。

⑥制订合理的材料消耗定额和工时定额,研究改进施工质量和工序能力的措施和方法。

⑦培训操作人员,特别是特殊工种的操作人员,进行资格认可和持证上岗。

(2)材料的质量控制

严格按质量标准订货、采购、包装和运输;物资进场要按技术验收标准进行检查和验收;按规定的条件和要求进行堆存、保管和加工;按进度计划及时地配套供应现场。

(3)公用设施和环境质量控制

公用设施是指供应的水、电、煤、压缩空气以及存放化学用品等的有关设施。对工程质量起重要作用的公用设施和环境条件的质量,也应制订有关制度加以严格控制,并定期进行验证,以确保对施工工序影响的均一性。对于施工场地、采光、环境湿度和温度等要有一定制度规定,并进行严格的控制与验证。

(4)工艺文件的质量控制

工艺文件是指在施工过程中指导工人操作的技术文件。它是企业安排生产计划、生产调度、劳动组织、材料供应、设备管理、质量检查、工序控制的重要依据,可反映出影响工序质量的主导因素,指导现场人员进行操作以及预防质量缺陷的发生。

第二节　施 工 方 法

施工方法的选择,是指施工工艺方法的选择。正确地选择施工方法是确定施工方案的关键。各个施工过程,均可采用各种施工方法进行施工,而每一种方法都有其各自的特点。

选择施工方法的依据主要是:

(1)工程特点。主要指工程项目的规模、构造、工艺要求、技术要求等方面的特点。

(2)工期要求。要明确本工程的总工期或分部工程的工期是属于紧迫、正常、充裕三种情况中的哪一种。

(3)施工组织条件。主要指气候等自然条件,施工单位的技术水平和管理水平,所需设备、材料、资金等供应的可能性。

公路施工的组织方法有顺序作业法、平行作业法、流水作业法和网络计划法等。

一、顺序作业法

将拟建工程项目划分成若干段落,每段又分解成若干施工过程,按照一定的施工顺序,前一个施工过程完成后,后一个施工过程才开始进行,或前一段施工结束后,后一段才开始施工,这就是顺序作业的组织方法。

由于施工按顺序进行,因而只能有一个施工队进行施工。若一项工程有几道工序,每道工序的作业持续时间为 t_i,则该项工程的施工期限 t 可用式(3-1)计算:

$$t = t_1 + t_2 + \cdots + t_n = \sum_{i=1}^{n} t_i \tag{3-1}$$

若整个工程项目共有 m 项工程,则完成全部施工任务的总工期 T,应等于各项工程施工期限之和,即:

$$T = \sum_{i=1}^{n_1} t_{i,1} + \sum_{i=1}^{n_2} t_{i,2} + \cdots + \sum_{i=1}^{n_m} t_{i,m} = \sum_{j=1}^{m} \sum_{i=1}^{n_j} t_{i,j} \tag{3-2}$$

式中：$t_{i,j}$——第 j 项工程的第 i 道工序的作业持续时间。

显然，当 m 项工程都完全相同，而每项工程的几道工序 n 的作业持续时间 t_i 都相等时，式(3-2)可以写成：

$$T = mnt_i \tag{3-3}$$

顺序作业法有以下特点：

(1)不能充分利用工作面去争取时间，所以工期长。

(2)施工队不能实现专业化施工，机具、设备不能充分利用，不利于提高工程质量和劳动生产率。

(3)施工队和工人不能连续作业，劳动力需用量波动性大。

(4)单位时间内需要投入的资源数量比较少，有利于资源供应的组织工作。

(5)因只有一个施工队，所以施工现场的组织管理工作比较简单。

由此可见，在大规模的现代化施工条件下，顺序作业法只能作为一种辅助的施工组织方法。对于规模很小，施工技术单一的工程，或对工期要求不严格的小型工程，才可以考虑采用顺序作业法组织施工。

二、平行作业法

将拟建工程项目分段或分施工项目，分别组织几个相同的施工队，在同一时间的不同空间上同时进行作业，这样的施工组织方法叫平行作业法。

由于各施工队都同时在作业，因此，完成全部施工任务的总工期 T 就由施工期限最长的那个施工项目决定，即：

$$T = \max\{t_j\} \tag{3-4}$$

式中：t_j——各施工项目或施工段的施工期限，$j = 1, 2, \cdots, m$；

m——划分的施工项目(或施工段)数。

同前所述，当 m 项工程都完全相同，而每项工程的几道工序的作业持续时间 t_i 都相等时，式(3-4)可写成：

$$T = nt_i \tag{3-5}$$

平行作业法有以下特点：

(1)充分利用了工作面，争取了施工时间，缩短了工期。

(2)施工队不能实现专业化施工，机具、设备不能充分利用，不利于提高工程质量和劳动生产率。

(3)施工队和工人不能连续作业，劳动力需用量出现高峰。

(4)单位时间需要投入施工的资源成倍增长，现场临时设施也相应增加。

(5)因施工队多，所以，施工现场的组织、管理工作复杂。

由此可见，只有当施工任务十分紧迫、抢工期突击施工、工作面允许及资源充分保证供应的条件下，才能用平行作业法组织施工。

三、流水作业法

公路工程的流水作业法，是将拟建工程划分为若干个施工段，按工序或按相同的施工过程分别组建专业施工队，各专业施工队按照一定的施工顺序依次在各施工段上完成各自的施工作业任务，从而保证拟建项目的施工全过程在时间上和空间上实现有节奏、连续、均衡地进行。

若 m 个施工段的工程数量及施工内容相同，每个施工段都有同样的 n 道工序，各道工序的作业持续时间都为 t_i，则流水作业的总工期 T 按式(3-6)计算：

$$T = (m + n - 1)t_i \tag{3-6}$$

在流水作业法中，由于各种专业施工队按工序搭接关系先后进入流水作业，因而每日所需劳动力数量从开始时逐渐增加，在全部专业队都进入流水作业后，劳动力需要量达到均衡状态，每日相等。

与顺序作业法和平行作业法相比，流水作业法有以下特点：

(1)科学地利用工作面，争取了施工时间，工期比较合理。

(2)施工队及工人为专业化施工，可使工人的操作技术水平提高，更好地保证工程质量，获得更高的劳动生产率。

(3)专业施工队及工人实现连续作业，相邻专业施工队之间的搭接紧凑。

(4)单位时间需要投入施工的资源较为均衡，有利于资源供应的组织工作。

(5)施工有节奏，为文明施工和进行施工现场的科学管理创造了有利条件。

采用流水作业法组织施工，应该是工程量大、技术复杂的大型工程。因为，施工段的数量和工作面的大小必须满足一定的要求，流水作业法才能更好地发挥它的优越性，这一点只有大型工程项目才有条件做到。

综合应用上述三种方法，可以组成平行流水作业法、平行顺序作业法等。某些技术复杂的大型集中性工程，还可以组成立体交叉平行流水作业法等，以进一步缩短工期。

四、网络计划法

关于网络计划法的详细内容，将在本书第四章中叙述。

第三节　施 工 机 械

一、施工机械选择原则

施工机械的选择只能在现有的或可能获得的机械中进行选择。在一定的机械设备条件下，施工机械的选择应从以下几个方面考虑。

1. 从施工条件考虑选择的机械类型应与之相符合

一般说，为了保证施工进度和提高经济效益，工程量大应采用大型机械；工程量小则应采用中小型机械，但也不是绝对的。如一项大型工程，由于施工地区偏僻，道路、桥梁狭窄或载质量限制了大型机械的通过，如果只是专门为了它的运输问题而修路、架桥，显然是不经济的，因此应选用中型机械施工。

2. 固定资产损耗费与运行费是否经济

施工机械的经济选择基础是施工单价，故必须权衡机械费(折旧费、大修费、管理费、燃料费以及驾驶员工资)与工程量的关系。通常施工机械的容量越大，其施工单价越便宜。但如果只使用大型施工机械的部分容量，倒不如最大限度地发挥中小型机械的容量，这在许多情况下是经济的。

3. 施工机械的合理组合

合理组合，一是指主机与辅助机械在台数和生产能力上的相互适应；二是指作业线上的各种机械互相配套的组合。

(1)主机与辅机的组合

一定要在保证主机充分发挥作用的前提下，考虑辅机的台数和生产能力。如拌和楼进行沥青混合料拌和，需要自卸汽车运输，则主机就是拌和楼，而辅机则是自卸汽车。一台主机配几台辅机，应视主机的容量(生产能力)而定。

(2)作业线上各种机械的配套组合

机械化施工作业线是由几种机械联合作业组合成一条龙施工的，几种机械的联合才能形成生产能力。如果其中的某种机械的生产能力不适应作业线上的其他机械，或机械可靠性不好，都会使整条作业线的机械发挥不了作用。

4. 从全局出发统筹考虑选择施工机械

全局出发就是不仅考虑本项工程，而且要考虑所承担的同一现场上的其他工程的施工机械使用。这就是说从局部考虑选择的机械可能不合理，但从全局考虑则是合理的。

二、施工机械种类

沥青路面工程机械包括稳定土拌和机械、沥青乳化设备、沥青运输车及洒布车、沥青混合料拌和设备、摊铺机以及压路机等。

1. 稳定土拌和机械

稳定土拌和机械按拌和方式，分为稳定土厂拌设备和稳定土拌和机两类。

稳定土拌和机是一种在行驶过程中，以其工作装置对土壤就地破碎，并与稳定剂均匀拌和的机械设备。稳定土拌和机主要用于道路工程中的稳定土基层的现场拌和作业。它既适用于高等级公路稳定土基层施工，又适用于中、低等级或县乡道路路面施工，可以切削、拌和 I ~ IV 级土。通过更换工作装置，可以实现一机多用。

稳定土拌和机按行走系形式可分为履带式、轮胎式和复合式(履带与轮胎结合)；按牵引方式，可分为自行式、半拖式和悬挂式；按动力传动形式，可分为机械式、液压式和混合式(机械、液压结合)；按工作装置(转子)在机械上的位置，可分为中置式和后置式。

稳定土厂拌设备是在固定地点拌和均匀的专用设备。其优点是级配精度高，拌和质量好；缺点是需安装在固定地点作业，整机庞大，还需配置运输车辆才能将成品运至施工现场，因此成本较高，适用于工程量大且集中的城市道路和公路施工工程。

稳定土厂拌设备按工艺性能可分为非强制跌落式、强制间歇式和强制连续式等三种；强制连续式又可分为单卧轴式和双卧轴式。按其生产率大小，分为小型(生产率小于 200t/h)、中型(生产率 200 ~400t/h)、大型(生产率 400 ~600t/h)和特大型(生产率大于 600t/h)等四种。按其机动性，分为移动式、分总成移动式、部分移动式、可搬式及固定式等多种形式。

2. 沥青混合料拌和设备

沥青混合料拌和设备按生产能力可分为小型(生产率在 40t/h 以下)、中型(生产率为40 ~400t/h)和大型(生产率在 400t/h 以上)。

按搬运方式，沥青混合料拌和设备可分为移动式、半固定式和固定式。移动式是将设备装置在拖车上，可随施工地点转移，多用于公路工程；半固定式是将设备装置在几个拖车上，在施工地点拼装，多用于公路施工；设备作业地点固定的为固定式，又称为沥青混合料加工厂，主要适用于工程集中及城市道路施工。部分国内、外稳定土拌和机主要性能参数见表3-1。部分国内稳定土厂拌设备产品目录见表3-2。

部分国内、外稳定土拌和机主要性能参数表 表3-1

生产厂家	机械型号	行走形式	传动方式	转子位置	功率[kW/(r/min)]	拌和宽度(mm)	拌和深度(mm)	行驶速度(km/h)	工作速度(km/h)
德国 BOMAG	MPH100	轮胎	液压	后置	254/2 100	2 007	350	0~19	0.48~0.6
德国 BOMAG	MPH100S	轮胎	液压	后置	257/2 100	2 005	356	0~21.9	—
德国 BOMAG	MPH100R	轮胎	液压	后置	257/2 100	2 005	305	0~21.9	—
德国 BOMAG	MPH120	轮胎	液压	后置	280/2 100	2 100	400	0~6	—
美国 CAT	SS—250	轮胎	机械	中置	233.4/2 100	2 438	381	0~24	—
美国 CMI	RS—425	轮胎	机械液压	中置	325/2 100	2 438	406	0~19	—
美国 CMI	RS—450	轮胎	机械液压	中置	317/2 100	2 438	406	0~9.7	0~2.7
美国 CMI	RS—500B	轮胎	机械液压	中置	391/2 100	2 438	406	0~11.3	0~4.56
日本 SAKAI	PM—200	轮胎	液压	中置	143/1 800	1 700	400	0~24	0~4.9
德国 WIRTGEN	WR—2500	轮胎	机械液压	中置	448/—	2 438	500	0~12	0~0.9
意大利 BOTELLI	ST200	轮胎	机械液压	—	266/1 950	2 000	480	0~11	0~0.3
新津筑路机械厂	WB230	轮胎	液压	后置	258/2 000	2 300	450	0~20	0~3
西安筑路机械厂	WB220	轮胎	液压	后置	165/—	2 200	360	0~16	0~4
徐州筑路机械厂	WBL21	轮胎	液压	后置	225/—	2 100	400	0~24.3	0~1.5
陕西建设机械厂	WBZ23	轮胎	液压	后置	258/2 100	2 350	400	0~24	0~3.3
山东公路机械厂	WBY200	轮胎	液压	后置	225/—	2 000	400	0~24	0~3
镇江路面机械厂	WBY2300	轮胎	液压	后置	258/2 100	2 300	450	0~24	0~3
漯河工程机械厂	WB320	轮胎	液压	后置	258/2 100	2 350	400	0~24	0~3.3

部分国内稳定土厂拌设备产品目录 表3-2

型　　号	生产能力(t/h)	级配种类	计 量 精 度	装机功率(kW)	占地面积(m^2)	总质量(t)	制 造 厂
WBS50	50~100	4	≤3%	39.7		21	汕头市公路局机械修配厂
WBS100	100~150	4	≤3%	38		22	汕头市公路局机械修配厂
WBS200	200~250	4	≤3%	54.1		29	汕头市公路局机械修配厂
NHW250（三用）	250~300	4	±2%	128		30	汕头市公路局机械修配厂
WCB200	200	4	集料2%，土壤2%，石灰1%，水泥1%，水1%		70	30	无锡县筑路机械厂
WBC300	300	4	≤3%	120		42	安徽省公路机械厂

续上表

型　　号	生产能力(t/h)	级配种类	计量精度	装机功率(kW)	占地面积(m^2)	总质量(t)	制造厂
WCB200	200	4	≤3%	70	40×4(条形布置)	30	徐州筑路机械厂
WCQ100	100	4	集料≤3%,粉料≤3%,土壤≤5%	37.4	48×4(条形布置)	20	云南公路机械修配厂
WBC200B(拼装组合式)	200	4	集料≤3%,土壤<±3%,石灰<2%,水泥<±2%,水<±2%	70	42×6	30.9	交通部新津筑路机械厂
YWCB—120(移动式)	120	4	级配1%~1.5%,给水1.5%	40	11×24	14	福建省泉州南方路面机械厂
YWCB—200(移动式)	200	4	级配1%~1.5%,给水1.5%	60	11.2×2.4	22	福建省泉州南方路面机械厂
YWCB—300(移动式)	300	4	级配1%~1.5%,给水1.5%	82	12.7×2.4	28	福建省泉州南方路面机械厂
CBW200	200			70		30	无锡县新安交通工程机械厂
WQB200	200		水灰比精度±1%	72.8	569	38.5	沈阳路达筑路机械制造厂
WQB400	400		水灰比精度±1%	126.7	728	48.3	沈阳路达筑路机械制造厂
WBC300	300	4	≤3%	120		42	安徽省公路机械厂

按工艺流程,沥青混合料拌和设备可分为间歇强制式和连续滚筒式。高等级公路建设应使用间歇强制式,而连续滚筒式多用于普通公路及场地建设。

沥青混合料拌和设备按工艺流程还可分为连续强制式和间歇滚筒式。

国外部分沥青混合料拌和设备见表3-3~表3-15。国产部分沥青混合料拌和设备见表3-16。

德国泰尔托(Teltomat)沥青混合料搅拌设备主要技术性能参数表　　表3-3

项　　目	单位	Teltomat60	Teltomat100	Teltomat120	Teltomat160	Teltomat200	Teltomat240
产量	t/h	40~60	60~100	100~120	120~160	160~200	200~240
冷料斗数目	个	4	6	6	8	8	10
冷料斗容积	m^3	5.5	8	8	10	10	12
干燥筒直径	mm	1 700	2 156	2 156	2 200	2 400	2 400
干燥筒长度	mm	7 000	7 000	7 000	10 000	10 500	10 500
干燥筒驱动功率	MW	6.3	10	10	16	18	20
干燥筒热效率	%	>85	>85	>85	>85	>85	>85
除尘设备抽气量	m^3/h	18 000	30 000	30 000	42 000	53 000	62 000
除尘设备过滤面积	m^2	350	440/410	440/410	600/552	760/712	880/832

续上表

项　　目	单位	Teltomat60	Teltomat100	Teltomat120	Teltomat160	Teltomat200	Teltomat240
筛分机型号		HN10/24	HN12/33	HN14/33	HN16/33	HN20	HN22
热料仓格数	个	4	4	5	6	6	7
热料仓容积	t	9.9	16	50	75	80	100
搅拌机搅拌能力	kg/批	900	1 200	1 450	2 200	3 000	3 000
成品仓容量	t	30	80	160	160	200	330
控制系统		PC 或继电器	PC 或继电器	PC 或继电器	PC	PC	PC

注：产品性能或型谱：Teltomat60、Teltomat100、Teltomat120、Teltomat160、Teltomat200、Teltomat240。

法国埃尔蒙(ERMONT)沥青混合料搅拌设备主要技术性能参数表　　表 3-4

形式	连　续　式					间　歇　式				
型号	RM40	RM80	RM120	RM160	RM200	RB40	RB80	RB120	RB160	RB200
生产能力(t/h)	40	80	120	160	200	40	80	120	160	200
搅拌机参数	ϕ1.1m	ϕ1.3m	ϕ1.5m	ϕ1.7m	ϕ1.9m	500kg	1 000kg	1 500kg	2 000kg	2 500kg
半挂拖车数	1	1	1	1	1	2	2	2	2	2

注：产品性能或型谱：RM 系列：RM40、RM80、RM120、RM160、RM200；

RB 系列：RB40、RB80、RB120、RB160、RB200。

德国边宁荷夫(BENNINGHOVEN)沥青混合料搅拌设备主要技术性能参数表　　表 3-5

项　　目	单位	MBA80	MBA120	MBA160
冷料供给装置				
料斗尺寸($L\times W\times H$)	mm	3 950×2 500×3 400		
料斗容量	m^3	6(4 个)	6(4 个)	8(4 个)
皮带输送机	t/h	60	60	100
驱动电动机	kW	1.1	1.1	2.2
干燥滚筒				
生产能力(3% 含水率)	t/h	75	125	185
生产能力(5% 含水率)	t/h	65	100	155
滚筒长度	mm	7 000	8 000	8 000
滚筒直径	mm	1 600	1 800	2 200
滚筒驱动电动机	kW	18.5	22	37
燃烧器型号		RJ1(油)	RJ2(油)	RJ3(油)
燃油量	kg/h	125～500	200～800	350～1 400
袋式除尘器				
布袋面积	m^2	340/320	476/436	630/590
引风机电机	kW	45	75	90
排气容量	Am^3/h	30 800	4 620	58 800
搅拌装置				
振动筛(二层，四种集料尺寸)	(t/h)/kW	80/11	120/11	145/11
燃料斗容量	t	20	20	20

续上表

项　目	单位	MBA80	MBA120	MBA160
集料称容量	kg	1 000	1 600	2 000
沥青称容量	kg	100	160	200
填充料称容量	kg	150(2 合)	240(2 合)	300(2 合)
搅拌器容量	kg	1 000	1 600	2 000
搅拌电机(54r/min)	kW	22	37	2×22
生产量(每批 45s)	t/h	80	128	160
沥青供给装置				
容量	L	2×40 000	2×40 000	2×40 000
导热油加热器型号		TR25	TR25	TR25
热输出能力	kW(kcal/h)	291(25 000)	291(25 000)	291(25 000)
填充料装置				
粉尘回收储罐	m^3	20	20	20
外购石粉储罐	m^3	20	20	20
成品料储存仓				
总容量	t	45	45	45
备用斗	个	1	1	1

注:产品性能或型谱:MBA80、MBA120、MBA160、TBA、BA。

韩国斯贝柯(SPECO)沥青混合料搅拌设备主要技术性能参数表　　表 3-6

项　目		单位	TSAP1000AS	TSAP1300AS	TSAP1500AS	TSAP2000AS	TSAP3000AS
产量		t/h	80	104	120	160	240
冷料仓容积		m^3/个	5(4 个)	8(4 个)	12(5 个)	12(5 个)	12(5 个)
皮带输送机产量		t/h	100	120	130	180	320
干燥筒(直径×长度)		mm	ϕ1 600×7 000	ϕ1 600×7 000	ϕ2 000×7 500	ϕ2 250×8 480	ϕ2 750×9 000
干燥筒燃烧器		L/h	146～728	185～900	215～1 074	291～1 456	437～2 184
涡轮鼓风机	鼓风量	m^3/min	150	185	220	300	450
	数量	个	1	1	1	1	1
干燥鼓风机	直径×长度	mm	2 300×6 550	2 000×7 800	2 000×7 800	2 000×7 800	2 300×7 500
	数量	个	1	1	2	2	
排风扇		m^3/min	570	570	800	1 140	1 400
袋式除尘器		m^2	342	342	479	684	858
热料提升机产量		t/h	100	120	130	180	320
振动筛			振动筛,可适用于 4 或 5 种粒径的集料				
热料仓容积		m^3	6	6	16	24	37
集料称		kg	1 000	1 300	1 500	2 000	3 000
粉料/粉尘称		kg	200	200	300	300	500
沥青称		kg	200	200	300	300	500
粉料/粉尘提升机		t/h	12	12	15×2	18×2	30×2

续上表

项目		单位	TSAP1000AS	TSAP1300AS	TSAP1500AS	TSAP2000AS	TSAP3000AS
螺旋输送器		t/h	12～16	12～16	22×2	27×2	30×2
粉料/粉尘过渡仓		m^3	0.5	0.5	0.75×2	0.9×2	0.9×2
沥青喷射泵		L/min	500	500	700	900	900
沥青供应泵		L/min	300	300	500	500	900
沥青罐		L×个	30 000×1	30 000×1	30 000×2	30 000×2	30 000×2
燃油罐		L×个	25 000×1	25 000×1	30 000×1	30 000×1	30 000×1
导热油加热器		10^5kJ (10^5kcal)	37.681 2 (9)	37.681 2 (9)	37.681 2 (9)	37.681 2 (9)	37.681 2 (9)
搅拌机	形式		双卧轴强制式	双卧轴强制式	双卧轴强制式	双卧轴强制式	双卧轴强制式
	产量	kg/批	1 000	1 300	1 500	2 000	3 000
温度传感记录			3点	3点	3点	3点	3点
控制系统			中文全电脑自动控制，全自动故障诊断系统				

注：产品性能或型谱：500AS、800AS、1000AS、1300AS、1500AS、2000AS、3000AS。

德国威宝(WIBAU)沥青混合料搅拌设备主要技术性能参数表 表3-7

项目		单位	WHC50	WKC100	WKC130	WKC160
生产量		t/h	50	100	130	160
滚筒	形式		逆流式			
	长度	mm	6 000	8 000	8 000	8 000
	直径	mm	1 400	1 800	2 000	2 200
除尘器	形式		高压清理式布袋滤清器			
	过滤面积	m^2	277	525	602	710
	除尘效率	%	99.9	99.9	99.9	99.9
筛网		层	4	4	4	4
搅拌器	搅拌形式		双轴强制式			
	搅拌量	kg	660	1 500	1 500	2 000

注：产品性能或型谱：WHC50、WKC100、WKC130、WKC160。

韩国东成(DONG SUNG)沥青混合料搅拌设备主要技术性能参数表 表3-8

项目		单位	DSAP 25	DSAP 500	DSAP 800	DSAP 1000	DSAP 1300	DSAP 1500	DSAP 2000	DSAP 2500	DSAP 3000	DSAP 5000
搅拌能力		t/h	20～30	30～40	40～60	60～80	80～104	90～120	120～160	160～100	200～240	240～400
干燥筒尺寸	直径	mm	1 016	1 300	1 550	1 600	1 800	2 000	2 200	2 540	2 700	3 000
	长度	mm	5 000	4 572	6 000	7 000	7 500	7 500	8 400	8 700	9 500	12 000
称量系统	石料	kg	300	500	800	1 000	1 300	1 500	2 000	2 500	3 000	5 000
	沥青	kg	50	80	120	150	200	300	400	400	500	800
	粉料	kg	50	80	120	150	200	300	400	400	500	800
搅拌机		kg/批	连续式	500	800	1 000	1 500	1 500	2 000	2 500	3 000	5 000
装机容量		kg	90	110	130	207	224	317	450	650	750	1 000

注：产品性能或型谱：DSAP500、DSAP1000、DSAP1500、DSAP2000、DSAP2500、DSAP3000、DSAP5000。

日本(株)新泻铁工(NIIGATA)沥青混合料搅拌设备主要技术性能参数表 表 3-9

产品型号	生产能力(t/h)	产品型号	生产能力(t/h)
NP200	10	NDP40	35 ~ 40
NP600	36 ~ 48	NDP60	50 ~ 75
NP800	48 ~ 64	NDP100	85 ~ 120
NP1000	64 ~ 80	NDP150	130 ~ 180
NP1200	72 ~ 100	NDP200	175 ~ 240
NP1500	90 ~ 120		
NP2000	120 ~ 160		
NP3000	180 ~ 225		

注：产品性能或型谱：NP200、NP600、NP800、NP1000、NP1500、NP2000、NP3000、NDP40、NDP60、NDP100、NDP150、NDP200。

日本田中铁工(NIIGATA)沥青混合料搅拌设备主要技术性能参数表 表 3-10

项目			单位	TAP500	TAP600	TAP800	TAP1000	TAP1500	TAP2000	TAP3000
标准生产能力(湿拌时间 25s,80 批/h)			t/h	42	48	64	80	120	160	240
供给装置	冷料传送器(MAX)		t/h	60	70	90	110	160	220	320
	热提升机(MAX)		t/h	70	70	110	110	220	220	340
集料加热装置	烘干器	直径	m	1.3	1.4	1.55	1.8	2	2.3	2.75
		筒长	m	4.5	4.57	6	7	7.5	8.5	9
	最高容许烘干速度		t/h	55	65	90	110	160	220	320
	燃烧器型号			LO—30	LO30—A	LO—35	LO—40	LO—45	LO—50	LO—60
	经济油耗		L/h	280	300	450	560	840	1 120	1 680
振动筛装置	振动筛形式			里普尔费劳式						低头式
	100% 通过量		t/h	60	70	90	110	160	220	320
	筛网形式(层)			3.5	3.5	3.5	3.5	3.5	3.5	4
	热储仓有效容积		m^3	2.8	2.8	3.5	8.2	13	20	30
填料供给装置	提升机(MAX)		t/h	5.8	5.8	7.5	10.2	15	22	30
	螺旋输送机		t/h	6.7	6.7	7	12.7	24.6	24.6	27
沥青供给装置	传送泵		L/min	190	190	240	300	390	600	800
	喷雾泵		L/min	190	190	305	615	615	760	900
计量装置	集料计量器		kg	600	600	800	1 000	1 500	2 000	3 000
	填料计量器		kg	100	100	150	200	300	300	500
	沥青计量器		kg	100	100	150	200	300	300	300
拌和装置	长轴短臂式拌和机		kg	500	600	800	1 000	1 500	2 000	3 000
控制装置	控制盘形式			mini100 U2001 SAPUC 550B 电脑控制盘						
	空压机		L/min	400	400	900	900	900	900	900
沥青储备装置	标准配置		t	30 × 1	30 × 1	30 × 2	30 × 2	30 × 2	30 × 3	30 × 4
矿粉罐	标准配置		m	30	30	30	30	45	45	45
一级除尘装置	形式			倒推旋风式						
	粉尘收集率		%	60(0.074 以下粒径 12.5%)				50(0.074 以下粒径 11%)		

续上表

项目		单位	TAP500	TAP600	TAP800	TAP1000	TAP1500	TAP2000	TAP3000
二级除尘装置	形式		TAP—LB　TAP—LW						
	袋式除尘面积	m^2	260		300		380	510	760
	布袋清洗方式		高压脉冲瞬间清洗						
额定功率	沥青加热器	kW					343	430	633
	沥青导热油加热	kW	138	145	172	225	260	344	520
沥青加热装置	电加热		每只罐由加热丝加温，污染性小，直接自动控温						
	导热油加热	10^4 cal	20～40		40～60		60～90		
附件			冷储仓及送料器、燃油罐、打印机、保护系统、各种液压材料输送系统						
选构件			40～100 热拌混合料储罐						

注：产品性能或型谱：TAP500、TAP600、TAP800、ATP1000、TAP1500、NP3000。

美国斯坦斯蒂尔(STANSTEEL)沥青混合料搅拌设备主要技术性能参数表　　表 3-11

项　　目	单位	TM50	TM40 TM40S	TM30 TM30S	RM80	RM60	备注
额定生产率	t/h	180～200	160～180 124～144	107～120 88～108	280	215	标准工况
集料计量精度	%	±0.4	±0.4	±0.4	±0.4	±0.4	
沥青计量精度	%	±0.3	±0.3	±0.3	±0.3	±0.3	
粉尘浓度	mg/m^3	≤20	≤20	≤20	≤20	≤20	二级除尘
沥青针入度损失	%	≤15	≤15	≤15	≤15	≤15	
出料温度稳定精度	℃	±4	±4	±4	±4	±4	
冷料斗数	个	4	4	4	4～6	4～6	
单个冷料斗平斗体积	m^3	9.4	9.4	9.4	11.3	11.3	
干燥筒尺寸(直径×长度)	m	2.14×7.63	2.14×7.63	1.83×6.71	2.44×10	2.42×9.1	
振动筒尺寸(长度×宽)	m	3.66×1.22	3.66×1.22	3.05×1.22		筛网面积 $24m^2$	
热拌仓容量	t	4 室 15t	4 室 15t	4 室 15t		4 室 53t	
搅料锅容量	t	2.52	1.818	1.363	3.63	2.727	
布袋面积	m^2	631	631	631	817	817	

注：产品性能或型谱：TM50、TM40、TM40S、TM30、TM30S、RM80、RM60。

美国阿斯泰克(ASTEC)双滚筒连续式沥青混合料搅拌站主要技术性能参数表　　表 3-12

项　　目	单位	DDC—528C	DDC—633C	DDC—738C	DDC—839C	DDC—947C	DDC—1049C
产量	t/h	130	200	300	400	450	500
布袋除尘器通风量	m^3/min	590	850	1 270	1 650	2 120	2 470
燃烧器热值	kJ	4.748×10^7	7.913×10^7	1.0127×10^7	1.2238×10^8	1.5826×10^8	2.110×10^7

注：产品性能或型谱：DDC—528C、DDC—633C、DDC—738C、DDC—839C、DDC—947C、DDC—1049C。

英国 GENCOR ACP 沥青混合料搅拌站主要技术性能参数表 表 3-13

项　目	单位	T1000	T1500	T2000	T3000	T4000
生产能力	t/h	80	120	160	240	320
拌缸能力	kg	1 250	1 500	2 250	3 250	4 250
拌缸动力	kW	2×15	2×18	2×22	2×37	2×45
筛子尺寸	m	1.2×3.7	1.5×4.3	1.8×5.0	3.3×2.2	4.0×2.2
集料仓	t	20	30	40	50	70
筒体尺寸	m	1.5×7.0	1.8×8.0	2.2×9.0	2.5×10	2.8×11

注:产品性能或型谱:TITAN1000、TITAN2000、TITAN3000、TITAN4000、RM1000、RM1500、RM2000。

意大利博纳地(BERNARDI)沥青混合料搅拌设备主要技术性能参数表 表 3-14

项　目	单位	MIC S75—E175	MIC S100—E200	MIC S125—E200	MIC S175—E220	MIC S225—E220	MIC S225—E250
产量	t/h	100~120	140~160	150~175	190~200	195~225	240~265
滚筒直径	m	1.75	2	2	2.2	2.2	2.5
滚筒长度	m	8	8	8	9	9	9
滚筒驱动电动机功率	kW	22	37	37	45	45	55
拌缸填充率	%	57	57	57	57	57	57
拌缸净容量	L	1 125	1 570	1 825	2 082	2 877	2 877
拌和质量	kg	1 220	1 670	1 950	2 225	2 950	2 950
拌和周期	s	40	40	40	40	40	40
拌缸电机功率	kW	35	45	55	55	45×2	45×2
除尘风机功率	kW	75	95	95	110	110	132
除尘能力	m^3/h	37 000	50 000	50 000	62 000	82 000	82 000
布袋过滤面积	m^3	385	494	495	605	605	770
冷料斗数量	个	4	4	4	4	4	4
粉料仓数量	个	2	2	2	2	2	2
成品料仓容积	m^3	40	40	60	60	85	85
沥青罐容积	m^3	50+50	50+50	50+50	50+50	50+50	50+50
导热油锅炉	kW	291	291	291	291	291	291
计量系统误差	%	<0.3	<0.3	<0.3	<0.3	<0.3	<0.3
标准电压/频率	V/Hz	380/50	380/50	380/50	380/50	380/50	380/50
装机总容量	kg	280	320	350	380	486	550

注:产品性能或型谱:

①博纳地(BERNARDI)沥青混凝土搅拌站干燥滚筒系统:E130、E150、E175、E200、E250、E275、E300、E330。

②博纳地(BERNARDI)沥青混凝土搅拌站拌和楼系统:MIC S60、MIC S75、MIC S100、MIC S125、MIC S175、MIC S225、MIC S300、MIC S400。

③博纳地(BERNARDI)沥青混凝土搅拌站常用型号:MIC S75—E150(85~105t/h)、MIC S75—E175(100~120t/h)、MIC S100—E175(120~140t/h)、MIC S100—E200(140~160t/h)、MIC S125—E200(150~175t/h)、MIC S175—E200(150~190t/h)、MIC S225—E220(195~235t/h)、MIC S225—E250(240~265t/h)、MIC S300—E275(300~320t/h)。

瑞士阿曼(AMMANN)沥青混凝土搅拌设备主要技术性能参数表　　表3-15

项　目	型　号					主要特点
	A—80(U)	A—120(U)	A—160(U)	A—240(U)	A—300(U)	
产量	80t	120t	160t	240t	300t	在标准工况下每小时的实际产量
批次	1t	1.5t	2t	3t	4t	
冷集料仓	ADL80	ADL140	ADL200	ADL200G	ADL400	给料均匀、准确、平稳,配有给料信息反馈系统
烘干筒	T1760A	T2070A	T2280A	T2590A	27100	采用摩擦驱动。配有弹性变形热补偿系统。特殊叶片布置,80mm外包保温层及防腐铝板,热效率高
燃烧筒	AMMANN 620	AMMANN 925	AMMANN 1210	AMMANN 1800	AMMANN 2350	采用阿曼的专利技术设计,自控点火系统和自动控制燃烧油气化,配消声装置,燃烧、启动平稳,调节比1:6
除尘装置	AMMANN F	AMMANN F	AMMANN F	AMMANN F	AMMANN F	整体式,易搬迁。采用带预分离器的二级除尘装置。工作温度150~200℃,瞬时可达220℃。系统外包80mm保温层及防腐铝板
搅拌器	MEA 80/120	MEA 80/120	MEA 160/240	MEA 160/240	MEB	搅拌轴、桨、臂均用耐磨GX300CrMo15材料制造,填充率为10%~65%
筛分装置	AMMANN SA	AMMANN SA	AMMANN SB	AMMANN SB	AMMANN SC	采用双卧轴椭圆振动形式,外置式振动轴,免维护油浸轴承。筛分均匀彻底,使用寿命长
称量系统	AMMANN	AMMANN SA	AMMANN SB	AMMANN SB	AMMANN SC	集料和矿粉称量精度 < ±0.4%;沥青 < ±0.3,采用二次计量,精度高。有落料自动补偿装置
控制系统	AS2000 PLUS	AS2000 PLUS	AS2000 PLUS	AS2000 PLUS	AS2000 PLUS	世界上最先进的控制系统,250种混合料配方供选用。操作可靠方便,监测直观。带错误操作报警系统和故障自诊断系统。可采用全自动或手动控制

注:产品性能或型谱:

①GLOBE系统:A—80/ A—120/A—160/A—240/A—300、A—80U/A—120U/A—240U/A—300U。

②EURO系统:A—80/ A—120/A—160/A—240/A—300、A—80U/A—120U/A—240U/A—300U 。

③UNTVERSAL系统:A—240U/A—350U/A—600U。

④HOT-STOCK系统:DMAISO/DMA200/ DMA300。

⑤KOMPAKT系统:AMEK70;AE0101。

国产沥青混凝土搅拌设备部分产品目录　　表3-16

型　号	形式	生产能力(kg/锅)[t/h]	干燥滚筒尺寸 直径×长度(mm)	燃料耗量(kg/t,成品)	出料温度(℃)	计算精度	成品料仓容量(t)	整机质量(t)	总功率(kW)	制造厂
HHB25	滚筒式	25	ϕ1 200×4 800	燃油≤7 燃煤≤16	100~150	油石比 < ±0.5%	5	(柴油机)13.6	燃油44 燃煤58.8	交通部郴州筑路机械厂
DHHB25	滚筒式	25	ϕ1 200×4 800	燃油≤7 燃煤≤16	100~150	油石比 < ±0.5%	5	(电机)14.6	燃油60.7 燃煤75.7	交通部郴州筑路机械厂
DHNB40	滚筒式	40	ϕ1 200×5 200	燃油≤7 燃煤≤16	100~150	油石比 < ±0.5%	5		燃油86 燃煤110	交通部郴州筑路机械厂

续上表

型号	形式	生产能力(kg/锅)[t/h]	干燥滚筒尺寸直径×长度(mm)	燃料耗量(kg/t,成品)	出料温度(℃)	计算精度	成品料仓容量(t)	整机质量(t)	总功率(kW)	制造厂
DHNB80	滚筒式	80~100	ϕ1 800×8 000	燃油≤7	130~165	油石比<±0.5%	40	88	175	交通部郴州筑路机械厂
LYB200	滚筒式	2	ϕ900×1 200(再生式)	5~7	120~150			1.6	7.36	安徽省公路机械厂
LYB300	滚筒式	3	ϕ1 095×1 450(再生式)	5~7	120~150			2.0	13	安徽省公路机械厂
LYB500	滚筒式	5	ϕ1 250×600(再生式)	5~7	120~150			3.2	16.2	安徽省公路机械厂
LJB1000	间歇强制	60~80	ϕ1 500×6 500	燃油≤7		沥青±0.5% 粉料±1.0% 集料±0.5%		130	284.7	交通部郴州筑路机械厂
LB30	间歇强制	500[30]		燃油		砂石料 粉料±0.5% 沥青		40	100	交通部西安筑路机械厂
LB500	间歇可搬	500[30~40]		燃油		砂石料 粉料±0.5% 沥青		50	130	交通部西安筑路机械厂
LB1000	间歇可搬	1 000[60~80]	ϕ1 500×6 500	燃油		砂石料 粉料±0.5% 沥青		130	350	交通部西安筑路机械厂
LB2000	间歇可搬	2 000[120~160]	ϕ2 200×8 000	燃油		砂石料 粉料±0.5% 沥青		200	510	交通部西安筑路机械厂
M3000	间歇移动	3 000[180~240]	ϕ2 300×9 500	燃油		砂石料 粉料±0.5% 沥青		245	725	交通部西安筑路机械厂
LJB30	间歇强制	500[30~40]		燃油						镇江华通机械集团公司路机总厂
LQB1200	间歇强制	1 200[100]		燃油≤7		油石比<±0.5%	100		320	沈阳路达筑路机械制造厂
LQB3000	间歇强制	3 000[200]		燃油≤7		油石比<±0.5%	200		600	沈阳路达筑路机械制造厂

续上表

型　号	形式	生产能力(kg/锅)[t/h]	干燥滚筒尺寸直径×长度(mm)	燃料耗量(kg/t，成品)	出料温度(℃)	计算精度	成品料仓容量(t)	整机质量(t)	总功率(kW)	制造厂
QLB30	间歇强制	[30]		柴油5~7 煤12~15	120~160				42	无锡县新安交通工程机械厂
QLB60	间歇强制	[60]		燃油≤7	120~160				75	无锡县新安交通工程机械厂
LB	间歇强制	[8~100] 6种	(800~1 800)×(5 000~7 000)	柴油5~7 煤12~15	120~160				62~235	无锡县新安交通工程机械厂
LJGY10	连续滚筒(移动)	[10]		燃油5.5	130~160				14.4	惠州市公路局机械修造厂
SLHB	双滚筒(移动)	[8~60] 5种		柴油4.5~5 煤8~10	120~170			4.1~20	17.4~128	福建泉州筑路机械厂
LJQ60	间歇强制	60		柴油4.5~5 煤8~10	120~170			20	106	福建泉州筑路机械厂
LJY40	间歇强制	500 [40~50]		燃油≤7	140~160	热料±1.0% 沥青±0.5% 油石比±0.5%		55	120	云南公路机械修配厂
LJ	间歇强制	[40~150] 4种		燃油<7		砂石±0.5% 粉料±0.5% 沥青±0.5%				北京八方沥青混凝土技术设备开发有限公司
TAP—LB TAP—LW	间歇强制	500~3 000 [30~240] 7种	(1 300~2 750)×(4 500~9 000)							新建工程机械株式会社
LQC160	间歇强制	2 250 [160]	2.2×8			集料±0.5% 粉料0.33% 沥青±0.33%			440	徐州工程机械厂

3. 沥青混合料摊铺设备

沥青混合料摊铺机按摊铺宽度可分为小型、中型、大型、超大型等四类。摊铺宽度一般为900~3 600mm。小型摊铺机主要用于低等级公路的路面养护和城市狭窄道路的修筑工程。中型摊铺机主要用于一般公路路面的修筑工程，也可用于路面的养护作业。大型摊铺机主要用于高等级公路路面施工。超大型摊铺机的最大摊铺宽度为12 000mm，主要用于高速公路、机场、码头、广场等大面积沥青混合料路面施工。使用有自动找平装置的超大型(包括大型)摊铺机摊铺路面时,纵向接缝少,整体性及平整度好,尤其是摊铺路面表层效果最好。

沥青混合料摊铺机按行走方式分为拖式和自行式两类。其中自行式又分为履带式和轮台式两种。拖式摊铺机是将接料、输料、分料和熨平等工作装置安装在一个特制的机架上,摊铺作业是靠运料自卸车牵引或顶推进行。其结构简单,制造、使用成本低,但摊铺能力小、质量低。所以,拖式摊铺机仅适用于低等级公路的路面养护作业。履带式摊铺机一般为大型或超大型摊铺机,其优点是接地压强小,附着性能好,摊铺作业时运行平稳,无打滑现象。其缺点是机动性差,对路基凸起物吸收能力差,弯道作业时铺层边缘不够圆滑,且结构复杂,制造成本较高。履带式摊铺机用于大型路面工程的施工。轮台式摊铺机靠轮胎承受整机重力,并提供附着力。它的优点是转场运行速度较高,机动性好,对路基凸起物吸收能力强,弯道作业易形成圆滑的边缘。其缺点是附着力较小,在摊铺宽度较大、铺层较厚的路面时,有可能产生打滑现象。此外,它对路基起伏较敏感,需要自动找平装置来协助,以提高路面平整度。轮胎式摊铺机可用于各种道路的路面修筑及养护作业。

沥青混合料摊铺机按传动方式可分为机械式和液压式两类。机械式传动的摊铺机,其行走驱动、输料传动、分料传动、转向传动等均用机械传动方式。液压式传动的摊铺机,其行走驱动,输料和分料传动、熨平板延伸、熨平板和振捣器的振动等采用液压传动方式。液压和全液压传动的摊铺机均设有自动找平装置,具有良好的使用性能和较高的摊铺质量,广泛应用于高等级公路的路面施工。

沥青混合料摊铺机按熨平板延伸方式可分为机械加长式和液压伸缩式两种。机械加长式熨平板是用螺栓将基本(最小摊铺宽度的)熨平板与加长的熨平板组装成施工所需的作业宽度。大型和超大型摊铺机多采用机械加长式熨平板,其最大摊铺宽度可达12 500mm。液压伸缩式熨平板是用液压缸伸缩、无极调整其工作长度。它调整方便,在摊铺宽度变化的施工中更显示其优越性。但是,熨平板的整体刚度较差,分料螺旋不能贯穿整个摊铺槽,有可能因混合料不均而影响摊铺质量。因此,液压伸缩式熨平板最大作业宽度一般不超过8 000mm。

沥青混合料摊铺机按熨平板的加热方式可分为电加热、液化石油气加热和燃油加热等三种形式。电加热是由摊铺机的发动机驱动专用发电机产生的电能来加热其熨平板。液化石油气主要用丙烷加热方式。燃油加热装置主要由燃油泵、喷油嘴、自动点火控制器和鼓风机等组成。

国内外部分沥青混合料摊铺设备见表3-17和表3-18。

4. 压实机械

压实机械按工作机构的作用原理分为以下几种主要类型。

(1)静作用碾压机械

碾压滚轮沿被压材料表面反复滚动,靠自重产生的静力作用,使被压层产生永久变形达到压实目的。静力式压路机的分类如下:

①按结构质量,分为轻型(加载后质量≤5t)、中型(6~10t)、重型(12~15t)和特重型(≥16t)。

②按碾压轮的结构特点,分为刚性光轮及轮胎压路机。

③按行驶方式,分为自行式和拖式压路机。

④按碾压轮数量,分为单轮、双轮和三轮压路机。

⑤按驱动轮的数量,分为单轮驱动、双轮驱动或三轮驱动压路机。

部分国外沥青混凝土摊铺机主要技术参数

表 3-17

机 型	制 造 公 司	摊铺宽度(m)		摊铺厚度(mm)	尺寸(mm)		自重(kg)	摊铺速度(m/min)	行驶速度(km/h)	发动机额定输出功率(kW/r/min)
		标准	最大		长	宽				
SA190(履)	巴伯格林(BARBER GREENE)	2.40	3.00	0~305	6 350	3 350	17 480	0~60	0~9.70	101/—
SB111(轮)		2.40	—	0~203	4 620	3 050	6 950	0~30	0~22.50	49/—
SB170(轮)		3.00	8.50	12~305	6 420	3 050	15 200	0~66	0~27	112/2 200
PF220(轮)	部洛劳克期(BLAW KNOX)	3.60	12.20	6~254	6 480	3 660	19 900	0~43.90	0~17.80	115/2 100
PF500(履)		3.00	8.80	6~305	5 590	3 050	13 200	0~44.50	0~9.60	81/2 200
PF22(轮)		2.40	3.60	6~152	3 610	2 500	4 300	0~18.20	0~6.40	16.55/1 800
AP1000(轮)	CMI 公司	3.00	8.50	0~254	6 250	3 050	14 300	—	0~0.20	104/—
TA(轮)	伊地埃顿奈尔(E. D. ETNYRE)	2.40	—	0~127	5 460	2 440	7 750	0~30	0~29	66/—
75(轮)		0.80	2.40	0~127	4 420	2 440	4 060	0~8.50	0~29	33/—
BSF120(履)	阿衣华制造公司(IOWA MFG. CO.)	1.80	3.00	0~254	5 000	3 050	11 350	0~32.30	0~6.40	57/—
BSF3R(轮)		1.80	3.00	0~254	5 490	3 050	12 260	0~46	0~21.00	79/—
800(轮)	利伯伊制造公司(LEE BOY MFG CO.)	2.40	—	0~152	2 340	2 640	2 720	0~36.60	0~4	13/—
900(轮)		2.70	—	0~152	2 340	2 640	3 180	0~36.60	0~4	13/—
701(轮)	米德兰机械公司(MIDLAND MCHY. CO.)	2.40	3.00	0~304	8 000	3 350	17 250	0~39	0~12.90	121/—
12(履)	波特克(PORTEC)	2.40	3.00	0~254	5 380	3 050	11 120	0~31	0~4.30	51/—
T450D(履)	帕克特兄弟制造公司(PUCKETT BROS. MFG. CO.)	1.40	2.70	0~152	2 210	3 000	2 600	0~21	0~1.3	17/—
S170	沃格勒(VOGELE)	2.50	6.00	0~300	5 500	2 500	14 300	0~25.20	0~3.80	58/2 500
S2000(履)		3.00	12.00	0~300	5 700	3 000	25 000	0~20	0~3.60	165/2 500
PT280	酒井重工业	1.80	2.80	10~100	4 280	1 890	4 900	0~14	0~7	16/2 400
HA36—Ⅱ	住友重机械工业	2.40	4.00	10~150	4 870	2 470	7 400	2.50~14.50	0~16.50	27.58/1 950
HA45C—Ⅱ		2.40	4.50	10~150	4 890	2 500	10 400	2.50~11	0~3.90	28/1 950

续上表

机型	制造公司	摊铺宽度(m)		摊铺厚度(mm)	尺寸(mm)		自重(kg)	摊铺速度(m/min)	行驶速度(km/h)	发动机额定输出功率(kW/r/min)
		标准	最大		长	宽				
MT—FC4V	东京工业	2.40	4.20	10~150	4 860	2 490	8 000	1.60~9.70	0~4.80	21.7/1 800
MTF—50NV		2.40	6.00	10~150	5 350	2 490	11 500	0~10	0~4.80	42/1 800
NF36TD	新泻铁工所	2.50	3.60	6~150	4 590	2 500	7 500	2.40~17.60	0~3.70	23/1 800
NFW220(轮)		2.50	4.50	10~250	5 260	2 490	9 200	1.40~11.20	0~15.80	43/1 800
NF221(履)		2.50	5.00	10~250	5 430	2 490	1 080	1.50~10.90	0~6.60	43/1 800
AF200C	范多机械	1.20	2.00	10~100	3 610	1 300	2 700	1.00~6.50	0~2.00	18/2 200
AF250W		1.55	2.50	10~100	3 980	1 550	3 900	2.20~5.60	0~14.00	18/2 200
PF18	掘田铁工所	1.80	—	10~125	1 310	1 910	500	8.00~35.00	—	2.57/1 800
PF22		2.20	—	10~125	1 360	2 310	570	8.00~35.00	—	2.57/1 800
MF30—2	三菱重工业	1.80	3.00	10~150	4 260	1 950	4 500	3.00~17.80	0~8.90	23.9/1600
MF90(履)		3.00	9.00	10~300	6 650	3 000	20 200	2.10~11.30	0~8.90	107/1 400
C—300	渡边机械工业	2.40	3.60	6~200	3 300	2 500	3 900	0~4.00	0~2.00	23.54/3 000
SP—50		1.40	3.00	6~100	3 090	1 600	2 900	0~5.00	0~2.70	23.54/3 000
HOES11011R(轮)	戴纳帕(DYNAPAC)	2.00	6.00	0~270	6 220	3 360	13 700	0~32	0~18	82/2 500
HOES11011K(履)		2.00	6.75	0~270	6 000	3 350	15 500	—	0~4.60	82/2 500
дC—113	原苏联	3.00	7.50	—	5 700	3 150	21 000	0.99~40.50	0~14.30	66/—
дC—114		3.00	12.00	—	7 000	3 150	23 000	0.96~10.20	0~13.90	96/—
дC—126		3.00	3.75	—	5 100	3 100	31 200	1.70~7.80	0~2.13	37/—
дC—126A		3.00	3.75	—	5 100	3 500	13 000	1.70~12.20	0~2.13	37/—
BB691S(履)	比泰利(BITELLI)	—	7.5	5~350	—	—	22 000	0~17	0~4	118/—
BB670(轮)		—	10	5~350	—	—	16 100	0~40	0~10	89/—
BB660D(轮)		—	7.1	5~350	—	—	14 800	0~45	0~14	107/—

续上表

机　型	制 造 公 司	摊铺宽度(m)		摊铺厚度(mm)	尺寸(mm)		自重(kg)	摊铺速度(m/min)	行驶速度(km/h)	发动机额定输出功率(kW/r/min)
		标准	最大		长	宽				
PF5500(履) PE5510(履)	布鲁诺克斯 (BLAW - KNOX)	2.44 2.44	12 12	6 ~ 305 6 ~ 305	— —	— —	— —	0 ~ 91.4 0 ~ 76	0 ~ 6.9 0 ~ 16.1	126/— 137/—
S1400(履) S1502(轮) S1800(履)	沃格勒 (VOGELE)	— — —	4.75 6.0 12.5	20 30 30	— — —	— — —	— — —	17 18 18	2.8 20 4.5	— — —
Titan423(履) Titan325(履) Titan273(轮)	ABG	— — —	— — —	300 300 300	— — —	— — —	25 600 20 000 15 900	— — —	— — —	126/2 300 126/2 300 87/2 300
F2W F8W/ F8W—4W F16C F18C/S	DYNAPAC	1.4 2 2.5 3	2.5 5 8.5 12.5	— — — —	— — — —	— — — —	4 000 9 700 17 700 17 800	— — — —	— — — —	24/— 54/— 79/— 161/—
DF90P DF40C/D5C DF110C DF140CS	DEMAG	2.3 1.2 2.5 3	5.3 3.1 7.2 12.5	— — — —	— — — —	— — — —	— — — —	— — — —	— — — —	80/— 29/— 78/— 148/—

部分国产沥青混凝土摊铺机主要技术参数 表3-18

型号	制造厂	摊铺宽度（mm）	摊铺厚度（mm）	发动机功率（kW）	作业速度（m/min）	行驶速度（km/h）	行走方式	料斗容量（m^3）	熨平板形式	总质量（t）	外形尺寸（长×宽×高，mm）
LLT45	交通部郴州筑路机械厂	2.8～4.5	10～120	35.3	3.5～7.5	18	轮胎式	6		9.8	
LTU4	交通部西安筑路机械厂	2.7～3.6	10～90	17.7	3～6	1.1	履带式	2.3		4	2 400×3 000×1 580
LTY4500	交通部西安筑路机械厂	1.5～4.5	最大120	44	0～10.4	0～16.5	轮胎式		液压伸缩	8.1	
LT6CA	交通部西安筑路机械厂	2.8～4.5	10～120	35	2.82～5.84	16.7	轮胎式	3	机械加长	10.15	5 300×2 834×2 490
LT6CB	交通部西安筑路机械厂	2.8～4.5	10～120	35	2.82～5.84	16.7	轮胎式	3	液压伸缩	11.15	5 300×2 834×2 490
LT5	交通部西安筑路机械厂	2.8～15	10～150	49	2.5～9.4	14	轮胎式	5.7	液压伸缩	12.3	
LTY8	交通部西安筑路机械厂	2～7.25	10～270	82	0～28	0～18	轮胎式	5.7	液压伸缩	15.56	6 675×2 685×3 545
GTLY7500	交通部西安筑路机械厂	2.5～7.5	10～300	82	1～19.6	0～3.6	履带式	5.7	高密压实	20	6 300×2 500×2 700
LT—100	四平联合收割机总厂	2.75～4.5	10～120	35.3	2.82～5.84	16.7	轮胎式	3		10.5	
2LTLZ4.5	镇江华通筑路机械总厂	2.5～4.5	10～250	46	2.84～20.74	2.15～15.19	轮胎式	5.5		9.98	5 550×4 494×2 425
LTL4500	镇江华通筑路机械总厂	2.5～4.5	10～250	46	1.5～6.3	2.1～12.3	履带式	5.5		11.2	5 746×4 494×2 450
LTU125	徐州工程机械厂	3～12.5	最大300	157	0～18	0～3.5	履带式	7		19.5～25.5	6 718×3 000×3 635
LTU90	徐州工程机械厂	3～8.5	最大300	121	0～18		履带式				
LTU80	徐州工程机械厂	3～8	最大300	94	0～18		履带式				
LTU60	徐州工程机械厂	2.5～6	最大300	86	0～18	0～5	履带式	6		14.5～16.5	5 800×2 500×3 650
LTL45	徐州工程机械厂	2.8～4.5	最大150	35	3.2～6.7	2.3～17.7	轮胎式	5.5		10	5 395×3 255×3 452
LT3550	腾州交通工程机械厂	2.15～3.55	10～120	22				2		6.3	
LT4550	腾州交通工程机械厂	2.5～4.55	10～120	35				3		9.5	
TITAN411	陕西建设机械厂	最大12	最大300	124	0～54		履带式	7	高密实度双振捣	23	5 997×2 500×3 700
TITAN351	陕西建设机械厂	最大8	最大300	79	0.9～20			6			
LTY7.5	石油地球物理勘探局物探特种车辆制造厂	3～7.5	10～300	92	0～18	0～20					

⑥按动力传动方式，分为机械传动式、液力机械传动式和全液压传动式压路机。

静力式压路机部分产品见表3-19。表3-20为部分自行式轮胎压路机参数。

静力式压路机部分产品目录 表3-19

型号	发动机			最小工作质量(t)	最大工作质量(t)	前后轮静线压力(N/cm)	压实宽度(mm)	最小回旋半径(mm)	行驶速度(km/h)	爬坡能力(%)	外形尺寸 长×宽×高(mm)	制造厂
	型号	功率(kW)	转速(t/min)									
2Y8/10	2135	29.5	1 500	8	10	330/490	1 250	6 000	1.8/3.6/7.2	14.3	4 608×1 540×2 515	洛阳建筑机械厂
3Y10/12A	2135K—1	29.5	1 500	10	12	320/740	2 100	6 300	1.6/3.2/5.4	14.3	4 290×2 155×2 115	洛阳建筑机械厂
3Y12/15A	4135C—1	58	1 500	12	15	390/940	2 130	6 350	2.2/4.4/7.5	14.3	4 460×2 215×2 115	洛阳建筑机械厂
2Y8/10	2135	29.5	1 500	8	10	330/490	1 250	6 000	1.8/3.6/7.2	14.3	4 608×1 540×2 515	徐州工程机械厂
3Y12/15B	4135C—1	58	1 500	12	15	460/900	2 130	6 500	2/4/8/15	20	4 738×2 130×2 750	徐州工程机械厂
3Y18/21	4135AK—2	73.5	1 500	18	21	542/1 170	2 320	6 500	2.3/4.4/7.9	20	5 156×2 320×2 760	徐州工程机械厂
2Y6/8	495Ay	36.76	2 000	6	8	216/323	1 450	5 900	2/4/7	20	4 305×1 762×2 250	上海工程机械厂
2Y8/10	495Ay	36.76	2 000	8	10	274/372	1 450	5 900	2/4/7	20	4 305×1 762×2 250	上海工程机械厂
3Y10/12	4315K—2c	58	1 500	10	12	320/800	2 100	5 900	1.7/3/6.8	20	4 655×2 125×2 650	上海工程机械厂
3Y12/15	4315K—2c	58	1 500	12	15	360/1 000	2 125	5 900	2/4/8.7	20	4 735×2 125×2 650	上海工程机械厂
2Y3/4	295L	17.6	2 000	3	4	172/240	1 010	4 000	2.2/5.6	14.3	2 750×1 308×2 300	安徽省公路机械厂
3Y12/15	4315K—2	58.8	1 500	12	15	422/951	2 130	5 900	1.9/3.2/7.5	20	4 635×2 135×2 650	安徽省公路机械厂
3Y15/18	4315AK—2	73.5	1 500	15	18	565/1 058	2 130	5 900	1.9/3.2/7.5	20	4 655×2 135×2 960	安徽省公路机械厂
3Y18/21	4315AK—2	73.5	1 500	18	21	577/1 080	2 370	6 500	2/3.4/8	20	5 120×2 376×2 960	安徽省公路机械厂

自行式轮胎压路机产品目录 表 3-20

型号	发动机		最大工作质量(t)	轴距(mm)	前后轮重叠量(mm)	压实宽度(mm)	最小离地间隙(mm)	最小转弯半径(mm)	轮胎布置	接地压力(kPa)	爬坡能力(%)	制造厂
	型号	功率(kW)										
YL16	4315K—2	59	16	3 800	>450	2 250	≥260	≤8 000	前4 后5	156~340	20	徐州工程机械厂
YL20	4315K—2	59	20	4 200	>750	2 290	≥270	≤9 000	前5 后4	300~400	20	徐州工程机械厂

(2)振动碾压机械

碾轮沿被压实表面既作往复滚动,又利用偏心质量 m 旋转产生的激振力,以一定的频率、振幅振动,使被压层同时受到碾轮的静压力和振动力的综合作用,给材料短时间的连续脉动冲击。

常见的振动压路机规格见表 3-21。表 3-22 为部分振动压路机参数。

自行式振动压路机规格系列 表 3-21

名称		基本参数与尺寸																		
		轻型								中型				重型				超重型				
工作质量(t)		1	1.5	2	2.5	3	3.5	4	4.5	5	6	7	8	10	11	12	14	16	18	20	22	25
振动轮	直径(mm)	400~1 000								800~1 650								≥1 500				
	宽度(mm)	500~1 300								1 100~2 150								≥2 100				
振动参数	振动频率(Hz)	33~60								25~60								20~40				
	激振力(kN)	14~55								35~250								≥150				
	理论振幅(mm)	0.3~1.5								0.3~3.7								1.0~4.0				
轴距(mm)		1 000~2 500								1 100~3 500								≥2 800				
爬坡能力		≥20%																				
最小离地间隙(mm)		≥160								≥250								≥335				
最高行驶速度(km/h)		≤15								≤25								≤15				

注:①四轮振动压路机的最小离地间隙允许减小 50%。

②爬坡能力指压路机在不起振状态下。

自行式振动压路机产品目录 表 3-22

型号	发动机			工作质量(t)	振动轮宽度(mm)	行驶速度(km/h)	振动频率(Hz)	振幅(mm)	激振力(kN)	外形尺寸 长×宽×高(mm)	制造厂
	型号	功率(kW)	转速(r/min)								
YZD4	2100Ly	24.2	2 200	3.6	1 090	2.8/7.7	42	0.54	振荡力矩 15.2kN·m	2 992×1 350 ×2 334	安徽省公路机械厂
YZZD8	495Ay	40.4	2 200	8	1 650	1.7/3.5/6.5/11	33	0.69	57	4 875×1 910 ×3 090	云南公路机械修配厂
YZJ16A	X6130G10	154	2 100	16	2 150	3.5/6/12.4	27	1.7	245	6 125×2 350 ×3 055	云南公路机械修配厂
YZJ20	WD615.61 G05	162	2 200	20	2130	0~9	26~33	0.9~1.8	240~320	6 100×2 560 ×3 200	云南公路机械修配厂

续上表

型号	发动机			工作质量(t)	振动轮宽度(mm)	行驶速度(km/h)	振动频率(Hz)	振幅(mm)	激振力(kN)	外形尺寸长×宽×高(mm)	制造厂
	型号	功率(kW)	转速(t/min)								
YZ12	4315AK—2	73.5	1 500	12	2 130	2.9/4.86/13.6	30	0.8～1.6	110～220	5 570×2 330×3 100	温州冶金机械厂
YZ/4A	4315AK—2	73.5	1 500	14	2 150	0～11	30	1.6	285	5 490×2 340×2 910	江阴交通工程机械厂
YZJ10B	4315AK—3	73.5	1 500	11	2100	2.6/5.3/16.2	29.8		172	5 530×2 356×3 100	中国第一拖拉机工程机械公司工程机械厂
DF—YZ10	4125G2	58.8	1 500	10	2 100	3/5/15	30	1.6	198	5 528×2 370×2 865	中国第一拖拉机工程机械公司工程机械厂
DF—YZ14	LR6105G28	73.5	2 000	14	2 150	3/5/14	32	1.6	270	6 085×2 400×2 862	中国第一拖拉机工程机械公司工程机械厂
YZZ10	F6L912Gb	80	2 400	10	1680	0～10	35～50	0.74～1.13	90～120		徐州工程机械厂
YZD12	F6L912Gb	80	2 400	12	2 135	0～6	30	1.7	200		徐州工程机械厂
YZC12	F6L912Gb	80	2 400	12	2 130	0～10	45～48	0.4～0.8	80～140		徐州工程机械厂
YZ14J	4315AK—2	73.5		14	2 130	2.37/4.41/8.11	28	1～2	137～270		徐州工程机械厂
YZ18	F66L913	115		18	2 130	0～10	27	1～1.8	135～270		徐州工程机械厂
YZ18J	6135—18a	142		18	2 130	2.5/4.6/8.5	28	1.9	300		徐州工程机械厂

三、施工机械的选型与配套

1.基层施工机械的组合

目前,我国公路基层厂拌法施工广泛采用的机械组合方式有以下几种。

A组合:拌和设备+自卸汽车+推土机+平地机+压路机。

B组合:拌和设备+自卸汽车+摊铺机+压路机。

(1)B组合的优势

①一次成型,能够满足厚度和高程要求。

②保持混合料级配均匀。

③能够保证在规定的时限内完成从加水拌和到碾压成型的全部工序。

④能够保持最佳含水率。

⑤能够节约材料,防止混合料丢失。

⑥作业速度较快。

⑦整体上看,经济效益高于A组合。

(2)A组合的缺陷

①工序较复杂。

②摊铺作业时间长,可能对水泥稳定类材料的初凝有影响。

③最佳含水率难以保持。

④厚度、均匀性和高程都难以保证。

⑤容易造成大粒料的丢失。

由此可见,A组合适合于二级以及二级以下公路基层厂拌法施工,B组适合高等级公路基层厂拌法施工。

路拌法施工采用的机械组合方式见表3-23。

基层施工机械选型配套 表3-23

作业内容	使用机械	适用场合
路拌法施工	石灰撒布机、稳定土拌和机、洒水车、振动压路机	用于二级以下的路面基层施工,对配合比要求严格的二级路不适宜
厂拌法施工	厂拌稳定土拌和设备、自卸车、稳定土摊铺机、振动压路机、洒水车	用于一级、二级汽车专用路和高速公路施工,对配合比要求严格的路也适用

2. 沥青面层施工机械组合

(1)主导机械的确定

在沥青混凝土面层的施工中,为了保证机械化施工的连续性,沥青混凝土搅拌设备、混合料运输车辆、沥青混凝土摊铺机的合理配合是一个关键,而面层成型的质量又与沥青混凝土搅拌设备和沥青混凝土摊铺设备的合理选配密切相关,并在很大程度上决定了沥青混凝土面层施工机群的生产率。故沥青混凝土面层施工中的第一主导机械是沥青混凝土搅拌设备,第二主导机械是沥青混凝土摊铺机。其施工工序及选用的机械设备见表3-24。

沥青混凝土面层施工工序及选用的机械设备 表3-24

施 工 工 序	施 工 机 械 及 设 备
沥青混凝土混合料的拌制	沥青混凝土搅拌设备(附设沥青脱桶设备、发电机组)
混合料的运输	自卸汽车
基层的检查及处理	有关检测仪器、沥青洒布车、乳化沥青机
沥青混合料的摊铺	沥青混凝土摊铺机
混合料的压实	静力光轮、轮胎、振动压路机
压实度及路面成型检测	有关检测仪器及数据处理器

(2)沥青混凝土搅拌设备的选型及设置

对于沥青混凝土搅拌设备,应根据工程量和工期选择其生产能力和移动方式(固定式、半固定式和移动式),且生产能力比摊铺能力小30%左右。高等级公路沥青混凝土面层的施工,应选用拌和能力较大的搅拌设备,以使其单位产品所消耗的人工、燃料和易损配件等费用较低,故应选用生产率在100t/h以上的沥青混凝土搅拌设备。

沥青混凝土搅拌厂一般包括原材料存放场地、沥青储存、熔化及加热保温设备、搅拌设备、试验室、办公用房及职工宿舍等。因搅拌设备工作中会产生较大粉尘及噪声等污染,故厂址不宜选在目前和将来的居民区,供电和排水应满足拌和要求。厂址离工地应愈近愈好,最大不超过40km,并应处于交通干线至少有7m宽路面道路的旁边。

搅拌设备的占地面积应能容纳工厂的所有设施,面积取值与设备的生产能力有关,见表3-25。场地形状以矩形为佳,场内各项设施的布置应协调。一般说来,设备的主体应布置在中央位置,办公楼、宿舍、试验室等房舍应位于厂进口处,并沿路边建造,砂石料堆场或储仓的设置应便于向搅拌设备供料,又便于车辆从外面运进和卸下砂石料,砂石料的储量以不少于3~5d工作需要为宜,矿料仓、沥青库和燃料罐等设施的布置也应以便于向主设备供送所需材料为准。配电间或发电机房应安置在较偏僻而又安全的地方,称量矿料及成品料的地方应设置于车辆的出口处。

沥青混凝土搅拌厂场地面积参考表 表3-25

生产能力(t/h)	搅拌器容量(间歇式)(kg)	场地面积(m^2)	生产能力(t/h)	搅拌器容量(间歇式)(kg)	场地面积(m^2)	生产能力(t/h)	搅拌器容量(间歇式)(kg)	场地面积(m^2)
60~70	1 000	6500	90~100	1 500	9 000	120~140	2 000	12 000

(3)沥青混凝土摊铺机的选型

在对沥青混凝土摊铺机进行选型时,应结合所铺筑沥青混凝土面层的宽度、厚度及技术要求进行考虑。在确定摊铺作业方式(以全幅式摊铺或梯队作业方式为宜)后,应选择精度高、故障率低的沥青混凝土摊铺机,所确定摊铺的型号、台数应与沥青混凝土搅拌设备的生产能力相适应。履带式沥青混凝土摊铺机的牵引力及接地面积都较大,可减少对下层的作用,对下层的平整度也不太敏感,故高等级公路沥青混凝土面层的铺筑,应优先考虑选择履带式沥青混凝土摊铺机。

沥青混合料摊铺机生产率由式(3-7)计算:

$$Q = hBv_0\rho K_B \tag{3-7}$$

式中:h——摊铺层厚,m;

B——摊铺带宽,m;

v_0——摊铺机摊铺速度,m/h;

ρ——沥青混合料密度,$\rho = 1.8 \sim 2.0 t/m^3$;

K_B——时间利用系数,$K_B = 0.75 \sim 0.95$。

(4)运输车的配置

对于沥青混凝土混合料的运输,应根据铺筑现场的具体位置、施工条件、摊铺能力、运输路线、运距和时间,以及混合料种类和数量等,合理配置运输车辆的型号及数量。配置时既应保证拌和设备及摊铺机连续生产,又不能使车辆因工地卸料和等待时间过长而造成浪费。

运输车辆的数量n按式(3-8)计算:

$$n = a\frac{t_1 + t_2 + t_3}{T} \tag{3-8}$$

式中:a——储备系数,视交通情况而定,一般$a = 1.1 \sim 1.2$;

t_1——重载运程时间,min;

t_2——空载运程时间,min;

t_3——工地卸料等待总时间,min;

T——拌一车混合料所需时间,T 按式(3-9)计算:

$$T = \frac{60m}{Q} \tag{3-9}$$

其中:m——运输车辆的轴载质量,t;

Q——搅拌设备的生产率,t/h。

(5)碾压机械的选型与组合

压实机械对沥青混凝土混合料的压实主要取决于它的单位线压力,而不同单位线压力的选定由路面材料的强度和压实后应达到的承载能力决定。

压实工序分为初压、复压和终压。初压的目的是整平和稳定混合料,同时为复压创造有利条件,是压实的基础;复压的目的是使混合料密实、稳定、成型,混合料的密实程度取决于这道工序;终压的目的是消除轮迹,最后形成平整的压实面。沥青混凝土混合料在不同碾压工序下,压路机的数据选择见表 3-26。

当混合料矿料含量增加或最大尺寸增大,以及沥青稠度高时,应选择较大压实能力的压路机,以使面层压实后的密实度达到要求。选择压路机质量和振幅应与摊铺层的厚度相适应。摊铺层厚度小于 6cm 时,应选用振幅为 0.35 ~0.6mm 的中型振动压路机(2 ~6t),以避免混合料出现推料、波浪、压坏矿料等现象;在压实较厚的摊铺层时(厚度大于 10cm),应选用高振幅(可达 1.00mm)的大、中型振动压路机(6 ~10t)。此外,若有陡坡、转弯的路段,应考虑压路机操作的机动灵活性。

沥青混凝土混合料碾压中压路机的选择数据表 表 3-26

压实阶段	单位线压力(N/m)	行驶速度(km/h)	质　量(t)	选　型
初压	3 000 ~4 000	1.5 ~2	6 ~10 6 ~10	双轮两轴压路机 振动压路机(静压)
复压	4 000 ~7 600	2.5 ~3.5 3.5 ~4.5 5 ~6	12 ~15 12 ~15 6 ~10	三轮压路机 轮胎压路机 振动压路机(振压)
终压	3 000 ~4 000	2.5 ~3.5	6 ~10 6 ~10	双轮两轴压路机 振动压路机(静压)

压路机的数量由摊铺机的生产率、压路机生产率及有效压实时间(指混合料从摊铺后的温度冷却至最低压实温度所需时间)来决定。有效压实时间在摊铺初期经观察、测试和试验得出。

压路机生产率 Q_r 按式(3-10)计算:

$$Q_r = \frac{60(b_1 - b_2)LK_B}{(L/v + t)n} \tag{3-10}$$

式中:b_1——一次碾压宽度,m;

b_2——相邻两碾压带的重叠宽度,$b_2 = 0.15 \sim 0.25$m;

L——碾压路段的长度,m;

K_B——时间利用系数,$K_B = 0.8 \sim 0.9$;

v——压路机作业速度,m/min;

n——同一地点碾压遍数;

t——换向、换挡时间，$t=0.07\sim0.08\text{min}$。

施工环境温度与碾压温度值的关系见表3-27。

施工环境温度与碾压温度值 表3-27

环境温度(℃)	碾压温度(℃)	环境温度(℃)	碾压温度(℃)
<10	20~40	20~30	50~80
15	40~50	>30	100

(6)施工机械选型与配套实例

例:某一级公路沥青混凝土路面面层施工，道路全长52km，面层上层厚4cm，面层下层厚5cm，路面全宽2×7.5m。根据工期要求，日平均铺筑1.5km，采用全幅梯队铺筑，试对该面层施工进行机械的选型及配套。

①第一主导机械的确定与选型

以沥青混凝土搅拌设备作为第一主导机械，设沥青混凝土混合料压实后的密度$\rho=2.35\text{t/m}^3$，每日铺筑面层下层所需混合料数量V:

$$V=LBh\rho=1.5\times10^3\times2\times7.5\times0.05\times2.35=2\,643.8(\text{t/d})$$

设混合料的耗损率为5%，搅拌设备每日工作10h，时间利用系数为0.9，则搅拌设备的实际生产率为:

$$Q=(1+5\%)\frac{V}{t}\frac{1}{K_B}=(1+5\%)\times\frac{2\,643.8}{10\times0.9}=308(\text{t/h})$$

故可选用两套生产率为160t/h，并配置140t成品料仓的沥青混凝土搅拌设备。

②第二主导机械的确定与选型

根据施工要求，可选用国内外有关厂家生产的沥青混凝土摊铺机作为第二主导机械，摊铺机的最大摊铺宽度在7.5m以上，两台摊铺机采用梯队作业，由式(3-7)，其工作速度为:

$$v_0=\frac{Q}{hB\rho K_B}=\frac{308}{0.05\times15\times2.35\times1}=174.8(\text{m/h})$$

采用该摊铺速度进行铺筑以保证摊铺机摊铺作业的连续性。

③混合料运输车辆的配置

根据施工要求，混合料运输车辆采用15t(后倾翻式)自卸车以使混合料在运输中的降温小。设最大运距40km，自卸车在工地卸料和等待的总时间为5min，车辆自行平均时速45 km/h。

$$T=\frac{60m}{Q}=\frac{60\times15}{308}=2.92(\text{min})$$

取车辆储备系数$\alpha=1.15$，可得运输车辆对应不同运距的最少车辆，见表3-28。

不同运距时的自卸汽车最少数量表 表3-28

运距(km)	2	5	10	15	18	20	22	25	28	30	35	38	40
自卸车辆(辆)	4	8	11	13	18	21	23	29	32	34	39	42	44

④压实机械的选型与配套

对沥青混凝土混合料铺层的压实，初压和终压采用8t串联振动压路机进行碾压(静压)，复压采用15t轮胎压路机和8t串联式振动压路机(振动压实)一道进行;压路机初选数量见表3-26，各工序压路机的实际数量经摊铺初期观察、测量和试验后再确定。

⑤其他机械设备的选型与配套

其他机械设备的选型与配套详见表3-29。

沥青混凝土面层施工机械与设备配套一览表　　表3-29

机械设备名称	数　量	性　能
沥青混凝土搅拌设备	2套	间歇式每套160t/h(带140t成品料仓)
沥青混凝土摊铺机	2台	自动传感,最大摊铺宽度大于7.5m
轮胎压路机	3台	9~15t(可调)
振动压路机	3台	8t,双轮双振
自卸汽车	44辆(最多)	15t后倾翻式
装载机	3台	载质量50t
沥青洒布车	1辆	5 000L
乳化沥青机	1台	4t/h
柴油发电机组	2~3套	发电总功率800kW
锯缝机	1台	
沥青脱桶设备	2套	每套4t/h
柴油罐或重油罐	6个	每个20 000L

第四章　工 程 进 度

第一节　施工进度计划制订的方法

施工进度计划是在既定的施工方案基础上，根据工期要求，对工程的各个作业工序施工顺序、起止时间及互相衔接或穿插配合情况作出时间上的安排。

施工进度计划的制订，可以按下述几个阶段进行。

1. 划分作业工序

将构成工程的各施工过程，结合施工采用的工艺方法、施工条件、劳动组织等因素，加以适当调整，使其成为编制施工进度计划所要求的作业项目。

划分作业工序时，必须明确哪一项是主导施工项目。一般来讲，主导施工项目就是施工难度大，耗用资源多或施工技术最复杂、需要使用专门的机械设备的工序或单位工程（随工程进度图的用途而定）。主导施工项目常常控制施工进度，因此首先应安排好主导施工项目的施工进度，其他施工项目的进度要密切配合。

2. 计算工程量

作业工序划分后，即可着手进行各工序工程量的计算。如果工序划分较粗，与预算文件相符时，则可直接利用或结合预算文件。不能直接采用的不一致项目，要按工程量的计算方法进行计算。

3. 确定劳动量和机械台班数

根据单项工程或作业工序施工方法的有关定额，结合施工单位的实际情况，计算各项工程或作业项目所需的劳动量和机械台班数，由式(4-1)计算：

$$P = \frac{Q}{S} = QH \text{ 或 } P_1 = \frac{Q}{S_1} = QH_1 \tag{4-1}$$

式中：Q——工程数量，m^3 或 m^2；

P——所需的劳动量，工日；

P_1——机械台班数，台班；

S——采用的劳动产量定额，m^3/工日；

S_1——机械台班产量定额，m^3/台班；

H——采用的劳动时间定额，工日/m^3；

H_1——机械台班时间定额，台班/m^3。

4. 进度安排

首先应确定作业项目的施工天数，根据所需机械台班数或劳动量（每天可参加施工的机械台数和劳动人员数量），确定各分项工程或作业项目的施工天数，计算公式如下：

$$T = \frac{P}{n} \tag{4-2}$$

式中：T——完成项目的施工天数，d；

P——完成项目所需机械台班数，台班（或劳动量，工日）；

n——每人机械台班数或人数。

对整个工程来说，各项目的施工天数总和不应超过规定工期的施工天数，这里的施工天数是实际施工的天数，即：工期内施工天数 = 工期 - 准备天数 - 降雨（雪）天数 - 节假日天数。

如果计算结果不能在工期内完工，就须增加人力和机械数量，或在技术和施工组织上采取积极措施，如采用新技术或组织加班、加点等，以满足工期要求。

上述工作也可视工期需要，用确定每天必须投入施工时劳动量和机械台班数的方法进行，即：

$$n = \frac{P}{T} \tag{4-3}$$

式中：符号意义同前。

整个工程和划分的各作业项目的施工所需天数，或每天劳动力和机械台班的需要量确定以后，就可以进行进度安排，编制施工进度表。其方法是按已确定的施工顺序先安排主导项目，其余项目围绕主导项目尽可能搭接配套，使其相互联系，形成计划的初步方案，在此基础上进行复查。如发现不合理的安排，例如劳动力、机械需要不均衡，或未被充分利用等情况，要进行调整或修正。在施工允许的情况下，对某些作业项目向前、向后移动或增减施工时间，必要时可改变施工方法等。

第二节　施工进度图

施工进度计划一般用图示法表现。通常采用横道图，它的形式简单、醒目、易绘制、易懂；还可以在施工过程中在同一图上描绘实际进度，与计划进度相对比。当工程项目及工序比较简单，且它们之间的关系也不太复杂，其工序衔接及进度安排凭已有施工经验即可确定时，可以直接绘制横道图进度计划。否则，要用网络图求得最优化计划，再绘制成横道进度图。

一、工程进度图的内容

工程进度图一般应包括以下基本内容：

（1）主要工程的工程数量及其分布情况。

（2）各施工项目的施工期限，即施工开始和结束的时间。

（3）各施工项目的施工顺序与衔接情况，专业施工队之间的相互配合、调动安排。

（4）施工平面示意图。

（5）劳动力的动态需要量图。

后两项将在第五章中介绍。

二、工程进度图的形式

工程进度图有横道图、垂直图表和网络图三种形式。下面将同一工程分别用这三种不同的形式表示，然后说明其特点及适用条件。

1. 水平图表

水平图表也叫横道图，是在工程实践中应用非常广泛的一种表示工程进度的方法。在水平图表中，横道线的长短表示施工的期限，横道线所在的位置表示施工的内容，线上可以用数字标出劳动力或其他资源的需用数量。

表4-1所表示的水平图表，就是80km长的公路工程综合施工的工程进度图。图中标出了12项主要施工项目的施工期限和劳动力需要量情况。

工程进度图（水平图表）　　表4-1

编号	工程名称	施工方法	工程量		20××年									
			单位	数量	一月	二月	三月	四月	五月	六月	七月	八月	九月	十月
1	临时通信线路	人工为主	km	80	6									
2	沥青混凝土基地	人工安装	处	1	35									
3	清除路基	机械	m^2	700 000			4							
4	路用房屋	人工	m^2	1 300	60				40					
5	大桥	半机械化	座	1					94					
6	中桥	半机械化	座	5			53				38			
7	集中性土方	机械	m^3	430 000				20						
8	小型构造物	半机械化	座	23					30					
9	沿线土方	机械为主	m^3	89 000					36					
10	基层	半机械化	m^3	560 000					48					
11	面层	半机械化	m^3	560 000					18					
12	整修工程	人工为主	km	80					10					

水平图表的优点是简单、实用，容易编制，能宏观控制工期，但也有以下缺点：

（1）工程量的实际分布情况不清楚，且无法表示。

（2）施工日期和施工地点的关系不明确。

（3）不能表示各施工项目之间的衔接情况及专业施工队之间的相互配合关系。

（4）不能绘制对应施工项目的平面示意图。

产生上述缺点的根本原因，在于水平图表只能反映平均的施工进度，无法表示施工地点（或里程）。对于集中性的工程，不要求反映施工地点的计划，完全的线性均布工程，较单纯或次要的工程，以及作为辅助性质的图表附在说明书内或向施工队下达任务时，可采用水平图表。此外，在初步设计中的工程概略进度图，也可以采用水平图表。

2. 垂直图表

垂直图表也叫垂直坐标法，是在流水作业垂直图表的基础上通过扩充和改进而形成的。它的基本原理是，纵坐标表示施工期限，横坐标表示公路里程（即工程位置），用不同的线条或符号表示各项工程及其施工进度。

图4-1是用垂直图表表示的前述80km长的公路工程综合施工的工程进度图。

工程进度图要求的五项内容都能在垂直图表中准确、清楚地表达。工程数量的分布情况和各项工程的施工期限一目了然，各专业施工队之间的相互关系、施工节奏和施工速度都十分清楚，施工平面示意图概括了工程施工的基本情况。从垂直图表中，可以直接找出任何一天各施工队的施工地点和正在进行的施工项目，可以随时了解施工任务的完成情况，可以预测在正常施工条件下的施工进程。

3. 网络图

与水平图表、垂直图表比较，网络图不但能反映施工进度，而且能清楚地表达各施工项目、各专业施工队之间错综复杂的联系、制约、协作等关系。它的最大优点是在计划的执行过程中可以很方便地根据当时的条件进行调整，通过计算，找出优化后的方案，指导工程施工按最佳的进度运行。

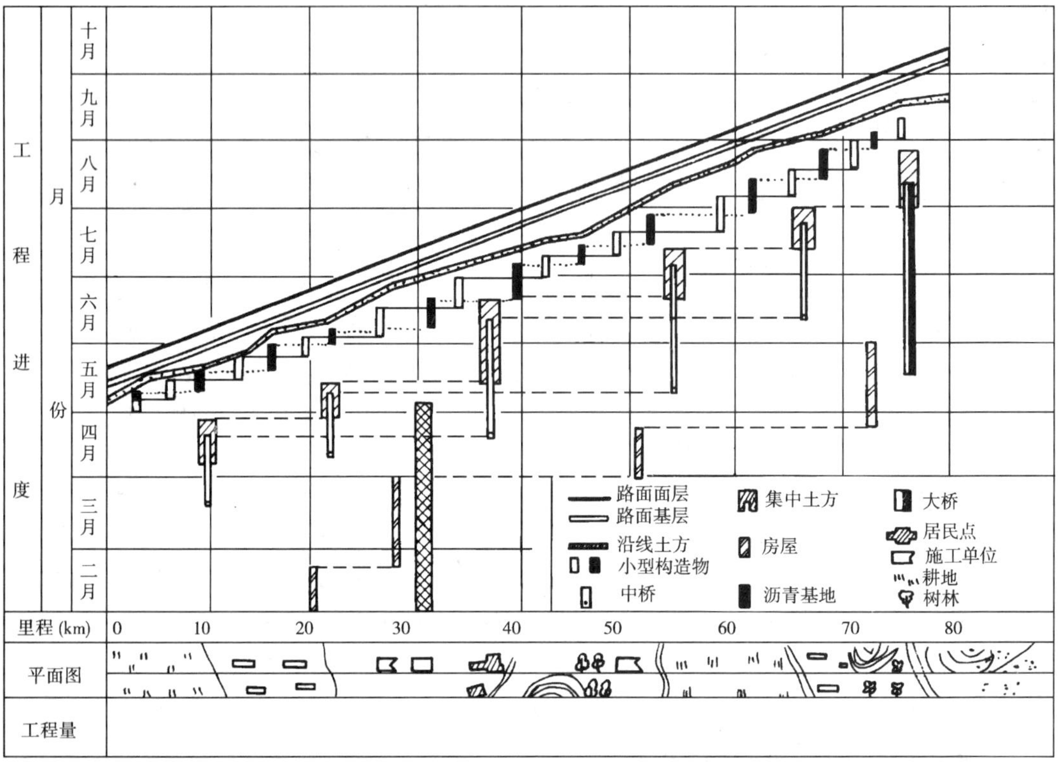

图 4-1　工程进度图(垂直图表)

将表 4-1 和图 4-1 的同一公路工程项目的工程进度图用网络图表示时，其结果如图 4-2 所示。该图主要说明各施工项目之间的相互关系，编制时对施工流程情况作了适当的简化。

三、工程进度图的编制

1. 初步拟订工程进度

按照客观的施工规律和合理的施工顺序，采用前面确定的施工组织方法就可以拟订工程进度。在拟订时应考虑施工项目之间的相互配合，准备工作、材料加工及运输等辅助工作应与工程进度相配合。

拟订工程进度时，应特别注意人工的均衡使用。施工开始后，人工数目应逐渐增加，然后在较长时间内保持稳定，接近完工时又应逐渐减少。此外，还应力求避免材料、机械及其他技术物资使用的不均衡现象。初拟方案若不能满足规定工期要求，或超过物资资源供应量，应对工程进度进行调整。

2. 检查和调整工程进度

无论采用流水作业法还是网络计划法组织施工，都要在初拟方案的基础上通过优化调整，最后得到工程进度图。在优化过程中重点检查的内容有:是否满足工期要求、施工的均衡性,以及施工顺序、搭接配合关系、技术间歇时间、组织间歇时间等是否合理。针对主要问题采取有效的技术措施和组织措施,使全部施工在技术上协调,对人工、材料、机具的需用量均衡,力争达到最优的状态。调整结束后,采用恰当的形式绘制工程进度图。

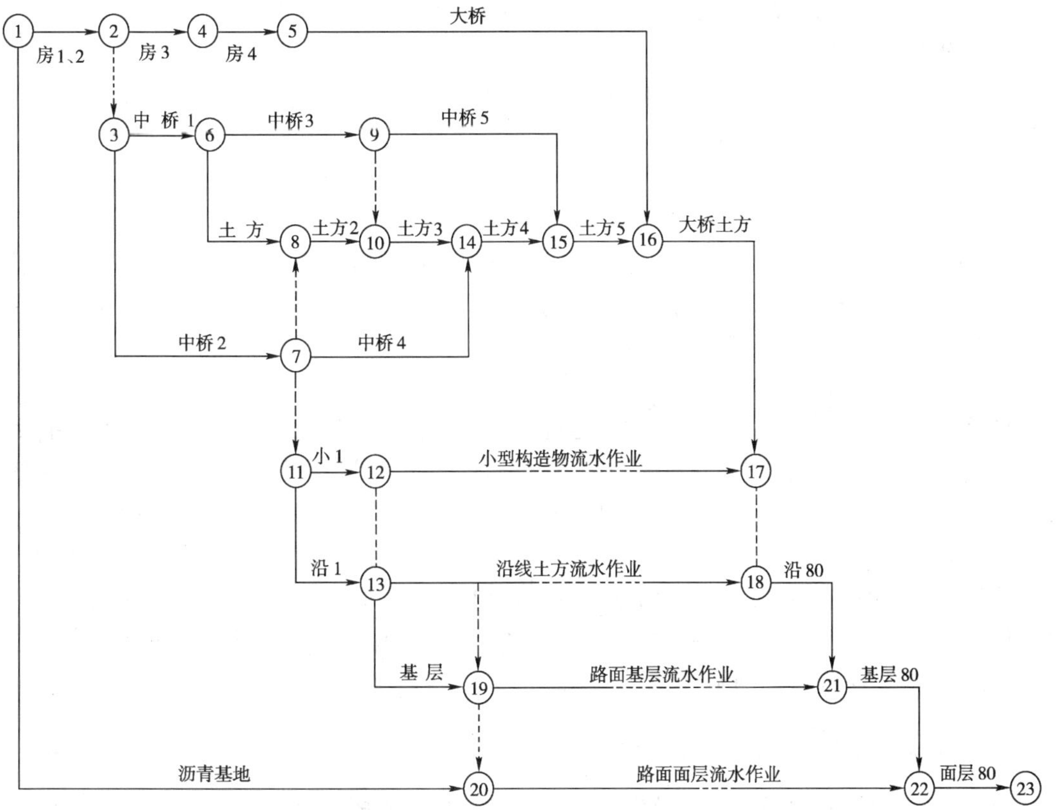

图4-2 工程进度图(网络图)

第三节 施工网络计划

用横道图或垂直图表的方法安排和管理施工进度,直观性强,容易掌握,使用方便。但对各个生产活动之间错综复杂的、相互联系又相互制约的管理和协调关系,不能很好地表达清楚,也反映不出哪些活动或工序是整个工程的关键所在,无法最合理地组织指挥施工。而网络计划技术,则以各项活动所需时间为时间因素,用网络的形式把各项生产活动表示出来,反映工程全貌,从而指出整个生产过程的特点。

一、施工网络计划的分类

1. 按应用范围分

网络计划按应用范围的大小可分为局部网络计划、单位工程网络计划和总网络计划。

局部网络计划是指按公路的某一组成部分或某一施工阶段编制的分部工程或分项工程网络计划。每一道工序在网络图中都有一条相应的箭线,因而可以直接用于现场施工。

单位工程网络计划是按合同段分别编制的施工网络计划。

总网络计划是对一个公路工程项目的全部施工内容编制的施工网络计划，是具体指导施工的文件。

对于较简单的、节点总数在300个以下的工程或者对大量应用标准设计的工程，通常可以只编制一张较详细的单位工程网络计划。对于复杂的、协作单位较多的综合性工程，则应按照需要分别编制上述两种或三种不同的施工网络计划。

2. 按复杂程度分

网络计划按复杂程度可分为简单网络计划和复杂网络计划。简单网络计划指工序数量不超过500道，可以借助一般计算工具进行手算的网络计划。复杂网络计划的工序数目在500道以上，要应用电算程序进行计算。

3. 按详略程度分

网络计划按内容的详略程度可分为详图和简图。详图按工序绘制，直接用于现场施工。简图用于施工的方案论证或报上级领导审阅，因而把一般工序组合成较大的项目，突出主要的施工项目和主要工种之间的逻辑关系。

4. 按最终目标的多少分

按网络计划最终目标的数目可分为单目标网络计划和多目标网络计划。单目标网络计划只有一个最终目标，即整个网络图只有一个网络终节点。多目标网络计划具有多个独立的最终目标，在多目标网络计划中，每个目标都有自己的关键线路，而各个目标之间又是互相联系的。

5. 按时间表示方法分

网络计划按时间表示方法可分为一般网络计划和时标网络计划。箭线的长短及方向与工序的作业持续时间无关时，称为一般网络计划。箭线在横坐标上的投影长度表示工序的作业持续时间长短时，称为时标网络计划。

二、施工网络计划的排列方式

为了使网络计划直观易懂、形象生动、条理清楚、准确清晰，通常根据网络计划的不同用途和不同的施工组织方法，按不同的方式排列，使之易于掌握，便于计算和调整。

1. 混合排列

图4-3的网络计划，采用混合排列时，相应的网络计划如图4-4所示。

这种排列方式对称美观，突出了工序之间的平行作业关系。但在同一水平线上有不同施工段的各种工序的作业，因而只适用于绘制简单的网络图。

2. 按流水段排列

这种排列方式把同一施工段上的各道工序都排列在一条水平线上，反映了公路工程分段施工的特点，突出了工作面的利用情况。

图4-4的三段流水作业网络，就是自上而下按流水段排列的一个例子。这种排列方式有利于检查和控制工程施工的形象进度。

3. 按工序(或工种)排列

这种排列方式的特点是将相同工序或同一工种排列在一条水平线上，突出了不同工种的作业情况，有利于专业施工队安排施工任务，是基层工地常用的一种网络计划方式。

图4-5为图4-3的同一网络计划按工序排列的形式。

4. 按施工单位或专业排列

当有许多施工单位参加完成一个建设项目的施工，或由专业性质不同的施工队分别完成

第一条 ①—3→②—2→④—1→⑧—1→⑨—1→⑩ 持续8d;

第二条 ①—3→②—2→④—0→⑤—2→⑥—0→⑦—2→⑨—1→⑩ 持续10d;

第三条 ①—3→②—2→④—0→⑤—2→⑥—0→⑧—1→⑨—1→⑩ 持续9d;

第四条 ①—3→②—3→③—0→⑤—2→⑥—0→⑧—1→⑨—1→⑩ 持续10d;

第五条 ①—3→②—3→③—0→⑤—2→⑥—0→⑦—2→⑨—1→⑩ 持续11d;

第五条 ①—3→②—3→③—3→⑦—2→⑨—1→⑩ 持续12d;

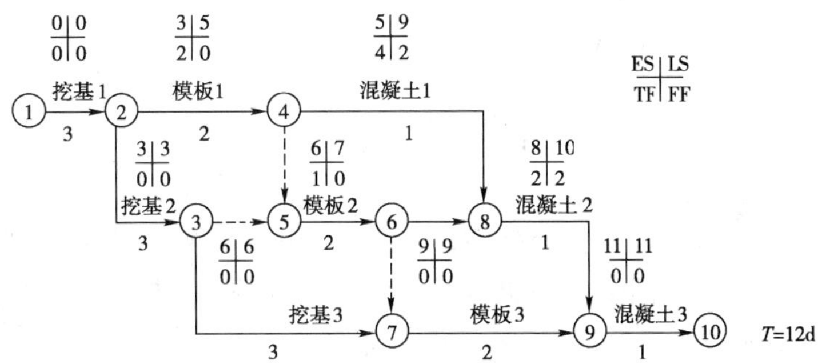

图4-3 网络计划

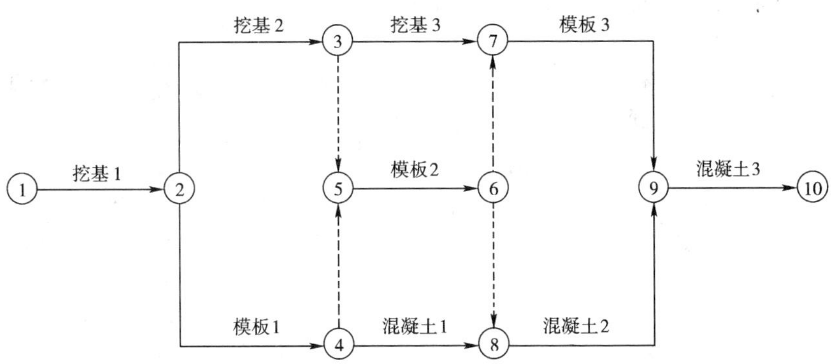

图4-4 混合排列

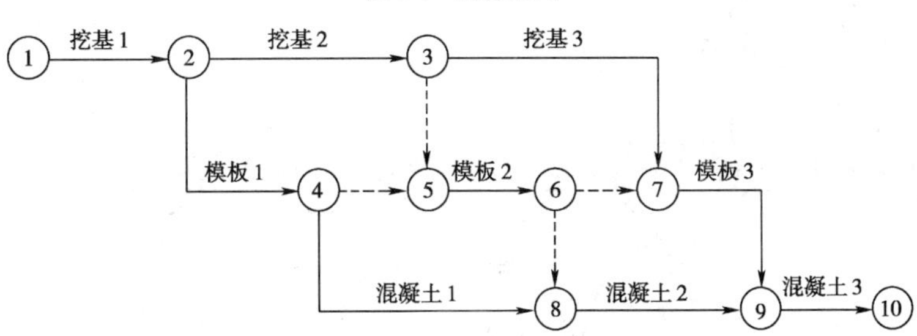

图4-5 按工序排列

时，为便于直观地了解各施工单位的计划和进展情况，网络计划就可以按施工单位排列。

图4-6就是按这种排列方式编制的一座公路立交桥的网络计划。图中的土石方工程、立交主体工程、装饰工程等分别由专业施工单位进行施工。

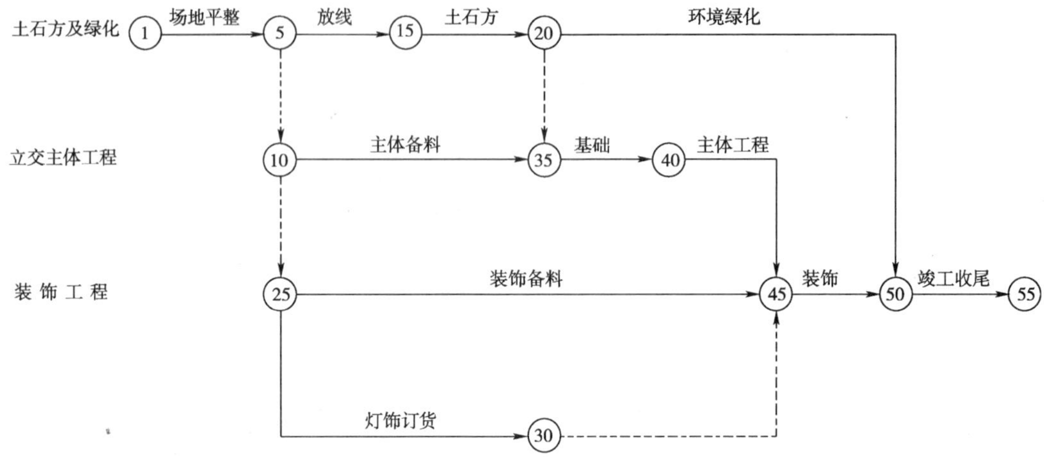

图4-6 按施工单位或专业排列

5. 按单位工程排列

当一个施工企业同时承担几个性质各异的工程施工任务时，各单位工程之间可能还有某些具体的联系。比如需共用某些机械设备、统一安排劳动力、由专人负责施工放样等，这样每个单位工程安排的网络计划必然是相互关联的。

为使总网络计划清楚明了，可以把同一单位工程的施工网络图画在同一水平线（或水平带）上。各单位工程之间需要衔接的工序用虚箭明线表示，各单位工程内部仍按选择的施工方案编制施工网络计划。

图4-7是三个单位工程由一个施工企业承担施工时的网络图，各个单位工程中的混凝土工程、桥台、桥面、栏杆是由相应的同一专业施工队完成的。

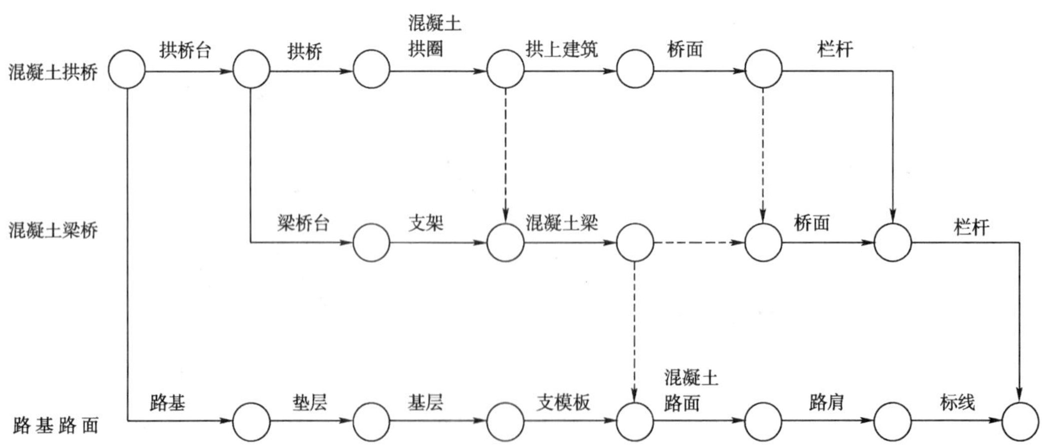

图4-7 按单位工程排列

三、网络图的简化与连接

工程施工现场必须使用按每道工序编制的详细网络图，而作为施工总体部署或报上级审批的网络图又必须简明扼要、重点突出，因而只能是简图。对于同一项工程，详图和简图又必须是一个有机的整体。因此，在编制施工网络计划时，就存在网络图的简化与连接的问题。

1. 工序的组合

网络图的简化是通过工序的组合来实现的，即将某些相互关联的工序适当合并。例如，在图 4-8 的桥梁施工网络计划中，钢筋混凝土梁的预制不是按每一片梁，而是合并成每一孔的简图绘制的，而下部构造的施工是分工序绘制的详图。如果近一步简化，则为备料、上部、下部、桥面系、验收等，如图 4-9a）所示。如果该桥是某公路工程建设项目的一个单项工程时，甚至可以简化成一条箭线，如图 4-9b）。

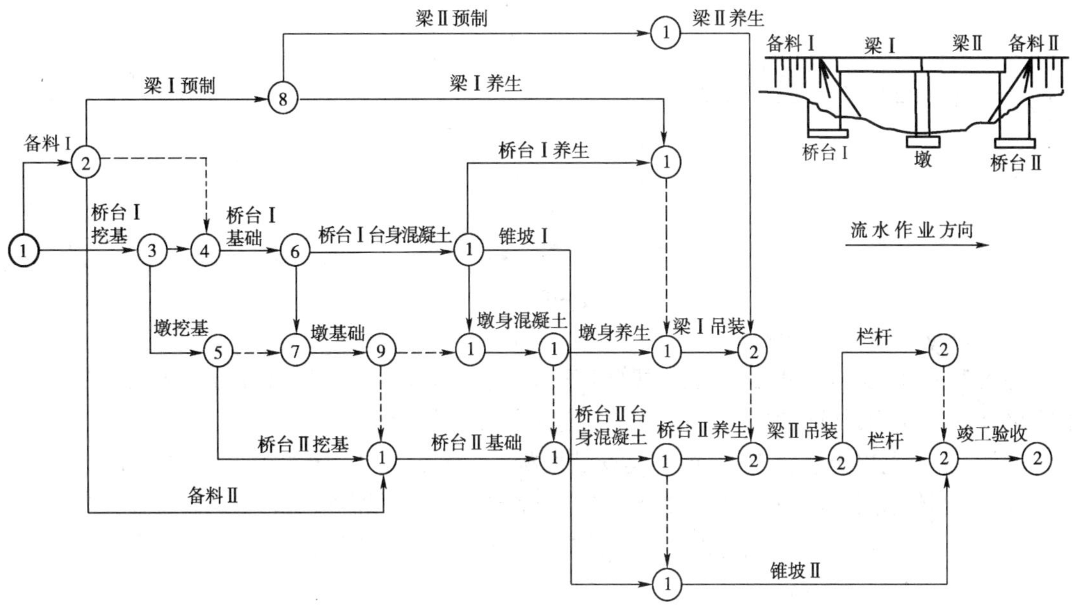

图 4-8　两孔梁式桥施工网络

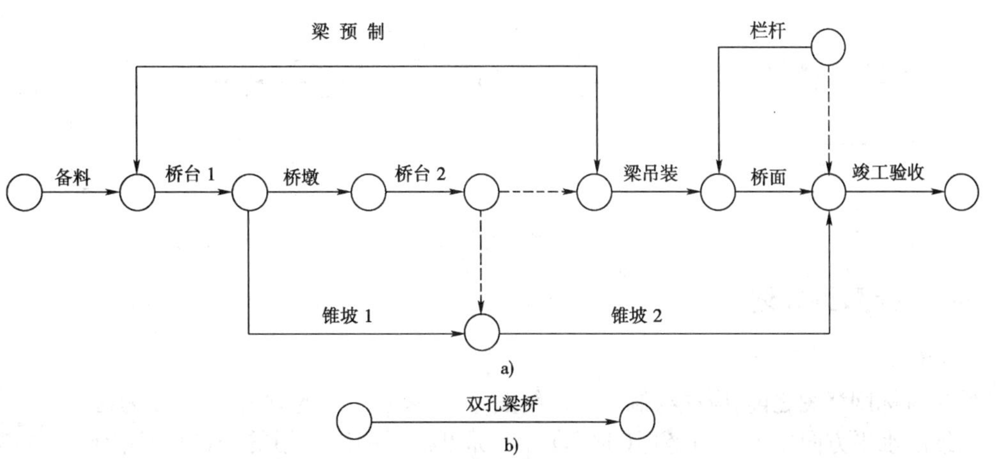

图 4-9　网络图的简化

a）箭线为单位工程；b）箭线为单项工程

2. 网络图的连接

网络图的连接也称并图。绘制复杂工程的网络图时，常将其划分成若干相对独立的部分，然后分别绘制各部分的网络图，最后把它们合并成一个总网络图。例如，一条公路可划分为路基、路面、桥梁、涵洞、沥青厂、预制场等部分,或者划分为若干合同段,分别绘制网络图后再合并。并图时必须注意各部分之间逻辑关系的正确性,多余的节点和虚箭线应删除。

图4-6是工序组合后的简图,其中节点35~55之间是由图4-10的联结关系得到的(特别注意两图对应节点的编号相同)。

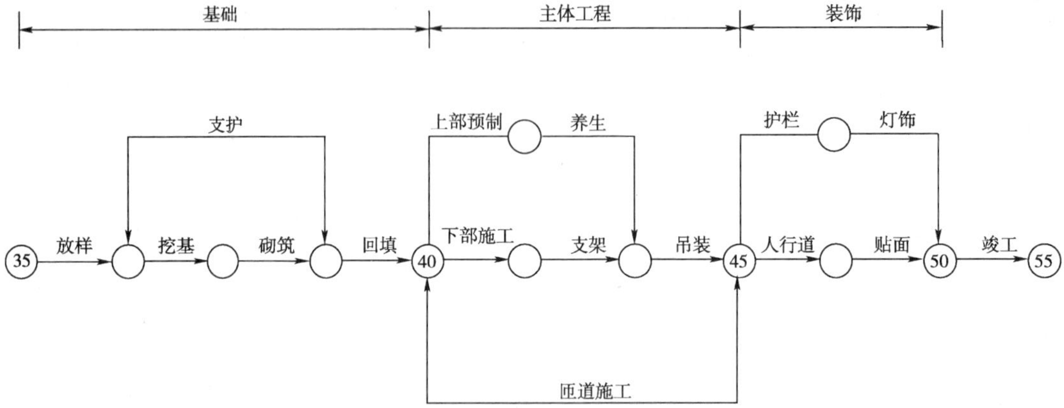

图4-10　并图

3. 组合与并图的联合使用

在大型的施工项目中,常常会出现若干工序多次循环施工,可将组合与并图同时在一个施工网络计划中使用,从而使网络图既简单又能满足多种场合下的应用。

例如,加筋土挡土墙施工,每层都是安装面板、铺筋带、填土、压实等工序,每层的施工持续时间为 T。当绘制出第一个标准层的施工网络后,以后各层无需重复,只需用一根箭线表示就可以了。图4-11为按这种方法绘制的五层加筋土墙的施工网络图。

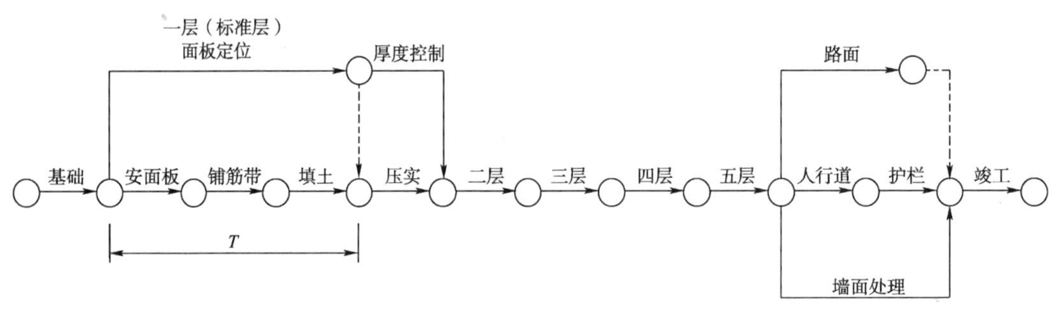

图4-11　组合与并图联合使用

四、时标网络计划

1. 时标网络计划的特点

绘制时标网络图之前,应先绘制一般网络图,并计算各工序的时间参数,作为绘图的依据,然后在图纸的水平方向画出时间坐标(时标)。坐标可根据网络计划的用途按日、周、旬为单位绘制。时标网络计划,可以按各工序最早可能开工时间绘制,也可以按最迟必须开工时间绘制。

2. 按最早开工时间绘制时标网络计划

(1)在有横向时间坐标的表格上,根据每道工序的最早可能开工时间确定节点位置;

(2)将各工序的作业持续时间从节点开始用实线沿水平方向绘出,实线的水平投影长度应与该工序的作业持续时间相等;

（3）用水平波形线把实线部分与其紧后工序的始节点连接起来，两线连接处加一圆点，波形线的水平投影长度就是该工序的自由时差；

（4）虚工序在图上的垂直部分用虚线连接，水平部分因占用时间用波形线表示；

（5）把时差为零的工序的箭线加粗，这条线路就是关键线路。

网络终节点所在的位置的时间就是工程的竣工时间，即总工期。

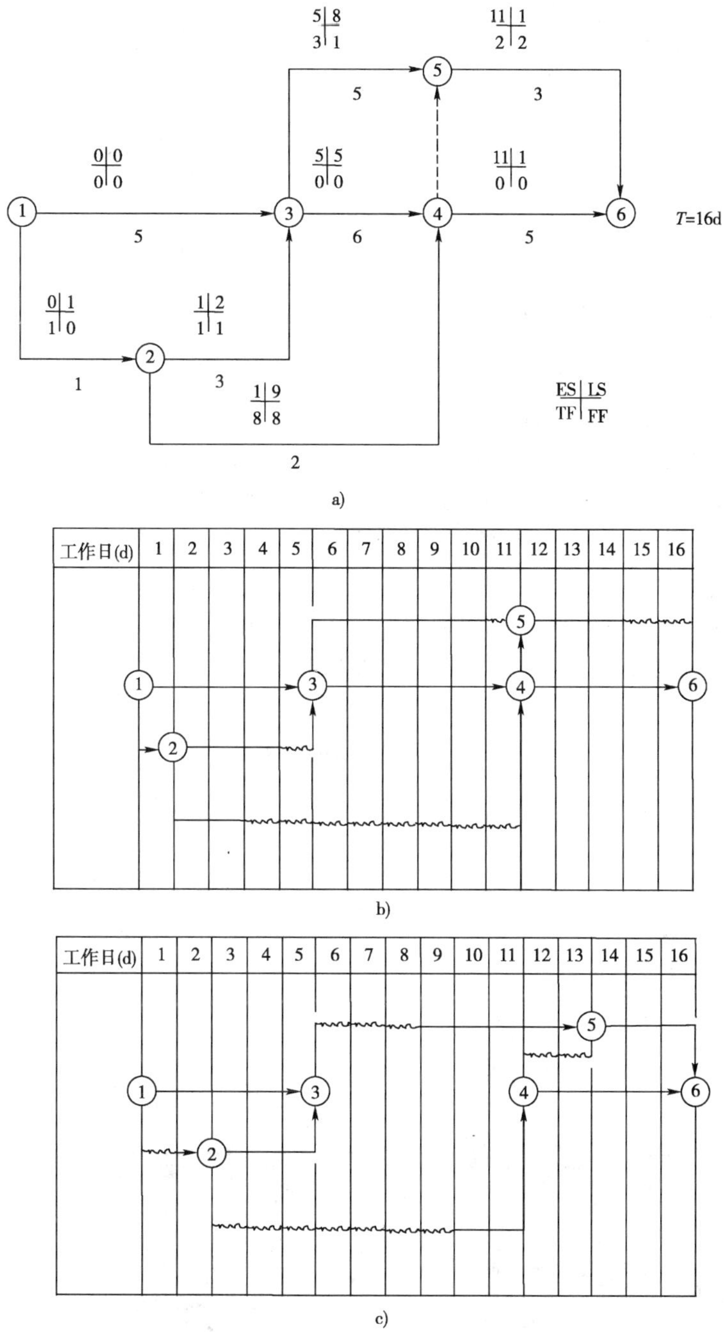

图 4-12　时标网络计划

a）网络图；b）最早时标网络；c）最迟时标网络

3. 按最迟开工时间绘制时标网络计划

(1)在有横向时间坐标的表格上，根据每道工序的最迟必须开工时间确定节点位置。若节点后有几道紧后工序，则采用各紧后工序最迟开工时间中的最小值作为节点位置。

(2)按各工序的持续时间长短沿水平方向绘制相应工序的实线部分，但箭头必须与该工序的终节点相连，即从工序终节点开始反向绘出与作业持续时间相等的实线长度。

(3)用波形线把实线部分(即箭尾)与该工序的始节点连接起来，两线连接处加一圆点。

(4)虚工序的连接与关键线路的确定方法，与按最早开工时间绘制的时标网络图相同。

必须注意的是，按最迟开工时间绘制的时标网络图中，波形线的长度不是工序的自由时差。比较上述两种时标网络图的相同工序，其波形线长度的较大值就是该工序的总时差。

4. 时标网络图示例

图4-12是时标网络计划的一个例子。从图4-12b)中，可以根据波形线的水平投影长度读出各工序的自由时差。比较图中b)和c)，可以得到各工序的总时差，如工序2→4，波形线在图b)中的长度为8，即自由时差等于8；在图c)中的长度为7，取较大值，总时差为8。

五、一般网络图的编制步骤

(1)选择施工方案，确定施工方法。

(2)划分施工过程或施工工序。

(3)划分施工段和施工层。

(4)计算各施工过程(或工序)在各施工段上的施工作业持续时间。

(5)将各施工过程在各施工段上的逻辑关系列表。

(6)绘制网络图。

采用规定的符号，把施工对象的所有施工过程从左向右、从上向下绘制成网络图。网络图应按施工过程之间的逻辑关系绘制，并遵守绘图规则。

第五章　资源调配计划

第一节　劳动力、材料和设备计划

一、劳动力需要量计划

工程进度确定之后，可以容易地计算各个施工项目每天所需的人工数量。将同一天所有施工项目需用的人工数量累加起来，即可得到每日施工的人工数量随时间变化的劳动力需要量图。

劳动力的调配一般应遵循这样的规律：开始时调少量工人进入工地做准备工作；随着准备工作的进展，进入工地的工人数量陆续增加；到工程全面开工时，工人人数增加到计划需要量的最高额，然后尽可能保持人数稳定；直到工程主要部分完成后，工人逐步分批撤离工地，最后由少量工人完成收尾工作。应尽可能避免工人数量骤增、骤减和时增、时减，否则会增加劳动力调遣费，增加临时工程，增多工具设备，增加生活供应的工作量，以及增加施工管理费。

劳动力需用量的高峰值与施工期间的平均值之比，称为劳动力不均衡系数。显然，劳动力不均衡系数应大于或等于1，越接近于1，施工组织设计就越合理。要做到这一点，通常都要多次调整工程进度图。

根据劳动力需要量图，可以编制劳动力需用量计划（表5-1）。劳动力计划是确定临时生活设施和组织施工工人进场的依据。

劳动力计划表　　表5-1

________公路________段　　　　共　页　第　页

序号	工程名称	需要总工日数	需要人数及时间										备注
			年					年					
			一季度	二季度	三季度	四季度	合计	一季度	二季度	三季度	四季度	合计	
1	2	3	4	5	6	7	8	9	10	11	12	13	14

二、主要材料计划

主要材料应包括钢材、木材、水泥、沥青、石灰、砂、石料（碎石、块石、砾石等）、爆破器材等公路施工中用量大的材料；特殊情况下使用的土工织物，各种加筋带、外掺剂等也应列入主要材料计划。

材料供应计划的分期供应数量表示为:计划期需要耗用的数量 - 前期库存储备的数量 + 为下期提前储备的数量。

公路工程用的主要材料,都应进行这样的计算。至于用量不多的零星材料,或需要专门订货或加工的特殊材料和制品,最好在计划使用期前全部供应齐全,不必按使用时期分批供应。否则反而会增加采购、运输和管理费用;如果计划不周,还会导致停工待料,因小失大。

主要材料计划的编制过程同劳动力计划,一般按年度和季度进行编制(表5-2)。

主要材料计划表 表5-2

________公路________段 共 页 第 页

<table>
<tr><td rowspan="3">序号</td><td rowspan="3">材料名称及规格</td><td rowspan="3">单位</td><td rowspan="3">数量</td><td rowspan="3">来源</td><td rowspan="3">运输方式</td><td colspan="10">年度、季度需要量</td><td rowspan="3">备注</td></tr>
<tr><td colspan="5">年</td><td colspan="5">年</td></tr>
<tr><td>一季度</td><td>二季度</td><td>三季度</td><td>四季度</td><td>合计</td><td>一季度</td><td>二季度</td><td>三季度</td><td>四季度</td><td>合计</td></tr>
<tr><td>1</td><td>2</td><td>3</td><td>4</td><td>5</td><td>6</td><td>7</td><td>8</td><td>9</td><td>10</td><td>11</td><td>12</td><td>13</td><td>14</td><td>15</td><td>16</td><td>17</td></tr>
<tr><td></td><td></td><td></td><td></td><td></td><td></td><td></td><td></td><td></td><td></td><td></td><td></td><td></td><td></td><td></td><td></td><td></td></tr>
<tr><td></td><td></td><td></td><td></td><td></td><td></td><td></td><td></td><td></td><td></td><td></td><td></td><td></td><td></td><td></td><td></td><td></td></tr>
<tr><td></td><td></td><td></td><td></td><td></td><td></td><td></td><td></td><td></td><td></td><td></td><td></td><td></td><td></td><td></td><td></td><td></td></tr>
<tr><td></td><td></td><td></td><td></td><td></td><td></td><td></td><td></td><td></td><td></td><td></td><td></td><td></td><td></td><td></td><td></td><td></td></tr>
<tr><td></td><td></td><td></td><td></td><td></td><td></td><td></td><td></td><td></td><td></td><td></td><td></td><td></td><td></td><td></td><td></td><td></td></tr>
<tr><td></td><td></td><td></td><td></td><td></td><td></td><td></td><td></td><td></td><td></td><td></td><td></td><td></td><td></td><td></td><td></td><td></td></tr>
</table>

三、主要施工机具、设备计划

在确定施工方法时,已经考虑了哪些施工项目需用何种施工机具或设备。为了做好机具、设备的供应工作,在工程进度确定之后,将每个施工项目采用的机械名称、规格和需用数量,以及使用的日期等综合汇总、编制成施工机具、设备计划(表5-3)。

主要施工机具、设备计划表 表5-3

________公路________段 共 页 第 页

<table>
<tr><td rowspan="4">序号</td><td rowspan="4">机具名称及规格</td><td colspan="2">数量</td><td colspan="2">使用期限</td><td colspan="16">年度、季度需要量</td><td rowspan="4">备注</td></tr>
<tr><td rowspan="3">台班</td><td rowspan="3">台(辆)</td><td rowspan="3">开始时间</td><td rowspan="3">完成时间</td><td colspan="8">年</td><td colspan="8">年</td></tr>
<tr><td colspan="2">一季度</td><td colspan="2">二季度</td><td colspan="2">三季度</td><td colspan="2">四季度</td><td colspan="2">一季度</td><td colspan="2">二季度</td><td colspan="2">三季度</td><td colspan="2">四季度</td></tr>
<tr><td>台班</td><td>台(辆)</td><td>台班</td><td>台(辆)</td><td>台班</td><td>台(辆)</td><td>台班</td><td>台(辆)</td><td>台班</td><td>台(辆)</td><td>台班</td><td>台(辆)</td><td>台班</td><td>台(辆)</td><td>台班</td><td>台(辆)</td></tr>
<tr><td>1</td><td>2</td><td>3</td><td>4</td><td>5</td><td>6</td><td>7</td><td>8</td><td>9</td><td>10</td><td>11</td><td>12</td><td>13</td><td>14</td><td>15</td><td>16</td><td>17</td><td>18</td><td>19</td><td>20</td><td>21</td><td>22</td><td>23</td></tr>
<tr><td></td><td></td><td></td><td></td><td></td><td></td><td></td><td></td><td></td><td></td><td></td><td></td><td></td><td></td><td></td><td></td><td></td><td></td><td></td><td></td><td></td><td></td><td></td></tr>
<tr><td></td><td></td><td></td><td></td><td></td><td></td><td></td><td></td><td></td><td></td><td></td><td></td><td></td><td></td><td></td><td></td><td></td><td></td><td></td><td></td><td></td><td></td><td></td></tr>
<tr><td></td><td></td><td></td><td></td><td></td><td></td><td></td><td></td><td></td><td></td><td></td><td></td><td></td><td></td><td></td><td></td><td></td><td></td><td></td><td></td><td></td><td></td><td></td></tr>
</table>

资源需用量计划是根据工程进度图编制的,而资源需用量的均衡性又反映了工程进度的合理性。因此,上述人工、材料、机械等的需用量计划,在实际工作中是结合工程进度图的编制、调整、优化过程同时进行的。实际上,资源需用量的均衡性本身就是工程进度优化的指标。

第二节　临时设施

工程项目施工的正常进行，除了安排合理的施工进度外，还需要在工程正式开工前充分做好各项准备工作，建造相应的临时设施，如工棚、仓库、供水、供电、通信设施等。

一、加工场地组织

工地临时加工场地组织的任务是确定建筑面积和结构形式。加工场（站、厂）的建筑面积，通常参照有关资料或根据施工单位的经验确定，也可以按公式计算。

钢筋混凝土构件预制厂、木工房等的场地或建筑面积可由式(5-1)确定：

$$A = \frac{KQ}{TSa} \tag{5-1}$$

式中：A——所需建筑面积，m^2；

Q——加工总量，m^3、t等；

K——生产不均衡系数，取1.3～1.5；

T——加工总工期，月；

S——每平方米场地的月平均产量；

a——场地或建筑面积利用系数，取0.6～0.7。

水泥混凝土搅拌站面积可用式(5-2)计算：

$$A_T = NA \tag{5-2}$$

式中：A_T——搅拌站面积，m^2；

A——每台搅拌机所需的面积，m^2；

N——搅拌机台数，台；

$$N = \frac{QK}{TR} \tag{5-3}$$

Q——混凝土总需要量，m^3；

K——不均衡系数，取1.5；

T——混凝土工程施工总工作日；

R——混凝土搅拌机台班产量，ms/台班。

大型沥青混凝土搅拌设备的场地面积，根据设备说明书的要求确定。

上述建筑场地的结构形式应根据当地条件和使用期限而定。使用年限短的用简易结构，如油毡或草屋面的竹木结构；使用年限较长的则可采用瓦屋面的砖木结构或活动房屋等。

二、临时仓库组织

工地临时仓库分为转运仓库、中心仓库和现场仓库等。临时仓库组织的任务是确定材料储备量和仓库面积、选择仓库位置和进行仓库设计等。

1. 确定建筑材料储备量

材料储备量要保证工程连续施工的需要，也要避免材料积压而增大仓库面积。供应不易保证、运输条件差、受季节影响大的材料可增大储存量。

常用材料的储备量宜通过运输组织确定，也可以按式(5-4)计算：

$$P = T_e \frac{Q_i K}{T} \tag{5-4}$$

式中：P——材料储备量，m^3、t 等；

T_e——储备期，d（按材料来源确定，一般不小于 10d，即保证 10d 的需用量）；

Q_i——材料、半成品等的总需要量；

T——有关项目施工的总工作日；

K——材料使用不均匀系数，取 1.2 ~ 1.5。

对于不经常使用和储备期长的材料，可按年度需用量的某一百分比储备。

2. 确定仓库面积

一般的仓库面积可按式(5-5)计算：

$$A = \frac{P}{qK} \tag{5-5}$$

式中：A——仓库总面积，m^2；

P——仓库材料储备量；

q——每平方米仓库面积能存放的材料数量；

K——仓库面积利用系数（考虑人行通道和车行通道所占面积），一般为 0.5 ~ 0.8。

特殊材料，如爆炸品、易燃或易腐蚀品的仓库面积，按有关安全要求确定。

仓库除满足总面积要求外，还要正确地确定仓库的平面尺寸，即仓库的长度和宽度。仓库的长度应满足装卸要求，宽度要考虑材料的存放方式、使用方便和仓库的结构形式。

三、行政、生活用临时房屋

此类临时房屋的建筑面积取决于工地的人数，包括施工人员和家属人数。

建筑面积按式(5-6)确定：

$$A = NP \tag{5-6}$$

式中：A——建筑面积，m^2；

N——工地人数；

P——建筑面积指标。

在做施工组织设计时，应尽量利用工地附近的现有建筑物，或提前修建能利用的永久房屋，如道班房、加油站等，不足部分修建临时建筑。

临时建筑应按节约、适用、装拆方便的原则设计，其结构形式按当地气候、材料来源和工期长短确定，通常有帐篷、活动房屋和就地取材的简易工棚等。

四、临时供水、供电、供热

工地临时供水、供电、供热应解决以下问题：确定用量、选择供应来源、设计管线网络等。如供应来源由工地自行解决，还需要确定相应的设备。

确定用量时，应考虑施工生产、生活和特殊用途（如消防、抗洪）的需用量。选择供应来源时，首先考虑当地已有的水源、电源，若当地没有或供应量不足时，才需自行设计解决。下面介绍公路施工工地对水、电、热需用量的计算方法，以及设计中一般应考虑的问题。

1. 工地临时供水

(1)用水量计算

施工期间的工地供水应满足工程施工用水（q_1）、施工机械用水（q_2）、施工现场生活用水（q_3）、生活区生活用水（q_4）和消防用水（q_5）等方面的需用，其用水量可参照有关手册计算确定。由于生活用水是经常性的，施工用水是间断性的，而消防用水又是偶然性的，因此，工地的总用水量（Q）并不是全部计算结果的总和，而按以下公式计算：

①当（$q_1 + q_2 + q_3 + q_4$）$\leqslant q_5$ 时，则

$$Q = q_5 + 0.5(q_1 + q_2 + q_3 + q_4) \tag{5-7}$$

②当（$q_1 + q_2 + q_3 + q_4$）$> q_5$ 时，则

$$Q = (q_1 + q_2 + q_3 + q_4) \tag{5-8}$$

③当工地面积小于 50 000m^2，而且（$q_1 + q_2 + q_3 + q_4$）$< q_5$ 时，则

$$Q = q_5 \tag{5-9}$$

（2）水源选择

首先考虑当地自来水作水源，如不可能才另选天然水源。临时水源应满足以下要求：水量充足稳定，能保证最大需水量供应；符合生活饮用和生产用水的水质标准，取水、输水、净水设施安全可靠；施工安装、运转、管理和维护方便。

（3）临时供水系统

供水系统由取水设施、净水设施、储水构造物、输水管网几部分组成。

取水设施由取水口、进水管及水泵站组成。取水口距河底（或井底）不得小于 0.25 ~ 0.9m。距冰层下部边缘的距离也不得小于 0.25m。水泵要有足够的抽水能力和扬程。

当水泵不能连续工作时，应设置储水构造物，其容量以每小时消防用水量确定，但一般不小于 10 ~ 20m。

输水管网应合理布局，干管一般为钢管或铸铁管，支管为钢管。输水管的直径必须满足输水量的需要。

2. 工地临时供电

（1）工地总用电量

工地用电可分为动力用电和照明用电两类，用电量可由式(5-10)计算：

$$P = (1.05 \sim 1.10)\left(K_1 \frac{\sum P_1}{\cos\varphi} + K_2 \sum P_2 + K_3 \sum P_3 + K_4 \sum P_4\right) \tag{5-10}$$

式中：P——工地总用电量，kV · A；

P_1、K_1——电动机额定功率，kW，需要系数 $K_1 = 0.5 \sim 0.7$，电动机 10 台以下取 0.7，超过 30 台取 0.5；

P_2、K_2——电焊机额定容量，kV · A，需要系数 $K_2 = 0.5 \sim 0.6$，电焊机 10 台以下取 0.6；

P_3、K_3——室内照明容量，kW，需要系数 $K_3 = 0.8$；

P_4、K_4——室外照明容量，kW，需要系数 $K_4 = 1.0$；

$\cos\varphi$——电动机的平均功率因数，根据用电量和负荷情况而定，最高为 0.75 ~ 0.78，一般为 0.65 ~ 0.75。

（2）选择电源及确定变压器

无论由当地电网供电还是在工地设临时电站解决，或者各供给一部分，选择电源都应在考虑以下因素后，根据工程具体情况经过比较确定：当地电源能否满足施工期间最高负荷；电源距离较远时是否经济；设临时电站，供电能力应满足需用。为避免造成浪费或供电不足，电源位置应设在设备集中、负荷最大而输电距离又最短的地方。

一般都首先考虑将附近的高压电，通过工地的变压器引入。变压器的功率按式(5-11)计算：

$$P = K\left(\frac{\sum P_{max}}{\cos\varphi}\right) \tag{5-11}$$

式中：P——变压器的功率，kV·A；

K——考虑功率损失的系数，取1.05；

$\sum P_{max}$——各施工区的最大计算负荷，kW；

$\cos\varphi$——功率因数。

(3)选择导线截面

合理的导线截面应满足三个方面的要求：首先要有足够的机械强度，即在各种不同的敷设方式下，确保导线不致因一般机械损伤而折断；其次应满足通过一定的电流强度，即导线必须能承受负载电流长时间通过所引起的温度升高；第三是导线上引起的电压降必须限制在容许限度之内。按这三项要求，选其截面最大者。

(4)配电线路的布置要点

线路宜架设在道路的一侧，并尽可能选择平坦路线。线路距建筑物的水平距离应大于1.5m。在380/220V低压线路中，木杆间距为25~40m。分支线及引入线均应从电杆处接出。

临时布线一般都用架空线，因为架空线工程简单、经济、便于检修。电杆及线路的交叉跨越要符合有关输变电规范。配电箱要设置在便于操作的地方，并有防雨、防晒设施。各种施工用电机具必须单机单闸，绝不可一闸多用。闸刀的容量按最高负荷选用。

3. 工地临时供热

工地临时供热的主要对象是临时房屋如办公室、宿舍、食堂等内部的冬季采暖；冬季施工供热，如施工用水和材料加热等；预制场供热，如钢筋混凝土构件的蒸汽养生等。

建筑物内部采暖耗热量，按有关建筑设计手册计算。

临时供热的热源，一般都设立临时性的锅炉房或个别分散设备(如火炉)，如有条件，也利用当地的现有热力管网。

临时供热的蒸汽用量可由式(5-12)计算：

$$W = \frac{Q}{IH} \tag{5-12}$$

式中：W——蒸汽用量，kg/h；

Q——所需总热量，按建筑采暖设计手册计算，J/h；

I——在一定压力下蒸汽的含热量，查有关热工手册，J/kg；

H——有效利用系数，一般为0.4~0.5。

蒸汽压力根据供热距离确定，供热距离在300m以内时，蒸汽压力为30~50kPa即可；在1 000m以内时，则需要200kPa。确定了蒸汽压力后，可根据式(5-12)计算得到蒸汽用量，即可查阅锅炉手册，选定锅炉的型号。

第三节　工地运输组织

工地运输组织的任务是编制运输计划、确定运输量、选择运输方式、计算运输工具的需要量等。公路施工需要运输的物资有建筑材料、构件、半成品，以及机械设备、施工及生活用品等。这些物资由外地运到工地(即场外运输),一般都由专业运输单位承运。工地内的运输(即场内运输)通常由施工单位承担。无论哪种运输,都应有组织,按计划地进行。

一、编制运输计划

1. 差额曲线法

所谓差额曲线,是指累积运输量与累积消耗量之差随施工时间的变化曲线。它反映了材料库存量的变化。通过差额曲线,可以把无规律的材料需用量由有序的均衡运输来实现。

假设根据优化后的工程进度图,得到某工程施工的水泥需用量如图 5-1 所示。从图中可以看到,施工需用水泥的日期是从开工后的第 15d 到第 75d,最高用量 103t/d(第 20d 到第 25d),最低用量 34t/d(第 70d 到第 75d),最高用量为最低用量的 3 倍。从图中不难计算出水泥的总需用量为 4 100t。

若提前 5d 开始运输,运量为 100t/d,则 41d 即可运完。这一运输方案如图 5-1 中的点画线所示。

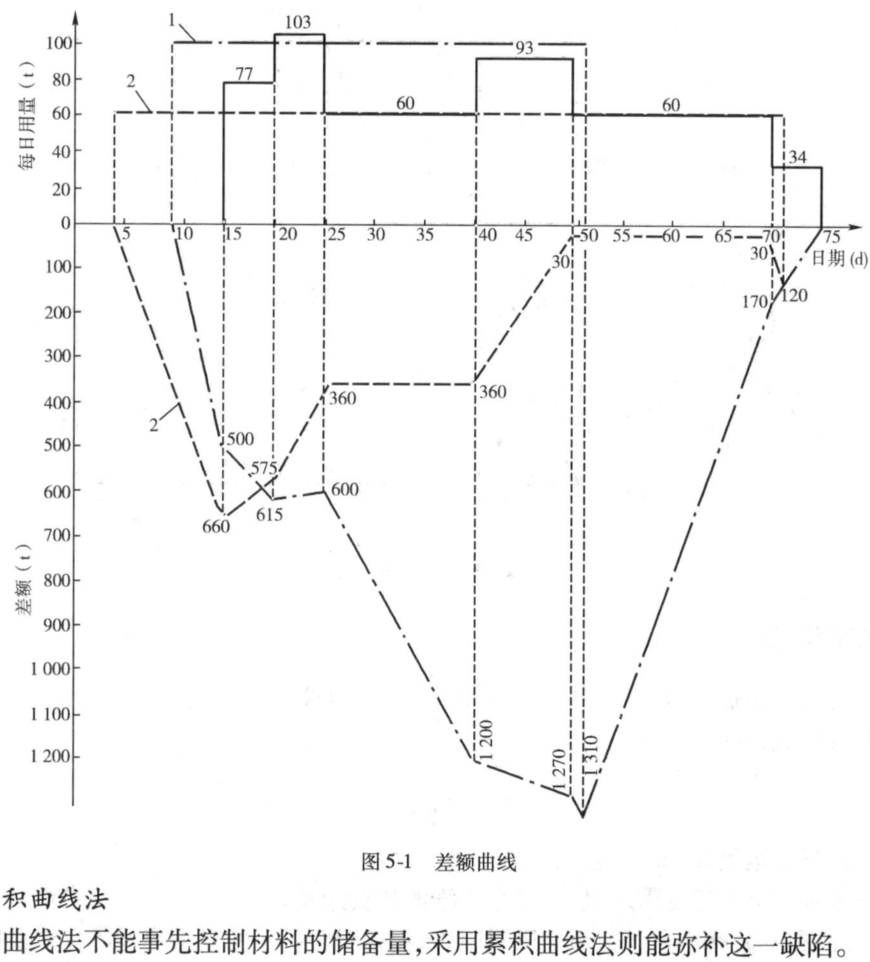

图 5-1　差额曲线

2. 累积曲线法

差额曲线法不能事先控制材料的储备量,采用累积曲线法则能弥补这一缺陷。

所谓累积曲线法,是将材料的累积消耗线、累积供应线绘于同一张图上。它反映了材料消耗量、供应量、库存量随时间变化的情况。图 5-2 为图 5-1 同一实例的累积曲线。

供应线的斜率决定于运量,因而可以先绘几条表示不同运量的斜线(图 5-2 的左下角),然后按尽量与消耗线平行同时间距又最小的原则,选择适合的斜线,直接在图上用推平行线的方法绘出供应线。

根据差额曲线或累积曲线，可以得到运输计划的主要数据——运输日期、运量、储备量、暂停运输后可保证施工的天数等。

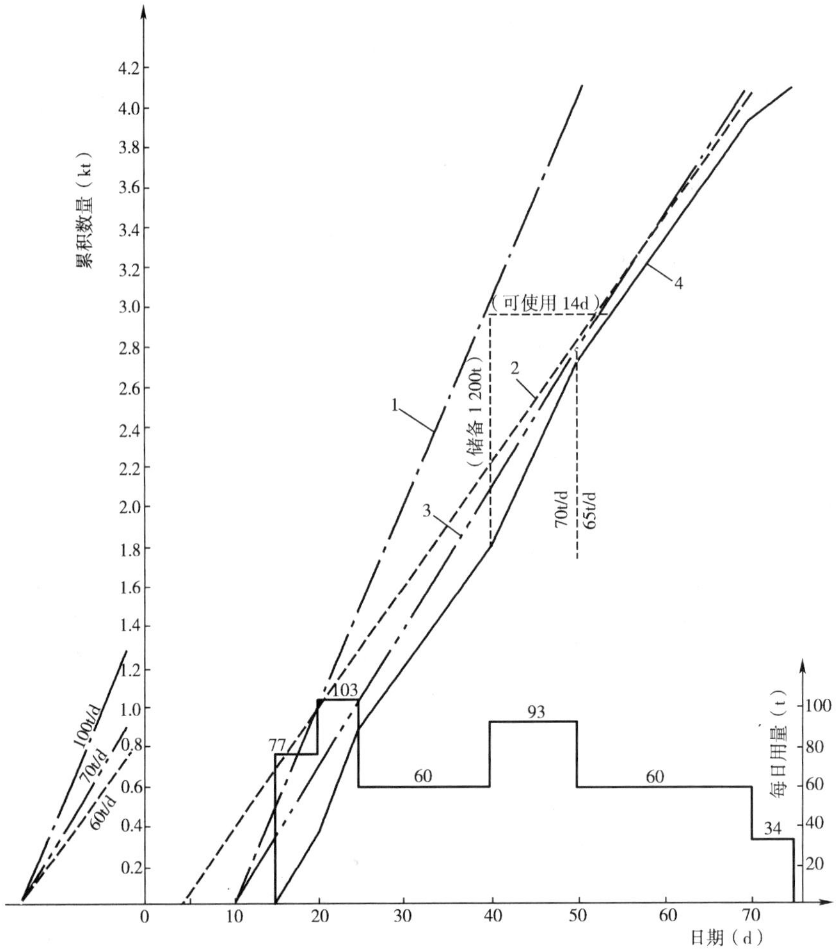

图5-2　累积曲线

二、确定运输量

每日需要运输物资的吨公里（或吨立方米）数称为运输量或货运量。一般情况下，工地运输的货运量可按式(5-13)计算：

$$q=\frac{\sum Q_iL_i}{T}K \tag{5-13}$$

式中：q——每日货运量，t·km（吨·公里）；

Q_i——各种物资的年度需用量，或整个工程的物资用量；

L_i——运输距离，km；

T——工程年度运输工作日数，或计划运输天数；

K——运输工作不均衡系数，公路运输取1.2，铁路运输取1.5。

若已用差额曲线或累积曲线编制运输计划，则每日需要运输的物资数量和运输工作日数为已知，每日货运量公式为：

$$q = \sum Q_i L_i K \tag{5-14}$$

式中：Q_i——每日运到工地的物资数量，t/d；

其余符号意义同前。

三、选择运输方式

目前工地运输的方式有铁路运输、公路运输、水路运输和特种运输（索道、管道）等。选择运输方式，必须充分考虑各种影响因素，例如运量大小、运距和物资性质；现有运输设备条件；利用永久性道路的可能性；地形、地质及水文等自然条件；敷设、运输和装卸费用多少等。

一般来说，当货运量较大、运距远，又具备条件时，宜采用铁路运输；内部加工场地与原料供应点之间可采用窄轨铁路运输；运距短、地形复杂、坡度较陡时，宜采用汽车运输。当有几种可能的运输方式可供选择时，应通过比较后确定。

四、计算运输工具需要量

运输方式确定后，即可用式(5-15)计算每班作业所需运输工具的需要量：

$$N = \frac{QK_1}{qTnK_2} \tag{5-15}$$

式中：N——所需的运输工具台数；

Q——全年（季）度最大运输量，t；

K_1——运输不均衡系数，场外运输一般采用1.2，场内运输采用1.1；

q——汽车台班产量，t/台班（根据运距按定额确定）；

T——全年（季）的工作天数；

n——每日的工作班数；

K_2——运输工具供应系数，一般取0.9。

五、运输组织步骤

在选择运输方式和运输工具时，应进行经济比较。其步骤如下：

(1)把需要从同一发货地点运至同一卸货地点的各种物资的数量及运量算出。

(2)根据施工需要，决定应在若干工作班内将物资运完，求出每一工作班应运物资的数量。

(3)根据具体情况，初步选定几种可行的运输方式。

(4)分别按各种可能的运输方式，计算需要的运输工具。

(5)分别计算每种可供选择的运输工具的成本，进行比较。

场外运输工作如果发包给运输单位，可用招标办法进行经济比较，选择最低运价。

第四节　施工平面布置图

一、施工总平面图

1.公路施工总平面图的内容

(1)拟建公路工程的主要工程施工项目，如路线及里程；大中桥、隧道、集中土石方、交叉口、特殊路基等重点工程的位置；公路养护、运营管理使用的永久性建筑，如道班房、加油站，高速公路的收费站、服务区等。

(2)为工程施工服务的临时设施及其位置，如采石场、采砂场、便道、便桥、仓库、码头、沥青拌和基地、生活用房等。

(3)施工管理机构，如工程建设现场指挥部、监理机构、工程处、施工队、办事处等。

(4)工地附近与施工有关的永久性建筑设施，如已有公路、铁路、车站、码头等。

(5)重要地形地物，如河流、山峰、文物及自然保护区、高压铁塔、重要通信线等。

(6)其他与施工有关的内容，如地质不良路段、国家测量标志、气象台、水文站、变电站、防洪、防火、安全设施等。

2. 施工总平面图的形式

施工总平面图可用两种形式表示。一种是根据公路路线的实际走向按适当的比例绘制，如图5-3a)所示。这种图形直观，图中所绘内容的位置准确。另一种是将公路路线绘成水平直线，将图中各点的平面位置以路中心线为基准作相对移动，见图5-3b)。这种图形只能表示图中内容相对于路线的位置，但它可以采用不同的纵横向比例将长度缩短，还可以略去若干次要的路段。

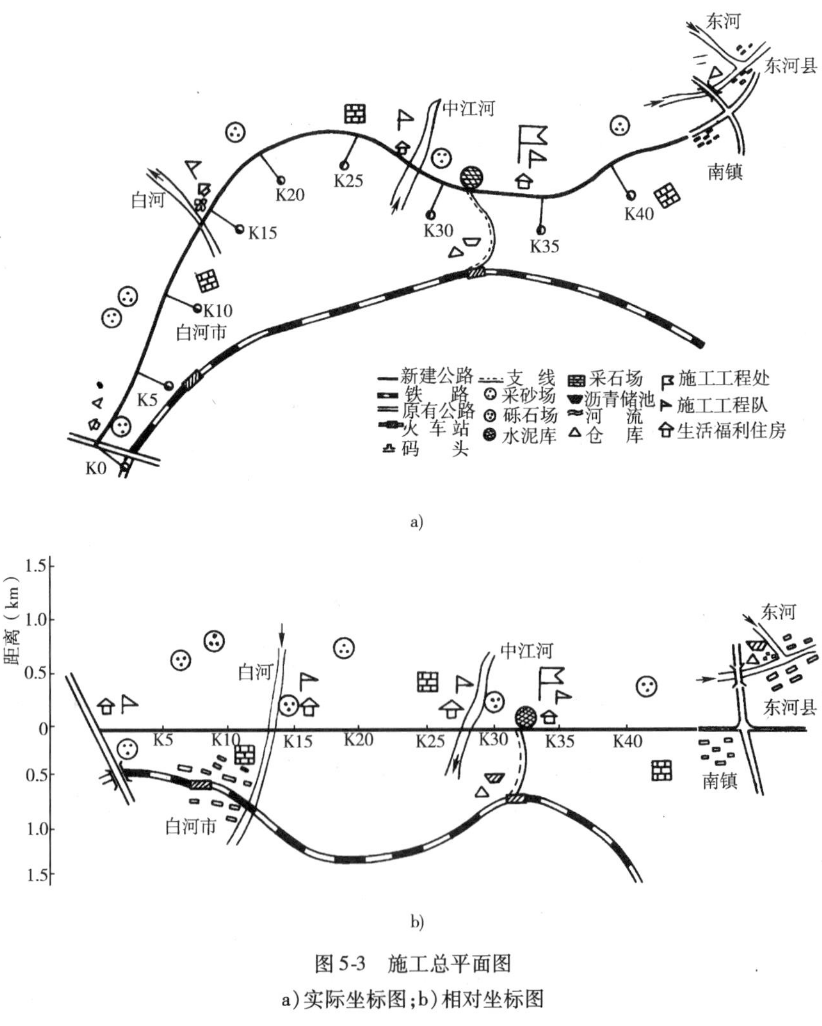

图5-3　施工总平面图

a)实际坐标图；b)相对坐标图

由于复印技术已十分普及，目前多采用按路线实际走向绘制总平面图，绘图比例一般为1∶5 000或1∶2 000。

二、施工场地布置图

公路立交枢纽、集中土石方工点、大中桥、隧道等施工技术复杂或施工条件困难的重点工程地段，由于施工环节多，需用较多的机械、设备和人力，为做好施工现场的施工布置，需要用较大的比例尺（一般为1∶500～1∶100）绘制施工场地布置图。施工场地布置图应在等高线地形图上按比例绘制。图上应详细绘出施工作业现场、辅助生产设施、办公和生活等区域的布置情况，对原有地物，特别是交通线、车站、码头等应适当绘出，与施工密切相关的资料，如洪水位线、地下水出入处、供水供电管线等也应在图上注明。

布置施工场地应遵循有利生产、方便生活、保护环境、安全可靠的原则，具体安排时，应注意以下几点：

（1）在满足施工要求的条件下，尽可能紧凑布置，充分利用每一寸土地，保护环境，少占农田。

（2）施工区、辅助生产区、生活区应合理划分和布局，既要有利施工、便于管理，又要避免相互干扰，保障职工生活。

（3）施工作业场地的布置应符合工艺流程，最大限度地缩短工地内的运输距离，在确保施工顺利进行的情况下，尽量减少临时工程。

（4）必须符合劳动保护、安全生产的要求，要有防洪、消防、防盗的设施。

应予指出，布置施工场地没有固定的模式，必须因地制宜、密切联系实际。因此，只能通过详细调查研究，充分收集资料，针对施工对象的工程特点、施工现场的环境条件及确定的施工方案，才能编制出既切实可行又富有特色的施工场地布置图。

三、其他局部平面图

高速公路、长大隧道等大型工程项目，施工年限一般都较长，施工管理工作量大，与主体工程施工配套的附属企业众多，为使施工在整体上协调进行，还应绘制其他局部平面图。局部平面图的内容和编制要求与施工场地布置图相似，这类平面图主要有以下几种：

（1）沿线砂石料场平面布置图。

（2）大型附属企业平面布置图，如沥青混合料拌和基地、主要材料加工或制备厂、外购材料转运及储存场地等。

（3）主要施工管理机构的平面布置图。

（4）临时供水、供电、供热基地及管线分布平面图。

（5）大型仓储基地主要设施及物资存放布置图。

四、施工平面图的设计依据

（1）地形、地物平面图，考虑多占空地，少占田。

（2）施工组织调查资料，用以考虑原材料的供应、堆放情况。

（3）施工图及其工程数量，用以确定堆料场面积。

（4）施工方案及施工进度图，用以确定分阶段施工平面图。

（5）施工组织设计各种图表，用以计算工作量、材料、机具用量。

(6)施工辅助生产,服务生产的规模和数量。

(7)其他有关资料。

五、施工平面图设计

施工平面布置的主要内容及其设计要点有以下几点：

1. 运输道路布置

采用公路运输时,公路应与加工厂、仓库的位置结合布置,并与场外道路衔接;航运运输时,卸货码头最好不少于两个,宽度不应过小;江河距工地较近时(沿溪线),主码头附近布置主要仓库。

2. 仓库的位置

(1)一般应靠近使用地点,其纵向应与道路平行,装卸货时间长的仓库不宜紧靠路边。当有铁路时,宜沿铁路线布置周转仓库或中心仓库。

(2)一般材料仓库应邻近公路和施工区,并应有适当的堆料场。

(3)砂、石料应布置在使用地点附近,离路堑和其他沟槽、基坑一定距离,以免塌方。

(4)工具库应布置在交通方便的位置,零星小件、专用工具库可分设于各使用区内。

(5)车库、机械停车场不宜离工地太远。以履带式机械为主的施工队伍,停车场与施工地点的距离不宜大于5km。

(6)油料、炸药库应布置在边远、人少的安全地点,并位于下风向。

3. 场内临时道路

(1)尽量利用永久性道路,提前修建永久路基和简易路面。

(2)必须修建的临时道路,要把仓库、施工点贯穿起来,按货流量大小设计其规格,末端应有回车场。

(3)避免与已有永久性铁路、公路交叉。

4. 临时行政、生活福利设施

(1)现场办公机构应靠近施工点。

(2)工人宿舍、文化生活用房应避免设在低洼潮湿、有烟尘和有害健康的地方。

(3)食堂、购物点一般布置在生活区内。

5. 临时水、电管线和其他动力线

应尽量利用已有永久性线路。临时管线应取最短距离布置,同时注意:

(1)临时变电站应设在进入工地处,避免高压线穿过工地。

(2)自备发电站应设在现场中心,或主要用电区,应考虑便于转移。供电线路不宜与其他管线同路和距离太近。

(3)过冬水管须设在冰冻线之下,或采取其他防冻措施。

(4)消防设施应符合有关规定。

(5)排水设施可靠,山地施工要注意防洪设施布置。

施工平面布置图的设计可按下列大体步骤进行:

调查、收集和分析基本资料,必须深入现场,通过调查研究,收集、分析和掌握必要的资料。其中应包括:施工沿线地形图,对外交通联系的交通运输设施,施工现场和附近居民点情况,附近有无可利用的房屋、电力网及水源,取土场、弃土场位置与面积等,施工队伍组织形式,人员、机械数量等。

确定施工作业点的数量，确定各施工作业点的位置、占地规模，编制所有临时建筑物的项目，确定使用期限、相互关系、对主体工程影响等。

总体规划是施工平面图设计的关键所在，要着重解决总体布置的一些重大原则问题，如施工现场是集中布置，还是分散布置；生活区和施工区如何划分；交通干线、通信线路、水电管线如何布置最合理、最经济等。对多个可能的布置方案，用具体的指标对比，选出最佳方案，最后绘制出供使用的施工总体布置平面图。

第五节　临时设施工程

一、类型

临时设施工程是为主体工程施工所修建的工程和设施。它不是永久性工程，原则上在工程竣工以后予以拆除。临时工程包括直接临时设施工程和间接临时设施工程两种。

1. 直接临时设施工程

(1)施工用道路及其他运输设备：包括施工现场内部及现有公路连接的场外公路，也包括为便于施工供车辆绕行的便道，以及根据地形铺设的轨道、架空索道、皮带输送机、装载机、起重机等运输设备。

(2)堆料场：供储存堆放施工使用的材料。

(3)电力设备：送电设备、变电设备、配电设备。

(4)给水与排水设备：供水设备和各种水泵、深水井、井点排水设备等。

(5)混合料拌和设备：包括水泥混凝土、沥青混合料、各种稳定材料搅拌设备，混合料储存设备，集料、水泥、沥青运输设备。

(6)其他机械设备：空压机、泵和其他各种设备。

2. 间接临时施工工程

主体工程施工产生需要的临时工程，包括办公室、宿舍各种仓库、车库、修配场、医务室、简易工棚、试验室、福利设施等。

二、临时设施工程的规划与设计

临时设施工程规划设计即施工现场平面图规划设计，是根据实施性施工组织设计原理，对施工过程所需施工设备、原材料堆放、动力供应、场内运输、半成品生产、仓库、料场、生产与生活设施等，在施工现场范围内进行科学的规划设计，并以平面图的形成加以表达。

1. 主要内容

(1)工程项目的建筑规模范围，施工用地范围和工程主要项目及其规模。

(2)施工现场及周围地形地物。

(3)施工现场道路运输布置以及与场外公路、铁路的连接。

(4)各种生产性施工设施(预制厂、拌和站、机械停放、修理场、材料堆放场及材料库)。

(5)各生产单位、行政管理部门、生活及文化卫生福利用房屋。

(6)水源、电源、变压器位置，临时供电及动力设施位置，各种安全防水防洪设施。

(7)永久性及半永久性施工坐标点，变换控制点位置。

2. 临时设施工程的规划与设计

(1)必须考虑地形及现场其他各种条件。

(2)确定材料和作业的流程,缩短运输距离,推行流水作业,排除返工或拖延工期因素,谋求提高作业效率。

(3)确定混合料搅拌站的位置。

(4)确定各种材料,半成品的合理堆放位置。

(5)布置供水、供电、通信路线。

(6)确定各临时设施的位置和尺寸。

(7)确定临时道路位置和线形设计。

第六章　实施性施工组织示例

本施工组织设计是根据某高速公路路面工程招标文件、设计图纸、补遗书等文件,经多次现场勘察,参照部颁公路工程技术规范和试验规程,本着加强科学管理、确保工程质量优良、缩短施工工期的前提,组织连续均衡生产,并结合施工单位具体情况来编制的。

第一节　工 程 概 况

一、项目描述

1. 地理位置

某高速公路路线全长160.682km。本合同段起点桩号为K48+000,终点桩号为K72+924.991,全长24.925km。

2. 气候、水文

(1)本项目所经区域属中亚热带向北亚热带过渡的季风湿润气候,光热充足,雨量充沛,无霜期长,严寒期短。春季潮湿阴雨,夏季暴雨高温,伏秋易旱,冬少严寒。年平均气温16~17℃,极端高温41℃,极端低温-15℃,年降雨量1 400~2 000mm。雨季集中于4~9月,四季有大风,春秋冬季偏北寒大风,夏季多地方性雨大风。

(2)沿线地表水系发达,地下水丰富。

3. 道路交通、电力、通信及其他服务条件

(1)本项目位于两个城市境内,沿线交通比较发达。

(2)沿线电力资源丰富,电网密布,工程用电可与地方电力部门协商解决。

(3)沿线市、县均有程控电话,可直接与世界各地通信联系。

二、主要工程量

(1)16cm5%水泥稳定碎石上基层:547 680m^2;

(2)18cm5%水泥稳定碎石上基层:1 505m^2;

(3)20cm5%水泥稳定碎石上基层: 39 030m^2;

(4)16cm5%水泥稳定碎石下基层:569 350m^2;

(5)沥青透层:588 205m^2;

(6)沥青黏层:1 149 400m^2;

(7)沥青封层:588 205m^2;

(8)4cmAK-13沥青混凝土:594 975m^2;

(9)5cmAC-20沥青混凝土:568 940m^2;

(10)6cmAC-20沥青混凝土:25 927m^2;

(11)6cmAC-25沥青混凝土:554 400m^2;

(12)25cm 水泥混凝土面板：1 285m^2；

(13)18cm 水泥混凝土面板：1 600m^2。

三、工程主要特点

1. 难点

(1)本项目合同工期控制在 12 个月之内，考虑到冬季低温、春季多雨的影响，施工期相对比较紧张，必须突出重点加强控制，争取主动保证在合同期内完成施工任务。

(2)该路是进入风景区的重要通道，必须采取措施，保护自然环境，防止水土流失，减少环境污染的工作。

2. 有利条件

(1)沿线砂石材料非常丰富，且运距较近。

(2)路基工程进度较快，主线基本可以贯通。

(3)施工单位(以下称公司)积累了丰富的路面施工经验，对于各种问题都能提前预见并采取相应的措施，可避免不必要的损失。

第二节　设备、人员动员周期和设备、人员、材料运到现场的方法

一、投入本工程的主要设备及仪器

以满足工程需要为前提，主要施工设备表及用于本工程的材料试验、测量、质检仪器设备表中的数量保证投入，在实际施工中根据工程情况适当进行调整和充实。

二、投入本工程的主要人员

公司将派出强有力的施工队伍来实施本工程，派出工程技术人员 35 人(其中工程师以上职称 15 人)，其他管理人员 30 人。

三、人员、设备动员周期

(1)为优质、高速、安全地在合同规定工期内完成高速公路路面工程第 31 合同段的施工任务，公司将派遣满足现场需要的以及路面施工经验丰富的、技术素质高的优秀技术人员和管理人员，组建项目经理部，承担本合同段的施工任务。在开工前，项目部组织岗位上的人员进行技术培训和有关法律、法规的学习，以适应本项目合同条款管理要求的需要。

(2)该公司承建的国内部分高速公路路面项目已完工，施工人员已休整好，机械设备已维修保养完毕，已具备所有必需的、足量的人员和设备随时调往本合同段使用，保证满足本项目工程顺利施工。

(3)公司在已成立专门机构全权负责该项目的基础上，加大工作力度，项目经理、总工程师、副经理及各科室负责人、质检人员等主要人员自合同签订之日起七天内全部到位，其他辅助管理人员根据工作需要分批到位，并组织技术人员编制详细的施工组织设计，保证让监理工程师满意，业主放心。

(4)所有工程开工所需施工设备如压路机、发电机组、自卸汽车、拌和楼、摊铺机、吊车、试验仪器、测量仪器等，都可分批到位。接到监理工程师的开工令后，保证立即开工。

四、人员、材料、设备运输到施工现场的方法

(1)项目经理部将统一组织人员进场,职工、民工可乘汽车到达施工现场。

(2)设备从已完工地或公司调入,采用汽车和平板车运输到施工现场。

(3)工地所需的主要外购材料,从符合业主质量要求的或由业主指定的厂家购买。碎石从主线两侧质量符合要求的碎石场购买,汽车运输到工地。上面层玄武岩碎石由业主指定的产地运至工地。中下面层沥青采用重交沥青,上面层采用进口 SBS 改性沥青。

第三节　主要工程项目的施工方案、施工方法

一、总体施工组织

1. 施工总目标

质量目标:确保优质工程,争创精品工程。

安全目标:无重大安全事故,安全生产指标达到国标。

工期目标:合同规定工期(12 个月)内完成本合同段全部工程任务。

2. 施工组织管理机构

项目经理部下设办公室、工程合约部、质检部、财务部、机料安全部、试验室等相关部室。施工现场设一个路面施工处(负责基层施工和沥青混凝土面层施工)和一个附属工程施工处(图 6-1)。

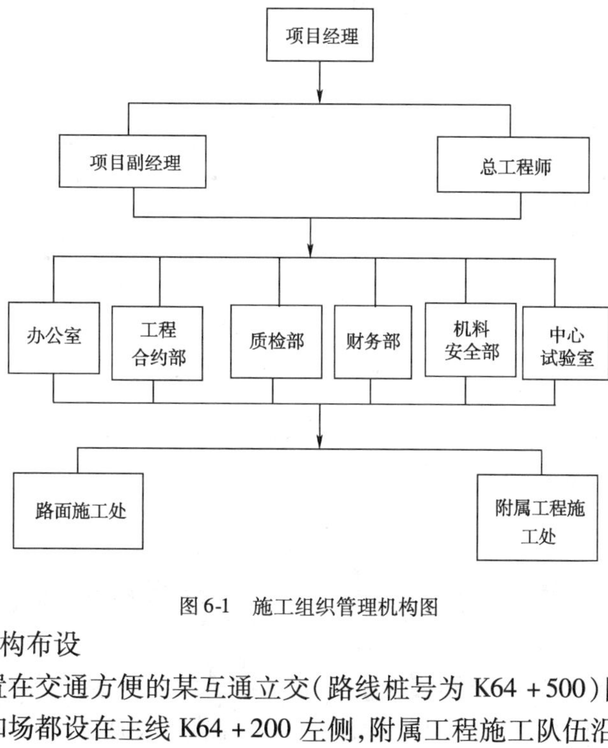

图 6-1　施工组织管理机构图

(1)施工组织机构布设

项目经理部设置在交通方便的某互通立交(路线桩号为 K64 +500)附近。水稳基层拌和场和沥青混合料拌和场都设在主线 K64 +200 左侧,附属工程施工队伍沿线合理设置,均租用民房。

(2)现场各施工处任务划分(表 6-1)

各施工处任务划分及主要设备配制 表 6-1

名称	主要工程项目	主要工程量	配制的主要设备
路面施工处	全合同段水泥稳定碎石下基层、水泥稳定碎石上基层	①16cm 5% 水泥稳定碎石上基层 547 680 m^2,折合 87 628.8 m^3; ②18cm 5%水泥稳定碎石上基层 1 505 m^2,折合 270.9 m^3; ③20cm 5% 水泥稳定碎石上基层 39 030 m^2,折合 7 806 m^3; ④16cm 5% 水泥稳定碎石下基层 569 350 m^2,折合 91 096 m^3	MWCB500、WCB300 稳定土拌和设备各 1 套,ABGTITAN423 稳定土摊铺机 2 台,装载机 5 台, W1803D 钢轮振动压路机 1 台,LS220 振动压路机 2 台,CC522 双钢轮压路机 1 台,洒水车 2 台,8t 以上自卸汽车 30 台,其他配套设备
	全合同段沥青封层、透层、黏层及沥青混凝土面层	①沥青透层 588 205 m^2; ②沥青封层 588 205 m^2; ③沥青黏层 1 149 400 m^2; ④6cmAC-25I 下面层 554 400 m^2; ⑤AC-20I 中面层 578 294 m^2; ⑥AC-20I 下面层 16 573 m^2; ⑦AK-13I 上面层 594 975 m^2	PARKE3000 沥青混凝土拌和设备 1 套,ABGTITAN423 沥青混凝土摊铺机 2 台,SX5190 沥青洒布车 1 台,NPS120 型沥青洒布车 1 台,BW24R 轮胎压路机 2 台,CC522 双钢轮压路机 2 台,英格索兰 DD110 双钢轮压路机 1 台,15t 以上自卸汽车 30 台,装载机 5 台,404kW 发电机组 2 台及其他配套设备
附属工程施工处	全合同段路缘石预制、路肩预制块、中央带纵向排水沟、路肩排水沟、中央分隔带纵向渗沟及水泥混凝土路面	①路缘石 45 381 m; ②路肩预制块 22 000 m; ③中央、路肩填土 17 565 m^3; ④中央分隔带纵向排水沟 11 962m; ⑤路肩排水沟 2 423m; ⑥中央分隔带纵向排水渗沟 23 793m; ⑦路肩碎石排水层:填方 30 394m,挖方 22 000m; ⑨25cm 厚水泥混凝土路面 1 285 m^2,折合 321.25 m^3; ⑩18cm 厚水泥混凝土路面 1 600 m^2,折合 288m^3	JQY350 强制式混凝土搅拌机 3 台,15 ~ 120kW 发电机组 4 台,砂浆拌和机 6 台,东风 5t 自卸汽车 10 台,打夯机 5 台,及其他辅助机具

二、施工准备

1. 驻地建设

(1)项目经理部配备适用的办公室和住房,及与工程相适应的办公设备、生活及消防设施。

(2)施工现场进行"四通一平"的工作,建立满足工程生产需要的临时基础设施。

(3)对临时道路进行修建、改善和维护,以保证施工期间交通的顺畅。

2. 拌和场建设

建水稳基层、沥青面层拌和场共 1 处,共安排 WCB300、MWCD500 型水泥稳定粒料拌和楼各1座，240T/H的PARKER3000型沥青拌和楼1座。水稳基层、沥青面层拌和场都设在K64+200的左侧（某互通立交附近）。

（1）水稳基层拌和场建设

①于2004年11月开始实施，1个月内完成。

②拌和场设置呈一定的坡度，堆料区坡度控制为5%，其他区域不小于2%，以保持场内排水畅通。

③所有出入拌和场的道路、拌和楼附近及出料口区采用15cm厚4%水泥稳定碎石+15cm厚贫混凝土硬化处理。

④砂石材料堆料场的面积不小于7 000m^2，用20cm厚5%水泥稳定碎石硬化处理，不同规格的材料用浆砌红砖墙进行分开堆放，确保砂石材料不受污染；对4.75mm以下的集料设置遮雨棚。

⑤水稳基层拌和场生产、养护用水，在附近河中设立泵站抽水使用，生活用水打井利用地下水。

⑥电力主要采用高压电源，每台拌和楼各配备1台150kW发电机组作备用电源。

（2）沥青拌和场建设

①于2004年12月开始实施，1个月内完成场地建设及设备安装工作。

②拌和场设置呈一定的坡度，堆料区坡度控制为5%，其他区域不小于2%，以保持场内排水畅通，拌和场堆料区还设置一定数量的纵、横向排水盲沟。

③所有出入拌和场的道路、拌和楼附近及出料口，采用15cm厚5%水泥稳定碎石+15cm厚贫混凝土硬化处理。

④粗、细集料堆料场的面积不小于5 000m^2，用20cm厚6%水泥稳定碎石硬化处理，不同规格的粗、细集料用浆砌红砖墙分隔堆放；搭建钢制遮雨棚确保粗、细集料不受污染和被雨水淋湿。

⑤沥青拌和楼生产用电，由高压电作主电源，其他辅助电源采用2台404kW进口发电机组。

3.试验室建设

（1）建设时间：与拌和场建设同期进行。

（2）按需要配备足够的试验、检测设备，建立与之相适宜的工作环境，详见《试验、质检仪器设备表》（略）。

（3）用于检测、试验的仪器设备必须在使用前经国家法定认可的计量部门标定认可，没有计量部门标定认可的试验设备不能用于试验和检测。

（4）试验室建设完成后，书面报请监理和政府监督机构进行验收，并申报临时资质证书。

4.控制测量与技术交底

路面工程技术人员进场后即进行全线导线与水准点的联测和加密工作；同时进行图纸、工程量的复核工作，发现错误及时申报。

5.料场及材料的准备

（1）料场考察

在承包人驻地建设同时，抓紧进行材料料场的再证实和取样检测工作。

（2）备料

基层碎石堆料场2个月内可完成30 000m^3的备料工作。沥青混凝土粗集料堆料场2个月内可完成20 000m^3 的备料工作。

三、路面下基层、上基层的施工

1. 施工方案

本合同段有水泥稳定碎石下基层 569 350m^2(约 214 076t),水泥稳定碎石上基层 588 215m^2(约 224 908t)。采用厂拌法集中拌和,自卸汽车运输,摊铺机摊铺的施工方法施工。

2. 施工方法

(1)施工前的准备

1)试验准备

备料前一个月,对用于基层的各种原材料按规范要求进行各种试验:

①水泥性能试验;

②碎石相对密度、吸水率;

③碎石抗压强度和筛分试验;

④碎石的压碎值试验;

⑤重型击实试验等。

2)材料准备

经试验合格后,进行各种原材料的备料工作,并严格按照有关规范要求的检测频率进行质量追踪控制。

3)摊铺工作面的准备

①配合监理工程师加紧对下承层进行验收。

②在铺筑基层前,应将下承层上的浮渣、杂物等全部清除干净,保持表面整洁并洒水保持表面湿润,然后在下承层顶面洒少量水泥浆。

③在下承层上恢复中线,纵向每 10 ~ 20m 设一桩,两侧路肩边缘外设指示桩。进行水准测量,在指示桩上明显标记出基层边缘的设计高程。

4)试验路施工

根据批准的混合料配合比,施工一段不少于 200m 的试验路段,以求得用于施工的集料配合比、松铺系数、摊铺方法和适用机具、含水率的增减和控制方法、压实机械的组合等施工工艺,借此指导大规模施工。

(2)拌和

①采用带自动进料和计量装置的南方路机 WCB300、天津鼎盛 MWCB500 稳定土拌和楼进行拌和。

②水量控制:拌和过程中严格控制加水,含水率视天气、气温条件适当调整,略大于最佳含水率的1% ~2% 。

③水泥控制:水泥剂量较试验确定后的剂量增加 0.5% 。

④粒料控制:在上料过程中,严禁各种规格的粗细集料混装及各料仓串料、空料。

⑤安排 1 名质检员在出料口观测混合料的均匀度和含水率,并及时反馈给控制台进行调整,以保证混合料的质量。

⑥安排 2 名试验员按规范规定的频率在拌和楼随时进行抽检。

(3)运输

采用大吨位自卸汽车运输,车辆数量安排 30 台汽车。在运输过程中,如运距较远必须加篷布覆盖以防水分蒸发。

(4)摊铺

基层摊铺:采用1台ABG TITAN423型自动调平摊铺机按设计要求的宽度摊铺。

摊铺过程中应注意的事项:

①严格控制松铺厚度,并应经常校核松铺系数,因松铺系数会随摊铺机的机械参数如振幅、振频、混合料的级配、含水率等而变化。

②严格控制摊铺速度,不能时摊时停,摊铺速度根据拌和楼产量确定。

③严格控制摊铺机的各种机械参数,如布料器高度、转速、摊铺机的振捣频率、振幅等。

(5)压实

1)压实机具配置:2台LS220型振动压路机、1台W1803型振动压路机和CC522双钢轮压路机1台。

2)碾压工艺:按静—振—静的组合方式进行,碾压遍数根据试验路得出的数据确定。

3)碾压过程中应注意的事项:

①每层混合料经摊铺,应立即在全宽范围内进行碾压。碾压方向应与路中线平行。直线段由边到中,超高段由低侧到高侧,依次连续均匀碾压。按试验路段铺筑时确定的碾压遍数、碾压速度,使全深、全宽范围内均匀地碾压到规定的压实度为止。压实后表面应平整、无轮迹或隆起,并应有准确的断面和横坡。严禁压路机在已完成或正在碾压的路段上"掉头"或紧急制动,以保证稳定层表面不受破坏。

②凡压实机械不能作业的部位,应采用夯机夯实,使之达到规定的压实度。

③碾压过程中,稳定层表面应始终保持湿润,若有蒸发,应及时补洒适量的水。若有"弹簧"、松散、起皮现象,应及时翻松重新拌和,或铲除换料重铺,使其达到质量要求。

④由于施工等其他原因,其任何未经压实或部分压实的混合料未扰动地放置2h以上或被雨淋湿的部分,均应清除并更换。清除的混合料应废弃,不得利用。

⑤施工现场,按规范要求进行压实度、表面平整度和层厚检验。压实度不符合要求的路段,必须根据具体情况,分别采取补充碾压,或采取其他有效措施,使其达到标准。表面平整度和层厚检验超过规定误差,均应返工,并达到规定标准。

(6)养护及交通管制

①基层碾压完成立即养生,养生期不少于7d,气温较低时适当延长,养生期间必须始终保持稳定层表层潮湿。

②养生方法根据具体情况采用不透水薄膜覆盖养生。养生结束后,必须将覆盖物清除干净。

③养生期内如出现病害,及时挖补,整修到规定的要求,挖补的压实厚度应不小于10cm,严禁薄层贴补。

④在养生期内,如遇气温降至5℃以下时,必须采用覆盖保护措施,以防冰冻。

⑤严禁与施工无关的人员及机械进入摊铺层施工作业范围。在养生期间,除允许养生用洒水车通行外,严格控制其他施工车辆的通行,洒水车的行车速度不得超过30km/h,并不得紧急制动,车辆行驶应在全宽范围内均匀分布。

⑥养生期满后,基层应及时施工沥青透层和封层,封层施工后的基层上,只允许通行本路段面层施工作业车辆。

四、沥青混凝土面层施工

1. 透层、封层及黏层的施工方案

（1）透层施工方案

将基层顶面彻底清理洁净后，采用沥青洒布车洒布一层煤油稀释沥青，煤油稀释沥青的基质沥青采用中、轻交通道路石油沥青，基质沥青标号及煤油的掺配比例，经试验确定，以满足渗透深度不小于5mm的要求。

（2）稀浆封层的施工方案

1）整体施工方案：待煤油稀释沥青洒布48h后（煤油基本挥发尽）采用徐工产RF型稀浆封层车进行封层施工，在乳化沥青破乳后采用轮胎压路机碾压成型，待封层稳定后开放交通。

2）集料的准备：选择碱性矿料如石灰岩等，集料必须坚硬、耐磨、无风化且表面干净，矿料级配符合规范要求。

3）乳化沥青的准备：采购成品，保证沥青含量为60%，软化点≥55℃。

4）摊铺施工方法：

①摊铺前必须对摊铺设备做全面的检查和调试，包括油泵系统、液压系统、拌和系统、输料系统，同时标定摊铺厚度，确定完全正常，方可施工。

②摊铺前应控制好集料、填料、水、乳液的配合比例。摊铺时，发现一种材料用完时，必须立即停止铺筑，重新装料后再继续摊铺。搅拌形成的稀浆混合料，应符合设计的沥青用量和级配要求，并有良好的施工和易性。

③摊铺时，将装好料的稀浆封层车开至摊铺起点，调整摊铺槽，打开控制开关，使调整好的稀浆流入摊铺槽内；当流满2/3槽时，启动底盘，匀速前进，并始终保持摊铺槽内有一定量的稀浆。当第一车料摊铺完后，下一车摊铺时应重叠上一车已摊铺层的5～10cm。

5）碾压方法：破乳后，及时用轮胎压路机反复碾压4～6遍，这样有利于提高密实度、早期强度、平整度及其防水性能。

6）交通管制方法：稀浆封层铺筑后，必须待乳液破乳，水分蒸发，干燥成型后方可开放交通，未完全干燥前，应防止重吨位车辆在上面碾压、制动、掉头，以免对路面造成损害。

（3）黏层施工方案

沥青黏层油采用乳化改性沥青，其基质沥青与面层所使用的种类相同。洒布前彻底清除路面杂物、尘土等污物；洒油量为0.3～0.6L/m^2，通过试洒确定；对于浇洒过量处予以铲除。黏层沥青洒布后，待乳化沥青破乳、水分蒸发完后铺筑沥青混凝土面层，必须在24～48h之内施工，以避免二次污染。

（4）施工过程中的注意事项：

①封层及黏层油洒布前，确保下层结构层表面彻底洁净，污染的部位必须采用大型空压机吹扫并辅以水车冲洗。

②每车沥青开始洒布时，纵、横搭接处采用塑料薄膜覆盖，防止沥青洒布过多或过少；对洒油量不足或漏洒处可采用手提式喷洒器进行人工补洒。

③洒布时在路缘石、边沟、桥梁搭板处覆盖彩条布，防止污染。

④只能在晴天、微风或无风的天气下进行施工，且施工气温不低于10℃。

⑤所有沥青材料及吸附沥青所用的碎石质量应经监理工程师检验合格。

（5）养护及交通管制

①做完封层，待乳液破乳、水分蒸发、干燥碾压成型后，在封层上摆放一些交通警示牌，使车辆慢速、匀速行驶。

②浇洒黏层沥青后严禁除沥青混合料运输车外的其他车辆、行人通过。

2. 沥青混凝土面层施工

本合同段路面面层采用三层式沥青混凝土结构：4cm 厚 AK-13A 上面层 +5cm 厚 AC-20（Ⅰ）中面层 +6cm 厚 AC-25（Ⅰ）下面层。

沥青混凝土面层施工是本合同段的重点工程，4cm 厚的上面层是其中的重中之重。该公司特准备组织一批技术过硬、沥青路面施工经验丰富的人员进行施工作业，并投入一批完全能确保质量和进度要求的机械设备。

（1）施工方案

沥青混凝土采用间歇式沥青混凝土拌和楼出料，带覆盖物的大吨位自卸汽车运输，中、下面层采用 1 台摊铺机摊铺，上面层采用一台摊铺机摊铺。中、下面层采用挂钢丝、传感器走钢丝控制高程及厚度，上面层采用非接触式自动平衡梁控制高程、厚度及平整度。压实采用双光钢轮压路机与轮胎压路机组合碾压。

（2）施工方法

1）施工前准备工作

①材料试验准备：备料前 2 个月，对用于下、中、上面层的各种原材料按技术规范的要求进行各种试验。

②材料准备

经试验合格后，进行各种原材料的备料工作，并严格按有关规范要求的检测频率进行质量追踪控制。

③目标配合比设计

目标配合比设计与材料备料工作同时进行。

目标配合比设计的注意事项及保证措施：

a. 各种原材料取样要具代表性；

b. 严格按操作规程进行各种试验；

c. 严格控制级配线形；

d. 安排技术过硬的试验工程师在总工的具体指导下完成；

e. 做好平行试验。

④生产配合比设计阶段

按招标文件技术规范规定的办法，对拌和楼进行计量系统的检测标定，在试验路施工前半个月进行。对拌和楼冷、热料仓的各种材料进行筛分试验，以确定各热料仓的材料实际比例，供拌和楼控制室使用；同时反复调整冷料仓进料比例以达到供料平衡，并取目标配合比设计的最佳沥青用量、最佳沥青用量 ±0.3% 等 3 个沥青用量进行马歇尔试验，确定生产配合比的最佳沥青用量。

2）试验路的施工

正式施工前要首先完成单幅 200m 的试验路段，用以确定以下内容借此指导大面积施工。

①生产配合比的验证。

②合理的机械类型、机械数量及组合方式。

③拌和楼的上料速度、拌和楼产量、拌和温度等操作工艺。

④摊铺宽度、速度、温度、振捣频率。

⑤压路机碾压顺序、温度、速度、遍数等。

⑥沥青混凝土的松铺系数、接缝处理方法等。

⑦全面检查材料及施工质量。

⑧整个沥青混凝土施工系统的人员组织。

3)施工方法

①拌和

A. 材料

所用矿料符合质量要求,按现行规范办理,储存量应为平均日用量的 7 倍以上;矿粉和普通沥青应符合现行规范的质量要求,储量应为平均日用量的 2 倍以上。在本工程项目沥青上面层所使用的矿粉里,均添加占集料总量 2% 的水泥;上面层采用改性沥青,改性后的沥青应符合聚合物改性沥青技术要求;上面层沥青添加抗剥离剂。

B. 拌和温度及拌和时间的控制

a. 中、下面层(重交通道路石油沥青 AH-70):沥青加热温度控制为 155 ~ 165℃,矿料加热温度为 165 ~ 185℃,沥青与矿料的加热温度应调节至能使拌和的沥青混合料出厂温度在 155 ~ 165℃,混合料储料仓储存过程中温度下降不超过 10℃。拌和时间控制在 45s 以上,不得有花白料和超温料。

b. 上面层(SBS 改性沥青):改性沥青混凝土的各种温度均比普通沥青混凝土的温度高出 10 ~ 20℃,沥青加热温度控制为 170 ~ 180℃,矿料加热温度为 180 ~ 195℃,沥青与矿料的加热温度应调节至能使拌和的沥青混合料出厂温度为 165 ~ 185℃,混合料在储料仓储存、运输过程中温度下降不超过 10℃。拌和时间控制:比普通的沥青混合料延长 5 ~ 10s,一般延长 8s,不得有花白料和超温料。

C. 拌和质量检测

a. 拌和质量的直观检测

质检人员必须在料车装料过程中和离开拌和厂前往摊铺工地途中,经常进行目测,仔细目测有可能发现混合料存在的某些严重问题。

沥青混合料生产的每个环节都应强调温度控制,这是质量控制的首要因素。目测经常可以发现沥青混合料的温度是否符合规定。料车装载的混合料冒黄烟往往表明混合料过热。若混合料温度过低,沥青裹覆不匀,装车将比较困难。此外,如运料车的沥青混合料能够堆积很高,则说明混合料欠火,或混合料中沥青含量过低;反之,如果热拌混合料在料车中容易坍平(不易堆积),则可能是因为沥青过量或矿粉湿度过大所致。

b. 拌和质量测试

Ⅰ. 沥青混合料的温度测试

沥青混合料的温度通常在料车上测出。用具有金属探测针的插入式数显温度计或手枪式红外测温计。由于红外测温计仅能测出材料表面的温度,故其温度读数对于料车中间的材料便不可能准确。为了解决这一问题,检验人员应在混合料从拌和机或聚料斗出料口卸出时,就应用这种仪器进行测定。红外线测温计能迅速获得全面的数据,但使用时应注意经常校准。

Ⅱ. 沥青混合料的取样和测试

沥青混合料的取样与测试是拌和厂进行质量控制最重要的两项工作。取样和测试所得到的数据,可以证明成品是否合格。因此,必须严格遵循取样和测试程序,确保试验结果能够真实反映混合料的质量和特性。

III. 当天完工后热料仓的取样和筛分

每天完工后安排专人对热料仓内热集料进行取样和筛分，及时根据其级配情况进行配合比调整，该措施能使配合比控制更加精确。

D. 拌和时应注意的事项

a. 通常用装载机将不同规格的矿料投进相应的料仓，在拌和设备运行中要经常检查砂石冷料仓储料情况，不得串料、空料，热料仓中的存料要过半后才开始称量，并不得空料。

b. 拌和全过程必须使用电脑控制操作，不得人为改变各热料仓的进料比例。

c. 上、中、下各面层均不使用回收粉。

②运输

A. 采用大吨位（标准载重 15t 以上）自卸汽车运输，车辆数量 30 台，每台车配备一床双层内夹保温隔热材料的耐高温篷布。

B. 运输车在装料之前都必须将车箱清洗干净，不得有任何杂物，并均匀涂刷一层 1∶3的油水混合物，并排除可见的游离余液。后门必须关闭严密，不得漏料。

C. 放料过程中至少应分 3 次装料，第一次靠车箱前部，第二次靠车箱后部，第三次靠车箱中部，以减少离析。

D. 运料时必须对每车混合料加以覆盖。

③摊铺

摊铺作业是沥青路面施工的关键工序之一，包括下承层准备、施工放样、摊铺机各种参数的调整与选择、摊铺作业等主要内容。摊铺前应先检查摊铺机的熨平板宽度、高度和预拱度是否适当，并调整好自动找平装置。沥青混凝土路面中、下、上面层都采用一台摊铺机摊铺。

A. 准备工作

a. 基层准备

I. 确保封层完好，如有破损，进行补洒处理至监理工程师满意为止。

II. 封层表面的浮子、泥土、杂物等彻底清除干净。

III. 仔细检查基层有无裂缝，在裂缝处和局部特殊路段（如零填零挖、桥头等）的基层顶面采用监理认可的方法处理。

b. 面层下承层准备

I. 确保面层下承层表面的浮子、泥土、杂物等彻底清除干净。

II. 施工前两天进行黏层油洒布，并封闭交通。

c. 施工放样

施工放样应考虑下承层高程差值（设计与实际高程值之差）、厚度和本层厚度，综合考虑后定出挂线桩顶的高程。

d. 摊铺机施工前检查

摊铺机在每日施工前，必须对工作装置及其调节机构进行专门检查，即刮板输料器、闸门和螺旋摊铺器（即供料系统）的状况是否良好，有无黏附沥青混合料（包括受料斗）；振捣梁的底面及其前下部是否磨损过大，行程及运动速度是否恰当，它与烫平板之间的间隙以及同烫平板底面的高低是否合适；烫平板底面有无磨损、变形或黏附混合料，其加热装置要检查装置是否良好。

上述各项都必须进行运转检查，遇有故障应及时消除与调整，确认工作装置及机构均处于良好状态之后，方允许正式投入施工。

B. 摊铺机参数的调整与选择

摊铺机参数包括结构参数和运行参数两大部分。结构参数有烫平板宽板、拱度等；运行参数有摊铺厚度、摊铺速度、振频、振幅等。

a. 烫平板宽度与拱度的调整

摊铺机的烫平板在摊铺加热前必须设置预拱度。因为烫平板在受热温度升高后，由于热胀冷缩的原理，会形成两端向上翘起的现象，所以应根据以往的施工经验和试验路的情况，预设一定的拱度，以使铺筑的结构层的横坡度符合设计要求。

b. 摊铺厚度的确定

摊铺机开始摊铺之前，应根据下承层的高程测量数据和试验确定的松铺系数，设置好摊铺的松铺厚度。松铺系数要经常校验。

c. 摊铺速度的确定

摊铺时必须保持匀速行驶，时快时慢或停顿都会对摊铺质量产生影响。所以必须根据拌和楼产量确定一个合理的摊铺速度，使得摊铺能够连续、匀速的进行。

d. 振频、振幅的确定

摊铺时所确定的振频、振幅要恒定不变，尽量取高值。

C. 温度控制

a. 中、下面层（重交通道路石油沥青 AH-70）：正常施工气温条件下，摊铺温度控制在 140 ~ 155℃，不超过 165℃；在低温施工时，摊铺温度控制在不低于 145 ~ 160℃，不超过 170℃，并应随沥青标号、品种、黏度、铺装层的厚度及气温的不同通过试验具体确定。

b. 上面层（SBS 改性沥青）：正常施工气温条件下，摊铺温度控制在 160 ~ 175℃，不超过 175℃；在较低气温施工条件下，摊铺温度控制在 170 ~ 180℃，不超过 185℃。

D. 摊铺时应注意的事项

a. 应尽量保证上、下两层沥青面层的连续摊铺，并防止路面污染。在施工工序上，沥青面层的铺筑宜在通信管线施工和边坡防护等工程完成后再开始。

b. 注意设置好螺旋布料器的高度并控制好布料器的转速，始终保持混合料在布料器高度的 2/3 处，这样能减少混合料的离析。

c. 在摊铺过程中，摊铺机应保持匀速、不间断前进，并始终沿事先标定的行走线前进，不得随意停顿和改变方向。

d. 应设专人指挥运料车及时后退到摊铺机前和及时卸料，使两侧板翻起后在摊铺机受料斗中的离析料尚未送前，新料就开始卸到受料斗中。

e. 摊铺后，对于局部缺陷，在复压前完成人工修整，特别对于局部离析和边线不顺直的地点，要及时将其清除或补以新的混合料。

f. 严格控制摊铺后的平整度，摊铺机起步高程要控制好，行走过程中，传感器要有专人看守，传感器经过控制桩时，要关掉传感器，以减少控制桩横杆及拉线弧度对路面平整度的影响。对平整度达不到要求的地方在复压前完成人工修整。

E. 接缝处理

a. 在施工结束时，摊铺机在接近端部前约 1m 处将熨平板稍稍抬起驶离现场，用人工将端部混合料铲齐后再予碾压。然后用 6m 直尺反复检查平整度，用切割机割除端部厚度不足的部分，使下次施工时呈直角连接。

b. 下一次继续摊铺前用6m直尺反复检查端部平整度，当不符合要求时，应予铲除，直至合格处。摊铺时按松铺系数调整好预留高度，并涂刷一层乳化沥青。接缝摊铺结束后立即用6m直尺检查平整度，当有不符合平整度要求时，趁混合料尚未冷却立即处理。

c. 横向接缝先用双钢轮压路机进行横向碾压。碾压时压路机位于已压实的混合料上，伸入新铺层的宽度为15cm。然后每压一遍向新混合料移动15～20cm，直至全部在新铺层上为止，再改为纵向碾压。

④碾压

A. 碾压机具的配置

配置以下压路机：双钢轮压路机DD110型1台和CC522型2台；胶轮压路机BW24R型2台。

B. 碾压温度的控制

a. 中、下面层（重交通道路石油沥青AH-70）：正常施工，初压温度控制在135～145℃，不低于130℃；低温施工，碾压温度控制在140～155℃，不低于135℃；碾压结束时的温度不低于110℃。当气温降至10℃以下时，不得摊铺。

b. 上面层（SBS改性沥青）：正常施工，碾压温度不低于150℃；低温施工，碾压温度不低于160℃；终压温度不低于120℃。当气温降至15℃以下时，不得摊铺。

C. 碾压速度的控制

压路机的碾压速度见表6-2。

压路机碾压速度（km/h） 表6-2

碾压阶段压路机类型	初压	复压	终压
胶轮压路机	—	3.5～4.5，不大于8	—
双钢轮压路机	（静压）1.5～2.0 （静压）不大于5	（振动）4～5	（静压）2.0～3.0 （静压）不大于5

D. 碾压方法和注意事项

a. 碾压方法：

初压：摊铺之后立即进行（高温碾压），中、下面层用1台DD110双钢轮压路机静压完成（拟定2遍）；改性沥青上面层初压用1台DD110双钢轮压路机和1台CC522型双钢轮压路机紧跟摊铺机进行（拟定2遍）。

复压：复压紧接在初压后进行，用1台DD110双钢轮压路机、1台CC522型双钢轮压路机和2台BW24R型轮胎压路机组合完成，视实际效果确定。复压的压路机均按并列循环方式进行，直至满足压实度要求为止。

终压：终压紧接在复压后进行，终压用1台CC522型双钢轮压路机静压完成（拟定2遍）。

b. 注意事项：

I. 振动压路机必须遵循先启动后开振，先停振后停车的原则进行碾压。所有压路机碾压时必须在起动和停止时缓慢减速进行并按直线行走，不得在当天的作业面上掉头。

II. 压路机碾压必须从低向高处移动，相邻碾压带重叠宽度对于轮胎压路机应为1/3～1/2轮宽、对于双钢轮压路机应为10～20cm宽。在碾压边缘时，应先空出宽20～30cm，待压完第一遍后，将压路机大部分质量位于已压实过的混合料面上再压边缘，以减少混合料向外推移。

III. 碾压应尽量紧跟摊铺机后在高温度下进行，一般温度越高越好，以混合料不产生推移、开裂为度。

Ⅳ. 压路机不得停留在温度高于70℃的混合料上，同时，应采取有效措施，防止油料、润滑脂或其他有机杂质在压路机操作或停放期间洒落在路面上。

Ⅴ. 在压实时，如接缝处的混合料温度已不能满足压实温度要求，应采用加热器提高混合料的温度达到要求的压实温度，再压实到无缝迹为止。否则，必须垂直切割混合料并重新铺筑，立即共同碾压到无缝为止。

4）交通管制

①普通沥青混合料碾压成型后温度降至50℃以下时才能开放交通。

②改性沥青混合料碾压成型后第三天才能开放交通。

③桥面施工注意事项：

a. 对水泥混凝土桥面和桥头搭板进行凿毛，同时做排水检测，若桥面积水，则应凿除阻止流水的凸出的水泥混凝土，使水顺利流入泄水孔。

b. 将桥面清扫并用洒水车冲洗干净，用沥青洒布车洒布乳化沥青黏层。

c. 沥青混凝土路面和桥头过渡板的连接部位要采取监理工程师认可的方案进行处理。

五、附属工程的施工

1. 整体方案

附属工程包括水泥混凝土路面、预制块路缘石、路肩碎石排水层、中央分隔带回填土、培土路肩、纵向流水槽、路肩排水沟等项目。整体施工方案为：水泥混凝土路面采用JQY350型强制式搅拌机现场拌和混凝土，插入式与平板式振动器配合振捣，三辊轴式整平仪整平，人工收面；路缘石、路肩沟等小型构件在预制场集中预制，采用农用车运至工地，用JZ2000砂浆搅拌机移动方式现场拌制砂浆进行安装；中央分隔带回填土采用机械挖装符合要求的种植土，5t自卸汽车运输至工地，下层渗沟及土工布防水层施工完后人工回填；培土路肩碎石透水层及路肩土均采用人工铺筑。

2. 计划安排方案

以保证路面工程的顺利进行为原则安排进度计划：中央分隔带回填土在沥青混凝土上面层施工前完成。路缘石的安装时间为基层施工完毕后进行。路肩石的安装应在上面层施工前完成。

3. 路缘石等小型构件预制与安装施工

（1）在K64+200左侧互通立交处设小构件预制场，将所有小型构件集中预制，场地堆料区与成品区平整后再用贫混凝土硬化。混凝土由JQY350强制式混凝土搅拌机拌和混凝土，按图纸尺寸定制钢模板或塑料模板，涂脱模剂后进行预制，洒水养护至规定强度。

（2）预制构件，装运工程中应注意小心轻放，以免损坏成品构件。

（3）安装时先进行定位测量放样，并拉好安装参照线，以保证安装的构件平纵曲线顺直。

第四节　各分项工程施工顺序

一、施工总工期

根据招标文件，本合同段施工工期为11个月，计划开工日期为2004年11月15日，计划完工日期为2005年10月15日，缺陷责任期为24个月。

二、各分项工程的施工顺序

1. 施工准备

施工工期安排2个月，即2004年11月15日~2005年1月15日。自合同签订之日起7d内，人员及管理机构、试验仪器和部分设备开始进场，20d内完成承包人驻地建设；监理工程师发出开工令之日起1个月内，完成基层拌和场场地建设及设备的安装调试工作；修通材料进场施工便道，为各项工程施工做好准备。

2. 水稳基层

本合同段设计水泥稳定基层共186 801m³，约需水稳料438 984万t，由1台MWCD500型水稳搅拌站负责生产，1台WCD300型水稳搅拌站备用，正常施工时间共需74个工作日。考虑到施工气候、设备故障等因素，按不利系数2.0考虑，安排工期为5个月（152d），即2004年12月15日~2005年5月15日。

下基层水稳料约214 076t，按每小时生产水稳料500t，每个工作日按12h计算，每天可完成6 000t，正常施工时间需214 076/6 000 =36个工作日，安排工期为81d，即2004年12月15日~2005年3月5日（包括下基层试验路的施工）。

上基层水稳料约224 908t，按每小时生产水稳料500t，每个工作日按12h计算，每天可完成6 000t，正常施工时间需224 908/6 000 =38个工作日，安排工期为71d，即2005年3月6日~2005年5月15日（包括上基层试验路的施工）。

3. 透层、封层

施工期为2个月，即2005年4月1日~2005年6月1日（包括透层、封层试验路的施工）。

4. 沥青混凝土面层

本合同段设计沥青面层共87 071m³，约需沥青混凝土210 875t，由1台PARKER3000型沥青混凝土拌和楼负责生产，正常施工时间共需74个工作日。考虑到施工气温影响及工期限制，按不利系数2.0考虑，沥青面层施工工期共5个月（154d），即在2005年4月20日~2005年9月20日。

下面层沥青混凝土约79 834t，按每小时可出料240t，每个工作日按12h，正常施工时间需79 834/2 880 =28个工作日。安排工期为52d，即2005年4月20日~2005年6月10日（包括下面层试验路的施工）。

中面层沥青混凝土约72 019t，按每小时可出料240t，每个工作日按12h，正常施工时间需72 019/2 880 =25个工作日。安排工期为51d，即2005年6月11日~2005年7月31日（包括中面层试验路和黏层试验路的施工）。

上面层沥青混凝土约59 022t，按每小时可出料240t，每个工作日按12h，正常施工时间需59 022/2 880 =21个工作日。安排工期为51d，即2005年8月1日~2005年9月20日（包括上面层试验路的施工）。

5. 附属工程

施工工期为9个半月，即2004年12月15日~2005年9月30日。

（1）路缘石预制

路缘石预制混凝土约950m³，安排一个施工队进行施工，设置1台JQY350强制式混凝土搅拌机，预制模具150套。计划每天完成路缘石预制12.54m³（每套模具每天预制4块路缘石），正常施工时间需950/12.54 =76个工作日。考虑到施工气候、设备故障等因素，取不利系数为1.4,安排工期为106d,即2004年12月15日~2005年3月30日。

路缘石安装:路缘石必须在上基层施工后,透层、封层施工前安装到位。安排二个施工队进行施工,计划每天安装单幅2 000m,正常施工时间需45 381/2 000=23个工作日。考虑到上基层的进度和施工气候等因素,取不利系数为1.4,安排工期为33d,即2005年3月15日~2005年4月16日。

(2)中央分隔带纵向渗水沟

工程量约23 793m,安排一个施工队进行施工,计划每天完成400m,正常施工时间需23 793/400=60个工作日。考虑到施工气候等因素,取不利系数为1.3,安排工期为78d,即2004年12月15日~2005年3月30日。

6.其他工作(包括清理交验工作)

施工工期为1个月,即2005年9月15日~2005年10月15日。

第五节 确保工程质量和工期的措施

一、工程质量保证措施

1.质量目标

确保全优良工程,争创精品工程。

2.公司总部方面的保证措施

(1)管理保障:公司已通过ISO9001:2000质量保证体系认证,本项目将按ISO9001:2000国际质量体系进行全面质量管理,落实工序环节管理,健全质量管理奖罚制度。同时,公司在众多的沥青混凝土路面工程施工中总结出了一套完善的管理经验,将派出强有力的领导班子,狠抓管理,严格控制施工质量,百分之百满足业主要求。

(2)后勤保障:路面施工,前期设备、材料投入大,公司总部在资金上予以全力支援,已为本项目准备了充足的流动资金,以切实保障本项目的顺利实施。

(3)技术保障:路面施工是公司的拳头项目,根据形式所需,专门成立了路面施工技术领导小组,专门研究解决路面施工的技术问题,并组织实施新技术、新工艺的推广应用。

3.本项目组织方面的保证措施

在项目经理、总工的直接领导下,成立以项目经理为组长的全面质量领导小组(QC小组),总工程师及各科处负责人为副组长,狠抓质量管理,形成行政上支持、技术上把关的良性循环。项目经理为项目工程质量终身制负责人。质检部、试验室具体实施分项工程的质量管理和数据检测,形成经理部、处、班组三级质检体系。明确项目部各科室职能,严格追溯制度。管理体系及相关制度详见表6-3及图6-2~图6-4。

4.本项目人员方面的保证措施

(1)公司通过多年来沥青混凝土路面及水泥混凝土路面施工的磨练,培养出了一批优秀的路面施工的专家、能手和劳模,能在艰苦的环境条件下,打硬仗、打恶仗,是公司施工人员中的主力。

(2)投入本工程的项目经理、副经理及总工程师曾是历年来路面工程施工中的原班人马。他们在路面工程的管理、技术、施工方面有着丰富的经验。

(3)公司有一批跟随多年并参加过多条高等级公路路面建设的合同制工人,将择优选取,尽量使其从事的施工项目单一化，以此提高他们的生产技能和施工质量，并在进场前组织学习技术规范，树立质量第一争创全优工程的思想意识。

项目经理部质量体系职能职责分配表 表6-3

要素 \ 部门		项目经理	总工程师	办公室	工程部	质检部	材料部	安全部	中心实验室	施工处
1	管理职责	★	☆	☆	☆	☆	☆	☆	☆	☆
2	质量体系	☆	★	☆	☆	☆	☆	☆	☆	☆
3	合同评审	★	☆	☆			☆	☆		
4	文件和资料控制	☆	☆	☆	★	☆	☆	☆	☆	☆
5	采购（材料）	☆			☆	☆	★		☆	☆
6	顾客提供产品的控制			☆	☆	☆	★		☆	☆
7	产品标识和可追溯性		☆	☆	☆	☆	★		☆	☆
8	施工过程的检测	☆	☆	☆	★	☆	☆	☆	☆	★
9	检验和试验		☆	☆	☆	★	☆	☆	★	☆
10	检验、测量和试验设备				☆	★	☆		★	☆
11	检验、测量和试验状态	☆	☆		☆	★	☆		★	☆
12	不合格产品的控制	☆	☆		☆	★	☆	☆	☆	☆
13	纠正和预防措施	☆	★		☆	☆	☆	☆	☆	☆
14	搬运储存包装防护支付		☆		★	☆	★	☆	☆	☆
15	质量记录的控制		☆	☆	☆	★	☆	☆	☆	☆
16	内部质量体系审核	☆	★	☆	☆	☆	☆	☆	☆	☆
17	培训	☆	☆	★	☆	☆	☆	☆	☆	☆
18	服务		☆	☆	★	☆	☆	☆		
19	统计技术		★	☆	☆	☆	☆	☆	☆	☆

注：“★”表示主管或归口管理部门；“☆”表示协作部门。

5. 本项目机械设备方面的保证措施

公司在多年的沥青混凝土施工中，更新、改造、采购了大量的专用设备。这些设备部分将投入到本项目工程中，是本项目工程质量和进度得到保证的可靠基石，详细资料见投标书附表3“拟投入本合同段的施工设备表”（略）。

6. 材料质量的保证措施

（1）主要外购材料，如水泥、碎石、沥青等将在业主指导和监督下同有实力、守信誉的生产厂商签订材料质量保证合同，严格履行合同条款，保证材料供应质量。对进场沥青，每批到货必须检验生产厂家的试验报告，检查装运数量、装运日期、订货数量、试验结果等。对每批沥青进行抽样检测，试验中如有一项达不到规定要求时，应加倍抽样做试验；如仍不合格，则不能使用。沥青材料的试验项目有针入度、延度、软化点、薄膜加热、含蜡量、密度等。有时根据合同要求，可增加其他非常规测试项目。

（2）碎石等集料，其强度、磨光值、压碎值、磨耗值、粒径等必须满足设计和规范要求。沥青与集料的黏附性若达不到设计要求，须掺加由监理工程师认可的，经过实验室精确试验确定剂量的外掺剂。

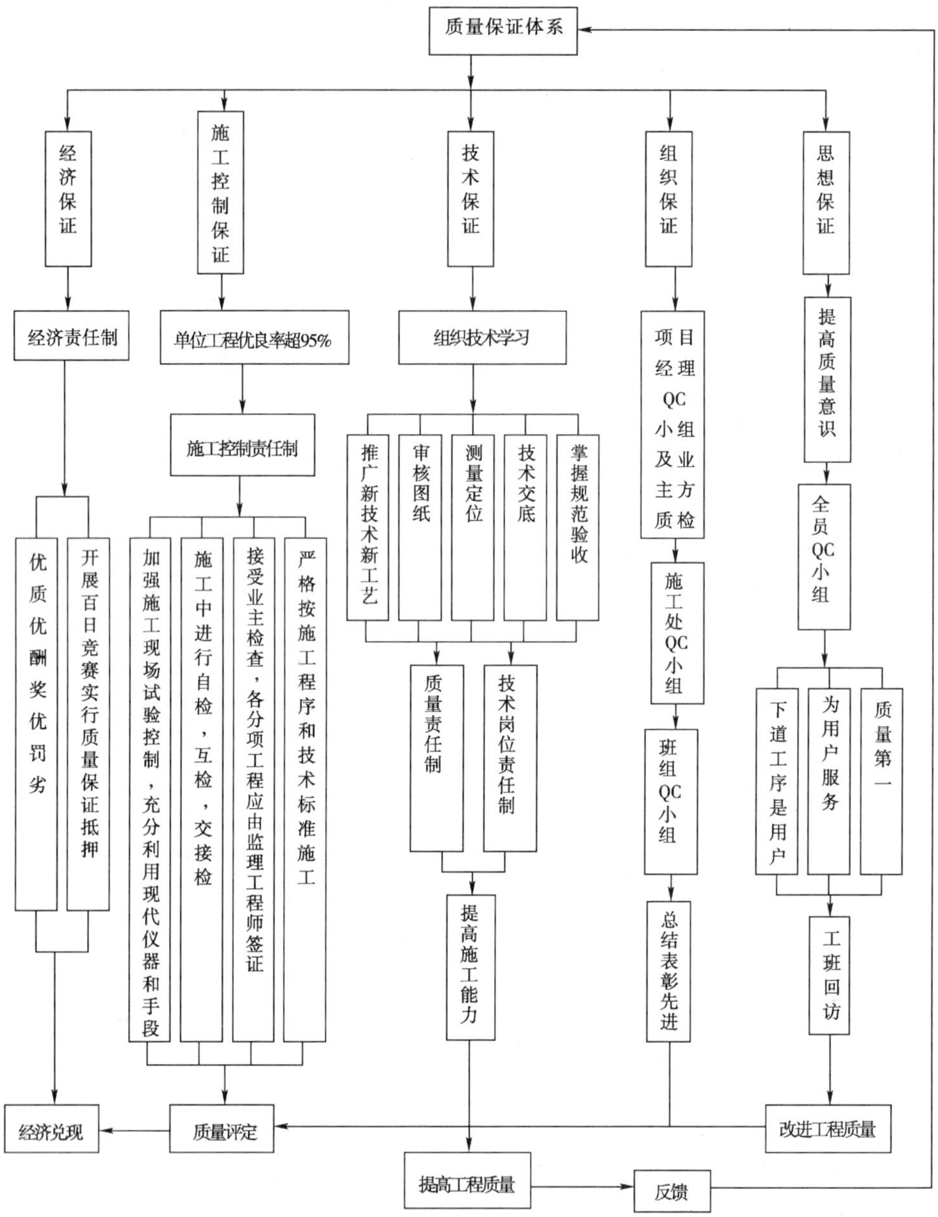

图 6-2　质量保证体系图

(3)材料堆放场地的措施

①沥青拌和场堆料坪及运输道路均进行硬化。为保证不同粒级的集料分别堆放,堆料坪根据粒料的配合比用编织袋码隔离带或用砖砌成有一定间隔的分隔带。同时,为保证堆放集料的干燥及防止污染,堆料坪区域搭建不少于 4 000m^2 的防雨棚,并建立完善的排水系统。

②拌和场设有专职人员指挥收料、卸料。

7. 施工技术方面的保证措施

(1)沥青混凝土施工实现质量管理四步曲

沥青混凝土各层次施工均按下列程序进行:完成不少于单幅 200m 的试验路→(总结完善并经监理工程师认可后)完成不少于 1 000m 的标准段→产生样板段→形成规范化施工。

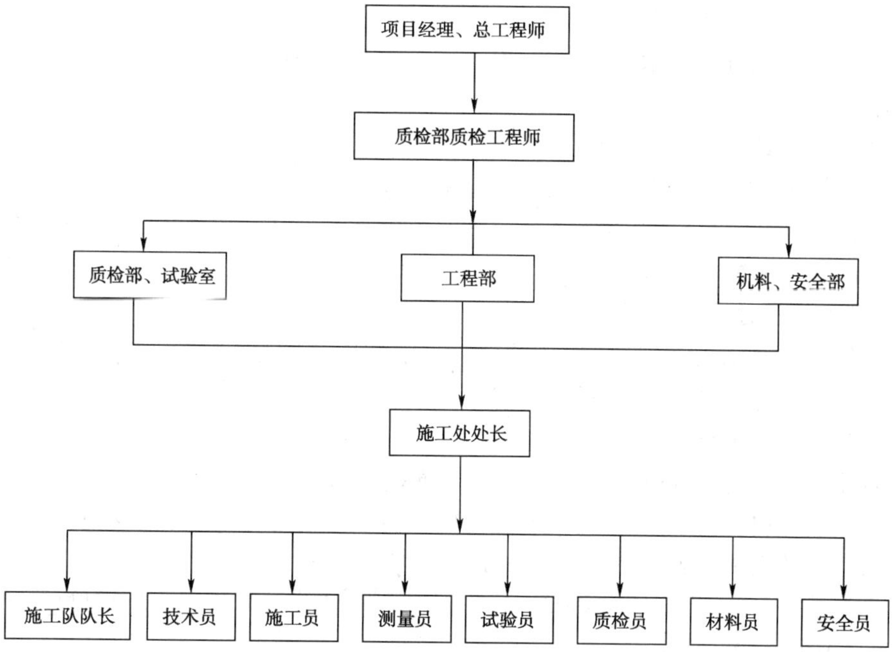

图 6-3　工程质量检查组织机构图

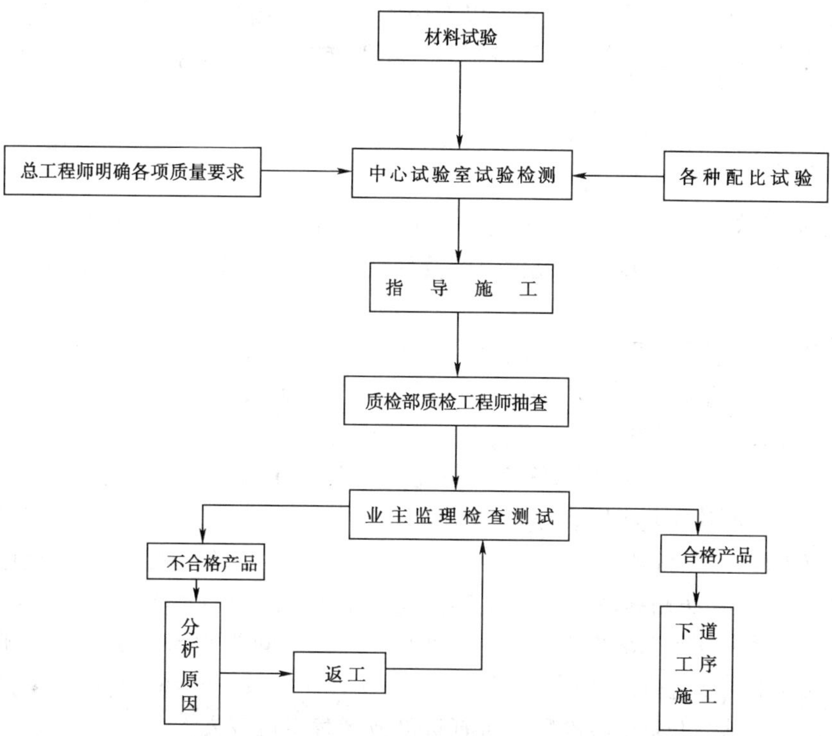

图 6-4　质量检查程序图

(2)从三个技术环节保证技术到位

①试验技术;

②混凝土配合比设计;

③施工工艺(包括拌和、摊铺、碾压、养护)。

(3)技术支撑

公司成立的路面施工技术领导小组,专门研究路面施工的技术问题,并组织实施新技术、新工艺的推广应用。

8.关键工程的施工质量保证

(1)对于沥青混凝土面层等关键工程,在施工前组织有关的技术人员制订详细的施工方案。方案确定后,报送总公司沥青路面施工技术领导小组,最后报监理工程师批准后实施。

(2)在施工过程中,各关键工程配备1~2名技术水平高又有丰富经验的工程师负责技术,做到发现问题及时处理。

(3)关键工程施工做到管理科学、组织严密、技术可靠、工艺先进。保证在施工过程中和完工后不造成返工、安全事故以及质量隐患。

9.质量监督的保证措施

服从业主、监理工程师的有关指示、指令,尊重其对各项工程提出的有关意见,对提出的问题认真进行整改。材料自检中及时分期、分批向监理工程师提出报告,请求初验及复验;对监理工程师及其有关人员应给予工作上的方便,提供良好的工作条件。

认真做好质检月报,经理部和各施工处分别建立质量卡。对监理工程师提出的问题进行纪录,通知有关单位做好整改。

10.实行质量一票否决制、终身制

工地机构、人员的考核、评定、晋升均以工程质量评价为前提,实行质量一票否决制度,工程项目经理绝对固定,质量考核实行终身制。工程进度以质量为前提,当质量与进度等发生矛盾时,必须以质量为先。

二、工期保证措施

(1)进场后将成立一个以生产经理为首,由工程科计划人员组成的项目进度计划管理班子,在分项工程开工前,根据施工进度横道图及网络图,针对各项工程制订详细的施工方案与年、月、旬计划。

(2)对关键线路工程制订周密、切实可行且最优的施工方案,配备高素质、技术全面的工程师担任关键工程的指挥。同时选用有丰富经验的技术工人和施工队伍负责关键工程的施工,以确保关键工程在施工过程中不因技术等问题而延误工期。

(3)在工程项目的实施过程中,施工处每周向工程科计划室汇报工程进度情况。当实际工程情况与计划出现较大差异时,计划人员将汇集有关负责人一道分析原因,及时调整人力、物力资源与技术措施,重新制订新的施工方案,并报总工程师、生产副经理、项目总工批准。

(4)由生产经理牵头组织成立进度检查小组,对各施工处的工作每周进行一次进度检查,对关键工程每周至少进行二次检查。各施工处与施工处之间要掀起劳动竞赛热潮,进度检查小组结合工程施工质量进行进度评比,每月公布一次评比结果,进度的快慢与参与施工人员的报酬挂钩,如进度滞后,并责令其在后期赶补进度或者替换负责人。

(5)投入一批先进的、性能良好的机械设备和仪器设备,通过狠抓工程质量、杜绝工程质量问题来确保工期。

(6)积极配合业主做好本标段协调工作,与当地政府保持密切联系,在可能的情况下,为当地政府和群众办实事,将阻工现象降到最低点,确保施工顺利进行。

(7)对于控制工期的工程,集中力量组织施工:在编制施工计划时,每个工作日按10h计算，公司现场生产人员的配置是按两班制安排。实际施工中，施工时间可延长至14～16h，如监理工程师同意还可昼夜施工，确保既定工期目标的实现。

（8）合理利用资金，确保工程用款，确保工程顺利进行。

①根据总体施工计划及每月计划，认真估算出下月所需的资金用量，做到提前准备，统筹安排。

②对于需采购的材料，机械设备，由工程部、机料部根据设计文件与进度计划提前报告详细的计划，以便项目经理部提前安排。

③项目经理部随时预留一部分资金，准备突发事件（如关键机械设备出现故障等）调用。

第六节　重点（关键）和难点工程的施工方案、方法及其措施

本合同段路面工程的关键工程是基层水稳料施工和下、中、上沥青各面层的施工，其施工方案、方法在前面已进行详细说明。结合项目实际，本节主要强调各关键工程施工时一些关键工序，特别要注意所采取的控制措施。

一、原材料质量控制与试验

原材料质量是直接影响路面施工质量和使用质量的主要因素，特别是用于面层的粗、细集料及填料，其质量不易保证，因此，在生产过程中安排两名专职质检员进行质量控制，备料过程中安排两名专职试验员按规定的频率进行抽检，对不合格的材料坚决予以清退，并将信息反馈料场进行整改直至合格方允许生产。另外，对各结构层原材料还提出如下要求。

（1）面层粗集料：其压碎值、磨耗值、视密度、细长扁平颗粒含量、黏附性、软石含量、磨光值、吸水率、粒径等指标必须满足设计和规范要求。中、下面层确定料场前必须先严格按规定的频率进行各项指标试验，合格并经监理工程师批准后才能采用。上面层粗集料拟从江苏镇江或湖南攸县购买，进料时应特别注意转运过程造成污染，发现问题及时将信息反馈料场和监理工程师，使其整改直至合格方允许继续进料。

（2）面层细集料：其视密度、坚固性、砂当量等指标必须满足设计和规范要求。各面层细集料均可使用机制砂或反击式破碎机生产的石灰石石屑，上面层优先选用机制砂。

（3）面层填料：各面层所使用的填料决不使用回收粉，在生产过程中将拌和楼的回收粉装置改装成直接排外；所使用的填料均加1%～2%的水泥（消石灰）以增强沥青与矿料的黏附性。

（4）基层粗、细集料：同面层一样，在备料过程中安排两名专职试验员进行抽检，不合格的材料坚决予以清退。

（5）堆场：用于堆放集料的场地，地面硬化。不同粒级的材料分别堆放，并用砖砌隔离墙加以分隔。面层堆料坪搭建遮雨棚以防雨水淋湿粗、细集料。

二、级配控制与试配

路面各结构层设计应符合相应的级配要求。应对每一档集料进行筛分试验，检测其粒级情况和进行各粒级掺配试验。实际级配应尽量位于规范中值，曲线适顺，偏高限或低限的级配应进行调整，直至满足级配曲线要求，并据此确定每一档粒级的材料掺配量。当材料料场不同或采用不同破碎工艺时，应及时对材料进行筛分试验，调整各粒级掺配量。同时要加强自检，

并做好级配试验的记录,按规定报监理审定和备查。

施工时应重视各结构层混合料的施工配合比试验。各类结构层的混合料配合比的要求如下。

1. 水泥稳定碎石

对于水泥稳定类基层集料级配的要求非常严格,必须要求集料从粗到细连续级配。因此,要严格控制级配,对级配的自检力度要加强。用作半刚性基层的水泥,宜选用强度等级低的325级普通硅酸盐水泥。在试配时,应严格控制试配强度,其7d无侧限抗压强度应满足设计要求。

2. 沥青面层

各种原材料试验结果均需满足要求,并经监理签认后,才能进行混合料施工配合比试验,对集料针片状含量应定期进行试验测定,含量超过允许标准的不能使用。混合料配合比试验的内容、方法、指标要求均遵循规范规定,混合料试样的各项指标测试,应在有监理旁站时进行,其结果须报监理签认。

为保证混合料的级配,在生产配合比试验开始前必须对拌和楼计量进行检测,主要包括两部分内容:

(1)拌和楼热料仓称量系统的计量检查

其具体方法为:①采用编织袋分装碎石,每袋总重为50kg,采用称量精度为0.1kg的磅秤计量,共准备40袋,每袋质量误差不大于0.2kg。②将装好碎石并已计量的碎石袋从拌和楼热料仓口分别投入拌和楼计量仓内,用拌和楼计量系统称量碎石质量,应分别为50kg、100kg、150kg、200kg、…、2 000kg,要求拌和楼计算机显示与实际碎石质量的误差小于1%。然后一袋一袋取出碎石,显示质量应为50kg分级递减。完全取出后,拌和楼计算机显示质量应为±10kg。③用同样的方法对拌和楼的矿粉计量仓及沥青计量罐的计量精度进行检测,要求误差小于1.0%。

(2)冷料仓上料速度测定

其具体方法为:①根据工程需要,由拌和楼有经验的操作人员初步确定拌和楼冷料仓放料口的开口大小,并固定该开口尺寸。②分别采用拌和楼额定的最低转速到最高转速对某一冷料仓单独上料5~10min,采用拌和楼计量系统对所上石料进行计量,从而确定该料仓在该开口情况下,转速与上料速度的关系曲线。对每一冷料仓均应绘制出转速与上料速度的关系曲线。③当某种级配混合料需要的某种上料速度相应的转速高于或低于拌和楼允许转速时,应重新调整冷料仓的开口大小,重复上述测定,使所有需要量的上料速度相应的转速均在机械设备允许的范围内。④在拌制沥青混合料时,可根据估计的拌和楼拌和能力计算,从上述转速与上料速度关系曲线中查得需要的相应转速,并按此速度上料,确保冷料仓上料速度的平衡。⑤在需要调整上料速度时,应从上述关系曲线中查得相应的各冷料仓上料转速,同时,保持冷料仓供料平衡。试验完成后,冷料仓开口大小必须完全固定,一旦改变,上述曲线必须重新测定。

三、拌和、运输、摊铺、碾压等关键工序的要求

要精心组织安排拌和、运输、摊铺、碾压四个环节的人、机、料组合,使之连续作业。施工前应对各种施工机械进行调试,以确保设备的正常使用。

1. 沥青面层

(1)拌和:拌和的关键是各档进料计量的正确性,拌和温度、出料温度的控制以及拌和均匀性。因此,拌和时各热料仓进料不准使用手动挡,各冷料尽量避免被雨水淋湿,在遮雨棚周边配备一定数量的防水雨布,雨天安排覆盖。

(2)运输与摊铺:摊铺时必须保证沥青混合料的摊铺温度。必须采取一定的措施以减少混合料在装、运卸料过程中的离析,每车料均要覆盖保温。摊铺机摊铺时要与拌和楼产量相匹配,以保证连续不断地摊铺,摊铺机的参数不得随意改变。分层摊铺时,每层表面必须保持洁净,若有污染,应认真清理或补洒乳化沥青。

(3)碾压:应严格掌握碾压温度、碾压速度,碾压速度要根据施工时的气温、拌和楼产量、设计层厚度、路面宽度、碾压遍数确定。

2. 半刚性基层

(1)拌和:基层混合料必须集中拌和并采用粒料土拌和机拌制。拌和设备应有自动进料和计量装置,拌和料应均匀,无结团现象。拌和要严格控制含水率。对于碎石,一般每天拌和前应测定其含水率,并在工地挂牌明示每拌各种材料配合掺量和加水量。

(2)摊铺:摊铺要做到平、匀、快,必须采用摊铺机摊铺。在摊铺时,发现混合料拌和不匀的,应停止摊铺,严重的要重拌,轻度的辅以人工拌和。严格控制碾压厚度,同一结构层需分层摊铺时,分层压实厚度至少要在 15cm 以上,严禁薄层摊铺或贴补。摊铺表面应平整,混合料要均匀,对局部的粗、细集料离析处,应人工拌匀或废弃。

(3)碾压:要掌握碾压机具的配套组合、碾压时间的掌握和碾压密实度。碾压机具采用 18t 以上的振动式压路机,按静—振—静次序碾压至规定的密实度。禁止在已完成或正在碾压层上掉头。未压实的端头混合料应铲除废弃,并按规范要求处理端头工作接缝。碾压必须在水泥终凝前完成,一般从加水拌和到碾压终了延迟时间,不应超过 2 ~ 3h,任何超过这一时间而未作碾压的混合料或经测定不符合压实度要求的均不能复碾,应作废料处理。混合料的碾压含水率应先经试验确定,碾压必须在最佳含水率状态下进行,密实度必须满足规范要求。

四、施工期养生

(1)严格实行封闭养生。养生期必须始终保持表面潮湿。养生期一般为 7d,气温较低时适当延长,并做好养生期的养护记录。任何由于外界因素引起的局部损坏必须采取措施及时修补。

(2)养生期间基层上禁止一切车辆通行(水车除外)和其他作业。

(3)养生期满后,底基层上应尽快铺筑基层,基层应及时施工沥青封层。封层的施工质量,要求做到沥青洒布量满足设计要求、洒布均匀、表面不透水。要加强自检,凡洒布量不足或透水的要补封。施工封层后的基层上,只允许通行本路段面层施工车辆。

(4)沥青混凝土面层完成后,应仔细检查面层有无推挤裂缝、碾压不足的局部松散区,以及是否还存在个别石子松动和不平整处等,对存在的问题及时地采取补救措施或返工重做。未经交工验收的沥青混凝土面层严禁堆放建筑材料,严禁在面层上拌和砂浆或混凝土,确保路面清洁不受污染。

(5)施工过程中,路面各结构层分段施工接头处与桥头,应临时填筑基层料,以便施工车辆临时通过和保护路面。

五、特殊气候条件下基层、沥青面层的施工对策

1. 雨季施工

下雨时，不允许铺筑沥青混合料，因为沥青遇水后黏结性能会大大降低，使路面的寿命大为降低。雨季施工应注意以下几点：

(1)雨季施工，要设专人收集天气预报信息，在制订施工计划时，要根据天气预报，确定次日是否可以进行摊铺施工。

(2)沥青混合料拌和厂要做好排水工作，防止矿料被雨水浸泡。矿料堆放要设置防雨设施，矿料受潮后会使沥青拌和站生产率大为降低。

(3)摊铺施工现场设专人负责与沥青混合料生产厂联系。施工作业时如遇突然下雨，应及时停止沥青混合料的生产。

(4)摊铺施工要做到及时摊铺、及时压实，若遇摊铺作业中突然下雨，应尽量抢在下雨前将已经摊铺的混合料压实，至少应保证碾压 2 ~4 遍。

(5)摊铺的沥青混合料未经压实而遭雨水侵蚀，要全部铲除清理，重新铺筑。

(6)雨季施工，基层要做好排水。基层潮湿或积水不得摊铺沥青混合料。

(7)施工机械应备有防雨设施。

2. 低温施工

寒冷多风的季节进行沥青混合料路面施工，摊铺的沥青混合料冷却速度很快，如果不及时压实，很快就冷却固化，无法压实到规定的压实度。因此，高速公路和一级公路施工气温不得低于 10℃，其他等级公路施工温度不得低于 5℃。

(1)冬季沥青混合料铺筑质量取决于以下因素：

①地表温度

当天气晴朗，日照强，无风时，地面温度较高，铺筑后沥青混合料不会马上冷却，铺筑质量较好，因此，冬季施工应测量地表温度。

②摊铺厚度

摊铺厚度较薄，摊铺后混合料很快冷却，使混合料难以压实，不宜在低温环境下施工。

③沥青混合料类型

不同沥青混合料对压实温度的要求不同，改性沥青混合料要求在较高的温度下压实，才能保证压实的密实度。因此，改性沥青在低温下施工也难以保证压实质量。

表 6-4 为沥青混合料最低施工温度的要求。

沥青混合料的最低摊铺温度 表 6-4

下卧层的表面温度(℃)	相应于下列不同摊铺层厚度的最低摊铺温度(℃)					
	普通沥青混合料			改性沥青混合料或 SMA 沥青混合料		
	<50mm	50 ~80mm	>80mm	<50mm	50 ~80mm	>80mm
<5	不允许	不允许	140	不允许	不允许	不允许
5 ~10	不允许	140	135	不允许	不允许	不允许
10 ~15	145	138	132	165	155	150
15 ~20	140	135	130	158	150	145
20 ~25	138	132	128	153	147	143
25 ~30	132	130	126	147	145	141
>30	130	125	124	145	140	139

(2)冬季施工温度

如果在环境温度接近这样的温度进行施工,应采取如下措施:

1)适当提高沥青混合料出厂温度。石油沥青混合料可控制在160℃以上。

2)为了防止运输中沥青混合料降温,车辆应使用帆布严密覆盖,保证摊铺时沥青混合料的温度不低于120~150℃。

3)摊铺机要重点检查预热装置,保证完好有效。

4)摊铺作业适宜在9:00~16:00之间无风的天气,此时气温会高一些。

5)碾压工序应有足够数量的压路机,应采用振动压路机碾压,可在混合料温度略低的情况,获得良好的压实效果。

6)应快速摊铺、快速碾压,作业时可以采用以下方法:

①使压路机与摊铺机距离缩小。

②缩短碾压段长度,使混合料尽快得到压实。

③碾压时应先重后轻,先用重压,在短的时间内达到规定的密实度,再用轻压消除表面轮迹。

7)下雪的天气不能进行沥青混合料摊铺施工。

3. 高温施工

(1)注意做好防暑后勤保障工作。

(2)基层施工注意控制混合料的含水率,一般较试验室配合比最佳含水率增加1%~2%,运料车必须覆盖以防蒸发;摊铺现场要精心组织尽快碾压,及时安排进行人工补洒水;覆盖养生至上承层施工时的时段内始终保持表面处于湿润状态,以免产生干缩开裂。

参考文献

[1] 张起森,王首绪.公路施工组织及概预算.北京:人民交通出版社,2002.

[2] 张润.路基路面施工及组织管理.北京:人民交通出版社,2004.

[3] 廖正环.公路施工与管理.北京:人民交通出版社,2002.

[4] 郑忠敏.公路施工机械化与管理.北京:人民交通出版社,2002.

[5] 田流.现代高等级路面机械.北京:人民交通出版社,2002.

[6] 朱军,孙金水,张占峰,等.国外公路工程机械技术性能手册.北京:人民交通出版社,1999.

[7] 中国公路学会筑路机械学会.沥青路面施工机械与机械化施工.北京:人民交通出版社,1999.

[8] 郭小宏,朱占良,鞠萍,等.高等级公路施工机械化施工技术.北京:人民交通出版社,2001.

[9] 戴强民.公路施工机械.北京:人民交通出版社,2001.

[10] 姚玉玲.公路工程施工组织学.北京:人民交通出版社,1998.

[11] 曹吉鸣.网络计划技术与施工组织设计.北京:人民交通出版社,2000.

[12] 中华人民共和国行业标准.公路沥青路面施工技术规范(JTG F40—2004).北京:人民交通出版社,2004.

[13] 中华人民共和国行业标准.公路路面基层施工技术规范(JTJ 034—2000).北京:人民交通出版社,2000.

第二篇　沥青路面施工技术

第七章　材　　料

沥青路面材料的一般规定：

(1)沥青路面使用的各种材料运至现场后必须取样进行质量检验，经评定合格方可使用，不得以供应商提供的检测报告或商检报告代替现场检测。

(2)沥青路面集料的选择必须经过认真的料源调查，确定料源应尽可能就地取材，其质量符合使用要求。石料开采必须注意环境保护，防止破坏生态平衡。

(3)集料粒径规格以方孔筛为准。不同料源、品种、规格的集料不得混杂堆放。

第一节　沥　　青

一、道路石油沥青

各个沥青等级的适用范围应符合表 7-1 的规定。道路石油沥青的质量应符合表 7-2 规定的技术要求。经建设单位同意，沥青的 PI 值、60℃动力黏度、10℃延度可作为选择性指标。

道路石油沥青的适用范围　　表 7-1

沥青等级	适　用　范　围
A 级沥青	各个等级的公路，适用于任何场合和层次
B 级沥青	①高速公路、一级公路沥青下面层及以下的层次，二级及二级以下公路的各个层次； ②用作改性沥青、乳化沥青、改性乳化沥青、稀释沥青的基质沥青
C 级沥青	三级及三级以下公路的各个层次

沥青路面采用的沥青标号，宜按照公路等级、气候条件、交通条件、路面类型及在结构层中的层位及受力特点、施工方法等，结合当地的使用经验，经技术论证后确定。

对高速公路、一级公路，夏季温度高、高温持续时间长、重载交通、山区及丘陵区上坡路段、服务区、停车场等行车速度慢的路段，尤其是汽车荷载剪应力大的层次，宜采用稠度大、60℃黏度大的沥青，也可提高高温气候分区的温度水平选用沥青等级；对冬季寒冷的地区或交通量小的公路、旅游公路宜选用稠度小、低温延度大的沥青；对温度日温差、年温差大的地区宜注意选用针入度指数大的沥青。当高温要求与低温要求发生矛盾时应优先考虑满足高温性能的要求。

当缺乏所需标号的沥青时，可采用不同标号掺配的调和沥青，其掺配比例由试验决定。掺配后的沥青质量应符合表 7-2 的要求。

沥青必须按品种、标号分开存放。除长期不使用的沥青可放在自然温度下存储外，沥青在储罐中的储存温度不宜低于 130℃，并不得高于 170℃。桶装沥青应直立堆放，加盖苫布。

道路石油沥青在储运、使用及存放过程中应有良好的防水措施，避免雨水或加热管道蒸汽进入沥青中。

表 7-2

道路石油沥青技术要求

指标	单位	等级	沥青标号																	试验方法①
			160 号④	130 号④	110 号			90 号					70 号③					50 号	30 号④	
针入度(25℃,5s,100g)	0.1mm		140 ~ 200	120 ~ 140	100 ~ 120			80 ~ 100					60 ~ 80					40 ~ 60	20 ~ 40	T 0604
适用的气候分区⑥			注④	注④	2-1	2-2	3-2	1-1	1-2	1-3	2-2	2-3	1-3	1-4	2-2	2-3	2-4	1-4	注④	规范附录 A⑥
针入度指数 PI②		A	−1.5 ~ +1.0																	T 0604
		B	−1.8 ~ +1.0																	
软化点(R&B), 不小于	℃	A	38	40	43			45			44		46		45			49	55	T 0606
		B	36	39	42			43			42		44		43			46	53	
		C	35	37	41			42					43					45	50	
60℃动力黏度②, 不小于	Pa·s	A	—	60	120			160			140		180		160			200	260	T 0620
10℃延度②, 不小于	cm	A	50	50	40			45	30	20	30	20	20	15	25	20	15	15	10	T 0605
		B	30	30	30			30	20	15	20	15	15	10	20	15	10	10	8	
15℃延度, 不小于	cm	A、B	100															80	50	
		C	80	80	60			50					40					30	20	
蜡含量(蒸馏法), 不大于	%	A	2.2																	T 0615
		B	3.0																	
		C	4.5																	
闪点, 不小于	℃		230					245					260							T 0611
溶解度, 不小于	%		99.5																	T 0607
密度(15℃)	g/cm³		实测记录																	T 0603
TFOT(或 RTFOT)后⑤																				T 0610 或 T 0609
质量变化, 不大于	%		±0.8																	
残留针入度比, 不小于	%	A	48	54	55			57					61					63	65	T 0604
		B	45	50	52			54					58					60	62	
		C	40	45	48			50					54					58	60	
残留延度(10℃), 不小于	cm	A	12	12	10			8					6					4	—	T 0605
		B	10	10	8			6					4					2	—	
残留延度(15℃), 不小于	cm	C	40	35	30			20					15					10	—	T 0605

注:①试验方法按照现行《公路工程沥青及沥青混合料试验规程》(JTJ 052—2002)规定的方法执行。用于仲裁试验求取 PI 时的 5 个温度的针入度关系的相关系数不得小于 0.997。

②经建设单位同意,表中 PI 值、60℃动力黏度、10℃延度可作为选择性指标,也可不作为施工质量检验指标。

③70 号沥青可根据需要要求供应商提供针入度范围为 60 ~ 70 或 70 ~ 80 的沥青,50 号沥青可要求提供针入度范围为 40 ~ 50 或 50 ~ 60 的沥青。

④30 号沥青仅适用于沥青稳定基层。130 号和 160 号沥青除寒冷地区可直接在中低级公路上直接应用外,通常用作乳化沥青、稀释沥青、改性沥青的基质沥青。

⑤老化试验以 TFOT 为准,也可以 RTFOT 代替。

⑥气候分区参考《公路沥青路面施工技术规范》(JTG F40—2004)附录 A。

二、乳化沥青

乳化沥青适用于沥青表面处治路面、沥青贯入式路面、冷拌沥青混合料路面，修补裂缝，喷洒透层、黏层与封层等。乳化沥青的品种和适用范围宜符合表 7-3 的规定。

乳化沥青品种及适用范围 表 7-3

分类	品种及代号	适 用 范 围
阳离子乳化沥青	PC-1	表处、贯入式路面及下封层用
	PC-2	透层油及基层养生用
	PC-3	黏层油用
	BC-1	稀浆封层或冷拌沥青混合料用
阴离子乳化沥青	PA-1	表处、贯入式路面及下封层用
	PA-2	透层油及基层养生用
	PA-3	黏层油用
	BA-1	稀浆封层或冷拌沥青混合料用
非离子乳化沥青	PN-2	透层油用
	BN-1	与水泥稳定集料同时使用（基层路拌或再生）

乳化沥青的质量应符合表 7-4 的规定。在高温条件下宜采用黏度较大的乳化沥青，寒冷条件下宜使用黏度较小的乳化沥青。

道路用乳化沥青技术要求 表 7-4

<table>
<tr><th colspan="2" rowspan="4">试验项目</th><th rowspan="4">单位</th><th colspan="10">品 种 及 代 号</th><th rowspan="4">试验方法</th></tr>
<tr><th colspan="4">阳离子</th><th colspan="4">阴离子</th><th colspan="2">非离子</th></tr>
<tr><th colspan="3">喷洒用</th><th>拌和用</th><th colspan="3">喷洒用</th><th>拌和用</th><th>喷洒用</th><th>拌和用</th></tr>
<tr><th>PC-1</th><th>PC-2</th><th>PC-3</th><th>BC-1</th><th>PA-1</th><th>PA-2</th><th>PA-3</th><th>BA-1</th><th>PN-2</th><th>BN-1</th></tr>
<tr><td colspan="2">破乳速度</td><td></td><td>快裂</td><td>慢裂</td><td>快裂或中裂</td><td>慢裂或中裂</td><td>快裂</td><td>慢裂</td><td>快裂或中裂</td><td>慢裂或中裂</td><td>慢裂</td><td>慢裂</td><td>T 0658</td></tr>
<tr><td colspan="2">粒子电荷</td><td></td><td colspan="4">阳离子（+）</td><td colspan="4">阴离子（-）</td><td colspan="2">非离子</td><td>T 0653</td></tr>
<tr><td colspan="2">筛上残留物（1.18mm 筛），不大于</td><td>%</td><td colspan="4">0.1</td><td colspan="4">0.1</td><td colspan="2">0.1</td><td>T 0652</td></tr>
<tr><td rowspan="2">黏度</td><td>恩格拉黏度计 E_{25}</td><td></td><td>2～10</td><td>1～6</td><td>1～6</td><td>2～30</td><td>2～10</td><td>1～6</td><td>1～6</td><td>2～30</td><td>1～6</td><td>2～30</td><td>T 0622</td></tr>
<tr><td>道路标准黏度计 $C_{25,3}$</td><td>s</td><td>10～25</td><td>8～20</td><td>8～20</td><td>10～60</td><td>10～25</td><td>8～20</td><td>8～20</td><td>10～60</td><td>8～20</td><td>10～60</td><td>T 0621</td></tr>
<tr><td rowspan="4">蒸发残留物</td><td>残留分含量，不小于</td><td>%</td><td>50</td><td>50</td><td>50</td><td>55</td><td>50</td><td>50</td><td>50</td><td>55</td><td>50</td><td>55</td><td>T 0651</td></tr>
<tr><td>溶解度，不小于</td><td>%</td><td colspan="4">97.5</td><td colspan="4">97.5</td><td colspan="2">97.5</td><td>T 0607</td></tr>
<tr><td>针入度（25℃）</td><td>0.1 mm</td><td>50～200</td><td>50～300</td><td colspan="2">45～150</td><td>50～200</td><td>50～300</td><td colspan="2">45～150</td><td>50～300</td><td>60～300</td><td>T 0604</td></tr>
<tr><td>延度（15℃），不小于</td><td>cm</td><td colspan="4">40</td><td colspan="4">40</td><td colspan="2">40</td><td>T 0605</td></tr>
<tr><td colspan="2">与粗集料的黏附性，裹附面积，不小于</td><td></td><td colspan="3">2/3</td><td>—</td><td colspan="3">2/3</td><td>—</td><td>2/3</td><td>—</td><td>T 0654</td></tr>
</table>

续上表

试验项目	单位	品种及代号										试验方法
		阳离子				阴离子				非离子		
		喷洒用			拌和用	喷洒用			拌和用	喷洒用	拌和用	
		PC-1	PC-2	PC-3	BC-1	PA-1	PA-2	PA-3	BA-1	PN-2	BN-1	
与粗、细粒式集料拌和试验		—			均匀	—			均匀	—		T 0659
水泥拌和试验的筛上剩余,不大于	%	—				—				—	3	T 0657
常温储存稳定性: 1d,不大于 5d,不大于	%	 1 5				 1 5				 1 5		T 0655

注:① P 为喷洒型,B 为拌和型,C、A、N 分别表示阳离子、阴离子、非离子乳化沥青。

②黏度可选用恩格拉黏度计或沥青标准黏度计之一测定。

③表中的破乳速度、与集料的黏附性、拌和试验的要求与所使用的石料品种有关,质量检验时应采用工程上实际的石料进行试验,仅进行乳化沥青产品质量评定时可不要求此三项指标。

④储存稳定性根据施工实际情况选用试验时间,通常采用 5d,乳液生产后能在当天使用时也可用 1d 的稳定性。

⑤当乳化沥青需要在低温冰冻条件下储存或使用时,尚需按 T 0656 进行 -5℃低温储存稳定性试验,要求没有粗颗粒、不结块。

⑥如果乳化沥青是将高浓度产品运到现场经稀释后使用时,表中的蒸发残留物等各项指标指稀释前乳化沥青的要求。

乳化沥青类型根据集料品种及使用条件选择。阳离子乳化沥青可适用于各种集料品种,阴离子乳化沥青适用于碱性石料。乳化沥青的破乳速度、黏度宜根据用途与施工方法选择。

制备乳化沥青用的基质沥青,对高速公路和一级公路,宜符合表 7-2 道路石油沥青 A、B 级沥青的要求,其他情况可采用 C 级沥青。

乳化沥青宜存放在立式罐中,并保持适当搅拌。储存期以不离析、不冻结、不破乳为度。

三、液体石油沥青

液体石油沥青适用于透层、黏层及拌制冷拌沥青混合料。根据使用目的与场所,可选用快凝、中凝、慢凝的液体石油沥青,其质量应符合表 7-5 的规定。

道路用液体石油沥青技术要求 表 7-5

试验项目		单位	快凝		中凝						慢凝						试验方法
			AL(R)-1	AL(R)-2	AL(M)-1	AL(M)-2	AL(M)-3	AL(M)-4	AL(M)-5	AL(M)-6	AL(S)-1	AL(S)-2	AL(S)-3	AL(S)-4	AL(S)-5	AL(S)-6	
黏度	$C_{25,5}$		<20		<20						<20						T 0621
	$C_{60,5}$	s		5~15		5~15	16~25	26~40	41~100	101~200		5~15	16~25	26~40	41~100	101~200	
蒸馏体积	225℃前	%	>20	>15	<10	<7	<3	<2	0	0							T 0632
	315℃前	%	>35	>30	<35	<25	<17	<14	<8	<5							
	360℃前	%	>45	>35	<50	<35	<30	<25	<20	<15	<40	<35	<25	<20	<15	<5	

续上表

试验项目		单位	快凝		中凝						慢凝						试验方法
			AL(R)-1	AL(R)-2	AL(M)-1	AL(M)-2	AL(M)-3	AL(M)-4	AL(M)-5	AL(M)-6	AL(S)-1	AL(S)-2	AL(S)-3	AL(S)-4	AL(S)-5	AL(S)-6	
蒸馏后残留物	针入度(25℃)	0.1 mm	60 ~ 200	60 ~ 200	100 ~ 300	100 ~ 300	100 ~ 300	100 ~ 300	100 ~ 300	100 ~ 300							T 0604
	延度(25℃)	cm	>60	>60	>60	>60	>60	>60	>60	>60							T 0605
	浮漂度(5℃)	s									<20	<20	<30	<40	<45	<50	T 0631
闪点(TOC 法)		℃	>30	>30	>65	>65	>65	>65	>65	>65	>70	>70	>100	>100	>120	>120	T 0633
含水率 不大于		%	0.2	0.2	0.2	0.2	0.2	0.2	0.2	0.2	2.0	2.0	2.0	2.0	2.0	2.0	T 0612

液体石油沥青宜采用针入度较大的石油沥青,使用前按先加热沥青后加稀释剂的顺序,掺配煤油或轻柴油,经适当的搅拌、稀释制成。掺配比例根据使用要求由试验确定。

液体石油沥青在制作、储存、使用的全过程中必须通风良好,并有专人负责,确保安全。基质沥青的加热温度严禁超过140℃,液体沥青的储存温度不得高于50℃。

四、煤沥青

道路用煤沥青的标号根据气候条件、施工温度、使用目的选用,其质量应符合表7-6的规定。

道路用煤沥青技术要求 表7-6

试验项目		T-1	T-2	T-3	T-4	T-5	T-6	T-7	T-8	T-9	试验方法
黏度(s)	$C_{30,5}$	5 ~ 25	26 ~ 70								T 0621
	$C_{30,10}$			5 ~ 25	26 ~ 50	51 ~ 120	121 ~ 200				
	$C_{50,10}$							10 ~ 75	76 ~ 200		
	$C_{60,10}$									35 ~ 65	
蒸馏试验,馏出量(%)	170℃前,不大于	3	3	3	2	1.5	1.5	1.0	1.0	1.0	T 0641
	270℃前,不大于	20	20	20	15	15	15	10	10	10	
	300℃前,不大于	15 ~ 35	15 ~ 35	30	30	25	25	20	20	15	
300℃蒸馏残留物软化点(环球法)(℃)		30 ~ 45	30 ~ 45	35 ~ 65	35 ~ 65	35 ~ 65	35 ~ 65	40 ~ 70	40 ~ 70	40 ~ 70	T 0606
水分,不大于(%)		1.0	1.0	1.0	1.0	1.0	0.5	0.5	0.5	0.5	T 0612
甲苯不溶物,不大于(%)		20	20	20	20	20	20	20	20	20	T 0646
萘含量,不大于(%)		5	5	5	4	4	3.5	3	2	2	T 0645
焦油酸含量,不大于(%)		4	4	3	3	2.5	2.5	1.5	1.5	1.5	T 0642

道路用煤沥青适用于下列情况：

(1)各种等级公路的各种基层上的透层，宜采用 T-1 或 T-2 级，其他等级不合喷洒要求时可适当稀释使用；

(2)三级及三级以下的公路铺筑表面处治或贯入式沥青路面，宜采用 T-5、T-6 或 T-7 级；

(3)与道路石油沥青、乳化沥青混合使用，以改善渗透性。

(4)道路用煤沥青严禁用于热拌热铺的沥青混合料，作其他用途时的储存温度宜为 70 ~ 90℃，且不得长时间储存。

五、改性沥青

改性沥青可单独或复合采用高分子聚合物、天然沥青及其他改性材料制作。

各类聚合物改性沥青的质量应符合表 7-7 的技术要求，其中 PI 值可作为选择性指标。当使用表列以外的聚合物及复合改性沥青时，可通过试验研究制定相应的技术要求。

聚合物改性沥青技术要求 表 7-7

指　标	单位	SBS 类(I 类)				SBR 类(II 类)			EVA、PE 类(III 类)				试验方法[1]
		I-A	I-B	I-C	I-D	II-A	II-B	II-C	III-A	III-B	III-C	III-D	
针入度(25℃,100g,5s)	0.1 mm	>100	80 ~ 100	60 ~ 80	30 ~ 60	>100	80 ~ 100	60 ~ 80	>80	60 ~ 80	40 ~ 60	30 ~ 40	T 0604
针入度指数 PI，不小于		-1.2	-0.8	-0.4	0	-1.0	-0.8	-0.6	-1.0	-0.8	-0.6	-0.4	T 0604
延度(5℃,5cm/min)，不小于	cm	50	40	30	20	60	50	40	—				T 0605
软化点 $T_{R\&B}$，不小于	℃	45	50	55	60	45	48	50	48	52	56	60	T 0606
运动黏度[1](135℃)，不大于	Pa·s	3											T 0625 T 0619
闪点，不小于	℃	230				230			230				T 0611
溶解度，不小于	%	99				99			—				T 0607
弹性恢复(25℃)，不小于	%	55	60	65	75	—			—				T 0662
黏韧性，不小于	N·m	—				5			—				T 0624
韧性，不小于	N·m	—				2.5			—				T 0624
储存稳定性[2]													
离析，48h 软化点差，不大于	℃	2.5				—			无改性剂明显析出、凝聚				T 0661
TFOT(或 RTFOT)后残留物													
质量变化，不大于	%	1.0											T 0610 或 T 0609
针入度比(25℃)，不小于	%	50	55	60	65	50	55	60	50	55	58	60	T 0604
延度(5℃)，不小于	cm	30	25	20	15	30	20	10	—				T 0605

注：①表中 135℃运动黏度可采用《公路工程沥青及沥青混合料试验规程》(JTJ 052—2000)中的“沥青布氏旋转黏度试验方法(布洛克菲尔德黏度计法)”进行测定。若在不改变改性沥青物理力学性质并符合安全条件的温度下易于泵送和拌和，或经证明适当提高泵送和拌和温度时能保证改性沥青的质量，容易施工，可不要求测定。

②储存稳定性指标适用于工厂生产的成品改性沥青。现场制作的改性沥青对储存稳定性指标可不作要求，但必须在制作后，保持不间断的搅拌或泵送循环，保证使用前没有明显的离析。

制造改性沥青的基质沥青应与改性剂有良好的配伍性，其质量宜符合表 7-2 中 A 级或 B

级道路石油沥青的技术要求。供应商在提供改性沥青的质量报告时应提供基质沥青的质量检验报告或沥青样品。

天然沥青可以单独与石油沥青混合使用或与其他改性沥青混熔后使用。天然沥青的质量要求宜根据其品种参照相关标准和成功的经验执行。

用作改性剂的 SBR 胶乳中的固体物含量不宜少于 45%，使用中严禁长时间曝晒或遭冰冻。

改性沥青的剂量以改性剂占改性沥青总量的百分数计算，胶乳改性沥青的剂量应以扣除水以后的固体物含量计算。

改性沥青宜在固定式工厂或在现场设厂集中制作，也可在拌和厂现场边制造边使用，改性沥青的加工温度不宜超过 180℃。胶乳类改性剂和制成颗粒的改性剂可直接投入拌和缸中生产改性沥青混合料。

用溶剂法生产改性沥青母体时，挥发性溶剂回收后的残留量不得超过 5%。

现场制造的改性沥青宜随配随用，需做短时间保存，或运送到附近的工地时，使用前必须搅拌均匀，在不发生离析的状态下使用。改性沥青制作设备必须设有随机采集样品的取样口，采集的试样宜立即在现场灌模。

工厂制作的成品改性沥青到达施工现场后存储在改性沥青罐中，改性沥青罐中必须加设搅拌设备并进行搅拌，使用前改性沥青必须搅拌均匀。在施工过程中应定期取样检验产品质量，发现离析等质量不符要求的改性沥青不得使用。

六、改性乳化沥青

改性乳化沥青宜按表 7-8 选用，质量应符合表 7-9 的技术要求。

改性乳化沥青的品种和适用范围 表 7-8

品种		代号	适用范围
改性乳化沥青	喷洒型改性乳化沥青	PCR	黏层、封层、桥面防水黏结层用
	拌和用乳化沥青	BCR	改性稀浆封层和微表处用

改性乳化沥青技术要求 表 7-9

试验项目		单位	品种及代号		试验方法
			PCR	BCR	
破乳速度			快裂或中裂	慢裂	T 0658
粒子电荷			阳离子(+)	阳离子(+)	T 0653
筛上剩余量(1.18mm)，不大于		%	0.1	0.1	T 0652
黏度	恩格拉黏度 E_{25}		1~10	3~30	T 0622
	沥青标准黏度 $C_{25,3}$	s	8~25	12~60	T 0621
蒸发残留物	含量，不小于	%	50	60	T 0651
	针入度(100g,25℃,5s)	0.1mm	40~120	40~100	T 0604
	软化点，不小于	℃	50	53	T 0606
	延度(5℃)，不小于	cm	20	20	T 0605
	溶解度(三氯乙烯)，不小于	%	97.5	97.5	T 0607

续上表

试验项目		单位	品种及代号		试验方法
			PCR	BCR	
与矿料的黏附性,裹附面积,不小于			2/3	—	T 0654
储存稳定性	1d,不大于	%	1	1	T 0655
	5d,不大于	%	5	5	T 0655

注:①破乳速度、与集料黏附性、拌和试验,与所使用的石料品种有关。工程上施工质量检验时应采用实际的石料试验,仅进行产品质量评定时可不对这些指标提出要求。

②当用于填补车辙时,BCR蒸发残留物的软化点宜提高至不低于55℃。

③储存稳定性根据施工实际情况选择试验天数,通常采用5d,乳液生产后能在第二天使用完时也可选用1d。个别情况下改性乳化沥青5d的储存稳定性难以满足要求,如果经搅拌后能够达到均匀一致并不影响正常使用,此时要求改性乳化沥青运至工地后存放在附有搅拌装置的储存罐内,并不断进行搅拌,否则不准使用。

④当改性乳化沥青或特种改性乳化沥青需要在低温冰冻条件下储存或使用时,尚需按T 0656进行-5℃低温储存稳定性试验,要求没有粗颗粒、不结块。

第二节 集 料

一、粗集料

沥青层用粗集料包括碎石、破碎砾石、筛选砾石、钢渣、矿渣等,但高速公路和一级公路不得使用筛选砾石和矿渣。粗集料必须由具有生产许可证的采石场生产或施工单位自行加工。

粗集料应该洁净、干燥、表面粗糙,质量应符合表7-10的规定。当单一规格集料的质量指标达不到表中要求,而按照集料配比计算的质量指标符合要求时,工程上允许使用。对受热易变质的集料,宜采用经拌和机烘干后的集料进行检验。

沥青混合料用粗集料质量技术要求 表7-10

指 标	单位	高速公路及一级公路		其他等级公路	试验方法
		表面层	其他层次		
石料压碎值,不大于	%	26	28	30	T 0316
洛杉矶磨耗损失,不大于	%	28	30	35	T 0317
表观相对密度,不小于		2.60	2.50	2.45	T 0304
吸水率,不大于	%	2.0	3.0	3.0	T 0304
坚固性,不大于	%	12	12	—	T 0314
针片状颗粒含量(混合料),不大于	%	15	18	20	T 0312
其中粒径大于9.5mm,不大于	%	12	15	—	
其中粒径小于9.5mm,不大于	%	18	20	—	
水洗法<0.075mm颗粒含量,不大于	%	1	1	1	T 0310
软石含量,不大于	%	3	5	5	T 0320

注:①坚固性试验可根据需要进行。

②用于高速公路、一级公路时,多孔玄武岩的视密度可放宽至2.45t/m^3,吸水率可放宽至3%,但必须得到建设单位的批准,且不得用于SMA路面。

③对S14即3~5规格的粗集料,针片状颗粒含量可不予要求,小于0.075mm含量可放宽到3%。

如表7-11所示粗集料的粒径规格应按表7-12的规定生产和使用。

沥青混合料用粗集料规格 表 7-11

规格名称	公称粒径(mm)	通过下列筛孔(mm)的质量百分率(%)												
		106	75	63	53	37.5	31.5	26.5	19.0	13.2	9.5	4.75	2.36	0.6
S1	40~75	100	90~100	—	—	0~15	—	0~5						
S2	40~60		100	90~100	—	0~15	—	0~5						
S3	30~60		100	90~100	—	—	0~15	—	0~5					
S4	25~50			100	90~100	—	—	0~15	—	0~5				
S5	20~40				100	90~100	—	—	0~15	—	0~5			
S6	15~30					100	90~100	—	—	0~15	—	0~5		
S7	10~30					100	90~100	—	—	—	0~15	0~5		
S8	10~25						100	90~100	—	0~15	—	0~5		
S9	10~20							100	90~100	—	0~15	0~5		
S10	10~15								100	90~100	0~15	0~5		
S11	5~15								100	90~100	40~70	0~15	0~5	
S12	5~10									100	90~100	0~15	0~5	
S13	3~10									100	90~100	40~70	0~20	0~5
S14	3~5										100	90~100	0~15	0~3

采石场在生产过程中必须彻底清除覆盖层及泥土夹层。生产碎石用的原石不得含有土块、杂物，集料成品不得堆放在泥土地上。

高速公路、一级公路沥青路面的表面层(或磨耗层)的粗集料的磨光值应符合表 7-12 的要求。除 SMA、OGFC 路面外，允许在硬质粗集料中掺加部分较小粒径的磨光值达不到要求的粗集料，其最大掺加比例由磨光值试验确定。

粗集料与沥青的黏附性、磨光值的技术要求 表 7-12

雨量气候区	1(潮湿区)	2(湿润区)	3(半干旱区)	4(干旱区)	试验方法
年降雨量(mm)	>1 000	1 000~500	500~250	<250	
粗集料的磨光值 PSV，不小于 高速公路、一级公路表面层	42	40	38	36	T 0321
粗集料与沥青的黏附性，不小于 高速公路、一级公路表面层	5	4	4	3	T 0616
高速公路、一级公路的其他层次及其他等级公路的各个层次	4	4	3	3	T 0663

粗集料与沥青的黏附性应符合表 7-12 的要求，当使用不符要求的粗集料时，宜掺加消石灰、水泥或用饱和石灰水处理后使用，必要时可同时在沥青中掺加耐热、耐水、长期性能好的抗剥落剂，也可采用改性沥青的措施，使沥青混合料的水稳定性检验达到要求。掺加外加剂的剂量由沥青混合料的水稳定性检验确定。

破碎砾石应采用粒径大于50mm、含泥量不大于1%的砾石轧制，破碎砾石的破碎面应符合表7-13的要求。

粗集料对破碎面的要求 表7-13

<table>
<tr><th rowspan="2" colspan="2">路面部位或混合料类型</th><th colspan="2">具有一定数量破碎面颗粒的含量(%)</th><th rowspan="2">试验方法</th></tr>
<tr><th>1个破碎面</th><th>2个或2个以上破碎面</th></tr>
<tr><td rowspan="2">沥青路面表面层</td><td>高速公路、一级公路</td><td>100</td><td>90</td><td rowspan="6">T 0361</td></tr>
<tr><td>其他等级公路</td><td>80</td><td>60</td></tr>
<tr><td rowspan="2">沥青路面中下面层、基层</td><td>高速公路、一级公路</td><td>90</td><td>80</td></tr>
<tr><td>其他等级公路</td><td>70</td><td>50</td></tr>
<tr><td colspan="2">SMA混合料</td><td>100</td><td>90</td></tr>
<tr><td colspan="2">贯入式路面</td><td>80</td><td>60</td></tr>
</table>

筛选砾石仅适用于三级及三级以下公路的沥青表面处治路面。

经过破碎且存放期超过6个月以上的钢渣可作为粗集料使用。除吸水率允许适当放宽外，各项质量指标应符合表7-10的要求。钢渣在使用前应进行活性检验，要求钢渣中的游离氧化钙含量不大于3%，浸水膨胀率不大于2%。

二、细集料

沥青路面的细集料包括天然砂、机制砂、石屑。细集料必须由具有生产许可证的采石场、采砂场生产。

细集料应洁净、干燥、无风化、无杂质，并有适当的颗粒级配，其质量应符合表7-14的规定。细集料的洁净程度，天然砂以小于0.075mm含量的百分数表示，石屑和机制砂以砂当量(适用于0~4.75mm)或亚甲蓝值(适用于0~2.36mm或0~0.15mm)表示。

沥青混合料用细集料质量要求 表7-14

项目	单位	高速公路、一级公路	其他等级公路	试验方法
表观相对密度，不小于		2.50	2.45	T 0328
坚固性(>0.3mm部分)，不小于	%	12	—	T 0340
含泥量(<0.075mm的含量)，不大于	%	3	5	T 0333
砂当量，不小于	%	60	50	T 0334
亚甲蓝值，不大于	g/kg	25	—	T 0346
棱角性(流动时间)，不小于	s	30	—	T 0345

注：坚固性试验可根据需要进行。

天然砂可采用河砂或海砂，通常宜采用粗、中砂，其规格应符合表7-15的规定。砂的含泥量超过规定时应水洗后使用，海砂中的贝壳类材料必须筛除。开采天然砂必须取得当地政府主管部门的许可，并符合水利及环境保护的要求。热拌密级配沥青混合料中天然砂的用量通常不宜超过集料总量的20%，SMA和OGFC混合料不宜使用天然砂。

沥青混合料用天然砂规格 表 7-15

筛孔尺寸（mm）	通过各孔筛的质量百分率（%）		
	粗砂	中砂	细砂
9.5	100	100	100
4.75	90~100	90~100	90~100
2.36	65~95	75~90	85~100
1.18	35~65	50~90	75~100
0.6	15~30	30~60	60~84
0.3	5~20	8~30	15~45
0.15	0~10	0~10	0~10
0.075	0~5	0~5	0~5

石屑是采石场破碎石料时通过 4.75mm 或 2.36mm 的筛下部分，其规格应符合表 7-16 的要求。采石场在生产石屑的过程中应具备抽吸设备。高速公路和一级公路的沥青混合料，宜将 S14 与 S16 组合使用。S15 可在沥青稳定碎石基层或其他等级公路中使用。

沥青混合料用机制砂或石屑规格 表 7-16

规格	公称粒径（mm）	水洗法通过各筛孔的质量百分率（%）							
		9.5	4.75	2.36	1.18	0.6	0.3	0.15	0.075
S15	0~5	100	90~100	60~90	40~75	20~55	7~40	2~20	0~10
S16	0~3		100	80~100	50~80	25~60	8~45	0~25	0~15

注：当生产石屑采用喷水抑制扬尘工艺时，应特别注意含粉量不得超过表中要求。

机制砂宜采用专用的制砂机制造，并选用优质石料生产，其级配应符合 S16 的要求。

第三节 其他材料

一、填料

沥青混合料的矿粉必须采用石灰岩或岩浆岩中的强基性岩石等憎水性石料经磨细得到的矿粉，原石料中的泥土杂质应除净。矿粉应干燥、洁净，能自由地从矿粉仓流出，其质量应符合表 7-17 的技术要求。

沥青混合料用矿粉质量要求 表 7-17

项目	单位	高速公路、一级公路	其他等级公路	试验方法
表观相对密度，不小于		2.50	2.45	T 0352
含水率，不大于	%	1	1	T 0103 烘干法
粒度范围 <0.6mm	%	100	100	T 0351
<0.15mm	%	90~100	90~100	
<0.075mm	%	75~100	70~100	
外观		无团粒结块		
亲水系数		<1		T 0353
塑性指数		<4		T 0354
加热安定性		实测记录		T 0355

拌和机的粉尘可作为矿粉的一部分回收使用,但每盘用量不得超过填料总量的25%,掺有粉尘填料的塑性指数不得大于4%。

粉煤灰作为填料使用时,用量不得超过填料总量的50%,粉煤灰的烧失量应小于12%,与矿粉混合后的塑性指数应小于4%,其余质量要求与矿粉相同。高速公路、一级公路的沥青面层不宜采用粉煤灰作填料。

二、纤维稳定剂

在沥青混合料中掺加的纤维稳定剂宜选用木质素纤维、矿物纤维等。木质素纤维的质量应符合表7-18的技术要求。

木质素纤维质量技术要求　　表7-18

项目	单位	指标	试验方法
纤维长度,不大于	mm	6	水溶液用显微镜观测
灰分含量	%	18±5	高温590~600℃燃烧后测定残留物
pH值		7.5±1.0	水溶液用pH试纸或pH计测定
吸油率,不小于		纤维质量的5倍	用煤油浸泡后放在筛上经振敲后称量
含水率(以质量计),不大于	%	5	105℃烘箱烘2h后冷却称量

纤维应在250℃的干拌温度不变质、不发脆,使用纤维必须符合环保要求,不危害身体健康。纤维必须在混合料拌和过程中能充分分散均匀。

矿物纤维宜采用玄武岩等矿石制造,易影响环境及造成人体伤害的石棉纤维不宜直接使用。

纤维应存放在室内或有棚盖的地方,松散纤维在运输及使用过程中应避免受潮,不结团。

纤维稳定剂的掺加比例以沥青混合料总量的质量百分率计算,通常情况下用于SMA路面的木质素纤维不宜低于0.3%,矿物纤维不宜低于0.4%,必要时可适当增加纤维用量。纤维掺加量的允许误差宜不超过±5%。

第八章　沥青路面表面处治与贯入式路面

第一节　沥青路面表面处治

沥青表面处治适用于三级及三级以下公路的沥青面层。沥青表面处治宜选择在干燥和较热的季节施工，并在最高温度低于15℃到来以前半个月及雨季前结束。

一、层铺法沥青表面处治要求

沥青表面处治可采用道路石油沥青、乳化沥青、煤沥青铺筑，沥青标号应按《公路沥青路面施工技术规范》(JTG F40—2004)相关规定选用。沥青表面处治的集料最大粒径应与处治层的厚度相等，其规格和用量宜按表8-1选用；沥青表面处治施工后，应在路侧另备S12(5～10mm)碎石或S14(3～5mm)石屑、粗砂或小砾石2～3m^3/1 000m^2作为初期养护用料。

沥青表面处治材料规格和用量　　表8-1

沥青种类	类型	厚度(mm)	集料(m^3/1 000m^2)						沥青或乳液用量(kg/m^2)			
			第一层		第二层		第三层		第一次	第二次	第三次	合计用量
			规格	用量	规格	用量	规格	用量				
石油沥青	单层	1.0	S12	7～9					1.0～1.2			1.0～1.2
		1.5	S10	12～14					1.4～1.6			1.4～1.6
	双层	1.5	S10	12～14	S12	7～8			1.4～1.6	1.0～1.2		2.4～2.8
		2.0	S9	16～18	S12	7～8			1.6～1.8	1.0～1.2		2.6～3.0
		2.5	S8	18～20	S12	7～8			1.8～2.0	1.0～1.2		2.8～3.2
	三层	2.5	S8	18～20	S12	12～14	S12	7～8	1.6～1.8	1.2～1.4	1.0～1.2	3.8～4.4
		3.0	S6	20～22	S12	12～14	S12	7～8	1.8～2.0	1.2～1.4	1.0～1.2	4.0～4.6
乳化沥青	单层	0.5	S14	7～9					0.9～1.0			0.9～1.0
	双层	1.0	S12	9～11	S14	4～6			1.8～2.0	1.0～1.2		2.8～3.2
	三层	3.0	S6	20～22	S10	9～11	S12 S14	4～6 3.5～4.5	2.0～22	1.8～2.0	1.0～1.2	4.8～5.4

注：①煤沥青表面处治的沥青用量可比石油沥青用量增加15%～20%。

②表中的乳液用量按乳化沥青的蒸发残留物含量60%计算，如沥青含量不同应予折算。

③在高寒地区及干旱风沙大的地区，可超出高限5%～10%。

层铺法沥青表面处治路面宜采用沥青洒布车及集料撒布机联合作业。沥青洒布车喷洒沥青时应保持稳定速度和喷洒量,并保持整个洒布宽度喷洒均匀。小规模工程可采用机动或手摇的手工沥青洒布机洒布沥青。洒布设备的喷嘴应适用于沥青的稠度,确保能呈雾状,与洒油管呈 15°~25°的夹角,洒油管的高度应使同一地点接受 2~3 个喷油嘴喷洒的沥青(图 8-1),不得出现花白条。在有风的天气下不宜使用三重喷洒高度。当采用洒布过热沥青的机械洒布乳化沥青时,必须将残留沥青除净并用柴油清洗干净。

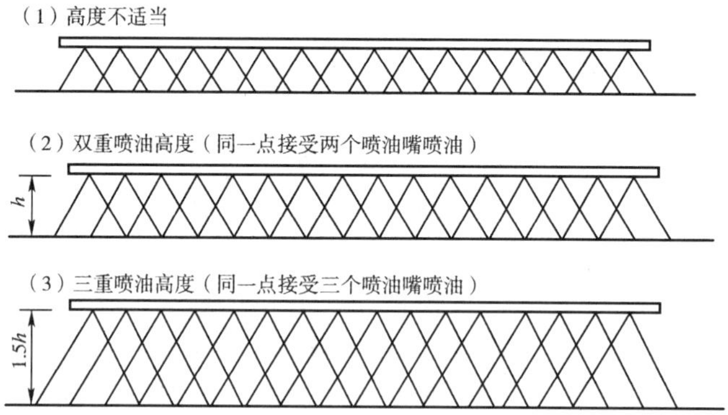

图 8-1 沥青撒布车喷油嘴的高度

沥青表面处治喷洒沥青材料时应对道路人工构造物、路缘石等外露部分做防污染遮盖。施工时,应确保各工序紧密衔接,每个作业段长度应根据施工能力确定,并在当天完成。人工撒布集料时应等距离划分段落备料。

二、层铺法施工工艺

按照洒布沥青及铺撒矿料的层次多少,沥青表面处治可分为单层式、双层式和三层式三种。单层式为洒布一次沥青,铺撒一次矿料,厚度为 1.0~15cm;双层式为洒布两次沥青,铺两次矿料,厚度为 2.0~2.5cm;三层式为洒布三次沥青,铺撒三次矿料,厚度为 2.5~3.0cm。

三层式沥青表面处治的施工工艺应按下列步骤进行:

(1)清扫基层,洒布第一层沥青。沥青的洒布温度根据气温及沥青标号选择,石油沥青宜为 130~170℃,煤沥青宜为 80~120℃,乳化沥青在常温下洒布,加温洒布的乳液温度不得超过 60℃。前后两车喷洒的接茬处用铁板或建筑纸铺 1~1.5m,使搭接良好。分几幅浇洒时,纵向搭接宽度宜为 100~150mm。洒布第二、三层沥青的搭接缝应错开。

(2)洒布主层沥青后应立即用集料撒布机或人工撒布第一层主集料。撒布集料后应及时扫匀,达到全面覆盖、厚度一致、集料不重叠也不露出沥青的要求。局部有缺料时适当找补,集料过多的将多余集料扫出。两幅搭接处,第一幅洒布沥青应暂留 100~150mm 宽度不撒布石料,待第二幅一起撒布。

(3)撒布主集料后,不必等全段撒布完,立即用 6~8t 钢筒双轮压路机从路边向路中心碾压 3~4 遍,每次轮迹重叠约 300mm。碾压速度开始不宜超过 2km/h,以后可适当增加。

(4)第二、三层的施工方法和要求应与第一层相同,但可以采用 8t 以上的压路机碾压。

双层式或单层式沥青表面处治浇洒沥青及撒布集料的次数相应减少,其施工程序和要求参照三层式进行。

除乳化沥青表面处治应待破乳、水分蒸发并基本成型后方可通车外,沥青表面处治在碾压结束后即可开放交通，并通过开放交通补充压实，成型稳定。在通车初期应设专人指挥交通或设置障碍物控制行车，限制行车速度不超过20km/h，严禁畜力车及铁轮车行驶，使路面全部宽度均匀压实。

沥青表面处治应注意初期养护。当发现有泛油时，应在泛油处补撒与最后一层石料规格相同的嵌缝料并扫匀，过多的浮料应扫出路外。

第二节 贯入式路面施工

沥青贯入式路面适用于三级及三级以下公路，也可作为沥青路面的联结层或基层。沥青贯入式路面的厚度宜为4~8cm，但乳化沥青贯入式路面的厚度不宜超过5cm。当贯入层上部加铺拌和的沥青混合料面层成为上拌下贯式路面时，拌和层的厚度宜不小于1.5cm。

沥青贯入式路面的最上层应撒布封层料或加铺拌和层。沥青贯入层作为联结层使用时，可不撒表面封层料。

沥青贯入式路面宜选择在干燥和较热的季节施工，并宜在日最高温度降低至15℃以前半个月结束，使贯入式结构层通过开放交通碾压成型。

一、材料规格和用量

沥青贯入式路面的集料应选择有棱角、嵌挤性好的坚硬石料，其规格和用量宜根据贯入层厚度按表8-2或表8-3选用。沥青贯入层主层集料中大于粒径范围中值的数量不宜少于50%。表面不加铺拌和层的贯入式路面，在施工结束后，每1 000m^2宜另备2~3m^3与最后一层嵌缝料规格相同的细集料等供初期养护使用。

沥青贯入层的主层集料最大粒径宜与贯入层厚度相当。当采用乳化沥青时，主层集料最大粒径可采用厚度的0.8~0.85倍，数量宜按压实系数1.25~1.30计算。

沥青贯入式路面的结合料可采用道路石油沥青、煤沥青或乳化沥青，用量应按表8-2或表8-3选用。

沥青贯入式路面材料规格和用量 表8-2

（用量单位：集料：m^3/1 000m^2，沥青及沥青乳液：kg/m^2）

沥青品种	石油沥青					
厚度(cm)	4		5		6	
规格和用量	规格	用量	规格	用量	规格	用量
封层料	S14	3~5	S14	3~5	S13(S14)	4~6
第三遍沥青		1.0~1.2		1.0~1.2		1.0~1.2
第二遍嵌缝料	S12	6~7	S11(S10)	10~12	S11(S10)	10~12
第二遍沥青		1.6~1.8		1.8~2.0		2.0~2.2
第一遍嵌缝料	S10(S9)	12~14	S8	12~14	S8(S6)	16~18
第一遍沥青		1.8~2.1		1.6~1.8		2.8~3.0
主层石料	S5	45~50	S4	55~60	S3(S4)	66~76
沥青总用量	4.4~5.1		5.2~5.8		5.8~6.4	

续上表

沥青品种	石油沥青				乳化沥青			
厚度(cm)	7		8		4		5	
规格和用量	规格	用量	规格	用量	规格	用量	规格	用量
封层料	S13(S14)	4~6	S13(S14)	4~6	S13(S14)	4~6	S14	4~6
第五遍沥青								0.8~1.0
第四遍嵌缝料							S14	5~6
第四遍沥青						0.8~1.0		1.2~1.4
第三遍嵌缝料					S14	5~6	S12	7~9
第三遍沥青		1.0~1.2		1.0~1.2		1.4~1.6		1.5~1.7
第二遍嵌缝料	S10(S11)	11~13	S10(S11)	11~13	S12	7~8	S10	9~11
第二遍沥青		2.4~2.6		2.6~2.8		1.6~1.8		1.6~1.8
第一遍嵌缝料	S6(S8)	18~20	S6(S8)	20~22	S9	12~14	S8	10~12
第一遍沥青		3.3~3.5		4.4~4.2		2.2~2.4		2.6~2.8
主层石料	S2	80~90	S1(S2)	95~100	S5	40~45	S4	50~55
沥青总用量	6.7~7.3		7.6~8.2		6.0~6.8		7.4~8.5	

注:①煤沥青贯入式的沥青用量可较石油沥青用量增加15%~20%。

②表中乳化沥青是指乳液的用量,并适用于乳液浓度约为60%的情况,如果浓度不同,用量应予换算。

③在高寒地区及干旱风沙大的地区,可超出高限,再增加5%~10%。

上拌下贯式路面的材料规格和用量 表8-3

(用量单位:集料:m^3/1 000m^2,沥青及沥青乳液:kg/m^2)

沥青品种	石油沥青					
厚度(cm)	4		5		6	
规格和用量	规格	用量	规格	用量	规格	用量
第二遍嵌缝料	S12	5~6	S12(S11)	7~9	S12(S11)	7~9
第二遍沥青		1.4~1.6		1.6~1.8		1.6~1.8
第一遍嵌缝料	S10(S9)	12~14	S8	16~18	S8(S7)	16~18
第一遍沥青		2.0~2.3		2.6~2.8		3.2~3.4
主层石料	S5	45~50	S4	55~60	S3(S2)	66~76
沥青总用量	3.4~3.9		4.2~4.6		4.8~5.2	
沥青品种	石油沥青		乳化沥青			
厚度(cm)	7		5		6	
规格和用量	规格	用量	规格	用量	规格	用量
第四遍嵌缝料					S14	4~6
第四遍沥青						1.3~1.5
第三遍嵌缝料			S14	4~6	S12	8~10
第三遍沥青				1.4~1.6		1.4~1.6
第二遍嵌缝料	S10(S11)	8~10	S12	9~10	S9	8~12
第二遍沥青		1.7~1.9		1.8~2.0		1.5~1.7
第一遍嵌缝料	S6(S8)	18~20	S8	15~17	S6	24~26
第一遍沥青		4.0~4.2		2.5~2.7		2.4~2.6
主层石料	S2(S3)	80~90	S4	50~55	S3	50~55
沥青总用量	5.7~6.1		5.9~6.2		6.7~7.2	

注:①煤沥青贯入式的沥青用量可较石油沥青用量增加15%~20%。

②表中乳化沥青是指乳液的用量,并适用于乳液浓度约为60%的情况。

③在高寒地区及干旱风沙大的地区,可超出高限,再增加5%~10%。

④表面加铺拌和层部分的材料规格及沥青(或乳化沥青)用量按热拌沥青混合料(或乳化沥青碎石混合料路面)的有关规定执行。

贯入式路面各层分次沥青用量应根据施工气温及沥青标号等在规定范围内选用，在寒冷地带或当施工季节气温较低、沥青针入度较小时，沥青用量宜用高限。在低温潮湿气候下用乳化沥青贯入时，应按乳液总用量不变的原则进行调整，上层较正常情况适当增加，下层较正常情况适当减少。

二、施工准备

沥青贯入式路面施工前，基层必须清扫干净。当需要安装路缘石时，应在路缘石安装完成后施工。路缘石应予遮盖。

乳化沥青贯入式路面必须浇洒透层或黏层沥青。沥青贯入式路面厚度小于或等于5cm时，也应浇洒透层或黏层沥青。

三、施工方法

沥青贯入式路面的施工应按下列步骤进行：

(1)采用碎石摊铺机、平地机或人工摊铺主层集料。铺筑后严禁车辆通行。

(2)碾压主层集料。撒布后应采用6～8t的轻型钢筒式压路机自路两侧向路中心碾压，碾压速度宜为2km/h，每次轮迹重叠约30cm，碾压一遍后检验路拱和纵向坡度，当不符合要求时，应调整找平后再压。然后用重型的钢轮压路机碾压，每次轮迹重叠约1/2，宜碾压4～6遍，直至主层集料嵌挤稳定，无显著轮迹为止。

(3)如乳液下漏过多，可在主层集料碾压稳定后，先撒布一部分上一层嵌缝料，再浇洒主层沥青。

(4)采用集料撒布机或人工撒布第一层嵌缝料。撒布后尽量扫匀，不足处应找补。当使用乳化沥青时，石料撒布必须在乳液破乳前完成。

(5)立即用8～12t钢筒式压路机碾压嵌缝料，轮迹重叠轮宽的1/2左右，宜碾压4～6遍，直至稳定为止。碾压时随压随扫，使嵌缝料均匀嵌入。因气温较高使碾压过程中发生较大推移现象时，应立即停止碾压，待气温稍低时再继续碾压。

(6)按上述方法浇洒第二层沥青、撒布第二层嵌缝料，然后碾压，再浇洒第三层沥青。

(7)按撒布嵌缝料方法撒布封层料。

(8)采用6～8t压路机做最后碾压，宜碾压2～4遍，然后开放交通。

沥青贯入式路面开放交通后应控制交通，做初期养护。铺筑上拌下贯式路面时，贯入层不撒布封层料，拌和层应紧跟贯入层施工，使上下成为一整体。贯入部分采用乳化沥青时应待其破乳、水分蒸发且成型稳定后方可铺筑拌和层。当拌和层与贯入部分不能连续施工，且要在短期内通行施工车辆时，贯入层部分的第二遍嵌缝料应增加用量2～$3m^3/1\ 000m^2$，在摊铺拌和层沥青混合料前，应进行补充碾压，并浇洒黏层沥青。

第九章　透层、封层、黏层的施工

第一节　透层施工

透层是为了使沥青面层与非沥青材料基层结合良好，在基层上浇洒乳化沥青、煤沥青或液体沥青而形成的透入基层表面的薄层。

一、施工要求

沥青路面各类基层都必须喷洒透层油。沥青层必须在透层油完全渗透入基层后方可铺筑。基层上设置下封层时，透层油不宜省略。如喷洒透层油后不能立即铺筑沥青面层又需要通行施工车辆时，宜立即撒布用量为2～3m^3/1 000m^2的石屑或粗砂。气温低于10℃或大风、即将降雨时不得喷洒透层油。

根据基层类型选择渗透性好的液体沥青、乳化沥青、煤沥青作透层油，喷洒后通过钻孔或挖掘确认透层油渗透入基层的深度宜不小于5（无机结合料稳定集料基层）～10mm（无结合料基层），并能与基层联结成为一体。

透层油的黏度通过调节稀释剂的用量或乳化沥青的浓度得到适宜的黏度，基质沥青的针入度通常宜不小于100。透层用乳化沥青的蒸发残留物含量允许根据渗透情况适当调整，当使用成品乳化沥青时可通过稀释得到要求的黏度。透层用液体沥青的黏度通过调节煤油或轻柴油等稀释剂的品种和掺量经试验确定。

透层油的用量通过试洒确定，不宜超出表9-1要求的范围。

沥青路面透层材料的规格和用量表　　表9-1

用　途	液体石油沥青		乳化沥青		煤沥青	
	规格	用量（L/m^2）	规格	用量（L/m^2）	规格	用量（L/m^2）
无结合料粒料基层	AL(M)-1、2或3 AL(S)-1、2或3	1.0～2.3	PC-2 PA-2	1.0～2.0	T-1 T-2	1.0～1.5
半刚性基层	AL(M)-1或2 AL(S)-1或2	0.6～1.5	PC-2 PA-2	0.7～1.5	T-1 T-2	0.7～1.0

注：表中用量是指包括稀释剂和水分等在内的液体沥青、乳化沥青的总量。乳化沥青中的残留物含量以50%为基准。

用于半刚性基层的透层油宜紧接在基层碾压成型后表面稍变干燥，但尚未硬化的情况下喷洒。在无结合料粒料基层上洒布透层油时，宜在铺筑沥青层前1～2d洒布。透层油宜采用沥青洒布车一次喷洒均匀，使用的喷嘴宜根据透层油的种类和黏度选择并保证均匀喷洒，沥青洒布车喷洒不均匀时宜改用手工沥青洒布机喷洒。喷洒透层油前应清扫路面，遮挡防护路缘石及人工构造物避免污染，透层油必须洒布均匀，有花白遗漏应人工补洒，喷洒过量的立即撒布石屑或砂吸油，必要时做适当碾压；透层油洒布后不得在表面形成能被运料车和摊铺机粘起的油皮；透层油达不到渗透深度要求时，应更换透层油稠度或品种。

透层油洒布后的养生时间随透层油的品种和气候条件由试验确定，确保液体沥青中的稀释剂全部挥发，乳化沥青渗透且水分蒸发，然后尽早铺筑沥青面层，防止工程车辆损坏透层。

二、材料要求

透层沥青宜采用慢裂的洒布型乳化沥青，也可采用中、慢凝液体石油沥青或煤沥青。透层沥青的规格和质量应符合表9-1的要求。透层沥青的稠度宜通过试洒确定，表面致密的半刚性基层宜采用渗透性好的较稀的透层沥青；级配砂砾、级配碎石等粒料基层宜采用较稠的透层沥青。用于制作透层用乳化沥青的沥青标号应根据基层的种类及当地气候等条件确定。

表面致密的半刚性基层宜采用渗透性好的慢裂慢凝乳液。一般阳离子乳化沥青对半刚性基层渗透性较差，可以采用非离子或阴离子乳化沥青，以提高渗透性。

三、材料用量

各种透层沥青的品种和用量应根据基层的种类通过试洒确定，其用量应符合表9-1的要求。

四、施工程序

1. 透层施工工艺流程（图9-1）

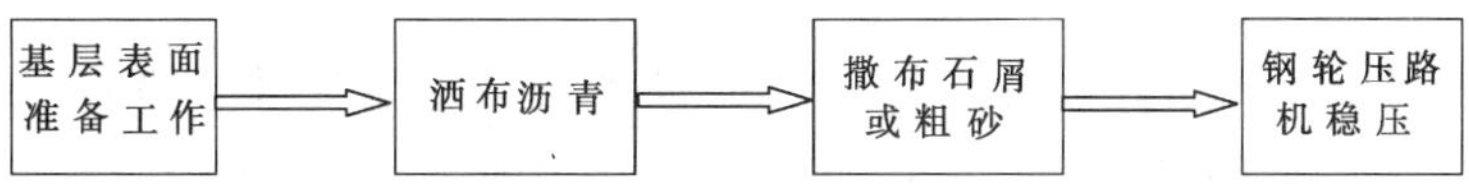

图9-1　透层施工工艺流程

2. 施工要求和注意事项

（1）沥青洒布

①浇洒透层前，路面应清扫干净，尽量使基层表面集料外露，以利于乳化沥青与基层的黏结。对喷洒区附近的结构物和树木表面及人工构造物应加以保护，以免溅上沥青受到污染。

②透层应紧接在基层施工结束、表面稍干后浇洒。当基层完工后时间较长，表面过分干燥时，应在喷洒乳化沥青前1h左右，用洒水车在层表面少量洒水润湿表面，并待表面稍干后浇洒透层沥青。水不宜洒得过多，如遇到阴雨天，基层表面已比较湿润，则无需洒水预湿。

③高速公路、一级公路的透层沥青应采用沥青洒布车喷洒。喷洒时应保持稳定的速度和喷洒量。沥青洒布车在整个洒布宽度内必须喷洒均匀。当喷洒沥青的喷嘴不能保证喷洒均匀时，应更换喷嘴。二级及二级以下公路也可采用手工沥青洒布机喷洒。在高速公路上或路面太宽时，应先洒靠近中央分隔带或路中间的一个车道，由内向外，一个车道接着一个车道喷洒。下一个车道与前一个车道原则上不重叠或少重叠，但不能露白，露白处需用人工喷洒设备补洒。洒布车喷完一个车道停车后，必须立即用油槽接住排油管滴下的乳化沥青，以防局部乳化沥青过多，污染基层表面。在铺筑沥青面层之前，若局部地方尚有多余的透层沥青未渗入基层时，应予清除。

④如遇大风或即将降雨时，不得浇洒透层沥青；气温低于10℃时，也不宜浇洒透层沥青。

⑤应按设计的沥青用量一次浇洒均匀，当有遗漏时，应用人工补洒；透层沥青洒布后应不致流淌，渗透入基层一定深度，不得在表面形成油膜。

⑥浇洒透层沥青后，严禁车辆、行人通过。

(2)撒石屑或粗砂

石屑的撒布应按照以下原则：

①在无机结合料稳定类半刚性基层上浇洒透层沥青后，应立即用专用的石屑撒布车装载石屑，按用量 2～4m^3/1 000m^2 向透层沥青表面撒布石屑或粗砂。在粒料基层上浇洒透层油后，当不能及时铺筑面层，并需开放施工车辆通行时，也应撒铺适量的石屑或粗砂。此种情况下，透层沥青用量应增加 10%。

②石屑要求坚硬、清洁、无风化、无杂质、活性物质含量低、岩性宜为石灰岩、人工轧制的米砂。采用的粒径规格为 S13 或 S14，并控制小于 0.6mm 的含量不超过 15%。其中 S14 适宜在气温 10～20℃范围，S13 适宜气温在 20～35℃的范围使用。S13 和 S14 的级配见表 9-2。

石屑级配表　　表 9-2

规格	公称粒径(mm)	通过下列筛孔(方孔筛，mm)的通过百分率(%)				
		13.2	9.5	4.75	2.36	0.6
S13	3～10	100	95～100	40～70	0～10	0～5
S14	3～5		100	85～100	0～25	0～5

第二节　黏层施工

黏层是为加强路面的沥青层与沥青层之间、沥青层与水泥混凝土路面之间的黏结而洒布的沥青材料薄层。符合下列情况之一时，必须喷洒黏层油：

(1) 双层式或三层式热拌热铺沥青混合料路面的沥青层之间。

(2)水泥混凝土路面、沥青稳定碎石基层或旧沥青路面层上加铺沥青层。

(3)路缘石、雨水口、检查井等构造物与新铺沥青混合料接触的侧面。

一、材料要求及用量

黏层油宜采用快裂或中裂乳化沥青、改性乳化沥青，也可采用快、中凝液体石油沥青，其规格和质量应符合规范的要求，所使用的基质沥青标号宜与主层沥青混合料相同。

黏层油品种和用量，应根据下卧层的类型通过试洒确定，并符合表 9-3 的要求。当黏层油上铺筑薄层大孔隙排水路面时，黏层油的用量宜增加到 0.6～1.0 L/m^2。在沥青层之间兼作封层而喷洒的黏层油宜采用改性沥青或改性乳化沥青，其用量宜不少于 1.0L/m^2。

沥青路面黏层材料的规格和用量表　　表 9-3

下卧层类型	液体沥青		乳化沥青	
	规格	用量(L/m^2)	规格	用量(L/m^2)
新建沥青层或旧沥青路面	AL(R)－3～AL(R)－6 AL(M)－3～AL(M)－6	0.3～0.5	PC－3 PA－3	0.3～0.6
水泥混凝土	AL(M)－3～AL(M)－6 AL(S)－3～AL(S)－6	0.2～0.4	PC－3 PA－3	0.3～0.5

注：表中用量是指包括稀释剂和水分等在内的液体沥青、乳化沥青的总量。乳化沥青中的残留物含量以 50% 为基准。

二、施工要求

(1)黏层沥青宜用沥青洒布车喷洒，并选择适宜的喷嘴，洒布速度和喷洒量保持稳定。在路缘石、雨水进口、检查井等局部应用刷子人工涂刷。当采用机动或手摇的手工沥青洒布机喷洒时，必须由熟练的技术工人操作，均匀洒布。

(2)喷洒的黏层油必须呈均匀雾状，在路面全宽度内均匀分布成一薄层，不得有洒花漏空或呈条状，也不得有堆积。喷洒不足的要补洒，喷洒过量处应予刮除。喷洒黏层油后，严禁运料车外的其他车辆和行人通过。

(3)路面有脏物尘土时应清除干净。当粘有土块时，应用水刷净，待表面干燥后浇洒。

(4)气温低于10℃时不得喷洒黏层油，寒冷季节施工不得不喷洒时可以分成两次喷洒。路面潮湿时不得喷洒黏层油，用水洗刷后需待表面干燥后喷洒。

(5)浇洒黏层沥青后，严禁除沥青混合料运输车外的其他车辆以及行人通过。

(6)黏层油宜在当天洒布，待乳化沥青破乳、水分蒸发完成，或稀释沥青中的稀释剂基本挥发完成后，紧跟着铺筑沥青层，确保黏层不受污染。

第三节　封　　层

封层是为封闭表面空隙，防止水分浸入面层或基层而铺筑的沥青混合料薄层。铺筑在面层表面的称为上封层，铺筑在面层下面的称为下封层。

一、上封层

根据情况可选择乳化沥青稀浆封层、微表处、改性沥青集料封层、薄层磨耗层或其他适宜的材料。

铺设上封层的下卧层必须彻底清扫干净，对车辙、坑槽、裂缝进行处理或挖补。上封层的类型根据使用目的、路面的破损程度选用。

(1) 裂缝较细、较密的可采用涂洒类密封剂、软化再生剂等涂刷罩面。

(2) 对二级及二级以下公路的旧沥青路面可以采用普通的乳化沥青稀浆封层，也可在喷洒道路石油沥青后撒布石屑(砂)后碾压作封层。

(3)对高速公路、一级公路有轻微损坏的宜铺筑微表处。

(4)对用于改善抗滑性能的上封层可采用稀浆封层、微表处或改性沥青集料封层。

二、下封层

多雨潮湿地区的高速公路、一级公路的沥青面层空隙率较大，有严重渗水可能，或铺筑基层不能及时铺筑沥青面层而需通行车辆时，宜在喷洒透层油后铺筑下封层。下封层宜采用层铺法表面处治或稀浆封层法施工。稀浆封层可采用乳化沥青或改性乳化沥青作结合料。下封层的厚度不宜小于6mm，且做到完全密水。

以层铺法沥青表面处治铺筑下封层时，通常采用单层式，表9-4中的矿料用量宜为5～8m^3/1 000m^2，沥青用量可采用要求范围的中高限。

三、稀浆封层和微表处

微表处主要用于高速公路及一级公路的预防性养护以及填补轻度车辙，也适用于新建公路的抗滑磨耗层。稀浆封层一般用于二级及二级以下公路的预防性养护，也适用于新建公路的下封层。

沥青表面处治材料规格和用量 表 9-4

沥青种类	类型	厚度(mm)	集料(m^3/1 000m^2)						沥青或乳液用量(kg/m^2)			
			第一层		第二层		第三层		第一次	第二次	第三次	合计用量
			规格	用量	规格	用量	规格	用量				
石油沥青	单层	1.0	S12	7~9					1.0~1.2			1.0~1.2
		1.5	S10	12~14					1.4~1.6			1.4~1.6
	双层	1.5	S10	12~14	S12	7~8			1.4~1.6	1.0~1.2		2.4~2.8
		2.0	S9	16~18	S12	7~8			1.6~1.8	1.0~1.2		2.6~3.0
		2.5	S8	18~20	S12	7~8			1.8~2.0	1.0~1.2		2.8~3.2
	三层	2.5	S8	18~20	S12	12~14	S12	7~8	1.6~1.8	1.2~1.4	1.0~1.2	3.8~4.4
		3.0	S6	20~22	S12	12~14	S12	7~8	1.8~2.0	1.2~1.4	1.0~1.2	4.0~4.6
乳化沥青	单层	0.5	S14	7~9					0.9~1.0			0.9~1.0
	双层	1.0	S12	9~11	S14	4~6			1.8~2.0	1.0~1.2		2.8~3.2
	三层	3.0	S6	20~22	S10	9~11	S12 S14	4~6 3.5~4.5	2.0~22	1.8~2.0	1.0~1.2	4.8~5.4

注:①煤沥青表面处治的沥青用量可比石油沥青用量增加 15% ~20%。

②表中的乳液用量按乳化沥青的蒸发残留物含量 60% 计算,如沥青含量不同应予折算。

③在高寒地区及干旱风沙大的地区,可超出高限 5% ~10%。

稀浆封层和微表处必须使用专用的摊铺机进行摊铺。单层微表处适用于旧路面车辙深度不大于 15mm 的情况,超过 15mm 的必须分两层铺筑,或先用 V 字形车辙摊铺箱摊铺,深度大于 40mm 时不适宜微表处处理。

微表处必须采用改性乳化沥青,稀浆封层可采用普通乳化沥青或改性乳化沥青。

稀浆封层和微表处应选择坚硬、粗糙、耐磨、洁净的集料,各项性能应符合表处的要求。其中微表处用通过 4.75mm 筛的合成矿料的砂当量不得低于 65%,稀浆封层用通过 4.75mm 筛的合成矿料的砂当量不得低于 50%。当用于抗滑表层时,还应符合表处中有关磨光值的要求。细集料宜采用碱性石料生产的机制砂或洁净的石屑。对集料中的超粒径颗粒必须筛除。

根据铺筑厚度、处治目的、公路等级等条件,按照表 9-5 选用合适的矿料级配。

稀浆封层和微表处的混合料中乳化沥青及改性乳化沥青的用量应通过配合比设计确定。混合料的质量应符合表 9-6 的技术要求。

稀浆封层和微表处混合料的配合比设计按下列步骤进行:

(1)根据选择的级配类型,按表 9-5 确定矿料的级配范围。计算各种集料的配合比例,使合成级配在要求的级配范围内。

稀浆封层和微表处的矿料级配 表 9-5

筛孔尺寸(mm)	不同类型通过各筛孔的百分率(%)				
	微表处		稀浆封层		
	MS-2 型	MS-3 型	ES-1 型	ES-2 型	ES-3 型
9.5	100	100		100	100
4.75	95 ~ 100	70 ~ 90	100	95 ~ 100	70 ~ 90
2.36	65 ~ 90	45 ~ 70	90 ~ 100	65 ~ 90	45 ~ 70
1.18	45 ~ 70	28 ~ 50	60 ~ 90	45 ~ 70	28 ~ 50
0.6	30 ~ 50	19 ~ 34	40 ~ 65	30 ~ 50	19 ~ 34
0.3	18 ~ 30	12 ~ 25	25 ~ 42	18 ~ 30	12 ~ 25
0.15	10 ~ 21	7 ~ 18	15 ~ 30	10 ~ 21	7 ~ 18
0.075	5 ~ 15	5 ~ 15	10 ~ 20	5 ~ 15	5 ~ 15
一层的适宜厚度(mm)	4 ~ 7	8 ~ 10	2.5 ~ 3	4 ~ 7	8 ~ 10

稀浆封层和微表处混合料技术要求 表 9-6

项 目	单 位	微表处	稀浆封层	试验方法
可拌和时间	s	>120		手工拌和
稠度	cm	—	2 ~ 3	T 0751
黏聚力试验 30min(初凝时间) 60min(开放交通时间)	 N · m N · m	 ≥1.2 ≥2.0	(仅适用于快开放交通的稀浆封层) ≥1.2 ≥2.0	T 0754
负荷轮碾压试验(LWT) 黏附砂量 轮迹宽度变化率①	 g/m² %	 <450 <5	(仅适用于重交通道路表层时) <450 —	T 0755
湿轮磨耗试验的磨耗值(WTAT) 浸水 1h 浸水 6d	 g/m² g/m²	 <540 <800	 <800 —	T 0752

注:①负荷轮碾压试验(LWT)的宽度变化率适用于需要修补车辙的情况。

(2)根据以往的经验初选乳化沥青、填料、水和外加剂用量,进行拌和试验和黏聚力试验。可拌和时间的试验温度应考虑最高施工温度,黏聚力试验的温度应考虑施工中可能遇到的最低温度。

(3)根据上述试验结果和稀浆混合料的外观状态,选择 1 ~ 3 个认为合理的混合料配方,按表 9-6 规定试验稀浆混合料的性能,如不符要求,适当调整各种材料的配合比例再试验,直至符合要求为止。

(4)当设计人员经验不足时,可将初选的 1 ~ 3 个混合料配方分别变化不同的沥青用量(沥青用量一般在 6.0% ~8.5% 之间),按照表 9-6 的要求重复试验,并分别将不同沥青用量的 1h 湿轮磨耗值及砂黏附量绘制成如图 9-2 所示关系曲线,以磨耗值接近表 9-6 中要求的沥青用量作为最小沥青用量 P_{bmin}，砂黏附量接近表 9-6 中要求的沥青用量为最大沥青用量 P_{bmax}，得出沥青用量的可选择范围 P_{bmin}-P_{bmax}。

(5)根据经验在沥青用量的可选范围内选择适宜的沥青用量。对微表处混合料，以所选择的沥青用量检验混合料的浸水 6d 湿轮磨耗指标，用于车辙填充的增加检验负荷车轮试验的宽度变化率指标，不符要求时调整沥青用量重新试验，直至符合要求为止。

(6)根据以往经验及配合比设计试验结果，在充分考虑气候及交通特点的基础上综合确定混合料配方。

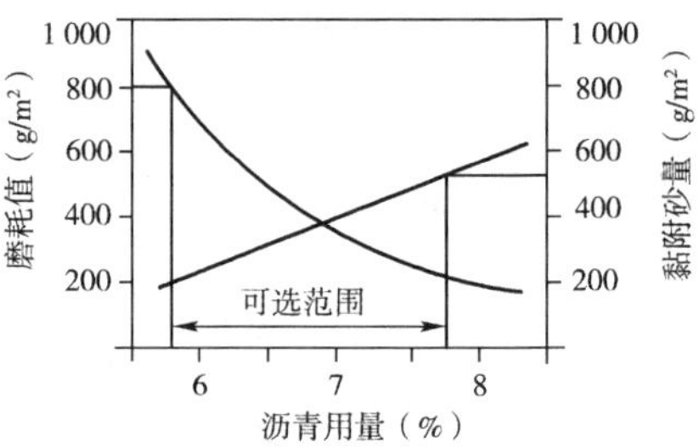

图 9-2　确定稀浆封层和微表处最佳沥青用量的曲线

稀浆封层和微表处施工前，应彻底清除原路面的泥土、杂物，修补坑槽、凹陷，较宽的裂缝宜清理灌缝。在水泥混凝土路面上铺筑微表处时宜洒布黏层油，过于光滑的表面需拉毛处理。

稀浆封层和微表处的最低施工温度不得低于 10℃，严禁在雨天施工，摊铺后尚未成型混合料遇雨时应予铲除。

稀浆封层和微表处两幅纵缝搭接的宽度不宜超过 80mm，横向接缝宜做成对接缝。分两层摊铺时，第一层摊铺后至少应开放交通 24h 后方可进行第二层摊铺。

稀浆封层和微表处铺筑后的表面不得有超粒径料拖拉的严重划痕，横向接缝和纵向接缝处不得出现余料堆积或缺料现象，用 3m 直尺测量接缝处的不平整度不得大于 6mm。对微表处不得有横向波浪和深度超过 6mm 的纵向条纹。经养生和初期交通碾压稳定的稀浆封层和微表处，在行车作用下应不飞散且完全密水。

四、上、下封层适用的沥青材料及用量

上、下封层适用的沥青材料应符合表 9-7 要求。沥青的标号应根据当地的气候情况确定。层铺法沥青表面处治铺筑上封层、下封层的材料用量和要求可按表 9-7 选用。上封层沥青用量应采用表中范围的中低限。下封层沥青用量应采用表中规定的范围中高限。

封层适用的沥青材料　　表 9-7

沥青种类	上　封　层	下　封　层
道路石油沥青	AH-90 AH-110AH-130 A-100	AH-110 AH-130 A-100 A-140 A-180
乳化沥青	PC-3 PA-3 BC-3 BA-3	PC-2 PA-2 BC-2 BA-2
煤沥青	T-5 T-6 T-7	T-4 T-5
液体石油沥青		AL(M)-5 AL(M)-6 AL(s)-5 AL(s)-6

前一幅石屑撒布应在与后一幅搭接的边缘留出约 20cm 宽不撒布石屑，留待撒下一幅路的搭接。石屑可少量露黑。

五、使用要求

(1)上封层及下封层可采用拌和法或层铺法施工的单层式沥青表面处治，也可采用乳化沥青稀浆封层。新建的高速公路、一级公路的沥青路面上不宜采用稀浆封层铺筑上封层。

(2)拌和沥青表面处治铺筑上封层及下封层，应按热拌沥青混合料的规定执行。当铺筑

下封层时,宜采用 AC-5 砂粒式沥青混凝土,厚度为 1.0cm。

(3)采用乳化沥青稀浆封层作为上封层及下封层时,稀浆封层的厚度宜为 3 ~ 6mm,稀浆封层混合料的类型和矿料级配,应根据处治目的、道路等级选择。铺筑厚度、集料尺寸及摊铺用量宜按表 9-5 选用。稀浆封层可采用慢裂或中裂的拌和型乳化沥青铺筑,当需要减缓破乳速度时,可掺加适量的氯化钙作为外加剂;当需要加快破乳速度时,可采用一定数量的水泥或消石灰粉作填料。稀浆封层混合料中沥青乳液的合理用量宜按表 9-8 的规定范围并通过试验确定。要求混合料的湿轮磨耗试验的磨耗损失不宜大于 800g/m^2,稀浆封层混合料的加水量应根据施工摊铺和易性的程度由稠度试验确定,要求的稠度应为 2 ~ 3cm。

层铺法封层材料用量表 表 9-8

<table>
<tr><th rowspan="2">沥青种类</th><th rowspan="2">类型</th><th rowspan="2">厚度</th><th colspan="4">集料规格和用量(m^3/1000m^2)</th><th rowspan="2">沥青或乳液用量(kg/m^2)</th></tr>
<tr><th colspan="2">方孔筛</th><th colspan="2">圆孔筛</th></tr>
<tr><td rowspan="4">石油沥青</td><td rowspan="2">上封层</td><td>1.0</td><td>S12</td><td>7 ~ 9</td><td>S12</td><td>7 ~ 9</td><td>1.0 ~ 1.1</td></tr>
<tr><td>1.5</td><td>S10</td><td>12 ~ 14</td><td>S11</td><td>12 ~ 14</td><td>1.4 ~ 1.5</td></tr>
<tr><td rowspan="2">下封层</td><td rowspan="2">1.0</td><td>S13</td><td>5 ~ 8</td><td>S13</td><td>5 ~ 8</td><td rowspan="2">1.1 ~ 1.2</td></tr>
<tr><td>S12</td><td>5 ~ 8</td><td>S12</td><td>5 ~ 8</td></tr>
<tr><td rowspan="2">乳化沥青</td><td>上封层</td><td>0.5</td><td>S14</td><td>7 ~ 9</td><td>S14</td><td>7 ~ 9</td><td>0.9 ~ 1.0</td></tr>
<tr><td>下封层</td><td>0.5</td><td>S14</td><td>7 ~ 9</td><td>S4</td><td>7 ~ 9</td><td>0.9 ~ 1.0</td></tr>
</table>

第十章 普通密级配沥青混合料的摊铺与压实

第一节 一般规定

热拌沥青混合料(HMA)适用于各种等级公路的沥青路面。其种类按集料公称最大粒径、矿料级配、空隙率划分,分类见表10-1。

热拌沥青混合料种类 表10-1

混合料类型	密级配			开级配		半开级配	公称最大粒径(mm)	最大粒径(mm)
	连续级配		间断级配	间断级配				
	沥青混凝土	沥青稳定碎石	沥青玛蹄脂碎石	排水式沥青磨耗层	排水式沥青碎石基层	沥青稳定碎石		
特粗式	—	ATB-40	—	—	ATPB-40	—	37.5	53.0
粗粒式	—	ATB-30	—	—	ATPB-30	—	31.5	37.5
	AC-25	ATB-25	—	—	ATPB-25	—	26.5	31.5
中粒式	AC-20	—	SMA-20	—	—	AM-20	19.0	26.5
	AC-16	—	SMA-16	OGFC-16	—	AM-16	16.0	19.0
细粒式	AC-13	—	SMA-13	OGFC-13	—	AM-13	13.2	16.0
	AC-10	—	SMA-10	OGFC-10	—	AM-10	9.5	13.2
砂粒式	AC-5	—	—	—	—	AM-5	4.75	9.5
设计空隙率[注](%)	3~5	3~6	3~4	>18	>18	6~12		

注:空隙率可按配合比设计要求适当调整。

各层沥青混合料应满足所在层位的功能性要求,便于施工,不容易离析。各层应连续施工并连接成为一个整体。当发现混合料结构组合及级配类型的设计不合理时应进行修改、调整,以确保沥青路面的使用性能。

第二节 施工准备

铺筑沥青层前,应检查基层或下卧沥青层的质量,不符要求的不得铺筑沥青面层。旧沥青路面或下卧层已被污染时,必须清洗或经铣刨处理后方可铺筑沥青混合料。

一、施工温度

石油沥青加工及沥青混合料施工温度应根据沥青标号及黏度、气候条件、铺装层的厚度确定。

普通沥青结合料的施工温度,宜通过在135℃及175℃条件下测定的黏度—温度曲线按表10-2的规定确定。缺乏黏—温曲线数据时,可参照表10-3的范围选择,并根据实际情况确定使用高值或低值。当表中温度不符实际情况时,容许作适当调整。

确定沥青混合料拌和及压实温度的适宜温度 表 10-2

黏度	适宜于拌和的沥青结合料黏度	适宜于压实的沥青结合料黏度	测定方法
表观黏度	0.17Pa·s±0.02Pa·s	0.28Pa·s±0.03Pa·s	T 0625
运动黏度	$170mm^2/s\pm20mm^2/s$	$280mm^2/s\pm30mm^2/s$	T 0619
赛波特黏度	85s±10s	140s±15s	T 0623

热拌沥青混合料的施工温度(℃) 表 10-3

施工工序		石油沥青的标号			
		50 号	70 号	90 号	110 号
沥青加热温度		160~170	155~165	150~160	145~155
矿料加热温度	间隙式拌和机	集料加热温度比沥青温度高 10~30			
	连续式拌和机	矿料加热温度比沥青温度高 5~10			
沥青混合料出料温度		150~170	145~165	140~160	135~155
混合料储料仓储存温度		储料过程中温度降低不超过 10			
混合料废弃温度,高于		200	195	190	185
运输到现场温度,不低于		150	145	140	135
混合料摊铺温度,不低于	正常施工	140	135	130	125
	低温施工	160	150	140	135
开始碾压的混合料内部温度,不低于	正常施工	135	130	125	120
	低温施工	150	145	135	130
碾压终了的表面温度,不低于	钢轮压路机	80	70	65	60
	轮胎压路机	85	80	75	70
	振动压路机	75	70	60	55
开放交通的路表温度,不高于		50	50	50	45

注:①沥青混合料的施工温度采用具有金属探测针的插入式数显温度计测量。表面温度可采用表面接触式温度计测定。当采用红外线温度计测量表面温度时,应进行标定。

②表中未列入的 130 号、160 号及 30 号沥青的施工温度由试验确定。

聚合物改性沥青混合料的施工温度,根据实践经验并参照表 10-4 选择。通常宜较普通沥青混合料的施工温度提高 10~20℃。对采用冷态胶乳直接喷入法制作的改性沥青混合料,集料烘干温度应进一步提高。

聚合物改性沥青混合料的正常施工温度范围(℃) 表 10-4

工序	聚合物改性沥青品种		
	SBS 类	SBR 胶乳类	EVA、PE 类
沥青加热温度	160~165		
改性沥青现场制作温度	165~170	—	165~170
成品改性沥青加热温度,不大于	175	—	175
集料加热温度	190~220	200~210	185~195
改性沥青 SMA 混合料出厂温度	170~185	160~180	165~180
混合料最高温度(废弃温度)	195		

续上表

工　　序	聚合物改性沥青品种		
	SBS 类	SBR 胶乳类	EVA、PE 类
混合料储存温度	拌和出料后降低不超过 10		
摊铺温度，不低于	160		
初压开始温度，不低于	150		
碾压终了的表面温度，不低于	90		
开放交通时的路表温度，不高于	50		

注：当采用表列以外的聚合物或天然沥青改性沥青时，施工温度由试验确定。

二、混合料的拌制要求

(1)沥青混合料必须在沥青拌和厂(场、站)采用拌和机械拌制。拌和厂的设置必须符合国家有关环境保护、消防、安全等规定。拌和厂与工地现场距离应充分考虑交通堵塞的可能，确保混合料的温度下降不超过要求，且不致因颠簸造成混合料离析。拌和厂应具有完备的排水设施。各种集料必须分隔储存，细集料应设防雨顶棚，料场及场内道路应作硬化处理，严禁泥土污染集料。

(2)沥青混合料可采用间歇式拌和机或连续式拌和机拌制。高速公路和一级公路宜采用间歇式拌和机拌和。连续式拌和机使用的集料必须稳定不变，一个工程从多处进料、料源或质量不稳定时，不得采用连续式拌和机。

(3)沥青混合料拌和设备的各种传感器必须定期检定，周期不少于每年一次。冷料供料装置需经标定得出集料供料曲线。

(4)间歇式拌和机应符合下列要求：

①总拌和能力满足施工进度要求。拌和机除尘设备完好，能达到环保要求。

②冷料仓的数量满足配合比需要，通常不宜少于 5 ~ 6 个，并具有添加纤维、消石灰等外掺剂的设备。

(5)集料与沥青混合料取样应符合现行试验规程的要求。从沥青混合料运料车上取样时必须在设置取样台分几处采集一定深度下的样品。

(6) 集料进场宜在料堆顶部平台卸料，经推土机推平后，铲运机从底部按顺序竖直装料，减小集料离析。

(7)高速公路和一级公路施工用的间歇式拌和机必须配备计算机设备，拌和过程中逐盘采集并打印各个传感器测定的材料用量和沥青混合料拌和量、拌和温度等各种参数。每个台班结束时打印出一个台班的统计量，进行沥青混合料生产质量及铺筑厚度的总量检验。总量检验的数据有异常波动时，应立即停止生产，分析原因。

(8)沥青混合料的生产温度应符合 10-3 的要求。烘干集料的残余含水率不得大于 1%。每天开始几盘集料应提高加热温度，并干拌几锅集料废弃，再正式加沥青拌和混合料。

(9)拌和机的矿粉仓应配备振动装置，以防止矿粉起拱。添加消石灰、水泥等外掺剂时，宜增加粉料仓，也可由专用管线和螺旋升送器直接加入拌和锅，若与矿粉混合使用时应注意二者因密度不同发生离析。

(10)拌和机必须有二级除尘装置，经一级除尘部分可直接回收使用，二级除尘部分可进入回收粉仓使用(或废弃)。对因除尘造成的粉料损失，应补充等量的新矿粉。

(11)沥青混合料拌和时间，根据具体情况经试拌确定，以沥青均匀裹附集料为度。间歇式拌和机每盘的生产周期不宜少于45s(其中，干拌时间不少于5～10s)。改性沥青和SMA混合料的拌和时间应适当延长。

(12)间歇式拌和机的振动筛规格应与矿料规格相匹配，最大筛孔宜略大于混合料的最大粒径，其余筛的设置应考虑混合料的级配稳定，并尽量使热料仓大体均衡、不同级配混合料必须配置不同的筛孔组合。

(13)间隙式拌和机宜备有保温性能好的成品储料仓。储存过程中，混合料温降不得大于10℃，且不能有沥青滴漏。普通沥青混合料的储存时间不得超过72h，改性沥青混合料的储存时间不宜超过24h。

(14)生产添加纤维的沥青混合料时，纤维必须在混合料中充分分散，拌和均匀。拌和机应配备同步添加投料装置，松散的絮状纤维可在喷入沥青的同时或稍后采用风送设备喷入拌和锅，拌和时间宜延长5s以上。颗粒纤维可在粗集料投入的同时自动加入，经5～10s的干拌后，再投入矿粉。工程量很小时也可分装成塑料小包或由人工量取直接投入拌和锅。

(15)使用改性沥青时应随时检查沥青泵、管道、计量器是否受堵，堵塞时应及时清洗。

(16)沥青混合料出厂时应逐车检测沥青混合料的质量和温度，记录出厂时间，签发运料单。

三、混合料的运输

热拌沥青混合料宜采用较大吨位的运料车运输，但不得超载运输，或紧急制动、急弯掉头使透层、封层造成损伤。运料车的运力应稍有富余。施工过程中摊铺机前方应有运料车等候。对高速公路、一级公路，宜待等候的运料车多于5辆后开始摊铺。

运料车每次使用前后必须清扫干净，在车箱板上涂一薄层防止沥青黏结的隔离剂或防黏剂，但不得有余液积聚在车箱底部。从拌和机向运料车上装料时，应多次挪动汽车位置，平衡装料，以减少混合料离析。运料车运输混合料宜用苫布覆盖，可以保温、防雨、防污染。

运料车进入摊铺现场时，轮胎上不得粘有泥土等可能污染路面的脏物，否则宜设水池洗净轮胎后进入工程现场。沥青混合料在摊铺地点凭运料单接收，若混合料不符合施工温度要求，或已经结成团块、已遭雨淋的不得铺筑。

摊铺过程中运料车应在摊铺机前100～300mm处停住，空挡等候，由摊铺机推动前进开始缓缓卸料，避免撞击摊铺机。在有条件时，运料车可将混合料卸入转运车经二次拌和后向摊铺机连续均匀的供料。运料车每次卸料必须倒净，如有剩余，应及时清除，防止硬结。

第三节　沥青混合料的摊铺

一、沥青混合料摊铺机(图10-1)

摊铺机由牵引机、刮板输送器、螺旋摊铺器和熨平板构成。摊铺机应具有足够的容量，并可调整宽度，能够调节和控制摊铺厚度，并能对摊铺层进行初步压实。摊铺机中最重要的工作装置为自动找平的熨平板单元，用于对螺旋摊铺器所摊铺的沥青混合料进行预压、整型和整平，以便为随后的压路机压实创造必要的条件。熨平板前沥青混合料是松散的，但熨平板后的沥青混合料已稍加压实。

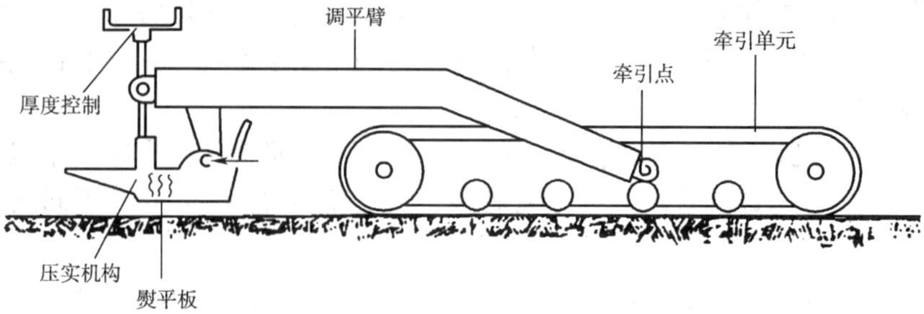

图 10-1 沥青混合料摊铺机结构示意图

二、沥青摊铺工艺

(1)热拌沥青混合料应采用沥青摊铺机摊铺,在喷洒有黏层油的路面上铺筑改性沥青混合料或 SMA 时,宜使用履带式摊铺机。摊铺机的受料斗应涂刷薄层隔离剂或防黏结剂。

(2)铺筑高速公路、一级公路沥青混合料时,一台摊铺机的铺筑宽度不宜超过 6(双车道)~7.5m(3 车道以上),通常宜采用两台或更多台数的摊铺机前后错开 10 ~ 20m 成梯队方式同步摊铺,两幅之间应有 30 ~ 60mm 左右宽度的搭接,并躲开车道轮迹带,上下层的搭接位置宜错开 200mm 以上。

(3)摊铺机开工前应提前 0.5 ~ 1h 预热,使熨平板不低于 100℃。铺筑过程中应选择熨平板的振捣或夯锤压实装置具有适宜的振动频率和振幅,以提高路面的初始压实度。熨平板加宽连接应仔细调节至摊铺的混合料没有明显的离析痕迹。

(4)摊铺机必须缓慢、均匀、连续不间断地摊铺,不得随意变换速度或中途停顿,以提高平整度,减少混合料的离析。摊铺速度宜控制在 2 ~ 6m/min 的范围内。对改性沥青混合料及 SMA 混合料宜放慢至 1 ~ 3m/min。当发现混合料出现明显的离析、波浪、裂缝、拖痕时,应分析原因,予以消除。

(5)摊铺机应采用自动找平方式,下面层或基层宜采用钢丝绳引导的高程控制方式,上面层宜采用平衡梁或雪橇式摊铺厚度控制方式,中面层根据情况选用找平方式。直接接触式平衡梁的轮子不得黏附沥青。铺筑改性沥青或 SMA 路面时宜采用非接触式平衡梁。

(6)沥青路面施工的最低气温为 10℃(高速公路和一级公路)或 5℃(其他等级公路)。寒冷季节遇大风降温,不能保证迅速压实时不得铺筑沥青混合料。热拌沥青混合料的最低摊铺温度不得低于表 10-5 的要求。每天施工开始阶段宜采用较高温度的混合料。

沥青混合料的最低摊铺温度 表 10-5

下卧层的表面温度(℃)	相应于下列不同摊铺层厚度的最低摊铺温度(℃)					
	普通沥青混合料			改性沥青混合料或 SMA 沥青混合料		
	<50mm	50 ~ 80mm	>80mm	<50mm	50 ~ 80mm	>80mm
<5	不允许	不允许	140	不允许	不允许	不允许
5 ~ 10	不允许	140	135	不允许	不允许	不允许
10 ~ 15	145	138	132	165	155	150
15 ~ 20	140	135	130	158	150	145
20 ~ 25	138	132	128	153	147	143
25 ~ 30	132	130	126	147	145	141
>30	130	125	124	145	140	139

(7)沥青混合料的松铺系数应根据混合料类型由试铺试压确定。摊铺过程中应随时检查摊铺层厚度及路拱、横坡,并按使用的混合料总量与面积校验平均厚度。

(8)摊铺机的螺旋布料器应相应于摊铺速度调整到保持一个稳定的速度均衡地转动,两侧应保持有不少于送料器2/3高度的混合料,以减少在摊铺过程中混合料的离析。

(9)用机械摊铺的混合料,不宜用人工反复修整。当不得不由人工作局部找补或更换混合料时,需仔细进行,特别严重的缺陷应整层铲除。

(10)在路面狭窄部分、平曲线半径过小的匝道或加宽部分,以及小规模工程不能采用摊铺机铺筑时,可用人工摊铺混合料。人工摊铺沥青混合料应符合下列要求:

①半幅施工时,路中一侧宜事先设置挡板。

②沥青混合料宜卸在铁板上,摊铺时应扣锹布料,不得扬锹远甩。铁锹等工具宜沾防黏结剂或加热使用。

③边摊铺边用刮板整平,刮平时应轻重一致,控制次数,严防集料离析。

④摊铺不得中途停顿,并加快碾压。如因故不能及时碾压时,应立即停止摊铺,并对已卸下的沥青混合料覆盖苫布保温。

⑤低温施工时,每次卸下的混合料应覆盖苫布保温。

(11)在雨季铺筑沥青路面时,应加强气象联系,已摊铺的沥青层因遇雨未行压实的应予铲除。

第四节　沥青路面的压实及成型

一、压实机械

为了产生有效的压实,压路机施加的压实力必须超过混合料中抵抗压实的力。沥青路面施工的压实机械有6~8t双轮钢筒式压路机、8~12t或12~15t三轮钢筒式压路机、12~20t或20~25t轮胎压路机、2~6t或6~14t振动压路机。在受地形限制的边角路面,还需要一些小型设备,如1~2t手扶式小型振动压路机,质量不小于180kg、振动频率不小于3 000次/min动夯板和人工热夯等。

目前,越来越多的振动压路机被用于碾压沥青混合料。为了获得最佳的碾压效果,合理地选择振幅和振频非常重要。振频主要影响沥青面层的表面压实质量,当振动压路机的振频高于沥青混合料的固有频率时,可以获得较好的压实效果,一般振频为40~50Hz。振幅主要影响沥青面层的压实深度,通常振幅可在0.4~0.8mm内进行。当沥青层较薄时,宜选用高振频,低振幅;而沥青面层较厚时,可在较低振频下,选择较大的振幅。碾压时,压路机的驱动轮应面向摊铺机(图10-2),以驱动轮先压,以免从动轮先压时使混合料出现推移。

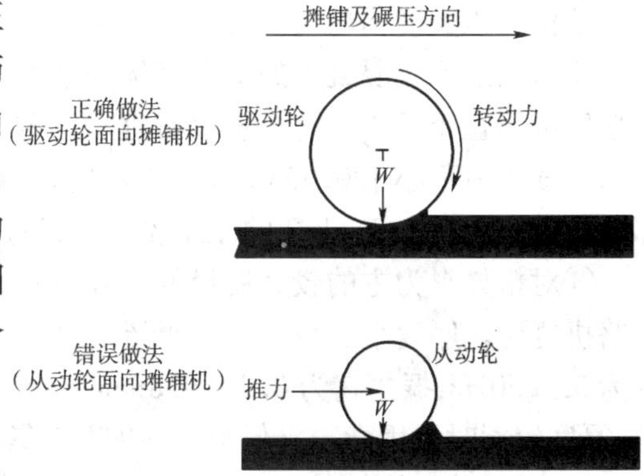

图10-2　碾压示意图

二、压实要求

(1)压实成型的沥青路面应符合压实度及平

整度的要求。

(2)沥青混凝土的压实层最大厚度不宜大于100mm，沥青稳定碎石混合料的压实层厚度不宜大于120mm，但当采用大功率压路机且经试验证明能达到压实度时，允许增大到150mm。

(3)沥青路面施工应配备足够数量的压路机，选择合理的压路机组合方式及初压、复压、终压（包括成型）的碾压步骤，以达到最佳碾压效果。高速公路铺筑双车道沥青路面的压路机数量不宜少于5台。施工气温低、风大、碾压层薄时，压路机数量应适当增加。

(4)压路机应以慢而均匀的速度碾压，其碾压速度应符合表10-6的规定。压路机的碾压路线及碾压方向不应突然改变而导致混合料推移。碾压区的长度应大体稳定，两端的折返位置应随摊铺机前进而推进，横向不得在相同的断面上。

压路机碾压速度(km/h)　表10-6

压路机类型	初压		复压		终压	
	适宜	最大	适宜	最大	适宜	最大
钢筒式压路机	2~3	4	3~5	6	3~6	6
轮胎压路机	2~3	4	3~5	6	4~6	8
振动压路机	2~3 (静压或振动)	3 (静压或振动)	3~4.5 (振动)	5 (振动)	3~6 (静压)	6 (静压)

(5)压路机的碾压温度应符合表10-3的要求，并根据混合料种类、压路机、气温、层厚等情况经试压确定。在不产生严重推移和裂缝的前提下，初压、复压、终压都应在尽可能高的温度下进行；同时不得在低温状况下做反复碾压，使石料棱角磨损、压碎，破坏集料嵌挤。

(6)沥青混合料的初压应符合下列要求：

①初压应在紧跟摊铺机后碾压，并保持较短的初压区长度，以尽快使表面压实，减少热量散失。对摊铺后初始压实度较大，经实践证明采用振动压路机或轮胎压路机直接碾压无严重推移而有良好效果时，可免去初压直接进入复压工序。

② 通常宜采用钢轮压路机静压1~2遍。碾压时应将压路机的驱动轮面向摊铺机，从外侧向中心碾压，在超高路段则由低向高碾压，在坡道上应将驱动轮从低处向高处碾压。

③初压后应检查平整度、路拱，有严重缺陷时进行修整乃至返工。

(7)复压应紧跟在初压后进行，并应符合下列要求：

①复压应紧跟在初压后开始，且不得随意停顿。压路机碾压段的总长度应尽量缩短，通常不超过60~80m。采用不同型号的压路机组合碾压时，宜安排每一台压路机做全幅碾压，防止不同部位的压实度不均匀。

②密级配沥青混凝土的复压宜优先采用重型的轮胎压路机进行搓揉碾压，以增加密水性。其总质量不宜小于25t，吨位不足时宜附加重物，使每一个轮胎的压力不小于15kN。冷态时的轮胎充气压力不小于0.55MPa，轮胎发热后不小于0.6MPa，且各个轮胎的气压大体相同。相邻碾压带应重叠1/3~1/2的碾压轮宽度，碾压至要求的压实度为止。

③对粗集料为主的较大粒径的混合料，尤其是大粒径沥青稳定碎石基层，宜优先采用振动压路机复压。厚度小于30mm的薄沥青层不宜采用振动压路机碾压。振动压路机的振动频率宜为35~50Hz，振幅宜为0.3~0.8mm。层厚较大时选用高频率大振幅，以产生较大的激振力，厚度较薄时采用高频率低振幅，以防止集料破碎。相邻碾压带重叠宽度为100~200mm。振动压路机折返时应先停止振动。

④当采用三轮钢筒式压路机时，总质量不宜小于12t，相邻碾压带宜重叠后轮的1/2宽度，

并不应少于200mm。

⑤对路面边缘、加宽及港湾式停车带等大型压路机难于碾压的部位，宜采用小型振动压路机或振动夯板做补充碾压。

(8) 终压应紧接在复压后进行，如经复压后已无明显轮迹时可免去终压。终压可选用双轮钢筒式压路机或关闭振动的振动压路机碾压，不宜少于2遍，至无明显轮迹为止。

(9)碾压轮在碾压过程中应保持清洁，有混合料黏轮应立即清除。对钢轮可涂刷隔离剂或防黏结剂，但严禁刷柴油。当采用向碾压轮喷水(可添加少量表面活性剂)的方式时，必须严格控制喷水量且呈雾状，不得漫流，以防混合料降温过快。轮胎压路机开始碾压阶段，可适当烘烤、涂刷少量隔离剂或防黏结剂，也可少量喷水，并先到高温区碾压使轮胎尽快升温，之后停止洒水。轮胎压路机轮胎外围宜加设围裙保温。

(10)压路机不得在未碾压成型路段上转向、掉头、加水或停留。在当天成型的路面上，不得停放各种机械设备或车辆，不得散落矿料、油料等杂物。

第五节　接缝及其他

一、接缝

沥青路面的施工必须接缝紧密、连接平顺，不得产生明显的接缝离析。上下层的纵缝应错开150mm(热接缝)或300~400mm(冷接缝)以上。相邻两幅及上下层的横向接缝均应错位1m以上。接缝施工应用3m直尺检查，确保平整度符合要求。

纵向接缝部位的施工应符合下列要求：

(1)摊铺时采用梯队作业的纵缝应采用热接缝，将已铺部分留下100~200mm宽暂不碾压，作为后续部分的基准面，然后做跨缝碾压以消除缝迹。

(2)当半幅施工或因特殊原因而产生纵向冷接缝时，宜加设挡板或加设切刀切齐，也可在混合料尚未完全冷却前用镐刨除边缘留下毛茬的方式，但不宜在冷却后采用切割机做纵向切缝。加铺另半幅前应涂洒少量沥青，重叠在已铺层上50~100mm，再铲走铺在前半幅上面的混合料。碾压时，由边向中碾压留下100~150mm，再跨缝挤紧压实；或先在已压实路面上行走碾压新铺层150mm左右，然后压实新铺部分。

(3)高速公路和一级公路的表面层横向接缝应采用垂直的平接缝，以下各层可采用自然碾压的斜接缝，沥青层较厚时也可做阶梯形接缝(图10-3)。其他等级公路的各层均可采用斜接缝。

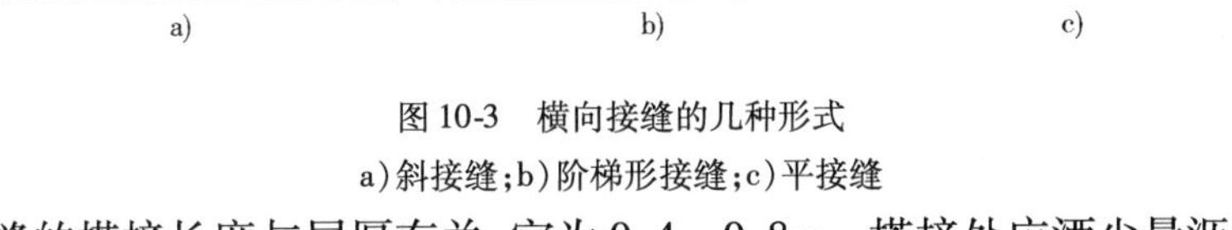

图10-3　横向接缝的几种形式

a)斜接缝；b)阶梯形接缝；c)平接缝

(4) 斜接缝的搭接长度与层厚有关，宜为0.4~0.8m。搭接处应洒少量沥青，混合料中的粗集料颗粒应予剔除，并补上细料，搭接平整，充分压实。阶梯形接缝的台阶经铣刨而成，并洒黏层沥青，搭接长度不宜小于3m。

(5)平接缝宜趁尚未冷透时用凿岩机或人工垂直刨除端部层厚不足的部分，使工作缝呈直角连接。当采用切割机制作平接缝时，宜在铺设当天混合料冷却但尚未结硬时进行。刨除或切割不得损伤下层路面。切割时留下的泥水必须冲洗干净，待干燥后涂刷黏层油。铺筑新混合料接头应使接茬软化，压路机先进行横向碾压，再纵向碾压成为一体，充分压实，连接平顺。

二、开放交通及其他

热拌沥青混合料路面应待摊铺层完全自然冷却，混合料表面温度低于50℃后，方可开放交通。需要提早开放交通时，可洒水冷却降低混合料温度。

沥青路面雨季施工应符合下列要求：

(1)注意气象预报，加强工地现场、沥青拌和厂及气象台站之间的联系，控制施工长度，各项工序紧密衔接。

(2)运料车和工地应备有防雨设施，并做好基层及路肩排水。

(3)铺筑好的沥青层应严格控制交通，做好保护，保持整洁，不得造成污染，严禁在沥青层上堆放施工产生的土或杂物，严禁在已铺沥青层上制作水泥砂浆。

第十一章　沥青玛蹄脂碎石混合料(SMA)路面的施工

SMA 路面在国内外重交通道路中得到迅速发展,其原因除了这种路面在抵抗高温车辙、疲劳开裂、低温开裂的能力、抗水损害、抗滑以及耐久性等方面,具有比传统密级配沥青混凝土无可比拟的优越性以外,在施工方面无需特殊机械设备,混合料生产装置、运料车辆和摊铺机均与传统密级配沥青混合料几乎完全相同,所用压实机具均相同。施工的方便也是促进其发展的重要原因之一,但 SMA 混合料的施工特性与施工工艺,具有自身显著特点。

第一节　施工准备工作

施工前一定要做好原材料与施工机具的准备工作, 原材料与施工机具必须满足设计与施工的要求。

一、材料

1. 粗集料

SMA 混合料一般由 2 ~4 种料堆(组分)集料混合而成。为了形成粗集料的骨架结构,粗集料含量一般达 70% ~80% ,针片状颗粒含量应不大于 10% 。可见,粗集料的级配对生产的混合料质量具有重大的影响。因此,要重视各集料堆集料规格(粒径、形状、棱角性)的一致性,超尺寸与欠尺寸的集料数量应控制在规范规定范围内。各级料堆集料必须分别堆放,不得相混,且应堆放在硬质地面(用水泥加固的地面)上。堆放场地应有一定坡度,以便排水,不得堆放在低洼积水处。其质量应符合表 11-1。

SMA 表面层用粗集料质量技术要求　　表 11-1

指　标	单位	技术要求	试验方法
石料压碎值,不大于	%	25	T 0316
洛杉矶磨耗损失,不大于	%	28	T 0317
视密度,不小于	t/m^3	2.60	T 0304
吸水率,不大于	%	2.0	T 0304
与沥青的黏附性,不小于	级	4	T 9616
坚固性,不大于	%	12	T 0314
针片状颗粒含量,不大于	%	15	T 0312
水洗法 <0.075mm 颗粒含量,不大于	%	1	T 0310
软石含量,不大于	%	1	T 0320
石料磨光值,不小于	BPN	42	T 0321
具有一定数量破碎面颗粒的含量,不小于 具有 1 个破碎面的颗粒 具有 2 个或 2 个以上破碎面的颗粒	%	 100 90	T 0327

用于 SMA 的粗集料在细破作业时不得采用颚式破碎机。当采用酸性石料作粗集料，沥青与石料的黏附性和沥青混合料的稳定性不符合要求时，应采用改性沥青、掺加适量消石灰粉或水泥等措施。如使用抗剥落剂时，必须确认抗剥落剂具有长期的抗水损害效果。

2. 细集料

细集料一般要求采用机制砂，也可部分采用洁净的硬质天然砂。而石屑为筛余下脚料，粉料与针片状颗粒很多，质量较差，尽量少用。必须使用时，应将小于 0.075mm 部分控制在 5% 以下。细集料尤其是石屑料堆必须搭棚覆盖，以免受潮后，冷料料斗送料发生困难。其质量应符合表 11-2。

SMA 面层用细集料质量技术要求 表 11-2

指　　标	单位	技术要求	试验方法
视密度，不小于	t/m^3	2.50	T 0329
坚固性，不大于	%	12	T 0340
砂当量，不小于	%	55	T 0334
塑性指数	%	无	T 0118 或 0119（土工试验）
粗糙度	s	实测	T 0345

3. 填料（矿粉）

填料必须采用由石灰石等碱性岩石磨细的矿粉。矿粉必须保持干燥，能从石粉仓自由流出，其质量应符合表 11-1 的技术要求。为改善沥青混合料与集料的黏附性，使用消石灰和水泥时，其用量不宜超过总质量的 2%。粉煤灰不得作为 SMA 的填料使用。SMA 使用除尘装置回收的粉尘时，回收粉用量不得大于矿粉总量 25%，混用回收粉后的 0.075mm 通过部分的塑性指数不得大于 4。填料质量应符合表 11-3。

SMA 面层用填料质量技术要求 表 11-3

指　　标	单位	技术要求	试验方法
视密度，不小于	t/m^3	2.50	T 0352
含水率，不大于	%	1	烘干法
粒料范围 <0.6mm <0.15mm <0.075mm	%	100 90 ~ 100 75 ~ 100	T 0351
外观	%	无团粒，不结块	
亲水系数，不大于		1	T 0350
塑性指数，不大于	%	4	T 0118 或 0119（土工试验）

4. 沥青结合料

SMA 生产中沥青结合料的加热和储存方法与常规沥青混合料的情况相类似。当使用改性沥青时，通常储存温度应比纯沥青稍有提高。由于改性沥青高温储存时间较长，不仅聚合物可能发生离析，而且还可能引起聚合物的降解，都将对改性沥青的性能造成损害。因此，承包商在循环和储存改性沥青方面，应遵从制造商的建议。沥青结合料加入混合料时必须精确进行计量。其质量应符合表 7-7。

各类改性沥青改性剂的合理剂量，除特殊情况外，宜在下列范围内选择：

（1）对 SBS 及 SBR 类改性沥青，按内掺法计算的改性剂剂量宜为 3.5% ~5%，对 EVA 或

PE 类改性沥青,剂量宜为4% ~6%。

(2)当采用其他材料作为改性剂或采用几种改性剂混合使用时,应经过试验论证后使用。采用湖沥青、岩沥青等天然沥青作改性沥青时,天然沥青的质量参照相关国家标准执行,天然沥青与石油沥青的混合比例通过试验确定。

5. 纤维稳定剂

用于 SMA 的纤维稳定剂包括木质素纤维、矿物纤维、聚合物化学纤维等,以改善沥青混合料性能,吸附沥青,减少析漏。木质素纤维质量应符合表 11-4 的技术要求。其他纤维品种的质量可参照国内外相关的技术要求执行,其长度也不宜大于 6mm。

木质素纤维质量技术要求 表 11-4

试验项目	指　　标	试 验 方 法
纤维长度	<6mm	水溶液用显微镜观测
灰分含量	18% ±5%,无挥发物	高温 590 ~650℃燃烧后,测定残留物
pH 值	7.5 ±1.0	水溶液用 pH 试纸或 pH 计测定
吸油率	不小于纤维质量的 5 倍	用没有浸泡后,放在筛上,经振敲后称量
含水率	<5%(以质量计)	105℃烘箱烘 2h 后,冷却称量

纤维稳定剂的掺加比例,以沥青混合料总量的质量百分率计算,用量根据沥青混合料的种类由试验确定。通常情况下用于 SMA 路面的木质素纤维不宜少于 0.3%,矿粉纤维不宜少于 0.4%,必要时可适当增加。掺加纤维的质量允许误差为 ±5%。

二、主要机械设备

(1)间歇式沥青拌和装置一套,生产量 160 ~320t/h,生产 SMA 混合料由于拌和时间加长等原因,生产率将降低,实际生产量将降至 100 ~200t/h,可满足铺筑宽度 10 ~16m、铺筑厚度 4 ~5cm 的 SMA 路面工程的需要。

拌和装置应具有精确的计量设备和自动化装置,并具有每盘混合料配合比电脑打印记录。其还应具有添加大量矿粉的足够能力,在拌和仓具有添加纤维的独立入口。

(2)如采用现场改性沥青,则应有一套与沥青拌和装置匹配的改性沥青现场加工研磨设备或高速剪切设备。该设备应能加工符合工程要求的改性沥青,生产能力至少 7t/h,并配备 2 ~3个立式改性沥青保温储罐,每个储罐容量不低于 10t,且附搅拌设备。保持改性沥青在待用时处于均匀状态而不离析,并保证改性沥青在输入混合料拌和装置前有一定发育时间。发育时间一般不少于 30min。

如采用工厂成品改性沥青,则现场应备有容量为 20 ~30t 保温储罐,从该储罐向拌和机输送改性沥青。成品改性沥青的储存与使用应遵从改性沥青制造商的意见。

(3)如采用桶装沥青产品,则现场应配备脱桶设备。

(4)纤维添加机 1 台,与纤维产品的类型相适应。纤维添加量应能满足间歇式拌和装置生产率的需要。

(5)摊铺机 2 台,每台摊铺宽度可达 12m,能控制摊铺厚度并自动调平。建议采用 ABG 型或类似功能的摊铺机。

(6)10 ~12t 双钢轮振动压路机 3 ~4 台,两个钢轮均为驱动轮与振动轮。

(7)手扶式小型振动压路机或人工机动夯具 2 ~3 台。

(8)手持式沥青洒布车 2 台,洒布乳化改性沥青黏层用。

(9)载质量20t自卸运料车8~12台。

(10)装载机2~3台。

(11)供水车及其他相关机具。

要求在SMA工程(含试验段)开工前,所有机械设备须保持良好的工作状态,对其中的计量设备都须逐台进行检验与标定。

第二节　施工温度

SMA路面宜在较高的温度条件下施工,当气温或下卧层表面温度低于10℃时不得铺筑。施工温度应根据沥青标号、黏度、改性剂的品种及剂量、气候条件及铺装层的厚度确定。通常对非改性沥青混合料,应通过沥青混合料在135℃及175℃条件下测定的黏度—温度曲线按表10-2的规定确定。非改性沥青结合料缺乏粘温曲线数据或采用改性沥青结合料时,可按表11-5规定范围选择。但经试验段或施工实践证明,表中规定温度不符合实践情况时,容许作适当调整。较稠的沥青、改性剂剂量高、厚度较薄时,选用高值,反之选低值。气温或下卧层温度较低时,施工温度应适当提高。

SMA路面的正常施工温度范围(℃)　　表11-5

工　　序	不使用改性沥青	使用改性沥青			测量部位
		SBS类	SBR类	EVA、PE类	
沥青加热温度	150~160	160~165			沥青加热罐
改性沥青现场制作温度	—	165~170	—	165~170	改型沥青车
改性沥青加工最高温度	—	175	—	175	改性沥青或储油罐
集料加热温度	185~195	190~200	200~210	180~190	热料提升斗
SMA混合料出厂温度	160~170	175~185	175~185	170~180	运料车
混合料最高温度(废弃温度)	195	不高于195			运料车
混合料储存温度	拌和出料后降低不超过10			储存罐及运料车	
摊铺温度	不低于150	不低于160			摊铺机
初压开始温度	不低于140	不低于150			碾压层内部
复压温度	不低于120	不低于130			碾压层内部
复压开始温度	不低于110	不低于120			碾压层内部
开放交通时的路表温度	不高于50	不高于60			路面内部或表面

沥青结合料(含改性沥青)的加热温度或改性沥青的加工温度不得超过175℃。混合料温度应采用具有金属探针的插入式温度计量测。在运料车量测时,宜在车箱侧板下部打孔插入不少于15cm深度量测。碾压温度可用螺钉分几次打孔插入量测。

SMA与普通沥青混合料相比,施工难度要大一些,尤其是同时使用改性沥青时,施工时应特别应注意施工温度。因为SMA需要加入较多数量的冷矿粉、纤维,有的改性剂也是冷态直接投入的,所以集料的加热温度需要更高一些。当使用改性沥青时,温度低了有可能使拌和不均匀,应该视改性剂及纤维稳定剂的品种和剂量的不同,确定施工温度。科学的方法是根据沥青结合料的黏温曲线决定,按指南中规定的等黏温度确定施工温度。但由于改性沥青的黏度很大,有时由黏温曲线得到的施工温度会太高,有可能使沥青老化,所以同时又规定了沥青结合料加热和加工的最高温度。一般情况下,SMA的施工温度可在普通沥青混合料施工温度的基础上提高10~20℃以上。要注意指南规定的温度不是一成不变的,应根据施工的气候条件

(温度和风)、材料、压实层厚度的具体实际情况确定。

第三节　混合料生产

生产符合设计要求的混合料是获得沥青路面优良质量的根本保证。混合料设计结果包括混合料的级配组成、沥青用量、各组分材料的用量比例,以及混合料的体积特性与性能特性,是其混合料生产的依据和目标。SMA 路面性能与混合料体积特性对级配组成非常敏感,尤其是对三个关键筛孔 4.75mm、2.36mm 与 0.075mm 的通过率容许偏差的要求,比常规沥青混凝土混合料更为严格。因此,SMA 混合料生产,必须对级配组成进行比较精确的质量控制。

一、混合料生产前的准备

(1)对各冷集料料仓的送料速度(设定开口尺寸)与电动机转速的关系曲线分别进行标定,以便准确控制冷集料按设计比例精确送料至干燥鼓。

(2)纤维添加机的安装、调试与标定,保证纤维按规定数量精确添加。

(3)沥青结合料称量系统标定。

(4)对热料仓集料称量系统进行标定。

(5)对填料添加设备能力进行检查。SMA 混合料填料添加量很大,可达混合料质量的 10% 或更多,必须具有足够能力的填料添加设备。

(6)控制室的电脑打印设备提供监控每盘混合料组成成分的重要信息,要求在整个生产过程中正常工作。

总之,要求拌和装置的各个工作单元与配套系统尤其是计量设备在混合料生产过程中处于正常工作状态。

二、生产配合比设计

SMA 的矿料级配采用间断级配,其级配范围应符合表 11-6 的要求。

SMA 混合料矿料级配范围　　表 11-6

混合料类型 / 通过筛孔的百分率(%)	规格(按公称最大粒径分)			
筛孔(mm)	SMA-20	SMA-16	SMA-13	SMA-10
26.5	100	100		
19	90 ~ 100	100		
16	72 ~ 92	90 ~ 100	100	
13.2	62 ~ 82	65 ~ 85	90 ~ 100	100
9.5	40 ~ 55	45 ~ 65	50 ~ 75	90 ~ 100
4.75	18 ~ 30	20 ~ 32	20 ~ 34	22 ~ 36
2.36	13 ~ 22	15 ~ 24	15 ~ 26	18 ~ 28
1.18	12 ~ 20	14 ~ 22	14 ~ 24	14 ~ 26
0.6	10 ~ 16	12 ~ 18	12 ~ 20	12 ~ 22
0.3	9 ~ 14	10 ~ 15	10 ~ 16	10 ~ 18
0.15	8 ~ 13	9 ~ 14	9 ~ 15	9 ~ 16
0.075	8 ~ 12	8 ~ 12	8 ~ 12	8 ~ 13
适用的厚度(mm)	50 ~ 80	40 ~ 50	35 ~ 40	25 ~ 30

随混合料公称最大粒径的不同,所需料堆集料规格也不同。按设计的料堆集料比例送料,

是根据冷料仓送料速度与电机转速的关系曲线，选定相应电机转速进行送料。混合集料经干燥鼓干燥与加热后，热集料提升至塔顶筛屏进行筛分。筛屏由上节选定尺寸的方孔筛组成。经筛分的热集料分别进入给定尺寸集料的三个热料仓，待生产稳定时，从三个热料仓分别取样，一般应从第四盘或第五盘取样，使试样具有代表性。各热料仓试样在室内进行标准筛分析。上述热集料的生产与取样筛分应进行2～3次，筛分结果应取平均值。

将热料仓的三种热集料与填料重新进行级配组合，在进行试配后，使合成级配最大限度地与设计级配相一致。此时，各热料仓与填料的质量比例，即为拌和装置混合料精配的依据。由于集料进入干燥鼓后其中的粉料组分将载入高温热气流中，并经排气管道进入集尘系统，因而热仓集料将不含这部分粉料，故生产配合比中填料比例将有所增加，以作为对失去粉料的补充。

只要料堆集料规格（包括粒度与形状）稳定一致，并按设计比例送料，那么做到生产配合比与设计配合比的级配组成的高度一致并不困难。在根据热仓集料试配生产配合比时，可首先按经塔顶筛屏筛分后分别进入各热料仓集料的质量比进行回配，即可获得与设计配合比基本相同的混合料级配。稍加调整后，可获得与设计配合比非常一致的生产配合比（集料级配）。这样做还可最大限度地减少各热料仓集料的溢料与待料现象，保证均衡地进行混合料生产。如果料堆集料规格发生较大变化，必须重新进行混合料设计。

根据热料仓集料与填料的重新组合，按试配法获得与设计级配相吻合的合成级配。此合成级配与相应各热料仓集料与填料及纤维的比例，加上设计沥青用量，即构成SMA混合料的生产配合比。

三、混合料拌和

（1）生产SMA应采用间隙式沥青拌和机拌和，且必须配备有材料配比和施工温度的自动检测和记录设备，逐盘打印各传感器的数据，每个台班做出统计，计算矿料级配、油石比、施工温度、铺装层厚度的平均值、标准差和变异系数，进行总量检验，并作为施工质量检测的依据。

使用于SMA的改性沥青可以采用成品改性沥青或在现场制作改性沥青：

①当使用成品改性沥青时，应经常检验改性沥青的离析情况，各项指标应符合SMA指南规定的技术要求。

②当为现场制作时，加工工艺根据改性剂的品种和基质沥青确定。改性剂必须存放在室内，不得受潮或老化变色。拌和厂的电力条件应满足现场制作改性沥青的生产需要。基质沥青的导热油加热炉应具有足够的功率。改性沥青生产后宜进入储存罐，经过不少于半小时的继续搅拌发育后使用，储存和运输过程中不得发生离析。

（2）拌和机应配备专用的纤维稳定剂投料设备，直接将纤维自动加入拌和机的拌和锅或称量斗中。根据纤维的品种和形状的不同，可采取不同添加方式。添加纤维应与拌和机的拌和周期同步进行。松散的絮状纤维应采用风送设备自动打散上料，并在矿料投入后干拌及喷入沥青的同时一次性喷入拌和机内。颗粒纤维宜在集料投入后立即加入，经5～8s的干拌，再投入矿粉，总的干拌时间应比普通沥青混合料增加5～10s。

（3）喷入沥青后的湿拌时间，应根据拌和情况适当增加，通常不得少于5s，保证纤维能均匀的分散在混合料中。由于增加拌和时间，投放矿粉时间加长，废弃回收粉尘等原因而降低拌和机生产率，应在计算拌和能力时充分考虑到，以保证不影响摊铺速度，造成停顿。

（4）各种原材料都必须堆放在硬质地面上，在多雨潮湿地区，细集料（含石屑）应堆放在有篷盖的干燥条件下。当细集料潮湿使冷料仓供料困难时,应采取措施。

(5)矿粉必须存放在室内,保持干燥,不结块,能自由流动。拌和时,矿粉投入能力应符合配合比设计数量的需要。原有矿粉仓不敷使用时,宜增加投入矿粉的设备,或将矿粉投料口扩大,以减少矿粉投入时间。

(6)拌和过程中,回收矿粉的用量不得超过矿粉总用量的25%。对逸出及废弃的粉尘,应添加矿粉补足,使0.075mm通过率达到配合比设计要求。

(7)拌和的SMA混合料应立即使用,需在储料仓存放时,以不发生沥青析漏为度,且不得储存至第二天使用。

(8)当采用直接投入法制作改性沥青混合料时,改性剂必须计算准确,拌和均匀分散。胶乳类改性剂,必须采用专用的计量投料装置,按使用比例在喷入沥青后10s内投入拌和锅。供应乳胶的泵和管道、喷嘴必须经常检查,保持畅通。颗粒状改性剂可在投放矿料后直接投入拌和锅中。

(9)沥青拌和厂宜设置专用的取样台,供在运料车上对混合料取样、测量温度等使用。

第四节　混合料运输

混合料运输是将拌和站生产的合格SMA混合料在规定温度及时地运输到铺筑现场。

一、运输车辆的组织

沥青混合料成品应及时运往工地。工前应查明具体位置、施工条件、摊铺能力、运输路线、运距和运输时间,以及所需混合料的数量。车辆数量必须满足拌和设备连续生产的要求,不因车辆少而临时停工。在生产中所用运输车辆数量n,视拌和设备生产能力G(t/h)、车辆的载质量能力G_0(t)及运输时间等因素确定,可按式(11-1)计算:

$$n = \alpha \cdot \frac{t_1 + t_2 + t_3}{T} \tag{11-1}$$

式中:t_1——重载运程时间,min;

t_2——空载运程时间,min;

t_3——在工地卸料和等待的总时间,min;

T——拌制一车混合料所需的时间,$T = \frac{60G_0}{G}$,min;

α——储备系数,视交通情况而定,一般取$\alpha = 1.1 \sim 1.2$。

要组织好车辆在拌和设备处装料和工地缺料的顺序,尤其要计划好车辆在工地卸料时的停置地点。装料时必须按其载质量装足,安全检查后再启运。

为了精确地控制材料,载料车出厂时应进行称量,常用磅秤或使用拌和站的自动称量系统。

二、沥青混合料的运输

为提高运输效率,应选择大吨位运料车,一般选择载质量达20t的自卸车作运料车。

通常设置储料筒仓来减少运料时间与等待时间,并保持HMA装置连续生产。由于混合料可在储料仓内短期储存,因此在运料或摊铺与压实作业开始以前便可开始生产混合料。储料仓可以保温加热,用于混合料在高温下短期储存。

由于SMA混合料胶泥黏稠,通常比常规HMA混合料更容易黏附在车箱上。当使用改性沥青结合料时,这种情况尤甚。因此运料车在装载之前,都要涂隔离剂防止黏附。要谨慎选择适合的隔离剂,隔离剂可以是肥皂水、石灰水或油水混合物。但禁止使用纯燃料油作隔离剂,这容易对沥青混合料造成不利影响。在车箱上涂覆隔离剂时,要清除任何多余的隔离剂,防止在车箱底部汇集。这可在车箱内洒布隔离剂之后升起车箱底部来实现。

车辆装载方法非常重要。在运料车装载时,应采用多次卸料,以减少较大集料滚落至卸料堆边部而引起的离析。采用一次卸料,将在车箱周边形成集料的离析,粗大颗粒将滚落至车箱周边。这种离析在车箱端部更为显著,并将在摊铺机后铺设的路面上明显地表现出来,离析面积可遍及整个摊铺面。采用多次卸料,则在车箱中形成的离析程度将很大减轻,而且可以完全不表现在道路上。

必须重视运输过程中对混合料的防护,在任何情况下,运料车运输过程中都应加盖厚帆布保温,以防混合料表面因降温结壳。尤其是在气候寒冷或运输时间长时,更要将厚帆布可靠地绑扎,防止在帆布与混合料之间进入空气。全部防护罩都应与车箱边部搭接,并沿车箱的侧部与后部整齐的绑扎。

运料车在运输途中不得随意停歇,必须按指定路线进入现场。在进入现场前应将底盘及车轮清洗干净,防止将泥土杂物带入施工现场。

运料车到达现场后,应逐车检查混合料温度是否满足摊铺温度要求。

运料车在摊铺机前被推动时不得紧踩制动。向摊铺机喂料时应仔细操作,防止混合料大量撒落在下卧层上。运料车卸料时必须倒净,如发现有残留物,应及时清除。已冷却的残留物不容许倒在下卧层上。

第五节　混合料摊铺

混合料摊铺是保证路面平整度与厚度的关键工序,必须认真做好。

一、摊铺机的标定

在铺筑SMA混合料之前,应对摊铺机进行标定,包括料门、条式传送器和螺旋布料器的标定。重要的是适当设置料门高度,要将充足的混合料经条式传送器输送到螺旋布料器。在摊铺机向前移动时,使混合料高度等于或大于螺旋高度的50%,但不超过2/3的高度,并使螺旋布料器经常保持运转。

二、下承层的处理

在铺筑SMA之前应对下承层表面用硬扫帚或电动工具清扫,粘有泥土等不洁物时,应一边清扫一边用高压水冲洗干净,并待进入路面中水分蒸发后铺筑。若旧路面表面不平整,应铣刨或用热拌沥青混合料铺筑整平层,恢复横断面。必须喷洒符合要求的黏层油,用量宜为$0.3 \sim 0.4L/m^2$。

三、按梯队形式摊铺

SMA可采用常规的沥青混合料摊铺方法进行摊铺,一台摊铺机的摊铺宽度不宜超过6m,

四、防止碾压过度

由于SMA的重要机理是粗集料相互嵌挤的作用,所以碾压时必须密切注意压实度的变化,防止过碾压。过分碾压会使粗集料的棱角破碎、断裂,反而不好。在压实度达到98%以上或者现场取样的空隙率不大于6%后,宜中止碾压。如碾压过程中发现有沥青玛蹄脂部分上浮或石料压碎、棱角明显磨损等过碾压的现象时,碾压即应停止,并分析原因。

五、防止混合料黏附轮子

为了防止混合料黏附在轮子上,需适当洒水使轮子保持湿润。水中可掺加少量的清洗剂,但应该严格控制水量以不黏轮为度,且喷水必须是雾状的,不得采用自流洒水的压路机。

六、压路机的停留

压路机碾压过程中不得在当天铺筑的路面上长时间停留或过夜。

七、压路机的转向

在压路机倒转方向时,在反向行驶前必须停驶,停驶必须缓慢实现,且压路机应轻轻地转向,机轮停止时不要与行驶方向成直角。如果压路机轮与行驶方向成直角停驶,将发生难以消除的压路机印迹。在压路机改变方向时,应尽量减少对混合料的推移。

八、局部人工补压

在靠近路缘、罩盖等压路机不能有效碾压的部位的沥青混合料,应用人工操作的小型振动压路机或机动夯进行压实。

第七节　接 缝 施 工

(1)SMA混合料的铺筑应避免产生纵向冷接缝,横向施工缝应采用平接缝。平接缝切缝应在混合料尚未完全冷却结硬之前进行。切缝后必须用水冲洗干净,待干燥后涂刷黏层油,方可铺筑新混合料。

(2)应特别注意横向接缝处的平整度,刨除端部或切缝的位置应通过3m直尺测量确定。改性沥青混合料要在每天施工结束尚未完全冷却之前就切割好。由于使用改性沥青,第二天再切缝会十分困难,不得不在第二天完全冷却后切缝。也可用镐刨除端部做接缝。

第八节　开放交通及其他

SMA路面施工结束后,应在路表温度下降到50℃以下,方允许开放交通。如急需开放交通时,应洒水冷却。

当发现某些改性沥青SMA沥青面层在开放交通后有发软的迹象,或大吨位运料车转弯时出现掉粒、轮印等情况时,应加强早期交通的控制。

第十二章　多碎石沥青混合料(SAC)路面施工

SAC施工能否实现设计要求,要着重抓好的关键:一是采用各种措施,使粗集料、细集料和填料组成的矿料级配能稳定地符合最后确定的矿料级配,同时位于允许误差范围内;二是采取多种措施,减小沥青混凝土的矿料离析和温度离析现象;三是采取多种措施,提高沥青混凝土的压实度以及纵向、横向压实度的均匀性。

第一节　原　材　料

一、沥青

1. 适用的交通沥青等级和技术指标

重交通沥青的等级和相应的技术指标见表12-1。对于改性沥青的技术指标和规定值,请参阅有关规范。

重交通沥青的等级和相应的技术指标值　　表12-1

指标		AH-130	AH-110	AH-90	AH-70	AH-50	AH-30
针入度(25℃,100g,5s)(0.1mm)		120~140	100~120	80~100	60~80	40~60	20~40
延度(5cm/min,15℃)(cm),不小于		150	150	150	150	80	40
延度(5cm/min,10℃)(cm),不小于		30	30	30	20	10	—
延度(5cm/min,5℃)(cm),不小于		8	8	8	7		
软化点(环球法)(℃)		40~50	41~51	42~52	44~54	45~55	>55
闪点(COC)(℃)		230		260		280	
含蜡量(蒸馏法)(%),不大于		2.2~3					
密度(15℃)(g/cm^3)		实测记录					
溶解度(三氯乙烯)(%),不小于		99.0					
薄膜加热试验(163℃,5h)	质量变化(%),不小于	±0.8					
	针入度比(%),不小于	50	52	55	58	60	62
	延度(15℃),不小于	120			100	50	5

2. 面层所用沥青标号的选择

应该根据对表面层沥青混凝土的主要技术要求来选择合适标号的沥青。由于表面层直接承受大气因素和行车荷载的作用,所以表面层沥青混凝土应该有较高的抗低温裂缝和抗温度疲劳裂缝的能力,同时表面层沥青混凝土还应该有优良的高温抗永久形变能力。对沥青来说,这两个性能是互相矛盾的。国内外的实践经验都证明,为提高沥青混凝土的抗温度裂缝能力,应该采用较稀的即针入度较大的沥青;而为了提高沥青混凝土的高温抗永久形变能力,应该使用针入度小的较稠沥青。由于沥青面层的温度裂缝都是由表面开始并向下延伸的,所以减少表面层的温度裂缝就等于减少整个沥青面层的裂缝。由于使用较稀的重交沥青能显著减少沥青面层的温度裂缝，所以国际上习惯于表面层采用较稀的沥青，而中、下面层则采用较稠的沥青。

对于用作高等级公路表面层的 SAC16 和 SAC13 沥青混凝土，可以根据当地沿线的气候条件和实践经验，选用表 12-1 中的重交沥青。

二、集料

1. 粗集料

粗集料是组成沥青混凝土骨架的重要成分，它对沥青混凝土的力学性质有决定性作用。因此，对粗集料的技术要求，常用多个指标来衡量。粗集料可以是用岩石、圆石和矿渣加工的碎石，但圆石的粒径应大于所需碎石最大粒径的 3 倍。为保证粗集料的扁平长条颗粒不超过规定，应采用两次破碎工艺：第一次可以用鄂式碎石机，第二次应采用反击式碎石机。也就是，第一次用鄂式碎石机将大片(块)石加工成能用反击式碎石机进一步破碎的小块石；第二次用反击式碎石机将小块石破碎成需用规格的碎石。需要时，也可以用第二台反击式碎石机进行第三次破碎。为了减少规格碎石中的扁片颗粒，应将第一次鄂式碎石机破碎的小块石进行一次粗筛分，除去扁平状小片石。对于用作抗滑表层的碎石，更应该采用这种两次破碎工艺。

粗集料应有良好的颗粒形状(接近立方体)，同时应该洁净、干燥、无风化颗粒和无杂质。对粗集料的技术要求见表 12-2。

能满足表 12-2 中磨光值要求的粗集料经常是硬质岩粗集料。凡符合表 12-2 中技术要求的各种硬质岩碎石(包括矿渣)都可以用作抗滑表层。

粗集料的技术要求 表 12-2

指标		高速公路、一级公路	其他等级公路
集料压碎值(%)，不大于		20①(23)	23
洛杉矶磨耗值(%)②，不大于		28(30)	40
视密度(g/cm^3)，不大于		2.60(2.50)	2.45
吸水率(%)，不大于		2.0③	3.0
与沥青的黏附性(黏结力)④，不大于		表面层 5 级、其他层 4 级	4 级
坚固性(%)，不大于		12(12)	—
针片状颗粒含量(%)⑤，不大于		15(18)	20
<0.075mm 颗粒含量(水洗法)(%)，不大于④		1	1
软石含量(%)，不大于		1(表面层)5(其他面层)	5
石料磨光值(%)，不大于		42⑥	—
破碎砾石的破碎面颗粒的含量(%)	一个破碎面	100(90)	80(70)
	两个或以上破碎面	90(60)⑦	80(50)⑦

注：①花岗岩碎石不大于 23%。括号外的值指用于表面层，括号内的值指用于其他结构层。

②无条件时可以不做。

③对于多孔隙玄武岩碎石和矿渣，吸水率大于 3% 也可以使用，但要注意烘干。

④达不到要求时，应添加水泥，其最小用量为矿料总量中的 4%，最大用量与矿料中小 0.75mm 的粉料量相同；也可以用 1% ~2% 消石灰。此时，可只做混合料的水稳性试验，确定其是否符合要求。

⑤粒径大于 9.5mm 的颗粒，针片状颗粒含量不大于 12%；粒径小于 9.5mm 的颗粒，针片状颗粒含量不大于 18%。

⑥对抗滑表层有磨光值要求。

⑦括号外的大值，指用于表面层；括号内的小值，指用于中、底面层和沥青稳定类基层。

⑧在粗集料用某种远运硬质岩碎石时，混合料中的细集料可以使用石灰岩集料，但应尽量少用。从矿料级配是否合适的检验来看，需要用同一种岩石的粗细集料。粗、细集料中粉尘过多时，应用水冲洗干净。

2. 细集料

细集料应该洁净、干燥、无风化、无杂质。细集料可以用质量较好的石屑。要求石屑的颗粒形状较好、扁平颗粒少,粉尘少,特别不能有黏土颗粒。但已筛去3mm以上颗粒的细石屑不能用,因其粉尘含量太多。有条件时,可以用机制砂,但机制砂的质量应明显优于石屑。对于机制砂,需要特别注意其级配。有的机制砂中缺少0.3~0.15mm和0.15~0.075mm的颗粒,要设法增加这两个粒级的颗粒。为此应规定机制砂中小于0.075mm颗粒的含量在4%~5%之间。《公路沥青路面施工技术规范》《JTG F40—2004》中的S15和S16都不能直接用作细集料。如石屑和机制砂的级配不符合要求,可以掺加部分能改善级配,使其符合要求的清洁天然砂。但天然砂在全部矿料中的含量宜控制在5%以内。天然砂可以是河砂或海砂。细集料的技术要求列于表12-3中。

细集料的技术要求 表12-3

指标	高速公路和一级公路	其他等级公路
视密度(g/cm^3),不小于	2.5	2.45
坚固性(%)(>0.3mm),不小于	12	—
砂当量(%),不小于	60	50
塑性指数	无	无

3. 填料(0.075mm以下的粉粒)

矿质填料包括破碎集料和石屑中的石粉、消石灰、硅酸盐水泥和高钙粉煤灰。在一般交通的高等级公路上,在沥青与集料的黏附性符合要求的情况下,为节省投资,可以用石灰岩矿粉或高钙粉煤灰作填料。

4. 抗剥落剂

如已用水泥和消石灰作为填料,则一般情况下可以不再用化学抗剥落剂(通常为液体胺类,在美国等国家常称其为液体抗剥落剂)。但碎石与沥青的黏结力只有1级或2级时,除用水泥或消石灰作填料外,可再加化学抗剥落剂。

在用石灰石矿粉作填料而沥青与碎石的黏附性又不符合要求对,需要加抗剥落剂。用水泥作抗剥落剂时,可以用强度等级较低水泥,用量可以是4%~5%(同是替代等量的矿粉)直到替代全部矿粉,但水泥用量不能少于4%。用消石灰粉作抗剥落剂时,其用量通常为1%~2%。通常不能用生石灰粉作抗剥落剂。

用水泥或消石灰粉如同用填料一样,当集料在拌和室边干拌边喷洒沥青的过程中,将水泥或消石灰粉加入。液体抗剥落剂则需先加入沥青中并拌和均匀。

第二节 施工温度

利用Brookfiled旋转黏度得到沥青的黏度—温度回归方程,其形式为:

$$t = A + B\lg\lg 10^2\eta \tag{12-1}$$

$$\lg\lg 10^3\eta = A + B\lg(273 + t) \tag{12-2}$$

式中:t——温度,℃;

η——沥青的黏度,Pa·s($1Pa\cdot s = 10^3 mm^2/s$)。

利用此回归方程可以计算适宜于拌和、开始初压、正常碾压和终压等的温度范围,见表12-4。

多种不同沥青计算的施工温度(℃)　　表 12-4

沥青品种	60℃黏度(Pa·s)	拌和	初压	正常碾压	终压
欢 AH-90	352	153 ~159	156 ~160	>110	>84
克 AH-90	405	165 ~171	152 ~157	>117	>87
壳 AH-90	111	148 ~154	136 ~141	>103	>76
AH-70	269	156 ~162	144 ~149	>111	>83
克 AH-70	648	169 ~176	157 ~162	>121	>91
中海 AH-70	307	150 ~156	139 ~144	>108	>82
中海 AH-30	1022	166 ~173	154 ~159	>121	>93
路安特改性沥青		174 ~180	161 ~166	≥100	≥89
ELF 改型沥青	770	185 ~193	171 ~177	≥130	≥97

按照 Brookfield 使用程序的说明,根据施工条件,可将拌和温度和碾压温度增加 14℃。对不同沥青建议的施工温度列在表 12-5 中。为适应不同季节施工的需要,表中的温度都有上下限或一个最低温度。通常夏季施工气温高,可采用接近低限的值。在秋季气温较高(如 20℃以上)时施工,可采用中值。在秋末冬初气温接近施工规范所允许的低值时施工,需要采用高限值。众所周知,夏季和初秋时节气温高,此时铺筑沥青路面,特别是较薄的表面层最容易碾压密实,沥青混凝土的性能也最好。因此,在施工组织设计上,需要将沥青面层的施工安排在初夏、夏季和初秋。切忌将表面层施工拖到气温已接近施工规范允许的低限时间。

施　工　温　度(℃)　　表 12-5

沥青品种	沥青加热	拌和温度	出场温度	最高温度	初压	正常碾压	终压
壳 AH-90	155 ~160	160 ~168	172 ~178	180	150 ~155	>155	>90
欢 AH-90	160 ~165	165 ~173	174 ~180	185	170 ~174	>124	>105
克 AH-90	170 ~175	175 ~185	175 ~185	190	165 ~170	>130	>110
中海 AH-70	157 ~162	162 ~170	162 ~170	180	155 ~158	>120	>95
克 AH-70	175 ~180	182 ~190	175 ~185	190	172 ~176	>130	>95
路安特改性沥青	175 ~180	188 ~195	180 ~190	200	175 ~180	>135	>112
中海 AH-30	173 ~178	180 ~187	178 ~183	185	168 ~173	>135	>110

通常集料加热温度较沥青加热温度高 20 ~25℃,但除改性沥青外,集料的加热温度一般不超过 200℃。

第三节　拌和检验

经生产配合比设计确定最终的矿料级配后,就可以按此矿料级配和规定的施工温度进行混合料拌和检验。拌和检验的目的是要解决下列几个问题:检验拌和楼控制室对各计量部分,即含各个热料仓集料的供料质量(指数量)、沥青的质量、集料的加热温度、沥青的加热温度、拌和温度、拌和时间以及拌和室的出料温度等的控制是否准确和稳定。材料的质量、加热温度等和拌和时间,可以说是拌成优质沥青混合料的三大要素。

一、控制好各种材料的质量

拌和以及随后整个生产过程中，都需要随时注意控制好各种材料进入拌和机的质量，即使各个计量装置都检验过了，不等于它每次都能使热料仓提供稳定的集料质量，也不等于每次都能提供稳定的沥青质量。因此，在拌和机开始拌和后，需要连续打印每一盘（从各个热料仓向拌和室送料，到拌和室向外输送完混合料为一盘）进入拌和室的各种材料质量和拌和温度等。分析打印结果，检查各个热料仓五次送入拌和室的集料质量，以及沥青的质量与规定质量的差值。对于差值大的热料仓，要分析差值大的原因，并采取措施解决。特别对给料质量大的热料仓更要注意。因为计算机给出关闭出料口的指令，到出料口真正关闭有一滞后时间。出料开口宽度愈大，滞后时间愈长，产生的误差会愈大。拌和楼热料仓的供料误差应控制在 ±2% 以内，沥青（油石比）供量的误差应控制在 ±2% 以内。

二、控制温度

拌和厂各项温度控制的程度，包括人工检测和记录，以及沥青混合料的出厂温度。

三、控制拌和时间

拌和时间包括干拌和湿拌两部分，此时间的长短直接影响沥青混合料的均匀性。通常填料多的矿料级配，需要较长的干拌和湿拌时间。对于 SAC10 ~ SAC20 四种级配，干拌时间不少于 10s，湿拌时间要接近 40s。对于间歇式拌和机来讲，每一分钟出一次料是正常的。拌和时间不足，容易导致沥青混合料的不均匀性大。

四、取混合料样品送室内试验

从第四盘和第五盘放出的沥青混合料中，取有代表性的样品，送试验室进行抽提筛分试验和马歇尔试验，检验矿料级配和油石比是否符合要求；沥青混合料马歇尔试件的三个体积指标是否符合要求；试件的水稳性是否符合要求（施工现场可用残留稳定度），以及验证板式试件沥青混凝土的高温抗形变能力（轮辙试验）。

五、拌和沥青混合料

拌和沥青混合料时，可以减少每盘的数量，但多余的沥青混合料不能用于铺筑正规的路面，只能用于铺筑便道或拌和厂内的道路。

第四节　混合料碾压

通过拌和检验，待证明各热料仓的供料质量、沥青的质量都达到要求，各项温度特别是出料温度达到要求，抽提筛分得到的矿料级配与规定级配的误差在允许范围内，马歇尔试验的三个体积指标达到要求，以及水稳性和轮辙试验结果达到要求后，就可以铺筑。

一、压路机的组合

压路机的合理组合、碾压方式和合适碾压遍数是铺筑要解决的重要问题之一。对于 SAC 系列沥青混合料的碾压，可以采用下述方案：

(1)方案一:2 台双钢轮双驱动振动压路机和 3 台 26t 以上的轮胎压路机。

①初压:2 台双钢轮双驱动振动压路机,一开始就从外侧向中心振动碾压,直压到摊铺机跟前。沿原前进轮迹退回时,也振动碾压。错轮向前振动碾压,直到摊铺机跟前。错轮碾压时重叠 1/2 轮宽,最后碾压中心部分(或两台摊铺机的搭接部分)。压完全幅为 1 遍,共碾压 4 遍。前两遍的碾压速度为 1.5 ~ 2.0km/h,后两遍的碾压速度为 3 ~ 5km/h。

②复压:用 3 台轮胎压路机紧跟在初压后面进行复压。碾压速度为 3 ~ 4.5km/h。3 台轮胎压路机各碾压 3 遍。复压必须在规定温度之前完成。

③终压:用 10t 两轮压路机或与初压所用相同的压路机静压 2 遍以上,碾压速度 4 ~ 5km/h,直到消除轮迹为止。终压必须在规定温度之前完成。

目前,中央分隔带一侧常用 2 台摊铺机摊铺混合料,这会造成在一侧路幅上有一条纵向接缝。底、中、表三层的纵向接缝不能上下在同一位置,需要错开 15cm 以上,同时使表面的纵向接缝位于分道线上。纵向接缝的搭接宽度不小于 10cm。如一侧仅两个车道,则纵向接缝应设在行车道与硬路肩的分道线位置。如一侧有三个车道,则纵向接缝应设在外侧车道与中间车道的分道线位置。

(2)方案二:3 台双钢轮双驱动振动压路机,3 台轮胎压路机。

①初压:2 台钢轮压路机分别从两侧向中间以1.5 ~2.0 km/h的速度振动碾压,直到至少有半轮宽压上中间压路机已碾压的带上。第三台钢轮压路机开始跨纵向接缝以 1.5 ~ 2.0km/h 的速度振动碾压。碾压一个往返后,向接缝宽的一侧错轮,继续振动碾压。3 台压路机压全幅为 1 遍。第三台钢轮压路机碾压 2 遍后,驶向外侧边部(接近土路肩)和内侧边部(接近中央分隔带)各往返慢速振动补压 2 遍,然后返回纵向接缝位置,以 3 ~ 5km/h 的速度如前那样再碾压 2 遍。

②复压:用 2 ~ 3 台轮胎压路机紧跟在初压后面进行复压,碾压速度为 3 ~ 4.5km/h。用 2 台轮胎压路机时,各碾压 4 遍。用 3 台轮胎压路机时,各碾压 3 遍。轮胎压路机碾压时,也要错轮 1/3 宽度。复压必须在规定温度之前完成。

③终压:用 10t 两轮压路机或与初压时所用相同的压路机静压 2 遍以上。碾压速度 4 ~ 5km/h,直到消除轮迹为止。终压必须在规定温度之前完成。

二、压实度与碾压遍数

压实度(以生产配合比确定的矿料级配和油石比得到的马歇尔试件的密度的 1.02 倍为标准密度或以最大理论密度为标准密度)是沥青混凝土施工的最重要技术指标之一,需要十分重视。1996 年以来,曾有多条高速公路的沥青面层施工,由于片面强调平整度,忽视了压实度,通车仅一年左右,沥青面层就产生较严重的以坑洞为代表的水破坏。

通过铺筑,要认真解决如何达到规定压实度和压实度的显著不均匀性问题。能否达到规定压实度,既与碾压温度有关,又与压路机的组合方式和碾压遍数有关。

现场空隙率最大的区域一般是靠中央分隔带的 1m 以及硬路肩边部,其次是行车道与硬路肩相邻带。两侧 V_a 大,既有边部混合料离析(往往粗颗粒较多)问题,又有边部碾压不足问题。至于路面两侧之间,即超车和行车道上也有不少压实度小的点位,主要是由压路机碾压不均匀,局部缺压和混合料的离析引起的。

对路面危害最大的空隙率大的纵向带,是靠近中央分隔带的两条带,水从空隙率较大处透入结构层后,将顺横坡向超车道和行车道渗透。水将部分滞留在超车道沥青混凝土内,另一部分渗透到行车道沥青混凝土中,使此两个车道有产生水破坏的较大危险。

为了解决两边特别是靠中央分隔带一边空隙率大的缺陷,需要采用以下措施:

(1)开始摊铺沥青混凝土时,现场应该准备一辆能保温且能适当加温的有盖手推车。由拌和厂专门拌制部分细集料沥青混合料,送到现场手推车内备用。在摊铺机后面向边部离析带的表面补撒少量细集料混合料,将粗集料之间的表面空隙堵塞。不可以让工人用铁锹到摊铺机分料室边部或前面受料斗中去取较细的混合料,并撒在离析带上,然后将剩余粗集料撒开。因为这样做会破坏分料室边部或受料斗中部分沥青混合料的颗粒组成,使在另一些位置产生离析和沥青混凝土的空隙率偏大。

也可以考虑预拌可常温撒布的沥青细集料混合料,放在手推车内备用。不管是热拌热撒混合料,还是温撒混合料,细集料的颗粒组成都要与所铺沥青混凝土中细集料的颗粒组成相同。

(2)压路机在路幅范围内,从横坡下侧边部开始碾压,到摊铺机跟前后,沿原碾压带退回到开始碾压位置,然后错半轮往前碾压,到摊铺机跟前,再沿原碾压带退回。第二次又错半轮向前碾压。如此反复进行,直到上侧边缘,算是碾压 1 遍。实际上碾压 1 遍后,两侧边部的半轮宽(约 1m)只压到 1 个来回压到。其他部分都是压到 2 个来回。

如果共碾压 3 遍,则两侧边部只压到 3 个来回,其他部分都可压到 6 个来回。这就是边部空隙率大的另一个重要原因。因此,为减少两侧边部沥青混凝土的空隙率,在碾压 3 遍的情况下,边部需要另外多压 3 个来回,也就是边部要增加一倍碾压遍数,使压路机在边部实际的碾压遍数或来回次数与总的碾压遍数相同(既包括钢轮压路机,也包括错轮碾压的轮胎压路机)。

为了解决中间某些点位压实度小的问题,除重视解决矿料级配和集料离析问题外,还要十分重视碾压均匀性问题,也就是要认真按规定错轮,不能产生漏压和缺压的位置。

三、做现场空气率与碾压遍数的关系试验

根据不同碾压遍数(指钢轮压路机和轮胎压路机各自的碾压遍数)时沥青混凝土的密度或空隙率,可以绘制空隙率与碾压遍数的关系图,如图 12-1 所示。

依据该关系图,就可以知道要将沥青混凝土压实到现场空隙率在 3% ~6% 或 3% ~7% 之间,需要碾压遍数的范围或最小的碾压遍数。这些数据对指导正常生产非常重要。

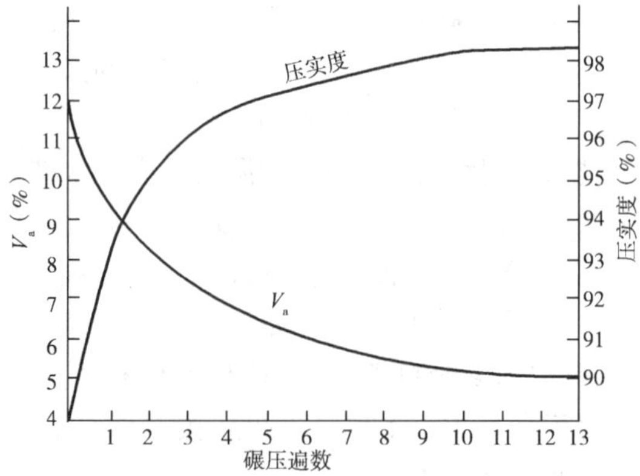

图 12-1 沥青混凝土的空隙率与碾压遍数

四、用 VCA_{DFR} 方法进行初步级配检验

(1)在铺筑过程中,控制室要连续打印半小时内(约30盘)每盘各个热料仓向拌和室供料的实际比例和具体质量、供给沥青的质量、沥青的加热温度、混合料拌和温度、拌和室出料温度等,试验人员要统计分析打印表上每种集料和沥青的质量以及几种温度的变化范围、平均值、标准差和偏差系数,并计算油石比的变化范围、平均值、标准差和偏差系数,并分析上述统计结果是否正常和符合要求。

(2)用各热料仓的配合比和集料的实际颗粒组成,计算每一盘沥青混合料的矿料级配,并将每一盘的矿料级配和计算得的油石比汇总在一张总表内。

(3)如果细集料中缺少0.3~0.075mm的颗粒,则矿料级配达不到要求,沥青混凝土的空隙率将偏大,可以用8.0%的水泥作填料。

用 VCA_{DRF} 方法对矿料级配加沥青进行初步检验后,检验矿料级配是否属于紧密骨架密实结构。若是,则完全可以使用;反之,则不可用。

(4)热料仓的供料质量不稳定,每个热料仓供料的质量都有变化。如果矿料总质量的变化范围比较大,这样会难于满足生产优质混合料的要求。要使粗集料的供料误差小于±0.7%,细集料的供料误差小于±2%,填料的供料误差小于±1%。

(5)验算几个代表性矿料级配的合理性

从用30盘的热料仓配合比等计算得的矿料级配中,抽取4.75mm通过量最小的、平均值的和最大的三个级配,另外选取一个介于最小通过量和平均值之间的,另一个介于平均值和最大通过量之间级配,采用第十一章的矿料级配计算方法,重新计算合适的级配。

五、用 VCA_{AC} 方法检验沥青混凝土

铺筑过程中,要从第3个或第4个和第11个或第12个运料车的不同位置取沥青混合料样品,或在向运料车装料过程中,直接用小车接数十千克样品,并立即送室内较击实温度高10℃的烘箱内保温,同时做马歇尔试验,并准备制作轮辙试验的板式试件。

(1)检验马歇尔试件的三个体积率,V_a、VMA 和 VFA。

(2)用 VCA_{AC} 方法,再次检验沥青混凝土的矿料级配和油石比。

六、马歇尔试件的水稳性试验

水稳性试验有两种试验方法:一是残留稳定度试验,二是冻融劈裂试验。许多试验证明,同一种沥青混凝土试件,只要一种试验的水稳定性符合要求,另一种试验的水稳定性也符合要求。

七、用轮辙试验仪检验沥青混凝土的高温抗永久形变能力

对于 SAC25 和 SAC30,需要制作300mm×300mm×100mm的板式试件。对于SAC20以下的四种SAC可以采用300mm×300mm×50mm的板式试件。由于试件是根据沥青混凝土的密度和试模容积计算需用沥青混合料的质量的,因此在碾轮压实试件时,需要将试件顶面压实到与试模框顶面平,而不计较碾轮的碾压次数。做轮辙试验时,轮压需要往返作用5 000次或2h。

第五节　开放交通及其他

SAC 路面施工结束后，应在路表温度下降到 50℃ 以下，方允许开放交通。如急需开放交通时，应洒水冷却。

当发现某些改性沥青 SAC 沥青面层在开放交通后有发软的迹象，或大吨位运料车转弯时出现掉粒、轮印等情况时，应加强早期交通的控制。

铺筑好的沥青层应严格控制交通，做好保护，保持整洁，不得造成污染，严禁在沥青层上堆放施工产生的土或杂物，严禁在已铺沥青层上制作水泥砂浆。

第十三章　开级配沥青混凝土路面施工

开级配磨耗层(OGFC)路面的施工可按一般沥青混凝土路面施工进行,但由于开级配沥青混合料易产生沥青流淌与温度下降的问题,因此在施工中还有些特殊要求和关键技术需要控制。本章所介绍的施工技术不包括中下面层及基层的施工。

第一节　开级配沥青路面施工对机械的要求

一、拌和设备

选择合适的拌和设备对开级配沥青混合料的制备至关重要,具体要求如下:

(1)拌和速度和拌和量应与摊铺和压实机械相适应。

(2)热料仓和冷料仓进料要相匹配,防止待料,尽量减少溢料。

(3)拌和楼应具有先进的计量、控温、计时设备,可以对混合料进行精确的配比和拌和。

(4)储存仓要有自动保温设备,设置恒温保温,尽量减少拌制好的混合料温度损失。

二、摊铺设备

沥青路面摊铺机是影响沥青铺筑质量的关键机械。开级配沥青路面的施工要选择功能全、性能好、精度高的摊铺机,一般需符合以下要求:

(1)具有自动或半自动方式调节厚度的装置。

(2)具有自动或半自动方式找平的挂线装置及雪橇装置。

(3)具有可加热的振动熨平板或振动夯等初步压实装置。

(4)摊铺机宽度可以调整。

(5)具有足够容量的受料斗,使其在运料车换车时能连续摊铺,并有足够的功率推动运料车辆。

(6)具有可将混合料横向铺开的自动和手动的螺旋输送器。

三、压实机械

压实的效果极大地影响着沥青路面的强度、稳定性、耐久性、平整度和其他外观品质。

压实机械的选型在已知摊铺机的生产率、混合料特性、摊铺厚度、摊铺层位、气候特点后基本确定。开级配沥青混合料空隙很大,粗集料含量较多而细集料含量较少,混合料主要是靠粗集料相互嵌挤形成强度。振动压路机由于其振动产生的冲击力,会使单位线压力大大提高,造成混合料中的粗集料破碎,从而使细集料增多,空隙率下降,因此这种路面不适宜采用振动压路机压实。

另外,开级配沥青混合料拌和、摊铺、压实温度较高,混合料空隙率较大,因此温度散失快。如采用轮胎式压路机易出现轮胎痕迹,这种轮痕难以被后续的碾压作业消除;温度较高,还易于出现粘轮现象。因此，这种路面压实时也不适宜采用轮胎压路机。

比较室内马歇尔击实功的大小，开级配沥青混合料压实宜采用压实功较小的机械——小于 12t 的压实机。根据施工机械现状、气候温度条件、运料车的供料速度及摊铺机的摊铺速度，碾压机械选型及数量配备见表 13-1。

开级配沥青路面碾压机械选型及数量配备 表 13-1

碾压流程	沥青混合料料上面层	数量配备（台）
初压	110 型双钢轮静压路机	1
复压	130 型双钢轮静压路机	2
终压	110 型双钢轮静压路机	1

四、乳化沥青洒布车

进行乳化沥青下封层（防水层）施工时，应采用专用洒布车洒布。乳化沥青要按设计量均匀洒布，并控制油温。

第二节　施工温度控制

开级配沥青混合料的温度控制是施工中的关键和难点。开级配沥青混合料使用的粗集料较多，拌和温度较难控制，施工时应对喷油器的燃料供给严加控制，一般情况下不提倡采取提高细集料供给量使细集料产生溢仓的方法控制加热温度。集料的温度检验应分为加热仓出口集料温度检验和混合料出厂温度检验。

一般情况下，开级配沥青混合料在普通沥青混合料施工的温度基础上提高 10 ~ 20℃。具体地讲，开级配沥青混合料在施工中各阶段的温度控制如下：

（1）改性沥青加热温度 160 ~ 165℃；

（2）集料加热温度 190 ~ 200℃；

（3）混合料出厂温度 175 ~ 185℃；

（4）混合料最高温度（废弃温度）不高于 195℃；

（5）混合料储存运输温度损失不超过 10℃；

（6）摊铺温度不低于 160℃；

（7）初压温度不低于 150℃；

（8）复压温度不低于 130℃；

（9）碾压终了温度不低于 100℃；

（10）开放交通温度不高于 50℃。

第三节　混合料的拌制

拌制开级配沥青混合料和普通沥青混合料大致相同，但在生产中必须注意以下两个问题。

（1）沥青混合料应在最适当的“温度管理”和“品质管理”之下进行。具体地讲，由于开级配沥青混合料空隙率较大，且使用了黏度较大的改性沥青，因此必须提高混合料拌和温度，确保出厂温度在 175 ~ 185℃之间；同时混合料中粗集料用量很多，易产生沥青的析漏和粗细集料颗粒的离析，因此，此种混合料的质量管理尤为重要。要解决这一问题，宜随拌随用。如因生产或其他原因需要短时间储存时，储存时间不宜超过 24h，储存期间温降不应超过 10℃。

（2）纤维稳定剂的添加。开级配沥青混合料在生产过程中要添加纤维稳定剂，添加方法分为人工和自动两种形式。添加时根据所使用的拌和机每盘生产能力，计算出每盘所需用量，预先将纤维稳定剂装在小盒中，通过拌和楼上方口加入。加料要迅速，添加时间应控制在称量过的加热集料放入拌和缸的期间，先将集料与纤维干拌，干拌时间根据实验室结果和试拌情况确定。对于 VIATOP80 添加剂，其干拌时间较普通沥青混合料延长 20～30s。因此，与生产密级配沥青混合料相比，生产开级配沥青混合料的沥青拌和设备的生产能力会降低 40% 左右。

第四节　运输与摊铺

一、运输

开级配沥青混合料空隙率较大，因此混合料的温度下降速度比普通沥青混合料快，故在运输过程中应注意以下几点。

（1）开级配沥青混合料应采用自卸车辆运输，车辆应清洁，防止混合料发生变化。车辆的数量应与摊铺机的数量、摊铺能力、运输距离相适应，在摊铺机前应形成一个不间断的供料车。

（2）为便于卸料，沥青混合料运输车的车箱底板和侧板应抹一层隔离剂，并排除可见游离余液。使用油水混合液作隔离剂时，应严格控制油与水的比例，严禁使用纯石油制品。由于隔离剂对沥青可能有稀释作用，应控制使用量。

（3）运料车装料时，应通过前后移动运料车来消除粗细料的离析现象。一车料最少应分 3 次装载；对于大型运料车，可分多次装载。

（4）开级配沥青混合料应采用双重保温布进行覆盖，以防温度下降。当在外界气温较低或风力较大的情况下运输时，应加盖多层保温布。当气温低于 10℃ 或大风导致混合料降温过快时均不应施工。

（5）为了保证均匀、连续摊铺，在摊铺机前应至少保证有 3 辆以上的运料车等候卸料。卸料时，在距摊铺机前 20～30cm 处空挡停车，不得碰撞摊铺机。铺筑中由摊铺机顶推车辆同步前进。

二、摊铺

开级配沥青混合料的摊铺与普通混合料一样，但应注意以下几点。

（1）摊铺温度对于开级配沥青混合料的摊铺质量至关重要。为防止降温速度过快而造成压实困难，开级配沥青混合料的摊铺温度应较普通沥青混合料高。而且，在摊铺前，摊铺机熨平板必须先预热 40min 左右，使熨平板温度达到 100℃ 以上。

（2）摊铺机的作业选择应考虑工期要求、质量要求及拌和机生产能力、压路机生产能力、气候特点、混合料类型等诸多因素，将摊铺速度控制在 2～3m/min。

（3）混合料应在路拱一侧全宽度摊铺，且在纵横施工缝接头处不可有多余的沥青或其他结合料，以免阻碍面层内部的排水。

（4）由于开级配沥青混合料粗集料多，应调整好振捣和振动级数，以确保足够的初始密实度和振不碎集料。一般调整摊铺机振捣和振动级数为 5 级。

（5）若采用两台摊铺机梯队联合摊铺，靠边缘的摊铺机走在前面，采用超声波非接触式平衡梁找平，另一台摊铺机紧跟后，相隔3～5m，纵缝重叠10cm左右，内侧采用纵波仪在已铺面上行走。

第五节　混合料的碾压

在我国，对开级配沥青路面的研究还很少，其压实机械，压实温度，压实行走速度、遍数以及获得的密实度等都需要通过试验得出。施工时可以参考下述的压实方法。

一、碾压温度的确定

1.初压温度的确定

沥青的黏度随温度的变化而升高或降低，不同种类沥青的黏度受温度的影响也不同。初压时，应避免温度过高或过低。当初压温度过高时，沥青的黏度较低，混合料易错位和活动，摊移现象严重，且容易出现裂纹；而当初压温度过低时，沥青黏度增高，则难以压实，如果过度碾压，会出现开裂破坏现象。因此，实际工作中应根据沥青的性能，采用赛波特黏度进行黏度试验，求出黏度—温度关系曲线，结合施工现场的气温、地温、风力等因素，一般当施工气温为20℃时，初压温度为145～150℃。

2.复压温度的确定

开级配沥青路面的降温速度较普通沥青路面快很多，因此施工时，复压应紧随初压工序进行，压实路段不宜过长，以保证复压的温度。根据实际情况以及取芯后压实度的数据，复压的温度应控制在135～150℃之间。

3.终压温度的确定

根据施工现场的气温、压实路段的长度以及消除轮迹的情况，确定开级配沥青路面的终压温度，应控制在90℃以上。

二、压路机行驶速度

压路机的行驶速度应根据摊铺机的摊铺速度和混合料压实控制温度来确定，同时对于初压、复压和终压，压实速度应有所不同。根据现场压实情况观测以及取芯结果，所采用的压实速度见表13-2。通常，在工程开始时难以确定压实遍数，而在压路机类型、压实速度、混合料的有效压实时间、气候、混合料类型等要素确定后，才可通过试验段确定压实遍数。对于开级配路面还应根据实验室的实际情况最终确定压实遍数（表13-2）。

开级配路面压实指标　　表13-2

碾压流程	压路机型号	压路机行车速度（km/h）	碾压遍数（遍）
初压	110型双钢轮静压路机	2～3	2～3
复压	130型双钢轮静压路机	2.5～3.5	4～6
终压	110型双钢轮静压路机	2～3	2～3

三、压实技术

除了碾压温度、速度和遍数等特殊因素外，开级配沥青路面的碾压工艺与普遍沥青路面的压实工艺基本相同，但开级配沥青路面的碾压应遵循“紧跟、少水、均速、慢压”的原则。

（1）初压必须紧跟摊铺机，尽快完成，要求初压必须有2台双钢轮压路机（10～12t）。

(2)上面层压实时压路机应尽量少喷水，喷水时应呈雾状。为了防止粘轮现象，也可用喷雾器将水、稀释液等薄薄地喷洒在碾压轮上。

(3)上面层当采用分段碾压时，分段不应明显，压路机每次往返时，不能停在同一断面附近。

(4)在有超高的路段施工时，应先从低的一边开始碾压，逐步向高的一边碾压。

第六节　接缝处理技术

接缝处理是开级配沥青面层施工工序中的重要一环，包括纵向接缝和横向接缝。接缝处理不好，易在接缝处产生凹凸，致使平整度不良，造成接缝跳车；或由于接缝处压实度不够和结合强度不足而产生裂纹。

一、接缝的一般原则

(1)施工中应尽量减少接缝。如无特殊情况，每天的施工不得间断，两台摊铺机在不影响作业的情况下应尽量缩短距离，摊铺机相距宜为15～30m。纵缝应在较高温度下碾压结合密实。

(2)在接缝处施工时，应对接缝清扫后进行加温处理，加热温度应达到100℃左右后才可摊铺排水性混合料。应对混合料及时压实，使之相互密接。

(3)按照接缝的方向接缝有横向接缝与纵向接缝两种。施工中横、纵接缝都应采用热接缝的方法。

二、横向接缝基本要求

横向接缝通常指每天的工作缝或由于正常摊铺过程中遇到特殊情况而使摊铺中断，情况消除后再开始摊铺的接缝。横向接缝的处理有三个要点，即正确的接缝位置、接缝方式和施工方法。

1. 接缝位置

在施工结束时，摊铺机在接近端部约1m处将熨平板稍微抬起驶离现场，用人工将端部混合料铲齐后再碾压。然后用3m直尺检查平整度，并找出表面纵坡或铺层厚度开始发生变化的横断面(至少离摊铺沥青混合料尾部约1m处)，趁尚未冷透时用切割机将此断面切割成垂直面，并将切缝靠端部一侧已铺的不符合厚度平整度要求的尾部沥青混合料全部铲除，与下次摊铺时成平缝连接。

为便于铲除混合料，在摊铺邻近结束时，可事先在预定摊铺段端约1m长的摊铺宽度范围内铺一层牛皮纸、麻袋，再摊铺沥青混合料；或在摊铺前泼洒足量的水，以破坏其与基层的黏结，同时在刚铺好未压实的混合料上泼浇足够的水，使其冷却，破坏其整体黏结。然后再碾压密实，待混合料稍冷却后，确定切割位置。切割后将尾部混合料铲除，铲除后需立即对切割面清洗，在下段继续摊铺前，要在完全干燥的切割面上涂刷黏层沥青，以增加接缝处新旧铺筑层间的黏结。

相邻两幅和上下两层的横向接缝均应错位1m以上。

2. 接缝方式

为保证接缝的压实度、平整度、外容美观，建议面层均采用垂直的平接缝。

3. 施工方法

(1)摊铺

摊铺机起步前应在凉的接缝上预热30min以上,并用温度最高的一车料开始摊铺,这样有利于提高接缝温度,也有利于整平压密接缝处混合料。摊铺时一定要严格控制好松铺系数,不得摊铺过厚。新铺面与已铺的冷料面重叠5cm左右,碾压前用耙子或扣锹剔除重叠部分粗料,搂回细料,整平接缝并对齐。

(2)碾压

《公路沥青路面施工技术规范》(JTG F40—2004)要求跨缝碾压。压路机大部分钢轮应在冷料面上,新铺面第一次压15~20cm,以后逐渐压向新铺面。振动复压一遍后,用3~6m直尺检查,一般情况下,接缝处仍会高一点,然后重点对这个部位再进行横向碾压,一定要控制不能振低,同时继续进行纵向碾压的剩余工作。当终压完成后,再次检查,有不合格部位(超过2mm的部位)可用重型压路机找平。

还有一种斜角碾压方法,经施工实践证明也能满足要求,达到理想效果。其具体做法是:将压路机(振动型最好)置于冷料面接缝中央,分两个方向与接缝呈45°角逐渐向两侧平行碾压[图13-1a)、b)],使过量的混合料从未压实的料向两侧推挤,然后再纵向碾压。在碾压过程中,要检验平整度、接缝外观,低凹、离析处可用细料弥补、修饰,以达平整密实效果。

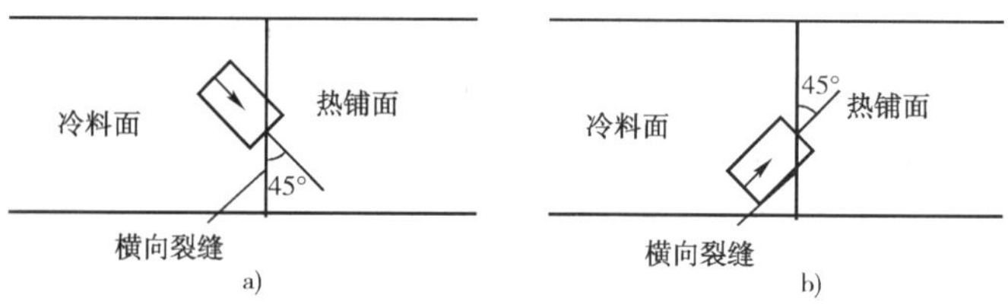

图13-1　压路机与接缝呈45°角向两个方向碾压的示意图

当纵向相邻摊铺层已成型,同时又有纵向接缝时,应先进行纵缝的施工处理,然后再处理横向工作缝,做横向碾压。斜角碾压方法则是与横向接缝呈45°角向单侧(路面外侧)逐渐平行碾压(图13-2),最后进行正常的纵向碾压。

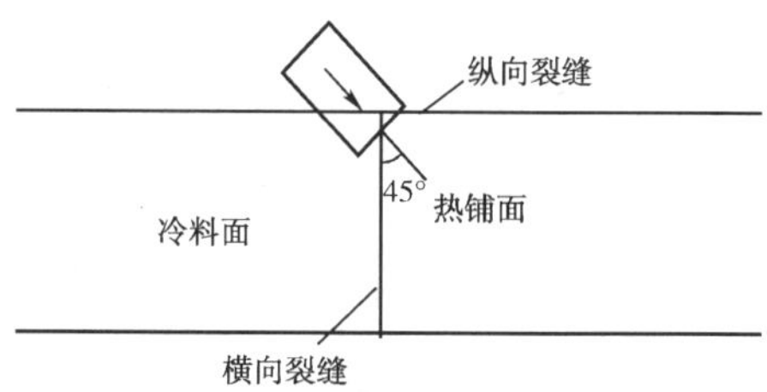

图13-2　压路机与接缝呈45°角单向碾压的示意图

三、纵向接缝基本要求

纵向接缝有热接缝和冷接缝两种,开级配沥青路面通常采用热接缝。热接缝,即使用两台以上摊铺机成梯队同步摊铺沥青混合料,此时两条相邻摊铺带的混合料都处于压实前的热状态,所以纵向接缝易于处理,且连接强度好。热接缝施工应注意以下几点:

(1)两台摊铺机的结构参数和运行参数应调整相等(最好选择同品牌、同型号、同性能的摊铺机)。

(2)相邻两幅的摊铺应有5~10cm宽度的摊铺重叠。

(3)相邻两台摊铺机同时摊铺时,应采用梯形作业,图13-2压路机与接缝呈45°角单向碾压的示意前后距离宜为5~10m,否则会造成前面摊铺的混合料冷却,不能保证沥青混合料在高温状态下相接。

(4)后一台摊铺机靠接缝一侧宜拖一热熨斗,后者跨接缝行走,熨平接缝。

(5)上下层的纵向接缝应错开15cm以上,表面层的纵缝应顺直,且宜设在路面标线处。

第七节　开放交通及其他

OGFC路面施工结束后,应在路表温度下降到50℃以下,方可开放交通。如急需开放交通时,应洒水冷却。当发现某些改性沥青OGFC沥青面层在开放交通后有发软的迹象,或大吨位运料车转弯时出现掉粒、轮印等情况时,应加强早期交通的控制。

铺筑好的沥青层应严格控制交通,做好保护,保持整洁,不得造成污染,严禁在沥青层上堆放施工产生的土或杂物,严禁在已铺沥青层上拌制水泥砂浆。

第十四章 Superpave 混合料路面的施工

1987 ~ 1993 年,美国耗资 1.5 亿美元开展了公路战略发展计划(SHRP)。Superpave 技术作为美国 SHRP 计划的重要成果也被引入了中国。Superpave 沥青混合料的突出特点是:抵抗车辙的能力强;有良好的密实性,基本不透水;能有效地防止和减少水损坏,使用寿命比普通沥青混凝土长;有较好的构造深度。但是它又与普通密级配混合料不同,其具有较高粗集料和较低沥青含量,其最大特点是难压实和温度敏感性高。

第一节 施工温度控制

Superpave 沥青混合料的温度控制是施工中的关键和难点。Superpave 沥青混合料使用的粗集料较多,拌和温度较难控制,施工时应对喷油器的燃料供给严加控制,一般情况下不提倡采取提高细集料供给量,使细集料产生溢仓的方法控制加热温度。集料的温度检验应分为加热仓出口集料温度检验和混合料出厂温度检验。

一般情况下,Superpave 沥青混合料在普通沥青混合料施工的温度基础上有所提高。具体地讲,Superpave 沥青混合料在施工中各阶段的温度控制见表 14-1。

Superpave 沥青混合料在施工各阶段中的温度控制 表 14-1

工序	Superpave 混合料	改性沥青 Superpave 混合料
沥青加热温度	160 ~ 170℃	165 ~ 175℃
矿料加热温度	170 ~ 180℃	170 ~ 185℃
混合料出场温度	160 ~ 170℃	170 ~ 180℃
混合料到场温度	>160℃	>160℃
摊铺温度	>150℃	>150℃
初压结束温度	>140℃	>150℃
复压结束温度	>120℃	>130℃
终压结束温度	≥90℃	>100℃

采用普通沥青的 Superpave 混合料超出 180℃或采用改性沥青时超出 190℃应予以作废料处理。

第二节 混合料的拌和

一、美国关于 Superpave 混合料拌和的经验

在美国,Superpave 混合料与马歇尔混合料的拌和并无大的变化。有些承包商将拌和温度提高 5 ~ 8℃, 拌和时间没有改变。但多数承包商反映,Superpave 混合料对级配控制、细料数量及类型、沥青的储存、布袋式储存器等方面细节要求更严格。

二、拌和温度

Superpave 沥青混合料的设计级配一般呈 S 形,因此混合料内摩阻力较大,碾压要比传统的沥青混合料困难得多,需要较高的碾压温度,因此拌和时应将集料及沥青加热至较高的温度。我国《公路工程沥青及沥青混合料试验规程》(JTJ 052—2000)与 Superpave 方法中都一致认为拌和温度应控制黏度在 0.17Pa·s ±0.02Pa·s,初压温度应控制黏度在 0.28Pa·s ±0.02Pa·s。因此,应求得温度与黏度间的关系。对此关系,国际上有各种不同的表达式,最为普遍应用的是 Saal 公式,它适用于所有石油产品,对石油沥青可简化为:

$$\lg(\eta\times10^{3})=a-b\lg(273+t) \tag{14-1}$$

式中:η——黏度,Pa·s;

t——温度,℃。

拌和温度应根据室内黏温曲线确定,沥青的黏温曲线一般用 Brookfield 黏度计测定,与普通沥青混合料相比,Superpave 沥青混合料的拌和温度要高 5~10℃。

三、拌和

采用产量大于 320t/h 间歇式拌和站,拌和速度和掺量应与摊铺和压实机械相适应。在间歇式拌和站热料仓内细集料仓大约占总热料仓体积的 50%,剩下的三个热料仓占总体积的 50%;而 S 形级配混合料中粗集料较多,特别是中间集料,这样热料仓筛孔的设置将非常重要。热料仓和冷料仓进料要相匹配,防止待料,尽量减少溢料,应配有 80t 以上热储料仓。拌和站应配备自动逐盘记录设备,以打印沥青混合料的热料仓配比和拌和温度,还应具有先进的计量、控温、计时设备,可以对混合料进行精确的配比和拌和。粉尘回收装置也是拌和楼必不可少的,回收后的粉尘不能作为矿粉添加到混合料中。在生产中为了尽可能消除集料中粉尘的影响,控制风门完全开启,负压控制在 22~26mmHg。

沥青混合料的矿料级配以生产配合比为准,每天进行抽提试验进行检查,要求 0.075 mm 筛孔通过率控制在 ±2% 以内,其他筛孔的通过率控制在 ±4% 以内,油石比误差为 ±0.2 %。

为了防止出现花白、离析、结团、结块、沥青过热发焦等现象,使集料的所有颗粒均匀覆盖结合料,保证拌和效果,一般拌和楼的时间参数设置见表 14-2 所示。沥青拌和楼通过试拌确定拌和机的上料速度。拌和楼启动前,发出信号,使各岗位工作人员就位,确认全部准备工作就绪后正式起动。对各部分的起动严格遵守操作规程,按料流方向顺序进行。采用轮胎式装载机将 1~4 号集料投入相应料仓,拌和楼运行中经常检查各料仓的储备情况,如因上料速度等原因造成各仓严重不平衡,应及时停机。

拌和楼时间参数设置 表 14-2

动作	时间(s)	动作	时间(s)
延时喷沥青	2	脉冲吹扫	17
延时放矿粉	10	开成品门	5
喷沥青	14	斗车卸料	5
称热粉时间	6	纯拌时间	18

为了保证矿粉能够均匀地分布在沥青混合料中,先将热集料放入拌和锅中进行干拌,再喷入热矿粉,继续干拌 5s,使矿粉能够充分地裹覆在集料表面。最后打开沥青门,喷入热沥青,进行湿拌 25 s。这样生产出来的混合料矿粉分布均匀,且杜绝了花料及拌和不均匀的现象。

拌和出来的沥青混合料即通过提料斗转移至储料仓。储料仓设置加热系统，以维持混合料的温度。为了避免出料造成混合料离析，应注意出料方式，一般采用三次卸料比较合理。改性沥青的 Superpave 混合料应根据拌和机机型适当延长拌和时间。Superpave 混合料运到工地前应检查出料温度，发现温度过高或过低时及时通知拌和站控制室，以便及时调整混合料的拌和温度，保证出料温度稳定。

拌和结束后，停止供给冷料并空转滚筒 30min。滚筒空转时须加大风机的风门，尽快驱除筒内的废气，并使滚筒冷却。将热料仓中的余料放入拌缸中干拌后放空，起到刷净拌缸内残余沥青的作用。拌和设备每次作业结束后，应使泵反转以排出管道中的残余沥青，防止沥青冷却后堵塞管路。

第三节 混合料的运输

Superpave 沥青混合料的运输车辆配置应结合拌和产量、运输距离、摊铺碾压速度等因素，确保将拌制好的混合料及时送至摊铺现场，在摊铺机前经常保持 4 ~ 5 辆待卸车，同时满足拌和、摊铺的连续进行，不因车辆少而造成停工待料。运输车辆必须打扫干净，必要时用高压水冲洗，确保无杂物和冷沥青料。为防止沥青混合料与车箱板黏结，在车箱板侧板和底板喷涂柴油水混合液，并确保车箱底板无残积液。沥青混合料装车时，为减少沥青混合料的粗细颗粒离析现象，装料过程中料车应前后移动位置，避免料堆过高粗料滚动而造成离析。为了便于检测混合料温度，所有料车必须预设测温孔，对于无测温孔车辆，不允许用于高速公路沥青混合料的运输。

运输车辆应按照前、中、后的顺序进行装料，并保持运输车中轴线与拌和机卸料斗中线一致，减少 Superpave 混合料的离析。

当运输距离长或风力大时，运输车应采取保温覆盖措施，避免表面 Superpave 混合料温度降低过快而结成硬壳及温度损失，影响其摊铺性能。改性沥青混合料采用三层覆盖，即两层油布间夹一层棉被，可起到了良好的效果。棉被不宜直接覆盖在热料表面，因在长期高温作用下，棉被会破损，造成棉花混入混合料中，影响混合料品质。如果到场混合料的颜色不均匀，有花白料、结团或有严重离析现象，温度低于 140℃ 或高于 190℃ 必须废弃；对已结块或已遭雨淋的混合料也须作废弃处理。摊铺现场设专人负责指挥车辆停放待卸料位置，一般在摊铺机前 10 ~ 30m 前停住，向摊铺机受料口卸料时避免撞击摊铺机，卸料过程中运料车靠摊铺机推动前进。

第四节 混合料的摊铺

一、下承层的准备

下承层施工前，应提前至两天检查下封层质量状况和层间黏结情况，检查路缘石安装情况，有无平面移位、损坏、污染、破损、质量缺陷等问题，确保摊铺前处理结束。

长期养生的二灰碎石经温湿作用，强度形成良好，尤其是经过覆盖过冬保护的二灰碎石，表面平整、坚硬，颜色类似水泥混凝土路面表面。对有二灰碎石表面局部颗粒松动的段落认真处理，采用人工配合机械的方法，彻底清除松动颗粒，直至坚硬二灰碎石层松动颗粒处理结束后，清扫浮尘，然后进行下封层施工。

在进行下封层表面的清扫前，首先认真检查下封层与二灰碎石表面黏结情况。下封层表面检查采用一字形螺丝刀，用力挑起下封层，如下封层表面被成片挑起，则说明下封层和二灰碎石之间连接不好，需将这些下封层予以清除，处理二灰表面松动颗粒直至坚硬层，重新补打下封层。

下层施工时，须将表面浮动的多余石屑清扫干净，并使用森林灭火器将浮灰吹干净，认真清扫下封层表面，高压水冲洗泥土、杂物等污染的下基层表面。局部已被严重剥落的下封层，须重新补做。对于封层施工结束时间与试铺时间相隔较长的段落，试铺前需对下封层喷洒少许黏层油(乳化沥青)，以便更好黏结，加强整体性。黏层油喷洒量按0.2~0.3kg/m^{2}来控制。

中、上面层施工前2~3d，也要对下承层进行类似的检查和清理，对于表面轻度柴油污染，如滴油、小片油团，人工凿除至无污染层，补洒黏层油；对于大面积柴油污染，表面石子有明显松散的区域，整块切除至下层，在四周及层底补洒黏层油，并用沥青混合料填补，采用小型压路机碾压至要求密实度。下承层的检查还要检查钻芯的孔洞，钻芯孔洞采用细粒式沥青混凝土填补，确保密实，修补表面略高，确保孔洞不积水蓄水。

中、上面层施工前1d，要对拟施工段落洒布黏层油，可采用70号快裂乳化沥青，洒布量控制在0.2~0.3kg/m^2；对于桥面、通道顶面、污染、下层横向接缝处洒布量可控制在0.3~0.4kg/m^2。

二、摊铺前的准备工作

1. 机具准备

高速公路沥青路面摊铺一般采用两台同型号的进口摊铺机拼幅摊铺，为防止三层沥青在拼幅施工纵缝处重叠，两台摊铺机拼幅施工中采用不等宽摊铺，使下、中、上摊铺机接缝处相互错开。如下面层两台摊铺机内外侧摊铺宽度分别为5.5 m、6.5 m；中面层是6.5 m、5.5 m；上面层是5.5 m、6.5 m。松铺系数采用压实前后高程差进行确定，每10 m取一基准断面，每一断面取三点，分别距离中央分隔带3.0m、6.0m、9.0m。摊铺所用的机械可参考OGFC沥青混合料摊铺所用的机械。

2. 摊铺控制

下面层的纵坡基准面采用高程控制，中、上面层采用平整度控制。因此，下面层摊铺中，摊铺机的纵坡采用走钢丝控制高程。前行摊铺机采用单纵坡控制，后行摊铺机采用双纵坡控制中、上面层摊铺中，前后行摊铺机均采用平衡梁控制高程。

3. 摊铺速度的确定

依据不间断原则确定摊铺速度，摊铺机速度参考式(14-2)计算值并结合现场情况决定。

$$v=\frac{100\times Q\times e}{60\times D\times W\times T} \tag{14-2}$$

式中：v——摊铺机速度，m/min；

e——效率系数，根据材料供应、运输能力等配套情况确定为0.6 ~0.8；

D——压实混合料的密度，t/m^3；

Q——拌和机生产率，t/h；

W——摊铺机宽，m；

T——压实成型的平均厚度，cm。

4. 松铺厚度确定

摊铺机开始工作前，事先准备 2 ~ 3 块坚硬的长方形垫木，垫木宽 5 ~ 10cm，长与熨平板纵向尺寸相同或稍长，厚度为计算的松铺系数。将摊铺机停置于摊铺起点后，抬起熨平板，把垫木置于熨平板的下面，因是加宽熨平板，垫木放在加宽部分的近侧边处。

摊铺层的厚度是由熨平板的仰角所决定的，故调整好工作仰角 α 的初始值至关重要。中、下面层摊铺时熨平板初始工作角 α 标尺数值设为 0。为了防止离析，建议将螺旋布料器调至低位，即螺旋布料器中心线距底面 310 mm。混合料摊铺过程中各参数设置见表 14-3。

摊铺各参数设置 表 14-3

参　　数	摊铺速度(m/min)	预夯锤行程(mm)	主夯锤行程(mm)
Superpave 沥青混合料	2.0 ~ 4.0	4.0 ~ 5.0	4.0 ~ 5.0

第五节　混合料的碾压

一、美国关于 Superpave 碾压的经验

美国关于 Superpave 施工谈论最多的是关于 Superpave 混合料的压实，即混合料在 90 ~ 110℃左右，钢轮碾压中发生推移现象。70% 的承包商表示较难达到特定的压实度，原因是粗集料的增多和层厚的增加。尽管有些困难，但 85% 的用户表示可以获得一致的压实度，90% 的用户反映按照过去的经验即可满足混合料的压实，同样 90% 的用户认为压实度的变异性和马歇尔混合料一样，40% 的承包商认为 Superpave 混合料降温速度要快于马歇尔混合料。总的说来，承包商反映 Superpave 混合料的压实要较马歇尔混合料困难，碾压的关键在于些细节的处理。

二、路面压实度的控制

压实控制研究发现，只有当沥青混凝土路面的原位空隙率小于 8% 时，路面才能做到基本不透水。为了防止水损害的出现，工程中压实度控制采用了“双控”的措施，即路面压实度要求达到理论最大密度的 94% ~97%，控制现场路面压实后的原位空隙率在 3% ~6%。理论最大密度测定方法对于最大理论密度影响很大，并最终会影响到混合料空隙率的计算和路面质量的控制。目前常用的办法有计算法和实测法。计算法由于不能精确地判断集料有效密度的大小而不易准确获得。抽真空实测法操作简便，可以相对比较真实地反映混合料最大理论密度的情况，国内大量的同类研究也证明了这一点，因此，在施工控制中最大理论密度的确定应以抽真空法为准。

三、碾压机具的组合

碾压机具组合及混合料的碾压，首先要根据试铺确定碾压组合，并由此指导施工。碾压机械组合可具有多样性，并不是单一或唯一的。碾压的目的是在规定温度下完成路面碾压，使路面达到要求的密实度和平整度即可。只要能达到此要求的碾压组合均是合理组合，均可以使用在碾压中。鉴于 Superpave 沥青混合料较难压实，在沥青混合料摊铺后，采用紧跟摊铺机，确保高温碾压的压实碾压工艺，并且缩短碾压作业段长度，但不得使沥青混合料产生推移、开裂。

碾压工艺参数控制见表 14-4。

Superpave 沥青混合料的碾压方案 表 14-4

压路机类型	初压	复压	终压
	适宜	适宜	适宜
双钢轮压路机(速度)	1.5 ~ 3km/h(2 台、13t)	—	2.5 ~ 3.5km/h(1 台、11t)
轮胎式压路机(速度)	—	1.5 ~ 2.5km/h (2 台、26t,1 台、20t)	—
碾压方式及遍数	2 ~ 4 遍,前进和后退均为振动	4 ~ 6 遍	2(静)
碾压温度(℃)	≥140	≥120	≥90

四、混合料的碾压要点

Superpave 混合料与传统 AC Ⅰ型混合料相比,粗集料比例较大。对于粗集料比例大的沥青混合料,必须增大压实功,才能获得所需的密实度。一般来说,沥青混合料的温度低于 100℃时,碾压已起不到提高压实度的作用,摊铺结束到降温至 100℃的时间段就是有效压实时间。有效压实时间与气温、摊铺温度、下层温度等有关。铺层越厚,混合料冷却速度越慢,有效时间也越长;铺层越薄,有效压实时间也越短。

初压一般均使用双钢轮压路机静压或去静回振 1 遍,初压一般不用胶轮压路机。用胶轮压路机初压,虽然不容易产生混合料的推移现象,但在低温季节或大风大气,降温速率快时,胶轮轮迹很深,很难消除,因此建议一般初压使用双钢轮压路机静压。复压一般先使用双钢轮压路机振动碾压。国外的研究表明,振动碾压是最有效的压实方式。仅用 2 台胶轮压路机无法使路面压实度达到 95% 以上,而用振动碾压 2 ~ 4 遍就可以将压实度提高到 96% ~ 98%。国外研究认为,振动压路机是沥青混凝土路面复压的最好机型。但是,钢轮压路机碾压后,铺层表面会产生热裂纹现象,这时利用胶轮压路机的搓揉碾压作用,可以有效消除面层表面的这种热裂纹。

终压采用双钢轮压路机静压 1 ~ 2 遍。终压不能起到提高路面压实度的作用,其目的是消除胶轮碾压的轮迹。终压压路机要求钢轮较宽,碾压速度不宜过快。

五、碾压中应注意的问题

(1)压路机折回处不在同一横断面上,而是呈阶梯形随摊铺机向前推进。

(2)当有粘轮现象时,可向碾压轮一钢轮均匀喷洒少量掺加洗衣粉或清洗剂的水,向胶轮人工均匀涂刷少许植物油;不得向碾压轮喷洒柴油或涂抹柴油与水的混合物。

(3)在钢轮碾压过程中,其喷水装置应尽量调呈雾状向碾压轮喷水,在保证不粘轮的前提下,尽量减少喷水量;且尽量保持连续作业,高温碾压,以减小碾压轮和路面温差减少粘轮现象。

六、不稳定区的压实

有些 Superpave 混合料在 93 ~ 115℃左右存在一个不稳定区,即在这个温度范围以上或以下都可以很好的压实,但在这个温度范围内混合料是不稳定的,无论采用何种压实方式都难以获得足够的压实度。

从理论上讲,当混合料有不稳定区存在时,解决的方法有三种:一是在混合料温度下降至不稳定区前完成碾压,这需要增加压路机的数量或提高混合料的拌和温度。显然过高的提高拌和温度是不适宜的,因此只能采用增加压路机的数量的方法来达到这一目的。二是在不稳定区以上采用振动钢轮压路机进行碾压,当混合料温度下降至不稳定区以后使用胶轮压路机碾压,终碾可以在混合料冷却到不稳定区以下时进行。三是在不稳定区以上用钢轮压路机进行初压,然后在混合料温度下降至不稳定区以下时完成全部压实过程。综合考虑三种方法,第二种方法最好,即当混合料的温度降至不稳定区时,改用胶轮压路机进行碾压能取得最好的效果。

第六节　施工接缝处理

接缝包括纵向接缝和横向接缝。接缝处理不好,易在接缝处产生凹凸,致使平整度不良,造成接缝跳车;或由于接缝处压实度不够和结合强度不足而产生裂纹。

Superpave 沥青混合料面层接缝的一般原则首先要按照《公路沥青路面施工技术规范》(JTG F40—2004)的要求进行施工,沥青路面的施工必须接缝紧密、连接平顺,不得产生明显的接缝离析。上下层的纵缝应错开 150mm(热接缝)或 300 ~ 400mm(冷接缝)以上。相邻两幅及上下层的横向接缝均应错位 1m 以上。接缝施工应用 3m 直尺检查,确保平整度符合要求。

一、纵向施工缝的处理

将已铺混合料部分留下 10 ~ 20cm 宽暂不碾压,作为后铺部分的高程基准面,并有 5 ~ 10cm 左右的摊铺层重叠,以热接缝形式在最后做跨接缝碾压以消除缝迹。在变宽路段,尽量采用热接缝形式,以跨缝碾压方式消除缝迹。若纵向缝使用冷接缝,按有关要求施工。

二、横向施工缝的处理

采用平直接缝,切缝时间宜在混合料尚未冷却、结硬之前进行。横缝位置的选定应保证其最端部横向边缘的厚度、平整度满足要求,用切缝机踞齐,形成垂直的接缝面;在继续摊铺时,先涂抹少量黏层沥青,然后用双钢轮压路进行横向碾压,碾压时压路机应位于已压实的面层上,错过新铺层 15cm,然后每压一遍,向新铺层移动 15 ~ 20cm,直至全部在新铺层上,再改为纵向碾压。

在冷接缝及构造物两端连接处,采用相对细的沥青混合料人工摊铺,精心施工,连接平顺、保证接缝处压实良好、基本不渗水。

第七节　开放交通及其他

Superpave 路面施工结束后,应在路表温度下降到 50℃ 以下,方允许开放交通。如急需开放交通时,应洒水冷却。当发现某些改性沥青 Superpave 沥青面层在开放交通后有发软的迹象,或大吨位运料车转弯时出现掉粒、轮印等情况时,应加强早期交通的控制。

铺筑好的沥青层应严格控制交通,做好保护,保持整洁,不得造成污染,严禁在沥青层上堆放施工产生的土或杂物,严禁在已铺沥青层上拌制水泥砂浆。

第十五章　沥青再生的施工方法

第一节　沥青再生方法

美国沥青再生利用协会(ARRA)将各种沥青再生方法分成五大类,分类如下:

(1)冷刨法(Cold Planning,CP);

(2)热再生法(Hot Recycling,HR);

(3)现场热再生法(Hot In-Place Recycling,HIP);

(4)冷再生法(Cold Recycling,CR);

(5)全厚再生法(Full Depth Reclamation,FDR)。

这五大类沥青再生方法还可进一步细分,具体细分如下:

(1)现场热再生法(HIR)分为①表面再生法;②复拌法;③重铺法。

(2)冷再生法(CR)分为①现场冷再生法(CIR);②厂拌冷再生法(CCPR)。

(3)全厚再生法(FDR)分为①粉碎法;②机械稳定法;③沥青稳定法;④化学稳定法。

此外,对于某些道路维修工程可以联合使用这些沥青再生方法。

一、冷刨(CP)

冷刨是指使用专门设计的设备,有控制地剥离现有路面达到合适的深度、纵断面和横坡,经处理后形成的纹理表面可立即用作行驶面,也可用其他沥青再生方法进一步处理,或经清扫和喷洒黏结层后加铺 HMA 或再生混合料。此外,CP 可用于不平整的路面以恢复摩擦系数和消除滑溜。

现代的冷刨机或铣刨机具有大直径旋转滚筒或带有"刀具、转筒和回转轴"的"切割室"。刀具是专门设计的可替换碳化钨刀,用于铣刨现有路面。在铣刨操作时需加入少量的水,以减少灰尘量和延长刀具的寿命。

CP 过程中产生的 RAP 用铣刨机装载到拖车上运走,然后 RAP 用 CCPR 或热再生法进行再生。RAP 也可作为基层集料用于道路施工和加宽、沟渠衬砌料、路面修补料或砂石路上的无尘路面。RAP 用作基层集料或类似材料是再生的一种形式,但是用于 CCPR 或再生混合料的附加值会更高。

CP 的优点如下:

(1)可消除车辙、波浪、老化路面和(或)老化沥青;

(2)可纠正纵断面和横坡;

(3)恢复排水;

(4)除去整个沥青结构,以便在道路重建或路肩加宽工程中进一步再生;

(5)可在加铺 HMA 前去除裂缝密封剂或密封层;

(6)提高摩擦系数;

(7)清除路缘建筑以恢复道路高程；

(8)为其他类型沥青再生方法进行之前准备路表面；

(9)相对于其他重建方法节约了能源；

(10)提高工程效率和现有材料的再利用；

(11)高生产率，低交通延误。

二、热再生

热再生是将 RAP 与新集料、新沥青和再生剂(按需要)在工厂混合生产再生混合料的方法。热再生使用传热的方法软化 RAP 以使其与新集料、沥青和再生剂混合，由专门设计或改进的用于热再生的间歇式或连续式拌和厂生产混合料。

RAP 热再生是当前世界上最普遍使用的沥青再生方法。热再生中 RAP 的用量有一定的实际限度，这个限度跟工厂技术水平、RAP 的级配、RAP 中沥青结合料的物理性能和废气排放法规有关。热再生中，RAP 与新集料的比例可高达 85% ~90%，但通常间歇式拌和厂的这个比例大约是 15% ~25%，连续式拌和厂的是 30% ~50%。

热再生的优点如下：

(1)保护不可再生资源；

(2)比其他重建方法节约能源；

(3)消除了传统方法固有的处理问题；

(4)合理选择新集料、沥青和再生剂能更改原集料配合比和解决沥青结合料存在的问题；

(5)保持现有路缘石高度和净空；

(6)具有与 100% 使用新材料铺筑的路面一样的性能，甚至更好；

(7)节约、经济。

三、现场热再生

HIR 就是原沥青路面再生 100% 在现场完成，通常处理厚度为 20 ~50mm，但某些设备可达 75mm。该法先加热和软化原沥青路面以便于翻松或热旋转碾碎到一定深度，然后将翻松的沥青路面充分拌和，随后用常规的 HMA 摊铺设备摊铺和碾压。新集料、新沥青、再生剂和新 HMA 可按需要比例加入。通常新集料或 HMA 添加率根据设备不同，控制在 HIR 混合料质量的 30% 以内。各种材料的添加率根据原沥青路面性能分析及其实验室配合比设计，并符合相应的混合料规范而确定。HIR 法使用一系列设备，如预热机、加热机、翻松机、拌和机、铺路机和碾压机。因此，组合设备被排成相当长的距离，通常称为车组。

依据所使用的工艺，可进一步将 HIR 细分为三类，即表面再生、复拌与重铺。

表面再生是一种用一系列的预热机和加热机加热并软化沥青路面 HIR 法。加热和软化的沥青路面用一系列锋利的耙齿或小直径的旋转刀头翻松达一定处理厚度；翻松路面后添加再生剂(如需要)，充分拌和松散的再生混合料，然后用标准的铺路整平机摊铺。

复拌即加热、软化和翻松原沥青路面，按需要加入新集料、新沥青、再生剂和新 HMA，充分拌和上述混合料。复拌通常用于恢复原路面的性能，需要通过添加新集料、新沥青、再生剂和新 HMA 中的几种或全部以进行重大改进。再生混合料通常用作磨耗层，也可单独进行碎石封层或加铺新 HMA。

重铺法就是将表面再生法或复拌法同时结合铺设一层新 HMA 加铺层。表面再生或复拌层与 HMA 加铺层一起碾压。由于两层之间是热结合并同时碾压,HMA 加铺层厚度比常规薄加铺层要薄。重铺法中,面层再生混合料充当整平层,新 HMA 充当面层或磨耗层。新 HMA 磨耗层的厚度依混合料中集料最大粒径而定,可薄至 20mm 或厚至 75mm。因此,重铺法中整个路面的厚度可以增加很多。

HIR 的优点如下:

(1)保护不可再生资源;

(2)比其他重建方法节约能源;

(3)比其他维修方法减少了汽车载运;

(4)消除了传统方法固有的处理问题;

(5)可处理整个道路宽度或仅处理行车道;

(6)可阻止和填补面层不平整和裂缝;

(7)提高行驶质量;

(8)可消除车辙、坑槽和松散;

(9)保持现有路缘石高度和净空;

(10)可用再生剂再生老化的沥青,以恢复路面柔性;

(11)合理选择新集料、沥青和再生剂能纠正原沥青配合比存在的问题;

(12)可再拌和及重黏结与沥青剥离的集料;

(13) 可恢复路面摩擦系数;

(14) 纵缝热黏结;

(15) 现场施工,减少了交通中断和用户不便;

(16) 施工结束当天即可开放交通,而且很少产生或不产生啃边;

(17)实现了经济节约。

四、全厚再生

FDR 是将全部厚度的沥青路面和预定比例的下卧层材料(基层、底基层和路基)统一粉碎和拌和,以提供升级的、均匀的基层材料的维修技术。FDR 处理道路类似于 CIR,不需要加热。处理厚度视原路面结构不同,通常在 100 ~ 300mm 之间。

FDR 工序由原有材料粉碎回收、加入更多材料(若需要)、拌和、最终混合料的初步成型、碾压、最终成形或整平和加铺沥青面层或磨耗层组成。

原沥青结合层和下卧层材料回收用作粒料路面层,粒料路面层可另外加铺粒状材料或通过加入添加剂或稳定剂来提高。如果回收材料本身没有足够的力学性能和结构强度承载预期荷载,通常需要加入稳定剂。可使用的稳定剂范围很广,可以是干的或湿的,如氯化钙、氯化镁、石灰(熟石灰或生石灰)、粉煤灰(C 型或 F 型)、水泥窑渣(CKD)或石灰窑渣(LKD)、波特兰水泥(干粉或稀浆)、乳化沥青(普通型、高泡沫型、聚合物型)、泡沫沥青或者将这些稳定剂中的两种或两种以上结合使用。如果原有材料不能达到所需的级配、材料性能或厚度要求,则需在 FDR 之前或过程中在道路上添加粒状材料或其他材料。

FDR 装备由复拌设备、稳定剂添加设备、平路机和压路机组成。虽没有 HIR 或 CIR 车组那么长,但通常也称为一个车组。FDR 再生车组的配置并不相同,取决于再生的应用和所使用的稳定剂的类型。

FDR 的优点如下：

(1)保护不可再生资源；

(2)比其他重建方法节约能源；

(3)几乎不需要什么设备；

(4)可消除拥包、车辙、坑槽、坑洞和裂缝；

(5)使用稳定剂可纠正路基缺陷；

(6)合理选择新集料可纠正原集料级配存在的问题；

(7)老化基层通过改造可恢复表面状况和排水；

(8)通过使用稳定剂可使结构大大改善；

(9)可使厚结合层均匀；

(10)磨耗层类型和厚度有更多选择余地；

(11)现场施工和高生产率提高了安全性，减少了交通中断和用户不便；

(12)实现了经济节约。

五、冷再生

CR 就是再生沥青路面过程中无需加热的维修方法。CR 根据所使用的工艺可分成两类，即现场冷再生(CIR)和厂拌冷再生(CCPR)。CIR 法会用到许多的设备，如油罐车、铣刨机、压碎和过筛设备、拌和机、摊铺机和压路机。类似于 HIR，组合设备被排成相当长的距离，通常称为车组。

CR 的优点如下：

(1)保护不可再生资源；

(2)比其他重建方法节约能源；

(3)可消除传统方法固有的处理问题；

(4)可阻止和填补面层的不平整和裂缝；

(5)可消除车辙、坑槽和松散；

(6)不影响基层和路基；

(7)可改善路面横坡和纵断面；

(8)合理选择新集料和稳定剂能纠正原沥青混合料配合比存在的问题；

(9)重要结构处理和提高行驶质量；

(10)现场施工和高生产率提高了安全性，减少了交通中断和用户不便；

(11)实现了经济节约。

第二节　厂拌热再生施工

厂拌再生施工包括现场旧料的回收、集中加热拌和、运输、摊铺、碾压等几个步骤。与常规的沥青混合料施工相比，主要增加了旧料回收，以及集中拌和时的冷料加热装置和输送装置。其整个的施工工艺流程如图 15-1 所示。

由图 15-1 可知，再生沥青路面的施工工艺与普通沥青路面的施工工艺相比，在再生沥青混合料的拌和上复杂程度大大增加。如何确保旧沥青混合料的再生质量是加热拌和中需要重点考虑的问题。

一、旧料回收

沥青路面再生利用的第一步必须进行旧料的有效回收，包括旧料的铣刨、破碎和筛分储存等步骤。通过铣刨装置可以回收一定厚度的路面材料，同时保证其下的路面结构具有一定的横坡度。旧料回收以后，可以就地或运到工厂内，对旧料进行破碎，要求 25mm 筛的通过率为 100%。在现场铣刨旧料时，由于旧沥青面层和基层有一定的黏结力，可能会将基层的少部分混合料带上来，此时必须对基层的混合料进行区分，剔除其中的杂质，以保证再生沥青混凝土的质量。破碎后的旧料堆放场地应加盖顶棚，并有良好的防、排水设施，防止回收料含水率过大难以烘干或因太阳曝晒而使回收料结块影响搅拌均匀性。

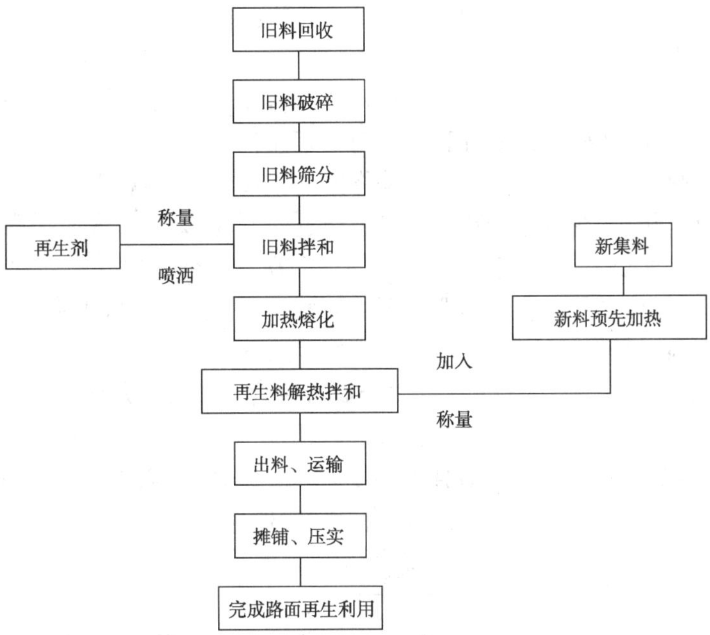

图 15-1 沥青路面再生工艺流程

二、再生沥青混合料加热拌和

与普通沥青混合料拌和相比，再生沥青混合料的拌和要复杂得多，需要考虑如何对旧料进行加热，何时加入再生剂以获得最佳的再生效果等。通常，对再生沥青混合料的加热拌和有如下几种方式。

1. 直接加热拌和方式

该方法是将新集料、旧沥青混合料、新沥青、再生剂同时投入拌和筒中进行加热拌和，根据新旧料加入次序和方法的不同，又分为如下几种方法。

(1)将新集料与旧沥青混合料从旋转的圆筒拌和干燥炉的上端同时投入进行加热，然后加入新沥青和再生剂进行拌和。

(2)首先将新集料投入套筒内高温加热，然后再将旧沥青混合料倒入拌和，通过热传导进行加热，再与新沥青和再生剂进行拌和。

(3)首先将新集料进行高温加热，然后在干燥炉中央投入旧沥青混合料，通过新旧粒料热传导以及热风加热，接着加入新沥青和再生剂，在圆筒内完成加热拌和。

2. 新集料高温加热方式

这种方式是单独高温加热新集料，然后通过热交换加热旧沥青混合料，拌和不在圆筒内完成，而是通过在拌和机中加入新沥青和再生剂进行拌和。根据热传导方式的不同，这种方法又可以分为如下几种方法。

(1)将新集料在圆筒内高温加热后，传送到拌和机内，然后加入旧沥青混合料、新沥青以及再生剂进行加热拌和。

(2)将新集料在圆筒内高温加热后，在圆筒内与旧沥青混合料进行拌和，然后将加热后的新旧料一起投入拌和机内与新沥青和再生剂一起拌和。

(3)将新集料在圆筒内高温加热后投入另一个低温的圆筒内与旧沥青混合料进行热传导，然后一起投入拌和机内与新沥青和再生剂一起拌和。

3. 间接加热方式

这种方式是将新旧粒料同时在同一进料口中投入，然后通过热交换套管以及热风加热方式进行加热，然后投入拌和机与新沥青和再生剂一起拌和。

比较这三种加热拌和方式，前面两种都是将旧沥青混合料与高温的新集料直接接触。与拌和普通沥青混合料相比，在再生沥青混合料生产过程中，新集料温度应提高10℃左右，控制在180～190℃之间。如此高的新集料温度，会使得旧沥青混合料中的旧沥青挥发或者严重老化，从而影响沥青用量计量的准确性和沥青再生的效果。因此推荐采用第三种间接加热方式，通过热套管以及热风对混合料进行间接加热，避免过热。

根据部分研究结果，在80～100℃之间对旧沥青混合料和再生剂进行拌和，可以使得再生剂与旧沥青进行充分混合，取得最佳的再生效果；然后在170℃左右与新集料及新沥青进行拌和，如此所得的再生沥青混凝土具有最佳的力学性质。如图15-2所示的旧料、再生剂以及与新集料和新沥青的拌和方式即是目前研究认为最佳的拌和方式。

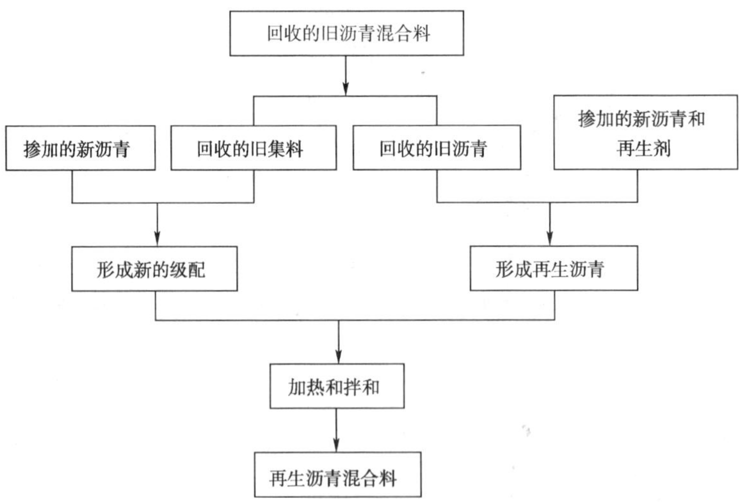

图15-2　再生沥青混合料的生成

再生沥青混合料的拌和时间与普通沥青混合料的拌和时间类似，要保证新旧沥青混合料拌和到颜色均匀一致时出料。

三、再生沥青混合料运输、摊铺和碾压

再生沥青混合料的运输、摊铺和碾压的方式与普通沥青混合料基本一致，其具体施工工艺

和步骤可以见《沥青路面施工及验收规范》(GB 50092—1996)。但其中需要特别注意以下两点:

(1)由于铣刨旧沥青路面时,可能会对基层的平整性有一定的破坏,并且基层上的杂质比较多,必须将基层重新整平压实并清扫干净,然后洒一层透层油,以保证再生的沥青两层与基层间的黏结力。

(2)由于不能对旧料进行过高的加热,使得出厂的再生沥青混合料温度可能偏低,所以要确保在运输的过程中,料温不致有较大的降低,以保证摊铺时的温度。

四、再生沥青混合料生产质量控制

对再生沥青混合料生产质量的控制主要包括三个方面:集料级配、沥青含量和取样进行体积性质和力学性质测试。

1. 集料级配控制

再生沥青混合料由于旧沥青混合料中的级配复杂,需要对出厂的再生沥青混合料进行级配检验,确保添加了合适数量的新集料,满足再生沥青混合料的有关级配要求。一般情况下,级配应该满足《公路沥青路面设计规范》《JTG D50—2006》中有关路面级配类型的要求。由于0.075mm 的通过率对再生沥青混合料的性能有很大影响,因此需要对这一级的集料含量进行严格的控制。

一般对出厂的再生沥青混合料进行取样分析,这样可以保证最终的路用再生沥青混合料的级配。但同时也需要在生产再生沥青混合料的过程中,对冷料仓和热料仓中的混合料取样进行分析,并进行及时的级配调整,以保证最终的再生沥青混合料的级配满足要求。

2. 沥青含量控制

沥青含量对再生沥青混合料的性能有重要影响,沥青含量过少会使得混合料的耐久性缺乏;而过高的沥青含量又会降低沥青混合料的稳定性。因此,需要对再生沥青混合料生产过程中的沥青含量进行检测,以保证在合理的范围之内。

导致沥青含量出现偏差的原因一般包括集料计量错误、沥青计量错误、混合料的离析以及试验的偏差等。一般采用抽提的方法对沥青含量进行检验,并根据偏差情况进行分析,找出导致偏差的原因并改善。

3. 取样测试

需要对出厂的沥青混合料进行取样成型相应的试件,以对马歇尔稳定度和流值以及空隙率等指标进行检验,确保生产的再生沥青混合料可以满足路面使用要求。如果有发现不符合设计质量要求,应及时找出原因,修正配合比设计,直到满足要求方可出厂。

第三节　现场热再生施工

现场热再生(HIR)所用的设备有许多不同的配置,这取决于 HIR 工艺即表面再生、复拌或重铺,设备的制造商和产地,以及特定的工程承包商。不管使用哪种 HIR 工艺,在 HIR 之前需要做一些预备性测试工作,如:

(1)详细的安全评价;

(2)提出详细交通控制计划;

(3)修补存在排水问题的区域;

(4)修补单独的基层破损区域；

(5)大变形的整平，用冷刨或初步整平，以提供满意的操作面；

(6)确保路面干净和无有害材料如污物等。

一、表面再生

与其他 HIR 工艺相比，表面再生是技术最简单的工艺，其组成如下：

(1)干燥和加热现有道路上面层；

(2)翻松已加热/软化的沥青道路；

(3)按照设计要求和生产配合比加入再生剂；

(4)拌和松散的再生混合料；

(5)用自由悬浮式刮铺机撒布和摊铺再生混合料；

(6)用常规 HMA 压路机和程序碾压再生混合料。

旧沥青路面的干燥和加热/软化可使用一台或多台加热设备，多台预热机相互接近以使热渗透最大化。预热设备现在大多采用间接辐射和红外加热，其优点是减少的挥发性排出物和对沥青的损害。大多加热机以丙烷或类似的压缩气体作燃料。影响热量传递给沥青道路的三个变量为：

(1)热源的最高温度；

(2)路面温度及环境状况；

(3)路面暴露于热源的时间。

为使加热道路对现有沥青无明显损害，则需要较低热源或较长加热时间。这可通过减缓热源在道路上的前进速度或增加热源数量来实现，但这样又会因降低生产率而增加成本；也可以通过使用额外的预热机使生产率最佳化。预热设备应提高处理区域温度的均匀性，而不会使现有道路的任何局部过热或烧焦。翻松材料的温度经拌和后应平均最低在 110℃，最高在 150℃。

预热机后直接紧跟的是加热/翻松设备。该设备进行最终加热并翻松已软化的沥青路面。一些设备上的耙齿是气动或液压传动以使下面层的破碎最小化，且能够越过障碍如检查井盖子、混凝土结构等。表面再生的翻松深度一般为 20 ~ 40mm，最常见的是 25mm。翻松厚度在一定程度上可通过改变弹簧张力、调节耙齿上的气动/液压力或改变设备的前进速度来控制。

如果需要再生剂，通常是通过与设备前进速度联系的计算机控制系统来加入到松散的沥青路面。当设备起停时，阀门回有效地控制再生剂。再生剂用量根据老化沥青状况、再生剂类型和配合比设计的要求确定，一般 0 ~ 2L/m^2。

再生剂装运在随车携带的储存罐中且通常加热到接近供应商推荐的最高使用温度，这样可提高再生剂在松散材料中的分散度。如果再生剂是乳化沥青，它将吸收翻松材料的热能以加热和蒸发乳化水。因此，翻松材料的温度需要稍许提高以弥补水分蒸发的热能损失。

再生剂加入到翻松的材料中后，就将它们拌和成均匀的再生混合料。再生剂有时在翻松沥青路面前加入，在这种情况下，耙齿不仅翻松而且拌和沥青路面。

表面再生通常是用于消除路面不平整、裂缝和恢复路面纵坡和横断面。因此，常用自由悬浮式刮铺设备整平和撒布再生混合料。刮铺机通常采用人工控制以确保设备前部有充足的材料可用。

再生混合料整平后就用常规 HMA 压路机复压。轮胎式压路机通常用于初压，而双筒振动压路机用于终压。一些承包人使用静力钢轮压路机碾压。由于再生混合料下面的现有沥青道路是热的，因此与再生混合料之间可以进行热结合，且压路机有足够的时间获得所需的压实度。

压实的道路降温之后，HIR 工艺就完成，可开放交通。

二、复拌

复拌用于以下情况：

（1）现有沥青道路性能需进行重大改善以纠正特定的道路破损，选择合适外掺料与再生剂改变级配、摩擦系数、沥青用量、沥青流变性、混合料稳定度和混合料空隙性能；

（2）再生混合料用作更高交通量道路的磨耗层；

（3）需适当量的道路补强，厚度为 20mm。

复拌分为单阶段法与多阶段法。单阶段法中，现有沥青道路持续加热/软化，然后在全处理厚度内进行一次性翻松。单阶段法的处理厚度通常是 25 ~ 50mm，最常用的是 40mm。

多阶段法中，现有沥青道路按次序加热/软化并进行多层翻松，通常是 2 ~ 4 层。将第一层翻松的材料堆成料堆以便加热/软化下一层。多阶段法的处理厚度通常是 40 ~ 75mm，最常用的是 50mm。

HIR 复拌车组目前已在世界范围的工程上使用，无论是单阶段法还是多阶段法，其主要组成为：

（1）现有路面的干燥和加热；

（2）翻松加热/软化的沥青道路；

（3）按配合比设计要求和生产配合比加入再生剂与外掺料或 HMA；

（4）彻底混合成均匀再生混合料；

（5）使用常规 HMA 压路机和程序压实再生混合料。

复拌法生产率的变化很大，取决于与表面再生相同的变量，以及添加的外掺料的用量和复拌处理厚度。生产率一般为 1.5 ~ 11m/min。

现有沥青道路的干燥和加热/软化操作，使用与表面再生相同模式的一台或多台预热设备进行。

单阶段法中，松散的材料直接进入由搅拌器或拌和筒构成的拌和室，这个工艺的一种变化情况是松散材料在进入拌和室前需进一步在加热搅拌设备中加热和干燥。

多阶段法中，松散料堆在下一加热设备下面经过或通过传送机传递到下一设备的加热室。传送机的速度是可控制的，以便与 HIR 车组前进速度匹配。按这个程序继续，直到达到所需复拌处理厚度并将所有松散材料送入拌和室。当送入拌和室时，松散混合料的平均温度应为 120 ~ 150℃范围内。

对于所有的复拌设备，再生剂、外掺料或新 HMA 应按实测数量在拌和之前加入。再生剂的添加应尽早以延长其在老化沥青中的分散时间。

外掺料或新 HMA 经由标准双轴货车送到拌和室前的某个设备前端的装料斗加入到 HIR 车组。为了提供可靠准确的控制，外掺料与再生剂通过与 HIR 车组前进速度关联的计算机控制系统来加入到松散材料中。当设备起停时，阀和继电器为再生剂与外掺料提供绝对控制。外掺料与其用量取决于老化沥青的状况、再生剂的类型和配合比设计的要求。再生剂掺加量范围为 0 ~ 2L/m^2。外掺料的最大用量为再生混合料质量的 30% 或 55kg。

与表面再生一样，再生混合料用系在拌和设备上的自由悬浮式刮铺机或单独的HMA铺路机摊铺。可用常规HMA压路机压实，通常由轮胎压路机初步碾压和双筒振动钢轮压路机终压。

三、重铺

重铺法适用于：

(1)单独使用表面再生和复拌工艺不能恢复道路纵断面或表面要求，如摩擦系数；

(2)当常规HMA加铺作业不可行时；

(3)需要极薄HMA或专用混合料作磨耗层时；

(4)需要一定厚度的道路补强，即50mm或更少。

重铺分为单阶段法和多阶段法。单阶段法中，现有沥青道路进行再生，且HIR车组最后的设备在刮铺但未碾压的再生混合料上摊铺新HMA混合料的整体加铺层，以便两层一次性碾压。

在多阶段法中，HIR车组最后的设备刮铺和摊铺再生混合料。单独铺路机紧随其后，并在未碾压的再生混合料上摊铺常规HMA或专用混合料。再生混合料和新加铺层材料然后作为一厚层碾压。

现有沥青道路的处理厚度取决于所使用的方法，一般为25～50mm，处理厚度也与所需摊铺的整体HMA加铺层或专用混合料厚度有关。整体加铺层和下面的再生混合料综合总厚度大于75～10mm将增加摊铺、碾压和整平的困难，通常使用25～50mm再生层厚度和25～50mm整体加铺层厚度。

无论是单阶段法还是多阶段法，重铺车组目前已在世界范围的工程上使用，其主要组成为：

(1)现有道路的HIR；

(2)同时或随后摊铺新HMA或专用混合料；

(3)使用常规HMA压路机和程序同时碾压再生混合料和新材料。

重铺的生产率与前述表面再生和复拌工艺相同。

现有沥青道路再生的设备、程序和问题已在表面再生和复拌部分进行了讨论，并适用于重铺法。新HMA或专用混合料由标准双轴货车供给HIR车组最后一个设备或常规铺路机。如果HIR车组是采用单阶段法摊铺整体加铺层，新材料通过设备从装料斗运来，并在第二次或最终整平前撒布在已经整平的再生混合料上。

在多阶段法中，新HMA直接供给常规HAM铺路机装料斗，并用标准HMA施工程序摊铺。用常规HMA压路机完成压实，通常由轮胎式压路机初步碾压和双筒振动钢轮机最终碾压组成。

第四节　冷 刨 施 工

一、冷刨维修

冷刨(CP)就是用专门设计的铣刨设备剥离现有道路面层到合适的厚度，以恢复路面特定的纵坡和横坡，它能部分或全部剥离现有路面。剥离的数量也可根据工程的特定要求而变化，处理后有纹理的路面可立即用作行驶面。CP 通常更多的作为其他维修方法，如现场热再生(HIR)、现场冷再生(ClR)、全厚再生(FDR)或热拌沥青(HMA)加铺层的准备层。

CP 操作的产品是粉碎的类似间断级配的回收沥青路面材料(RAP)，它就像表面涂了一层沥青的粒料。RAP 可用于热再生、厂拌冷再生(CCPR)或用作粒料集料。

CP 可处理的道路破损有：

(1)松散；

(2)泛油；

(3)路肩脱落；

(4)车辙；

(5)波浪；

(6)拥包；

(7)剥离恶化、剥落或老化的沥青；

(8)膨胀、隆起、凹陷和沉降引起的行驶质量差；

(9)现有道路与新 HMA 加铺层间潜在的结合问题；

(10)路缘石外露高度不足。

二、CP 详细工程分析

通过对工程评价、经济分析和方案初选，基本可以确定维修方法。维修设计的下一步就是详细的工程分析，然后便可直接进入最终工程设计、指标、投标和施工。

由于 CP 设备的大小和功率范围很广，因而可例行处理大多数宽度、形状和断面的道路。由于冷刨机再次处理先前已铣刨的路面时，对已完成的产品无负面影响，这使得 CP 成为处理各种几何形状路面最常用的办法。

施工问题主要涉及交通调控和跨线桥净空要求。由于 CP 生产率相对较高，清理松散碎石后可立即开放交通，交通中断可保持最小化。通常，跨线桥净空高度对更大的铣刨设备都不是问题，但仍应检查工程区域内任何净空的跨线障碍物。

当使用 CP 剥离现有沥青道路的特定厚度时，应检查处理区域的地下设施、废弃的铁轨或路面电车线路、检查井、阀和其他铸件。这些固定设备通常在现有计划中有规定，但应在现场用磁铁/金属探测器进行勘测。

CP 前应采取一些常规措施，包括：

(1)详细的安全或危险评价；

(2)制订详细的交通控制计划。

为减少对乘客的影响，越来越多的 CP 在夜间进行，这变得日益重要。所用 CP 设备因承包人的不同而不同，但不管使用哪种，其大致步骤是一样的：

(1)现有道路的回收与筛分；

(2)从路上搬移铣下的回收路面材料；

(3)清理铣刨面；

(4)摆放交通控制标志或摊铺磨耗层。

三、CP 设备

CP 的最低设备要求：

(1)现代化自推动冷刨机;

(2)拖运货车;

(3)洒水车;

(4)扫路车或机动扫帚。

可用的CP设备有各种规模,从用于检查井与阀等附近区域的局部铣刨的微型铣刨机,到高功率铣刨机,其能单行程处理宽至4.9m,处理厚度达300mm。

冷刨机有各种宽度的滚筒,依据处理宽度和所需的路面纹理,可不断变化宽度。滚筒通常是逆时针运转,与冷刨机的行进方向相反。大多数冷刨机配有可变尺寸的熨平板可给滚筒前的道路施加向下的压力。熨平板的形式和向下的压力大小将依赖于铣刨路面的状况和所需RAP大小的要求。提高滚筒旋转速度、降低冷刨机前进速度也将有助于筛分RAP。

滚筒配备容易替换的碳化钨刀具,刀具以螺旋状排列,它不断地将再生材料移向滚筒的中心。铣刨运行中会使用少量水以控制产生的灰尘量并延长刀具的使用寿命,水由冷刨机随带的储槽供应,并由水车补充。

CP产生的RAP通常用铣刨机装载到拖运汽车上并运离现场。大多数RAP被铲运机铲刀与装载输送机除去,但是一些更小的颗粒由于铣刨面的粗糙网格状纹理而残存在铣刨面上。这些细小松散的RAP可用机动扫帚、真空吸尘器和机动扫路机从路面除去。铣刨面的清理需在道路开放交通前完成,否则,细小松散的RAP颗粒可能被车辆轮胎压入铣刨面,以后很难除去。

完成清理工作后,铣刨的道路可开放交通。

四、准备与计划

在开始CP工艺前需进行一些初步的准备和计划,目的在于提高铣刨面的均匀性,以及提高生产率和设备的利用率。

在CP开始前,需进行地下管线、废弃铁路或路面电车线路、检查井、阀和其他铸件的确认。如果铣刨过程中遇到固体地下障碍,可能造成刀具、刀具夹持、滚筒甚至传动装置损坏。故障期间将给公众带来不便并增加维修费用。

对于检查井、阀和其他道路铸件,需用微型冷刨机处理。微型铣刨机在大型机器之前铣刨至所需厚度,以便在两个区域间有平整的过渡。

五、CP微铣刨

CP微铣刨是一种用装有大量刀齿的滚筒铣刨,以得到更细纹理路面的铣刨工艺。其主要应用于无需HMA加铺层即可作最终行驶面的铣刨面,也可通过去除极薄的一层现有路面,用于纠正一些微小的路面破损;然后进行表面处治如微表处、碎石封层、开普敦封层等作为磨耗层,将明显降低成本。微铣刨也用来去除由于改变交通流向或重建需除去的路面标志。

装有微铣刨滚筒的冷刨机后部通常有真空吸尘器用于清理微细的铣刨面,以便道路能开放交通。

六、CP安全警报带

CP可用于设置安全警报带如纵向“隆声带”,也可将十字路口或停止线前的路面铣刨成横向沟纹代替颠簸设置。“隆声带”和横向沟纹的作用是从感觉和听觉上来提醒驾驶员有潜在的道路危险。

第五节　全厚再生施工

在 FDR 中,将沥青结合层全部破碎并与下卧的粒料基层、底基层或路基材料中的部分或全部拌和。下卧粒料基层与破碎沥青层拌和的数量取决于:

(1)相对于粒料基层、底基层或路基厚度的沥青面层厚度;

(2)破碎沥青面层的级配等物理性能;

(3)粒状材料的级配等物理性能;

(4)下卧路基土的类型与状况;

(5)是否使用稳定剂;

(6)FDR 工艺的期望最终结果。

在进行 FDR 前应进行一些普通的准备措施,这些措施有:

(1)详细的安全或危险评价;

(2)制订详细的交通控制计划;

(3)修补所有有排水问题的区域;

(4)修补所有路基失效区域;

(5)详细工程分析;

(6)配合比设计准备。

FDR 的基本步骤:

(1)现有沥青层的破碎与筛分;

(2)下卧粒料基层、底基层或路基土的加入与拌和;

(3)如果需要的话,使用机械、化学、沥青或复合稳定剂;

(4)回收材料与稳定剂的拌和;

(5)初次碾压;

(6)初次整型或粗略整平;

(7)中期碾压;

(8)中期整型;

(9)最终碾压;

(10)最终整型;

(11)除去所有松散材料;

(12)养护;

(13)封层或磨耗层摊铺。

一、FDR 设备

FDR 工艺不需要大量设备,对设备的最小要求是:

(1)现代自推动复拌机;

(2)自动平地机;

(3)一台或多台压路机。

对于更复杂的 FDR 工程,如使用稳定剂,可能需要以下的一些或全部施工设备:

(1)尾部或底部倾卸的拖运汽车；

(2)定量集料撒布机；

(3)水车连同喷油管；

(4)干稳定剂定量散料撒布机；

(5)应用稀浆稳定剂的拌和机与喷洒机；

(6)乳化沥青喷洒机与洒布车；

(7)复拌机上的液体或泡沫沥青的计算机添加系统；

(8)前端装载机。

各种复拌机可用于破碎与拌和回收材料，它是 FDR 工艺的重要设备。大多数复拌机的滚筒宽有 2.4m，而一些型号可加宽 3.7m。复拌机应能破碎与拌和最小 300mm 的沥青路面与下卧层材料；滚筒应装有可替换碳化钨齿刀具，并有人工与自动控制破碎深度的装置；滚筒应能够以不同速度旋转以破碎与拌和不同厚度与类型的材料。推进系统应有荷载传感装置以自动控制复拌机的前进速度。

通常，再生材料不处于压实的最佳含水率(OMC)时，需要通风干燥或添加水分。水车可作为复拌机随带液体添加系统的补给车或装备喷头管直接对再生材料添加水分，其他的水分可在材料破碎时或破碎后添加，以便更好地估计所需添水量。如果直接往再生材料中加水，水车应装有计量系统和有喷头的喷头管，尤其还需要洒水车定期喷洒养护用水，特别是使用了水泥稳定剂的情况。

当稳定剂以干粉形式添加时，需定量进行撒布机撒料。干稳定剂可在破碎沥青层前加入或破碎后且在复拌机拌和前加入。干稳定剂更易受如刮风与下雨等环境的影响，为了避免摊铺与拌和干稳定剂时产生大量尘雾，要谨慎使用。

当稳定剂是液体或以稀浆形式加入时，需要给水箱。如果液体由复拌机添加，则复拌机需要“滋养”货车或连接水箱。如果稳定剂以液体或稀浆形式由复拌机加入，需要随带的计算机液体添加系统。随带的添加系统应能记录添加到再生材料中的每种液体的流量与总量，也应有与复拌机前进速度相关的正互锁系统，以使液体稳定剂的添加量随着复拌机运行的变化而变化。

当使用泡沫沥青作稳定剂时，复拌机需配有随带的计算机控制的泡沫产生系统，也必须有加热沥青的稳压罐、用于起泡的储水槽和一些产生与注入泡沫沥青到再生材料中的工具。计算机系统应能够根据复拌机的前进速度和处理再生材料的数量调整加入泡沫沥青的用量。

在复拌机完成所有的拌和后，摊铺与整形再生混合料由自动平地机来进行。如果再生材料在 OMC 以上，则自动平地机能帮助风干材料。当再生混合料太厚以致不能充分压实时，自动平地机将移走部分材料到另一侧，以碾压更薄的层。

FDR 所用压路机的数量与类型取决于：

(1)规定的所需压实度；

(2)再生混合料的材料性能；

(3)再生混合料的厚度；

(4)下卧路基的支承性质；

(5)所用磨耗层类型；

(6)所需生产率。

振动平齿压路机、振动平碾、轮胎式压路机和静力钢轮压路机均可用于碾压。

再生混合料的厚度与材料性能要求,使得通常所用的压路机又大又重。大型轮胎式压路机、振动平碾或平齿压路机可用于初步碾压;中期碾压通常使用轮胎式压路机;而最终碾压用振动平碾或静力钢轮压路机。大型轮胎式压路机也用于复验碾压再生区域以检验路基是否有软弱处需要替换。

速差转向装载机或小型轮胎式装载机用于移去最终整型后的所有多余材料。这些多余的材料可用来填充复拌机前道路坑洼处。

二、准备与计划

在开始 FDR 工艺前需进行一些初步的准备与计划,其目的在于提高再生混合料的均匀性,因为 FDR 车组的停车会引起最终产品的不连续。再生混合料的不连续类似于其他施工操作(如热拌沥青铺面)中的中断,可能产生潜在的薄弱区域,应尽可能避免。初步的准备工作也能更好地利用设备和提高生产率。

在 FDR 开始前,需进行地下管线、废弃铁路或路面电车线路、检查井、阀和其他铸件的确认。这些固定设备通常在现有设计中已定位,但应用现场磁式/金属探测器或探地雷达(GPR)检测。如果在复拌机破碎或拌和行程中遇到固体地下障碍,则可能会造成刀具损坏、刀具夹持、滚筒甚至传动装置损坏,随之带来的故障时间给公众带来不便并增加了维修费用。此外,浅埋的地下管线习惯上是从其在设计中的位置移开。如果位置不准确或厚度不明,可能产生严重的安全危险,尤其是当地下管线正好是高压气体或类似之物。

对于检查井、阀和其他道路铸件,应至少提前一天或更早,且至少降低到预期 FDR 处理厚度以下 100mm。完成 FDR 工艺后,摊铺磨耗层之前或之后恢复其合适的位置。其他地下物的去除、重新部署或埋在 FDR 处理厚度以下,取决于工程的规定。

如果道路纵向与横向变形非常严重,应尽可能在 FDR 工艺开始前纠正。这是确保再生混合料的厚度经自动平地机最终整型后横纵向均一致。形状纠正包括调整横坡、超高,消除局部拥包与凹陷、隆起或沉降坡度线调整。预整型的目的是确立道路的最终路面形状,由此确保再生区域几何形状完整。

开始 FDR 工艺前,要制订包括需要进行或解决的各种步骤、操作和问题的计划。计划应考虑:

(1)规范的要求;

(2)道路的形状;

(3)施工时的交通调整;

(4)现有材料的状况及性能;

(5)再生混合料的性能;

(6)道路开放交通的控制;

(7)生产率。

由于 FDR 是高生产率、快速的施工工艺,在计划过程中需解决后勤供应问题。为了确保再生混合料的均匀和保持高生产率,稳定剂、粒状材料和压实用水等所需材料应不间断供应,还要每天做需求计划的供应设计。对于大型项目或供应线很长时,需在工程附近建立临时储存设备以保证供应不延误和提高生产率。

三、破碎

开始沥青面层第一破碎行程的合适方式是使复拌机从垂直于随后行程方向的道路路肩处

开始初切。滚筒降低进入更软的路肩材料,减少刀具的磨损,并提供路面垂直对接。不能实现以上操作的地方,应使复拌机沿着第一分段的一侧排列并慢慢破碎穿过沥青面层并进入下卧层材料。这种方法可能导致刀具磨损加速,以及当沥青层又厚又硬时滚筒可能有些反跳。如果复拌机允许非常缓慢地前进同时切割沥青路面,则滚筒反跳将减小。

为了纵向安排复拌机及防止邻近行程间留下未破碎材料带,应给操作人员提供清晰的指向。通常,要在现有道路上绘指向标志或放容易跟随的线。对于有经验的操作人员,仅需标记第一行程,因为随后的行程跟随前一行程操作。

通常道路与复拌机宽度会不相配,需要多个破碎行程来处理道路全部宽度。这造成一系列的纵接头和两行程间通常需要一些搭接,最小搭接宽度通常是100mm。

破碎后需检查再生材料的级配以确保其符合配合比设计要求。破碎现有沥青层使之满足原始HMA或下卧层材料的最大粒径的要求,既无必要、不实用,也不经济。复拌机不是破碎机,且不能将路面减小到比原始集料更小的粒径。再生材料的级配可通过操作复拌机控制。影响再生材料级配的因素有:

(1)破碎/拌和室前门与后门的开启;

(2)破碎/拌和室的位置与控制杆的设置;

(3)滚筒的旋转速度;

(4)复拌机的前进速度;

(5)现有路面状况;

(6)环境状况。

后门关得越多,破碎材料保留在破碎/拌和室的时间越长,这就增加了破碎材料与刀具和控制杆接触的次数。这容许较大的沥青路面与下卧层的材料被破碎。但是,由于破碎后空隙量增加使再生材料变松,因此后门不能完全关闭。此外,控制杆离滚筒越近,再生材料级配将越细。复拌机的前进速度慢意味着每个刀具都会撞击现有材料,使之移动或破碎成小块材料。通常,复拌机前进速度越慢,再生材料的级配就越细。

当现有沥青层存在开裂与龟裂时,再生材料的筛分更难。逆时针方向运行的滚筒易于提升大块沥青层而不是将其破碎,这些大块路面材料比保留在原处时更难筛分。可用于保证再生材料所需尺寸的操作方法为:

(1)降低前进运行速度;

(2)提高滚筒旋转速度;

(3)减小后门的开启;

(4)提高滚筒至沥青层底部。

降低前进速度,提高滚筒旋转速度和关闭后门将增加破碎/拌和室内撞击次数,因此材料有更多机会破碎至合适大小。提高滚筒,减小刀具切入角至更高水平,则提升大块沥青材料的趋势更小。这将要求进行第二拌和行程以确保达到全部处理厚度。

沥青层的物理性能受环境状况影响。如果路面是温度较低,沥青层硬而脆,很容易破碎成小块;当沥青层温度提高时,塑性增加,成板块的可能性增加。当沥青层在滚筒前面升起或折断成大块的板块,就必须按如前所述方法处理。通常,筛分再生混合料最有效的温度是10~30℃。

当复拌机运行在有横坡或超高处时,再生材料易移往下坡方向。横坡越大或处理厚度越薄,这种现象越明显。复拌机处理邻近行程前可用自动平地机铲刮再生材料返回原地,由此维持道路坡度和确保合适的纵向接缝。

滚筒逆时针旋转易于将更大的再生材料埋在处理厚度的底部。同样,滚筒顺时针旋转,正如拌和行程,易于升起大块再生材料到处理区域的顶部。为得到大小合适的再生材料而调整复拌机操作时,这一点也需考虑。

偶尔有过大的沥青路面块未破碎,经济的处理方法是将这些大块挑选出来并放在复拌机前面以进一步粉碎减小,而不是用复拌机进行一次破碎行程。

四、拌和与摊铺

当为获得所需级配或为增加均匀性需要额外的破碎或拌和行程时,再生材料应轻轻地碾压与再整型。经碾压后再整型,再生材料的厚度将更均匀,容许更好地控制处理厚度。对大多数 FDR 工程,拌和行程中最常出现的错误是操作滚筒时,将路基土加入到再生混合料中太厚。应谨慎以确保破碎行程的厚度在 25 ~ 50mm 之间并小于最终拌和行程,这将减少未处理再生材料薄层留在稳定层下的危险。

当使用稳定剂时,也应进行轻碾压与再整型。轻碾压将为复拌机、水车和稳定剂储槽提供坚固的工作平台,以取得更一致的工作速度。

自动平地机用于移动与摊铺再生材料至合适的纵坡与横坡。其工作量取决于道路的原始形状、规定的最终道路形状和所用磨耗层的类型。如果厚层 HMA 用作磨耗层,其最终或面层平整度偏差通常比使用单一表面处治大。

精确刮平或修整再生面层结束后,应除去多余的材料。同时必须非常小心以确保浅的洼地不填充薄层、未压实再生材料,它们不能与下卧层混合料结合。

五、添加稳定剂

如果需要添加稳定剂来提高再生混合料的物理性能,有很多方式与位置可以加入。加入稳定剂的时间和方式主要取决于:

(1)所用稳定剂类型;

(2)稳定剂形式,即干态、液体或稀浆;

(3)设备的可用性;

(4)预期的最终结果。

使用复拌机随带的添加系统在破碎行程中加入稳定剂,省去了一些或全部的随后拌和行程,这相应地降低了生产成本,并且如果路面状况、材料厚度、材料组成都是均匀的且未遇到未探测到的地下管线或预埋件,则工作会很顺利。

为了保持稳定剂的均匀使用,以下三个变量应尽可能保持常量:

(1)复拌机运行速度;

(2)处理层体积或厚度;

(3)稳定剂添加量。

如果这些变量中的一个或几个发生变化,需调整其他变量以使再生混合料均匀或一致。

稳定剂传统上以干态加入,目前更通常的是以稀浆形式加入。干稳定剂与水预拌和形成稀浆,稀浆的含水量取下列两种方式中的较小者:使再生材料达到 OMC 的含水率,或 75% 的饱和度的量。稀浆然后通过复拌机随带的液体添加系统控制与注入破碎/拌和室。干稳定剂以稀浆形式应用消除了环境尤其是风和雨的影响,而且是一种更准确的应用方法。

六、压实

取得的压实度是再生混合料未来性能的主要决定性因素之一。压实不足的再生混合料：可能在交通条件下密化形成车辙；不能达到早期强度可能造成表面松散；不能达到最终强度可能造成早期破坏，因此，必须在施工时充分压实。

通常，需要一台或多台压路机压实再生混合料。正如其他施工材料的压实一样，所用压路机的规格类型与数量将取决于材料性能、层厚、所需压实百分比、压实区域平整度和生产率要求。

再生混合料的压实厚度和所需压实度将影响钢轮压路机的质量与振幅、频率和轮胎压路机的静态质量与轮胎压力。现场试验段可用于确立最佳振幅与频率组合或压路机组合碾压方式。合适的含水率或含液率是用最小的功达到充分压实的关键。由于初步碾压、摊铺、整型与最终碾压之间的延时，通常在最终碾压前需在再生混合料表面喷洒少量的水。

为了确保再生混合料一致的性能，需达到均匀压实，不仅纵向与横向要均匀，而且整个再生混合料厚度范围内也要均匀。复拌机后轮行驶在再生混合料上，部分压实行车轨迹上的材料，使得其他位置的材料未压实。初次刮平前，未压实材料需压实到与行车轨迹上的材料同样的水平。如果不这样做，则压路机尤其是使用钢轮压路机，将易于行驶在稍微压实的行车轨迹上和跨过未压实区域，这可能引起压实的差异或不均匀。

如果再生混合料在压路机作用下出现车辙、拥包或开裂形式的不稳定，应停止碾压。当不稳定原因是再生混合料含水率或含液率太多时，需在进一步碾压前通风。如果多余的水分没有排除，将不能获得所需的压实度，不会在周围区域产生相同的强度，而且易受交通干扰并可能引起破坏。

用乳化沥青稳定的再生混合料的碾压应在乳化沥青开始破乳或恰在其后或当再生混合料开始由棕色变成黑色时完成。在乳化沥青破乳前再生混合料的含水率足以在集料颗粒间充当润滑剂，但不会充满集料的空隙和组织密实。此外，乳化沥青破乳后，黏度明显增加，要求额外施加荷载以达到所需压实度。

用泡沫沥青稳定的再生混合料如果在最佳含液率左右，可在拌和后立即压实。用泡沫沥青稳定的再生混合料，如果含水率处于或高于泡沫沥青注入或拌和时的含水率，则其将具有相当的和易性。理论上，碾压过程应在泡沫沥青稳定混合料干化前完成。

水泥稳定混合料由于水化过程一有可用的水就会开始，应在尽可能短的时间周期内压实。规范通常规定水泥稳定混合料拌和、摊铺、碾压与修整的总时间小于规定时间周期，通常在2～4h内，这就是从稳定剂接受水分到压实完成的时间。如果处理的分段长度与应用的设备相互适合，则使用现代复拌机不难达到这个时间范围。

按照再生混合料性质与所需完成面层类型的不同，初步或首次碾压用振动平齿压路机或单辊或双轮振动压路机完成，然后用重型轮胎压路机进行中期碾压和用双轮静力压路机或振动钢轮压路机最终碾压。

七、养护

用化学、沥青或这些稳定剂复合稳定的再生材料需合适的养护以达到以下目的：

(1)获得最终强度；

(2)防止车辆交通下的松散；

(3)便于摊铺磨耗层。

养护可分成三大类,即初期,即中期与最终。初期养护相当短并允许稳定混合料获得足够的黏聚力不易受表面干扰。泡沫沥青稳定混合料初次养护时间不到半个小时,乳化沥青的为lh或更长。水泥与复合稳定剂的初次养护时间通常在这两个值之间。初期养护时间几乎完全取决于所用稳定剂的用量与类型,而与环境状况几乎无关。

通常,在压实的最后阶段与初期养护的第一阶段,再生混合料面层用少量水弄湿并用轮胎式压路机压实面层。初期养护期间,根据再生混合料的性质,禁止所有交通车辆进入该区域或者需严格控制。初次养护结束后,道路可开放轻交通。

中期养护时间更长,且取决于稳定剂的用量和类型及环境状况。中期养护很必要,可使再生混合料达到足够强度、足够的含水率以成功再罩磨耗层。

对于使用乳化沥青稳定剂的情况,中期养护以可使压实所需的多余水分排出。摊铺碎石封层或其他类型封层引起的多余水分的截留,可能造成封层在交通作用下剥落和大量坑槽。如果多余水分被相当薄的HMA加铺层截留,则加铺层表面在交通作用下由于结合问题会产生拥包。

由于再生材料与稳定剂品种很多,尚未确立确定何时达到充分中期养护的标准。根据经验,只要芯样能相对容易地从再生混合料中钻取,它通常达到了足够强度和失去了足够的水分,可以被磨耗层所覆盖。

对于水泥稳定剂,为了防止大量收缩裂缝,合适的中期养护是关键。两种典型的方法是湿养护与沥青封层。湿养护就是用水车有规律地喷洒极少量的水雾,使再生混合料的表面潮湿。但在炎热和有风的状况下,由于表面迅速变干和大量收缩裂缝可能急剧增加,湿养护有困难。当中期养护用沥青封层,通常就是用沥青洒布车喷洒相对较厚的慢裂乳化沥青。在某些情况下,乳化沥青可稍许稀释。对于某些工程,沥青封层可以是低黏度、中凝轻质沥青。

充分的中期养护直接影响再生混合料、磨耗层与路面结构的长期性能。中期养护期间,应禁止或至少限制重载交通。过早的重载交通可能使再生混合料产生严重弯曲或疲劳裂缝,这可能引起结构破坏。

最终养护就是稳定混合料达到最终强度的时间,这可能是非常长的周期。最终养护在铺磨耗层后进行,并取决于稳定剂的用量与类型和环境状况。对于某些稳定剂,其可以以月或年来计。

八、磨耗层

再生混合料充分养护后,可用各种不同的磨耗材料铺面。磨耗层的类型主要取决于预期交通、结构要求、当地气候状况、所用稳定剂类型和经济性。由于再生混合料可明显提高承受荷载能力,尤其是可能使用稳定剂后,可以使用更薄层的HMA或甚至更经济的(如双碎石封层)表面处治。无论选取哪种磨耗层,关键是能与再生混合料完全地结合。

准备铺面时,再生混合料通常用机动扫帚除去所有的松散材料。所用磨耗层的类型将决定下一步工序。对于沥青或复合稳定混合料上的HMA或冷拌混合料加铺层,通常使用乳化沥青黏层以提高黏结力。乳化沥青的用量取决于再生混合料的表面状况。对于用封层养护的化学稳定混合料,则无需黏结层。如果是湿养护的化学稳定混合料,则通常需要透层或黏结层。

第六节　冷再生施工

冷再生(CR)方法即使用松土机、翻松机、破碎机和稳定剂等回收现有路面与下卧层材料，加入乳化沥青、稀释沥青和其他再生剂和在料堆上喷射混合液体，并用刮铺机、横轴拌和机与各种类型的移动式设备拌和，最后用刮片铺平，并用各种压实设备碾压。

CR有两种方法，即现场冷再生(CIR)与厂拌冷再生(CCPR)。CIR由于大大减少了货车运输，因而更快、更经济、更有序和环境更友好。CIR用沥青与化学添加剂处理现有沥青路面，无需加热就可以恢复路面层，路面再生结束后所有工作也就完成。除使用再生剂外，不需要运输其他一般材料，处理厚度通常是75～125mm。由于下卧层材料和部分沥青材料完整的保留而未被再生，该工艺有时被称作部分厚度再生。包含未处理的基层材料与结合材料的现场再生称作全厚再生(FDR)。

CIR典型的施工流程如图15-3所示。本节重点讲述现场冷再生的施工工艺。

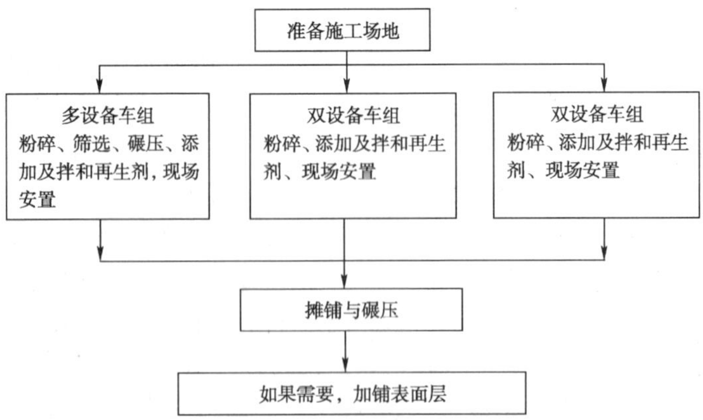

图15-3　CIR施工流程图

由于省去运输而节约大量费用，CIR车组的使用已变成一种维修备选的方法。双设备与多设备车组的运行具有生产率高、质量好控制和稳定可靠等特点。

当评价CIR工程时，几个因素可能影响到设备类型的选择。对于CIR目前使用的铣刨机，3.0～3.7m宽的滚筒并可延长1.2m。宽度小于6.0m的路面使用CIR较困难且维持交通是问题。路肩通常加入到CIR混合料中，这可防止现有路肩破损(如裂缝)扩展进入再生混合料及其加铺层。具有1.2m宽或更窄路肩的路面，可通过使用合适的铣刨机加宽滚筒单程再生。第二种方法是使用更小的铣刨机先铣刨路肩并把铣刨的RAP在车组前堆成料堆。具有1.8m路肩与3.7m车道，总共达5.4m宽的路面就可以用此种方法再生。料堆和全幅车道就可在一个行程中再生。路肩宽度大于3m可单程再生。

CIR已成功地用于所有类型的道路，在美国从低交通量乡村道路到城市街道再到州际重载公路均已应用。然而，需考虑保持施工区域及其附近的交通开放，尤其是狭窄的路面与路肩宽度和几乎没有备用或旁路路线的道路，单设备或双设备车组通常更适用于有大量十字口的城市地区和商业或居民通道。

一、准备施工现场

施工前应确定不均匀材料区域或路面厚度，必须明确没有足够厚度或路基强度不足以支撑再生车组重力的区域。这些强度不足的区域必须在再生之前补强，否则冷刨机或其他 CIR 设备有可能穿透路面造成施工延误和增加费用。软弱材料应去除并用合适的修补材料替换。需确定冻胀区域，去除易冻胀的材料并用合适的修补材料替换。RAP 是修补材料的良好选择，也可使用集料。用集料来大面积修补时，可能要求增加再生剂量以获得合适的裹覆。使用 RAP 就不存在这个问题。

二、再生车组

1. 单设备车组

对于单设备车组，铣刨机刀头剥离路面到所需厚度与横坡，筛分 RAP 并向其中添加再生添加剂，拌和再生。单设备车组不包括筛分和破碎设备，使得更难以控制最大粒径。大多数单设备车组，通过操作使刀头顺时针旋转和控制前进速度，能够产生最大粒径 50mm 的均匀 RAP。

从刀具室的喷油管加入液体再生剂。液体再生剂由设备自备或由单独设备车组拖挂罐车提供。添加量是基于处理的体积，并与铣刨深度和宽度以及车组的前进速度有关。单设备车组只能提供最低程度的过程控制，因为再生添加剂的添加率与处理体积没有直接联系。由于车辙、边缘脱落等严重破坏的道路不适合用单设备车组 CIR，因此很难保证添加合适的再生剂用量。

干添加剂和新集料可铺放在铣刨机前待铣刨的路面上。单设备车组的一个行程就足以充分破碎和拌和所有成分。再生混合料用连接在冷刨机上的整平板摊铺。

单设备车组的优点是操作简单和生产能力高。在城市区域和转弯半径小的道路上，单设备车组由于其长度短，比多设备车组可能更好。这种方法的主要不足是无法严格控制过大的 RAP 集料，难以精确材料的比例，拌和时间短。

2. 双设备车组

目前许多 CIR 车组加入搅拌摊铺机作为车组的一个部分。这些双设备车组，包括大型全车道铣刨机和搅拌摊铺机。搅拌摊铺机的底盘有连续计量装置，因而在冷铺拌和机中更有优势。铣刨机用以剥离 RAP。双设备车组不含有压碎和筛分设备。RAP 最大粒径与级配的控制和单设备车组相同。混合料堆积在摊铺机的搅拌机中，搅拌机包括可称量的进料带和计算机以准确控制液体添加剂的用量。混合料离开搅拌机直接进入铺面整平螺旋系统。双设备车组提供中级至高级的过程控制。液体再生剂根据 RAP 的质量添加，与处理体积和车组前进速度无关。

双设备车组的优点是操作简单和生产能力高。在城市区域和转弯半径小的道路上，由于其长度短比多设备车组可能更好。这种方法的主要不足是无法严格控制过大的 RAP 集料。

3. 多设备车组

多设备车组通常包括铣刨机、装在拖车上的筛分与压碎设备和装在拖车上的桨式拌和机。铣刨机可铣刨路面至合适的厚度或横坡。刀头顺时针运行能产生更细 RAP，逆时针运行则生产能更高。

RAP 堆积在筛分和破碎设备中，所有的材料需要通过筛分，且过大的材料送往破碎设备（通常是冲击式破碎机），破碎后再返回到筛分设备重筛。RAP 的最大粒径通过两个筛子的底部孔径控制。

RAP 从筛分与破碎设备处理后由运送带送至搅拌机，使用皮带将 RAP 运到搅拌机中，其上的皮带式称量器就决定进入搅拌机的 RAP 质量。液体再生剂的用量由计算机计量系统控制,并取决于皮带式称量器上的 RAP 材料质量。液体再生剂由装有正互锁系统(当材料不在拌和室时将关闭)的泵添加到搅拌机中。连接在泵上的仪表将记录液体再生剂的流量和总量。双轴式桨叶搅拌机将液体再生剂与 RAP 均匀拌和。车组装有计算机计量系统,具有最高程度的质量控制和最高的生产率,大约每天 3.2 车道公里。

离开搅拌机的材料堆积成料堆或直接装入摊铺机的料斗中。来自料堆的材料通过料堆提升机提起并用常规 HMA 铺路设备摊铺与压实。

多设备车组提供最高级的过程控制,主要优点是高生产率和高控制性,主要不足是车组较长,使得在城市区域交通控制困难。

4. 配合比现场调整

CR 是个不断变化的过程。RAP 级配的变化会引起混合料和易性的变化。实验室提出的生产配合比、最佳含水率和再生剂用率是施工的起点。对混合料含水率或再生剂用量的调整,对于促进好的沥青膜的形成与和易性可能是必要的。这些值的变化应适宜且仅由有经验人士进行修正。严格按照最初的建议生产配合比可能造成混合料低于最佳性能。

首先评价的指标之一是混合料的沥青膜。集料与沥青的充分黏附是必要的,如果混合料未充分裹附,混合料含水率会增加。过量的拌和水可能造成沥青渗入表面,不利于养护。太少的拌和水会造成混合料离析,在交通作用下松散或密度不足。降低乳化沥青到更软的一个等级可以提高沥青膜形成。

如果再生混合料充分裹附但缺乏黏聚,则需增加乳化沥青或乳化再生剂的用量。但过多的乳化沥青或乳化再生剂会引起混合料不稳定,太少可能造成混合料松散(较小的松散是可接受的)。细集料成团通常是乳化沥青或乳化再生剂过多或 RAP 细集料太多的表现。

随后评价黏聚性。将材料在手中捏成球状,如果球团是易碎的(松开压力后分离),说明混合料缺乏黏聚性;手掌上有沥青斑点,表明乳化沥青或乳化再生剂用量合适;“如果手被大面积粘染”,则乳化沥青或乳化再生剂掺量太高。

根据初次碾压后面层的外观来调整初始乳化沥青或乳化再生剂用量。适量的面层应是棕色的且黏附在一起。大量松散表示再生剂太少,亮黑色面层表示再生剂太多。乳化沥青或乳化再生剂的调整通常 0.2% 的幅度增减。再生剂的增加或减少将导致紧随其后的拌和水用量的等量变化,以保持总的液体用量相同。

5. 摊铺与压实

常规沥青混合料摊铺机或冷拌摊铺机都可用于摊铺混合料。摊铺机应尽量跟在铣刨机后面操作,以减少摊铺所需液体和压实前所需的通风时间。

碾压用重型轮胎压路机和双筒振动钢轮压路机。CR 混合料比常规 HMA 更稠,所以需要更重的设备,且不可能将 CR 混合料压实至与 HMA 相同的密度范围。充分压实的 CIR 混合料的混合料总空隙率(VTM)在 9% ~14% 范围内或更高。

如果使用了乳化沥青或乳化再生剂,可在混合料开始破乳时实施碾压,破乳时间一般需要 30min ~2h,并取决于环境状况。混合料由棕色变成黑色,表明乳化沥青或乳化再生剂正在破乳。一些地方将再生剂与拌和水加热到 50 ~60℃,以减少低温或潮湿状况下养护与破乳的问题。直到混合料完全破乳再开始压实可能造成混合料上部形成硬壳,这将使压实更困难,如果用钢轮碾压会引起重的细裂缝。

初碾可用轮胎式或振动钢轮压路机或者两者组合使用,但应根据当地混合料与气候状况来选择更适合的碾压方法。初次碾压应连续进行直到压路机离开混合料，紧接着用12t或更重的双筒振动钢轮压路机进行复碾。最终碾压用振动钢轮压路机消除压路机轮迹。

通常建议按以下的步骤碾压。首先碾压纵向接缝，紧接着按控制部分确立的规则碾压步骤进行。所有压路机应由低向高碾压，与道路中心线平行的纵向行程间应互相交叠。对于静力压路机，传动轮应在前面位置或接近铺路机，除非陡坡处位置需相反以避免面层拥包和撕裂。滚筒和轮胎应均匀地用少量水或与极少量洗净剂弄湿，以防止混合料带出。碾压混合料边缘时应小心，以保持线形与坡度。

6. 养护

压实的CR混合料需充分养护后才能摊铺磨耗层。养护时间变化很大且取决于几个因素，包括昼夜温度、再生后湿度与降雨情况、再生前后再生混合料含水率的变化、压实水平、现场空隙率、CR与路肩下面材料的排水能力。在适当的水分损失之前就密封表面可能会造成CR混合料与面层混合料早期破坏。

根据混合料中总水率或再生前路面含水率，养护时间通常为10~14d，通常认为如果干的钻芯能基本完整地抽提出来，则混合料的养护足以达到摊铺加铺层的要求。养护期间最好封闭交通，如必须开放交通，则有必要用少量雾化封层以防止在摊铺磨耗面前使得混合料松散。雾化封层用的是慢裂乳化沥青或乳化沥青再生剂。使用前将乳化沥青用水稀释50%，典型使用量为0.23~0.45L/m。粉煤灰混合料也需要雾状封层。由于轮胎可能带起再生混合料，封层期间应禁止交通直至充分养护完成。

7. 摊铺磨耗层

CR混合料上面还需铺磨耗层以防止受路表水侵蚀。对于低交通量路面，单层或双层碎石封层已成功地应用；对于高交通量路面，使用常规HMA磨耗层，CR层与HMA加铺层之间常用黏层以增加层间结合，用量参考雾化封层的沥青用量。

建议HMA加铺层的厚度最小25mm，若达40mm更好。薄HMA层难以充分压实，因而不能防止CIR水损害。HMA加铺层的厚度应基于交通水平和现有道路强度。

第七节　厂拌冷再生施工

当高质量（均匀）RAP的储料可用时或当不能现场再生路面时，CCPR可能是可行的方法。RAP可以来自附近的铣刨工程或路面破碎操作。RAP拖运到拌和厂或便携式设备拖运到储料堆现场。

当现有路面不能现场再生且必须剥离以处理下卧层材料时，采用CCPR是合适的。CCPR典型的施工流程如图15-4所示。

拌和厂可能需要筛分与破碎设备以控制RAP最大粒径。拌和厂应有RAP进料装料斗与称量式运输带。皮带式称量器需与计算机控制的液体再生剂和水添加系统连接，根据RAP质量准确计量加入搅拌机中的添加剂的量。加入搅拌机的液体再生添加剂用容积式泵计量，当搅拌室空时互锁关闭以终止供应。

乳化沥青与乳化再生剂混合料比常规沥青混合料的拌和时间更短。乳化沥青混合料可能过度拌和而造成乳化沥青过早破乳引起沥青膜损失；拌和不足又可能造成沥青裹覆不足。在拌和时不需完全裹覆RAP或集料中粗的部分，摊铺与碾压会进一步裹附沥青。

CCPR摊铺与撒布设备与CIR和常规HMA相同，再生混合料可先摊铺成料堆，再用自动平地机摊铺合适的纵坡与横坡。自动平地机也可有助于混合料的通风。履带式或轮胎式牵引机前端的泽西式摊铺机用于摊铺混合料。通常使用与 CIR 相同的可装卸料堆的常规 HMA 摊铺机与冷拌料摊铺机。压实、养护和磨耗层的摊铺与 CIR 相同。

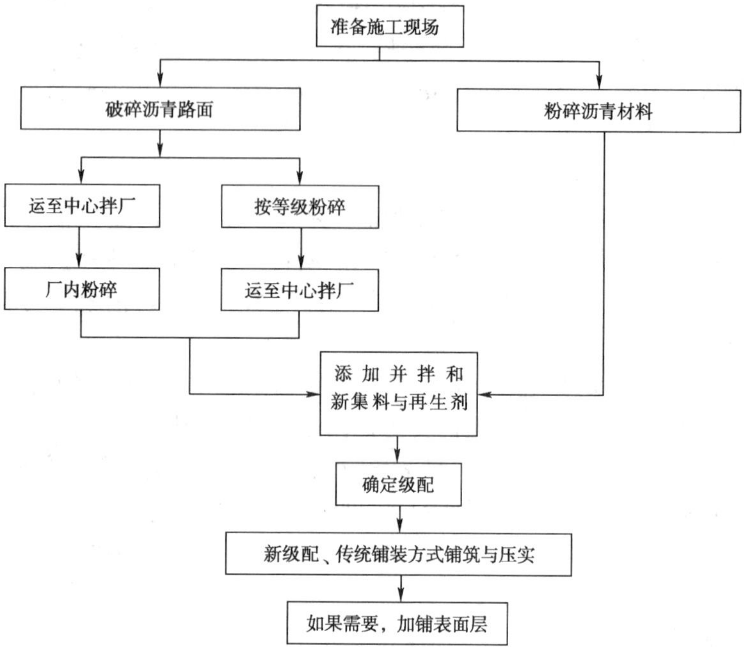

图 15-4　CCPR 施工流程图

第十六章　其他沥青混凝土面层铺筑

第一节　桥面沥青铺装层的结构组成

桥面沥青铺装层主要指混凝土桥梁和钢桥表面采用沥青混合料铺筑的结构组合层。它们直接承受行车荷载的垂直和水平作用，同时又受到环境温度、湿度变化以及降水和日照等因素的综合影响，因此是桥梁整体组成中最先、最易产生衰变和损坏的部位。其铺装质量直接影响到桥面铺装层的服务品质和使用寿命。

一、桥面沥青铺装层的工作特点

桥面沥青铺装层应当具备以下主要使用功能：

(1)良好的承受荷载功能。由于沥青铺装层直接承受行车荷载和环境温度、湿度变化的综合重复作用，它应当具有足够的结构强度、高温稳定性和低温抗裂性能。

(2)与桥梁主体的整体受力功能。桥梁所发生的胀缩变形、振动、挠曲等复杂应力应变行为都将在桥面沥青铺装层内发生。这些行为都远超过一般道路工程的路面结构层。

(3)保护功能。它应能保护其下部的主梁及行车道板不受行车轮胎的直接作用而发生磨损和冲击，并防止表面水的侵蚀。

针对桥面铺装层的使用功能及其耐用性要求，在设计桥面沥青铺装层时，这类沥青铺装层不但应具有一般道路沥青面层的强度和稳定性，还应具有与桥面黏结牢固、结构致密坚实、防水渗入等使用品质。

二、桥面沥青铺装层的结构组成

桥面铺装层一般由防水层、防锈层、黏结层、铺装下层（承重层）和铺装上层（表面层）等层次组合而成，如图16-1所示。

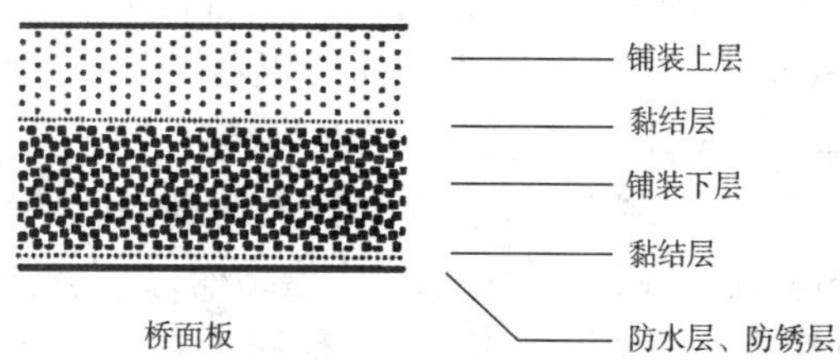

图16-1　各结构层功能图

1. 铺装层

桥面铺装组合中，以沥青铺装层为主体。对于厚度较薄的沥青铺装，采用单一沥青混合料层，其他大多数桥梁采用双层沥青混合料复合结构。

铺装下层又称承重层，要求其所用的沥青混凝土强度高，抗变形能力大，稳定性好，空隙率低，尽可能少渗水，达到与桥面板黏结牢固，协同受力不脱开；铺装上层又称表面层。其注重行车安全，要求足够的构造深度以达到耐磨防滑。

2. 保护层

对于混凝土桥，保护层主要是指防水层；对于钢桥，保护层包括防水层和防锈层两部分。防水层的作用是防止上部各结构层渗下的水进入桥面混凝土中，或滞留在桥面板上，引起混凝土的水损坏或桥面钢板的锈蚀。防锈层则使钢板与外界阻隔，达到长期防锈防腐的作用。

3. 黏结层

黏结层的作用是使铺装层、保护层之间形成良好的黏结力，以构成整体的结构层，承担各种外荷载作用。

三、桥面铺装层厚度

桥面沥青铺装层结构厚度一般与其所在道路路面表层结构层相一致。其沥青铺装总厚度变化范围是35～140mm。大多数桥梁采用50～80mm的沥青铺装层。法国桥梁沥青铺装的使用实践表明，混合料配合比相同的沥青铺装层，65mm厚的铺装层比40mm的使用寿命长5～6倍，可见一定的层厚对于桥面铺装的耐用性是必要的。但对于桥梁结构的承载能力而言，过厚的铺装层增加了恒载和成本，应当进行性能价格比的设计比较。

高速公路、一级公路的桥面铺装，厚度应为60～80mm，特殊情况可增至100mm，应为双层式；二级及二级以下公路的桥面沥青铺装厚度宜为50～80mm，可做成单层式或双层式，双层式的表面层厚度不宜小于25mm。

沥青铺装层组合及厚度见表16-1。

沥青铺装层组合及厚度 表16-1

结构层次	高速公路、一级公路	其他等级公路
铺装上层（表面层）	30～40mm	25～40mm
铺装下层（承重层）	30～60mm	0～40mm

第二节 混凝土桥铺装层沥青混合料

一、铺装层沥青混合料的类型

由于桥面沥青铺装层直接承受行车荷载反复作用和自然因素影响，应当特别重视沥青铺装层的抗疲劳开裂和抗永久变形性能的提高。根据国内外实践经验，混凝土桥面沥青铺装下层（承重层）可选用热拌沥青混凝土（Asphalt Concrete，简称AC）或沥青玛蹄脂碎石（Silone Mastrlx Asphalt，简称SMA）两种沥青混合料。AC混合料是一种密级配连续型沥青混合料，其强度高，空隙率小，能承受较大的荷载，桥面沥青铺装中一般大多采用中粒式AC混合料。SMA混合料是一种骨架密实型结构，其主集料形成承重骨架，沥青玛蹄脂填充骨架空隙，形成低空隙率高密度结构层，也有利于在承重层中使用。铺装上层（表面层）可选用防滑表层（AK）或沥青玛蹄脂（SMA）混合料。在国外还有多孔排水沥青混合料（Open Graded Friction Course，简称OGFC）。OGFC混合料是一种开级配沥青混合料，其空隙率达到15%～20%，甚至超过20%。它可以尽快将表面降水排出路表面，达到雨天抗滑、降低噪声、减少水溅等作用，对于我国东南地区城市高架道路工程有其广阔的应用性。为了保持良好的防滑效果，AK、SMA、OGFC混合料作为表面层时，其主集料必须选择压碎值低、磨耗率小的坚硬、耐磨碎石集料。铺装层可选用的沥青混合料见表16-2。

桥面铺装沥青混合料类型 表 16-2

结构层次	高速公路、一级公路	其他等级公路
铺装上层 （表面层）	SMA-10、SMA-13 AK-10、AK-13 OGFC-10、OGFC-13	AK-10、AK-13 SMA-10、SMA-13
铺装下层 （承重层）	AC-16、AC-20 SMA-16、SMA-20	AC-13、AC-16 AC-20

二、铺装沥青混合料材料性能

桥面铺装沥青混合料的材料规格和质量要求应与其所在的道路等级相匹配。由于桥面的受力和外界综合影响的严重性，因而对其主要组成材料应予以更为严格的要求，其中主要为集料和沥青材料。

1. *沥青材料*

桥面铺装沥青材料应采用重交通沥青或改性沥青。沥青铺装的性能主要有耐久性（抗疲劳、抗水损害、抗老化）、表面服务功能（抗滑安全）和温度稳定性（抗车辙、抗缩裂），这些使用性质与沥青材料都有密切的关系。由于桥面铺筑的基础条件和受力状况更甚于道路路面，建议在使用重交通道路石油沥青作为桥面沥青铺装结合料时，可将其沥青标号提高一个等级。例如，原先在气温分区为温区的二级公路沥青面层中使用的是 AH-90 号重交通石油沥青，在桥面沥青铺装混合料中建议改用 AH-70 号重交通石油沥青。这一改动，使沥青结合料的针入度下降、软化点提高，沥青的黏度得到提高，改善了它的感温性和黏聚力，从而提升了沥青铺装层的整体使用品质。

高速公路、一级公路和城市快速路、主干路中的沥青面层不仅设计使用年限长，而且行驶车辆多，重载车比例高，其中的桥面沥青铺装层更易损坏。使用改性沥青作为结合料是一种延长铺装层使用寿命或改善其使用性能的更为合适的方法。目前，我国改性沥青中改性效果明显，改性混融技术较成熟，使用推广经验较丰富的为聚合物改性沥青材料。一般认为热塑性树脂类（例如 EVA）改性沥青可以明显增大基质沥青黏度，具有较好的高温稳定性，适用于热、温等气候分区；橡胶类（例如 SBR）改性沥青使基质沥青的低温延度加大，具有更理想的低温抗裂性，适用于温、寒等气候分区；热塑性橡胶类（如 SBS）改性沥青的软化点和黏度均有提高，在改善高温稳定性和低温抗裂性方面效果显著，其使用范围更为广泛一些。这些聚合物改性沥青的选用还应当看实体桥梁工程条件、当地气候和施工可达性而定。桥面铺装可采用的这三类聚合物改性沥青品种及其主要性能技术指标列于表 16-3。

桥面铺装可采用的聚合物改性沥青及其主要技术指标 表 16-3

技术指标	SBS(Ⅰ)			SBS(Ⅱ)		SBS(Ⅲ)	
	Ⅰ-B	Ⅰ-C	Ⅰ-D	Ⅱ-B	Ⅱ-C	Ⅲ-B	Ⅲ-C
针入度（25℃，100g，5s）（0.1mm），最小	80	60	40	80	60	60	40
针入度指数 PI，最小	−0.6	−0.2	+0.2	−0.8	−0.6	−0.8	−0.6
延度（5℃，5cm/min）（cm），最小	40	30	20	50	40		
软化点 T（℃），最小	50	55	60	48	50	52	56

2. 集料

桥面沥青混合料中的集料质量和规格，原则上应与所在道路沥青面层中要求一致。由于沥青铺装层之下就是混凝土桥面板或钢桥面板，由铺装层下渗到层底的水分能聚积在层内，难以排除，易造成铺装层失黏、松散、脱粒等水损坏现象。因此除了对集料强度、硬度等质量提出要求外，应尽可能不使用破碎砾石，并应重视与水损坏相关的集料吸水率、对沥青的粘附性、细集料含量等指标的要求，桥面沥青铺装层粗集料质量技术要求的建议值见表 16-4。

桥面沥青铺装层粗集料质量建议值 表 16-4

石料压碎值，不大于(%)	28	坚固性，不大于(%)	12
洛杉矶磨耗损失，不大于(%)	30	细长扁平颗粒含量，不大于(%)	15
视密度，不小于(t/m^3)	2.50	水洗法 <0.075mm 颗粒含量，(%)	≤1
吸水率，不大于(%)	2	软石含量，不大于(%)	5
对沥青的黏附性，不小于	4 级		

3. 沥青混合料

高速公路、一级公路和城市道路快速路、主干路中的大中型桥梁上的沥青铺装层，应当尽可能采用改性沥青作为结合料。这些改性沥青混合料的沥青用量、集料级配和路用性能仍采用马歇尔稳定度试验方法确定，并根据气候条件和交通量特点分别或同时增加高温稳定性能、低温抗裂性能及水稳定性能等试验。其中表征高温抗车辙能力的新拌改性沥青混合料的动稳定度值应符合表 16-5 建议要求。对于特重交通路段，可以通过提高气候分区等级来提高对高温稳定性的要求。表征低温抗裂性能的改性沥青混合料低温弯曲试验破坏应变值应符合表 16-6 建议要求。改性沥青混合料的水稳定性，可通过采用马歇尔稳定度试验方法测定的 48h 浸水马歇尔稳定度试验残留稳定度不应小于 80%，以及采用冻融劈裂试验方法测定的劈裂强度比不应小于 80% 两个条件来确定。

桥面改性沥青铺装混合料高温稳定性建议值 表 16-5

七月平均最高气温	>30℃(夏炎热区)			20~30℃(夏热区)			<20℃(夏凉区)		
气候分区	1-1	1-2	1-3	1-4	2-1	2-1	2-3	2-4	3-2
动稳定度(60℃,0.7MPa)(次/min)，不小于	1 500	2 000	2 500	3 000	1 000	1 400	1 700	2 000	800

桥面改性沥青铺装混合料低温抗裂性建议值 表 16-6

年极端最低气温	< -37℃(严寒区)		-37℃ ~21.5℃(冬寒区)			-21.5℃ ~9℃(冬冷区)		> -9℃(冬温区)	
气 候 分 区	1-1	2-1	1-2	2-2	3-2	1-3	2-3	1-4	2-4
弯曲试验破坏应变(-10℃,50mm/min)，不小于	3 000	3 500	2 500	3 000	3 500	2 000	2 500	1 500	2 000

桥面改性沥青铺装层的路用性能试验结果应符合表 16-7 中所列的建议值。由于桥面沥青铺装层的厚度在设计时已控制，为保证铺装层的使用品质和耐用性，必须注意沥青混合料中粗集料最大粒径与层厚的比例。应当保持层厚为最大粒径的 2.5 倍为宜，例如铺装上层设计厚度为 30mm，则可选用集料最大粒径为 13mm 的 SMA-13、AK-13 等沥青混合料；若铺装下层

设计厚度为40mm,则可选用集料最大粒径为16mm的AC-16、SMA-16等沥青混合料。

对于短、小型桥梁的沥青铺装层,其沥青混合料选用可参照上述技术要求进行设计,也可与相接路段的车行道沥青路面面层一致。

桥面改性沥青铺装混合料马歇尔试验建议值 表16-7

试验项目	沥青混合料类型	技术指标
击实次数 (次)	沥青混凝土(AC) 防滑表层(AK) 沥青玛蹄脂(SMA) 排水沥青混合料(OGFC)	两面各75 两面各50 两面各50 两面各50
稳定度 (kN)	沥青混凝土(AC) 防滑表层(AK) 沥青玛蹄脂(SMA) 排水沥青混合料(OGFC)	>7.5 >5.0 >6.0 >4.5
流值 (0.1mm)	沥青混凝土(AC) 防滑表层(AK) 沥青玛蹄脂(SMA) 排水沥青混合料(OGFC)	20~40
空隙率 (%)	沥青混凝土(AC) 防滑表层(AK) 沥青玛蹄脂(SMA) 排水沥青混合料(OGFC)	3~6 4~10 2~4 15~25
沥青饱和度 (%)	沥青混凝土(AC) 防滑表层(AK) 沥青玛蹄脂(SMA)	70~85 60~75 75~85

第三节 钢桥面沥青铺装

我国不仅在大、中型桥梁中选用钢桥结构,而且在许多中小跨径桥梁立交桥、高架桥中也越来越多选用钢桥结构,因此钢桥面沥青铺装的结构组合和铺装用沥青混合料受到广泛的重视。对于大跨径、正交异性板钢桥,以及承受重载车辆交通运行的钢桥,其结构内会产生复杂的应力应变行为,对其桥面沥青铺装应当根据该桥的工程特点和气候环境条件进行专项设计。

一、钢桥面沥青铺装工作特点和性能要求

钢桥面沥青铺装具有一些一般沥青面层和水泥混凝土沥青桥面所没有的特点:

(1)它不具备混凝土桥包括钢箱梁混凝土组合式桥面那样的刚性底板支承,也不具备路基和基层结构的坚实支承。钢桥面沥青铺装处于随时都在变形的基础上。

(2)大跨径钢桥本身的变形、位移、振动都直接影响沥青铺装层的应力应变状态。

(3)季节性温度变化明显影响铺装层的变形,钢材导热系数要比混凝土等其他材料大,因此极端高温及极端低温的影响更为严重和复杂。

(4)钢材易生锈,比其他材料更怕水。

钢桥像其他水泥混凝土桥一样,其沥青铺装需要满足强度、稳定性、抗裂性和耐用性要求。对于钢桥结构来说,其热容能力和结构振动程度更甚于其他桥梁。因此,在进行钢桥面沥青铺装结构设计时,应当重视沥青铺装组合与钢桥结构结合成整体的共同受力和变形;其次是桥面铺装用的沥青材料要求敏感性低,高温状态稳定性好,不易发生永久变形,低温状态材料模量相对较低,有一定的变形能力,以适应收缩开裂。

铺装层能保护钢桥面,有效防水和排水,以防止钢面板生锈、腐蚀。

钢桥面沥青铺装结构组合与水泥混凝土桥面沥青铺装结构组合相比,增加了防锈层和边缘排水系统两项组成,其余基本相同。

二、钢桥面铺装沥青混合料

钢桥面铺装沥青混合料主要有高黏度改性沥青结合料的沥青混凝土、高温摊铺式沥青混合料和硬固性沥青混合料三种。

1. 高黏度改性沥青混合料

高黏度改性沥青混凝土是充分发挥聚合物改性剂对基质沥青的增强、增韧作用,改善和提高沥青中树脂成分的黏稠性质的一种材料。沥青铺装是钢桥面总体结构的表面层,夏季曝晒,高温失稳变形是其使用期内最易发生的破坏形式。国外研究表明,以合成橡胶或合成热塑性树脂为改性料的高黏度改性沥青铺装层的使用寿命要比以纯沥青为结合料的沥青铺装层高3倍以上,因此它得以在钢桥面沥青铺装层中广泛使用。在经过沥青混合料组配设计后,高黏度改性沥青混合料可以选用表16-2中列示的沥青混凝土(AC)和沥青玛蹄脂碎石(SMA)和防滑表层(AK)等类型混合料,但其结构组合中,至少有一层应选用空隙率小的密级配混合料,以有效地阻止路表水通过沥青铺装结构孔隙下渗。

2. 摊铺式沥青混合料

摊铺式沥青混合料(Gussasphalt)又称浇筑式沥青混合料。它有良好的整体性和柔韧性,有助于整体防水。摊铺式沥青混合料中的结合料采用低针入度、高软化点的掺配沥青,一般采用湖沥青,例如特立尼达沥青,这是一种沥青含量为50%~60%、矿物质含量为30%~40%的沥青玛蹄脂"胶浆"材料。它与直馏沥青掺配后形成的结合料的软化点控制在55~65℃,针入度在20~40。摊铺式沥青混凝土在高温(220~260℃)条件下拌和,高温(180~220℃)条件下施工,在摊铺时依靠自身的流动性成型,无须碾压。然后均匀撒布料温为180~220℃的预拌碎石,经人工处理,压入摊铺式沥青混凝土中,也可用小型压路机碾压。摊铺式沥青混凝土层厚为40~50mm,具有高温流动性,首要控制指标为工作和易性和贯入量,其性能指标见表16-8。其中刘埃尔流动性试验用于评定摊铺式沥青混合料的耐流动性,它以质量995g的压头,在240℃的混合料中贯入5mm所需时间作为指标,以确定混合料拌和时间、施工和易性及沥青用量;贯入量试验用以评定材料的抗变形能力,将试件恒温在40℃,采用5cm^{2}的压头对试件加压,压头压入的深度即为贯入量。

摊铺式沥青混凝土性能指标　　表16-8

试验指标	技术要求	试验指标	技术要求
刘埃尔流动性(240℃)(s)	<20	动稳定度(60℃)(次/mm)	>300
贯入量(40℃,1MPa,30min)(mm)	1-4	弯曲破坏应变(-10℃,50mm/min)	>0.008

由于摊铺式沥青混凝土密实不透水,耐久性好,又有较高的黏韧性,能适应钢桥的变形,而

且随从性好，因此适应于大中型钢桥，尤其是大跨度的斜拉钢桥和悬索钢桥的桥面沥青铺装。摊铺式沥青混合料中粗、细集料质量要求同热拌沥青混凝土混合料。集料最大粒径根据钢桥面沥青铺装层厚度而定。粗集料选用与沥青黏附性好的硬质集料。集料级配见表16-9。由表中可以看出，在桥面铺装或交通量较大路段使用的集料级配中，粗集料所占比例约为50%，细集料(0.075～2.36mm)占20%～30%，填料(矿粉类)占20%～30%。

摊铺式沥青混凝土集料级配 表16-9

筛孔(mm)	13	5	2.5	0.6	0.3	0.15	0.075	沥青用量(%)
通过率(%)	100	65～85	45～62	35～50	28～42	25～34	20～27	7～10

应当指出，目前我国对摊铺式沥青混凝土混合料在钢桥铺面工程中的应用尚缺乏成熟的经验和技术，国外使用较多的均为高纬度的日本、德国、奥地利、瑞典等国家，它们夏季的酷热程度均不及我国南方湿热地区。正因为自然环境气候条件有这些差异，我们应对摊铺式沥青混凝土混合料的集料质量、集料级配、沥青质量及用量，以及技术指标和施工技术等进行改进和完善。

3.硬固性沥青混合料

硬固性沥青混凝土混合料(Epoxyasphalt)是采用环氧树脂沥青配制而成的热固性沥青混凝土材料。环氧树脂是一种热塑性线性聚合物类的胶黏材料，加入固化剂后发生交联反应，形成网状立体结构的大分子，成为不溶于水、不再熔化的固态化合物。其在固化过程中产生巨大的黏结力，将被胶结物连接在一起，形成整体结构强度。由于环氧树脂经固化后形成不可逆反应，根本改变了沥青材料的热塑性性质，与普通沥青混凝土或热塑性改性沥青相比较，其强度高、刚度大、马歇尔稳定度达到35～50kN，为普通沥青混凝土的4～5倍。在20℃温度下，其弯拉强度模量达到10×10^3～12×10^3MPa，为普通沥青混凝土的4倍。尽管硬固性沥青混凝土在强度、刚度方面与水泥混凝土相似，但仍然保持了若干沥青混凝土材料的性状。

硬固性沥青混凝土混合料分为冷拌配制和热拌配制两种生产施工方法。冷拌配制方法与乳化沥青混合料拌制相似，集料无须加热。在常温下，集料与预先配制好的环氧沥青拌和，经摊铺、压实成型。环氧沥青面层需慢慢固化(完全固化需要60d左右)而形成结构强度。热拌环氧沥青混合料则与普通热拌沥青混合料配制方法相似。由于环氧沥青混合料，包括沥青、环氧树脂、介质、固化剂等组分，配制工艺相对复杂一些。热拌的温度对环氧树脂的固化反应过程和反应时间有明显的影响，甚至可能发生失去黏性、过早固化的情况而使混合料失效。因此，硬固性环氧沥青混合料应当严格控制环氧树脂、介质和固化剂的品种、质量及其与基质沥青材料的相容性，以及混合料中环氧沥青用量、拌制温度和固化条件。硬固性沥青混凝土与钢桥桥面黏结牢固，其强度和韧性足以随从钢结构的振动和变形，因此适宜在钢桥铺装中使用，而且可以制备成3～5cm厚的薄层沥青铺装层。硬固性环氧沥青混凝土的级配一般采用连续的细密级配，类似热拌沥青混凝土中AC-10I及AC-13I型级配类型。环氧沥青结合料的用量根据拌和时的和易性及经验而定，约为集料总质量的5.5%±0.5%。热拌环氧沥青混凝土的拌和温度应控制在90～100℃。

在交通量不大的小跨径钢桥沥青铺装中使用的混合料可采用与道路一致的普通沥青混凝土混合料，建议其沥青结合料采用改性沥青或提高一个等级的石油沥青。

不同类型的沥青铺装混合料，在混合料材性、使用性能、施工工艺上有很大的区别，而且工程造价有差异。各种钢桥面沥青铺装材料的适用性列于表16-10。从使用效果，维修养护以及工程造价的综合比较来看，采用高黏度改性沥青铺装层结构，已能满足大中跨径钢桥沥青铺装的功能要求。

钢桥面沥青铺装适用性比较 表16-10

铺装类型		高黏度改性沥青		摊铺式沥青	硬固性沥青	普通沥青
		SMA	AC	GA	EA	AC
铺装性能及服务能力	结构强度	优	优	优	优	中
	高温稳定性	良	优	良	优	中
	低温抗裂性	优	良	优	良	中
	水稳定性	优	良	优	优	中
	表面构造	优	良	良	良	中
变形能力		优	优	优	良	中
施工复杂程度		稍复杂	不复杂	复杂	复杂	不复杂
使用性能和寿命		优	良	良	良	中
养护及维修		良	优	中	中	优
工程造价		高	稍高	很高	很高	中

三、钢桥面防滑抗剪加筋措施

钢桥桥面钢板平整光滑，无法采用水泥混凝土桥面常用的刻槽、拉毛等措施以增加面板表面粗糙和构造深度，形成表面水平滑动阻力。钢桥桥面板上沥青铺装层中的剪切应力，按双层弹性理论中连续体系解算，其界面在垂直荷载单独作用时最大剪切应力为0.227 6MPa，缓慢制动时最大剪切应力为0.260 3MPa，紧急制动时（水平力系数取0.50时）最大剪切应力为0.529 4MPa。剪切应力随铺装层厚度而减小，但在沥青铺装层5cm深度处仍保持最大值。国外研究表明，即使在12cm铺装层下面，剪切应力仍有0.10MPa。同时，在寒冷低温季节中，由于沥青铺装与桥梁钢板的温度膨缩系数的差异造成的位移差，在其界面产生剪切应力，其后果严重时将在沥青铺装底面形成剪切脱离，而且修理十分困难。因此，国外某些钢桥面拼装完成后，利用螺栓帽凸起部分增加铺装界面的水平剪切阻力，甚至有些工程在光滑钢面板上采用适当加焊圆铁等防滑措施。目前立交工程和高架道路工程中引桥越来越多地采用钢结构。这些引桥的纵坡、平曲线与横断面形成很大的合成纵坡，车辆通行时又以低速缓行，很有可能会引起铺装层过早剪切破坏。这种水平力剪切破坏应当在设计过程中予以关注。为防止沥青铺装层在使用过程中由于行车荷载水平分力作用而引起推移和滑动等破坏现象，可以在钢桥面表面加焊变形钢筋（又称螺纹钢筋），增加界面水平滑动阻力。具体技术措施为：

（1）变形钢筋长度为100～150cm；钢筋强度等级为Ⅱ级，钢筋计算直径为10mm，其内径为9.3mm，外径为11.3mm。

（2）钢筋平面布置：钢筋布置在钢桥面行车道部分，与桥中心线垂直（即与车行方向垂直），以期达到增加横向阻力；钢筋排之间的间距为30cm，相邻钢筋交错15cm，错搭长度为5cm；钢筋应按规定尺寸和排列，焊接固定在钢板表面上。

（3）钢筋与钢板焊接要求：钢筋两端部焊牢，中间焊点间距为15～20cm，为防止焊接引起钢筋扭动，应采取交错焊接。焊点必须牢固，焊接强度应达到正常要求，检查出的虚焊或漏焊必须及时补焊牢固。

第四节　隧道沥青路面施工

随着公路的大规模建设，公路隧道也越来越多。作为隧道内的路面铺装，要求抗滑性能要好、噪声低、灰尘小、适应于隧道内潮湿的使用环境，除上述使用性能要求外，还要求铺装施工性能良好。

一、施工前准备

在摊铺之前应保持黏结层清洁干燥，必要时应用干拖布擦去表面的灰尘或其他杂物。在施工前一天应仔细检查施工区域的黏结层状况，如有破坏，应及时进行补涂。摊铺机由轨道的高度来控制铺装层的平整度，由熨平板控制厚度，因此应对水泥混凝土板的相对高差进行准确测量，并在施工时进行平整度控制放样。混合料运输车在施工前应对其轮胎及底板进行清洁，防止运输车污染基面。现场施工人员应配备必要的劳保，如毛巾、劳保鞋等，以保证施工现场清洁。

二、施工注意事项

在隧道内铺筑沥青路面时应充分考虑隧道沥青路面施工和维修养护工程困难，隧道内外光线变化显著，隧道有可能漏水、冒水，隧道防火安全等特点，选择适宜的材料与结构。

对隧道底部的地下水应采取疏导方式，设置完善的排水系统。

施工过程中需要确保通风良好，采取放过措施，制订有切实可行的消防和疏散预案。

各种施工机械应符合隧道净空的要求，选用宽度较窄的摊铺机铺筑，运料车应能完全卸料，具有足够的行车通道。

第十七章　沥青路面施工质量控制

沥青路面的质量控制主要包括原材料的质量检验、施工设备的检查及各施工工序中及工序衔接之间的质量控制。

一、施工前的材料与设备检查

1. 原材料的质量检验

原材料的质量和数量是保证路面质量和修建速度的关键因素。目前我国有些沥青路面早期损坏现象严重，材料质量不好是主要原因之一。各建设单位和施工单位必须严格控制和管理原材料的质量，杜绝使用伪劣材料或弄虚作假。

原材料的质量控制包括确定原材料的来源、材料质量和规格、数量、供应计划、运输体系、材料堆放场地及储存条件。施工单位应在施工准备阶段进行上述工作，在确定合适的料场后或料源后，不得轻易更换。

施工前材料的质量检查应以同一料源、同一批购入并运至现场的相同规格品种的集料或沥青为一“批”进行检查。粗集料的主要检验内容为石料岩性、针片状颗粒含量、含泥量、级配组成、压碎值、磨光值、洛杉矶磨耗值、含水率和堆积密度等；细集料的检测内容为级配组成、含水率和堆积密度；矿粉的主要检测内容为外观、小于0.075mm颗粒含量和含水率等；道路石油沥青的主要检测内容为针入度、软化点、延度和含蜡量等。每“批”材料的质量均应符合设计要求。

2. 设备检查

机械设备是保证沥青路面质量的另一个重要因素。国外对施工机械设备的要求很具体，并有着专门的规范。我国目前国产机械型号复杂，质量好坏差别很大，应严格检查与管理。在施工前必须对沥青混合料拌和、沥青路面施工现场的施工机械、设备配套情况、性能、计量精度等进行认真细致的检查。

沥青洒布车的主要检查部位为油泵系统、洒布管道、量油表和保温设备，在正式施工前应先行试洒，以校核洒布量。集料撒布机的检查机械为传动系统和液压调节系统，并进行试撒。混合料拌和机宜进行全面检查，包括拌和机的称量系统、测温装置、沥青输送管道、电器系统和机械传动装置等。混合料摊铺机的主要检查机构为振捣板、振动器、熨平板、螺旋摊铺器和自动找平装置等。压路机应检查规格、质量、振动力、碾压轮表面磨损情况等。

3. 铺筑试验路段

二、施工过程中的质量管理与检查

沥青路面的施工必须得到主管部门的开工令后才可以开工。为了确保沥青路面施工质量，在沥青面层施工过程中，应有专职的质量检测机构负责施工质量的检查与试验，认真地做好每一道工序的质量检测工作。

1. 材料的质量管理与检测

在施工过程中,应对每批原材料的性能进行抽查。材料检查是在材料进场时已按“批”检查过,并得到批准的基础上进行的,以确定其质量稳定性(变异性)。检测项目与频度不应少于表17-1的规定。表17-1中的“必要时”是指施工单位、监理、质量监督部门、业主等部门对材料的质量发生怀疑,提出需要检查时,或是指根据需要商定的检查频度。

施工过程中材料的质量检查内容与频度　　表17-1

材料	检查项目	检查频度		试验规程规定的平行试验次数或一次试验的式样数
		高速公路、一级公路	其他等级公路	
粗集料	外观(石料品种、含泥量等)	随时	随时	—
	针片状颗粒含量	随时	随时	2~3
	颗粒组成(筛分)	随时	必要时	2
	压碎值	必要时	必要时	2
	磨光值	必要时	必要时	4
	洛杉矶磨耗值	必要时	必要时	2
	含水率	必要时	必要时	2
细集料	颗粒组成(筛分)	随时	必要时	2
	砂当量	必要时	必要时	2
	含水率	必要时	必要时	2
	松方单位重	必要时	必要时	2
矿粉	外观	随时	随时	—
	<0.075含量	必要时	必要时	2
	含水率	必要时	必要时	2
石油沥青	针入度	每2~3d 1次	每周1次	3
	软化点	每2~3d 1次	每周1次	2
	延度	每2~3d 1次	每周1次	3
	含蜡量	必要时	必要时	2~3
改性沥青	针入度	每天1次	每天1次	3
	软化点	每天1次	每天1次	2
	离析试验(对成品改性沥青)	每周1次	每周1次	2
	低温延度	必要时	必要时	3
	弹性恢复	必要时	必要时	3
	显微镜观察(对现场改性沥青)	随时	随时	—
乳化沥青	蒸发残留物含量	每2~3d 1次	每周1次	2
	蒸发残留物针入度	每2~3d 1次	每周1次	2
改性乳化沥青	蒸发残留物含量	每2~3 d 1次	每周1次	2
	蒸发残留物针入度	每2~3 d 1次	每周1次	3
	蒸发残留物软化点	每2~3 d 1次	每周1次	2
	蒸发残留物延度	必要时	必要时	3

2. 施工现场的质量检查内容

施工过程中的质量检查内容包括工程质量及外形尺寸两部分,检查应随时进行,才能保证交工后抽样检查完全合格。当检查结果达不到规定要求时,应追加检测数量,查找原因,做出处理。

(1)沥青混合料拌和厂

在拌和厂必须对沥青混合料质量进行检测,包括沥青混合料拌和均匀性、拌和温度、出厂温度及各个料仓的用量等,并对取样进行马歇尔试验,检测混合料的级配和沥青用量,以保证矿质混合料级配与设计级配相似,还应经常对拌和机的称量系统装置进行检查标定。

(2)混合料的铺筑现场

在沥青混合料的铺筑现场,应随时检测施工温度、摊铺厚度、压实厚度、压实度和平整度,并目测沥青混合料的均匀性。

施工厚度除应在摊铺及压实时量取,并测量钻孔试件厚度,还应校验由每天的沥青混合料生产总量与实际铺筑面积计算出的平均厚度。

沥青路面压实度的检查以钻芯取样为准,用核子密度仪检查时应通过与钻孔试件密度的标定关系进行换算,并增加检测次数。当钻孔检验的各项指标持续稳定并达到质量控制要求时,经主管部门批准,钻孔数量可适当减少,增加核子密度仪检测数量,并严格控制碾压工艺。

(3)施工质量控制标准

沥青路面施工过程中过程质量检测项目、检查频度、质量控制标准列于表17-2和表17-3中。

施工单位的检测结果应按1km(公路)或100m(城市道路)为单位整理成表。道路施工的关键工序或重要部位宜拍摄照片或进行录像,并作为实态记录保存。当发现异常时,应停止施工,分析原因,找出影响因素,并采取措施,经主管部门同意后方可复工。

沥青表面处治及贯入式路面施工过程中质量控制标准 表17-2

路面类型	项目	检查频度	质量要求 允许偏差	试验方法
沥青表面处治	外观	随时	集料嵌挤密实,沥青洒布均匀,无花白料	目测
	集料及沥青用量	每日1次逐日评定	±10%	T 0982
	沥青洒布温度	每车1次评定	符合规范规定	温度计测量
	厚度	不少于每2 000m² 一点,逐点评定	−5mm	T 0912
	平整度	随时,以连续10尺的平均值评定	10mm	T 0931
	宽度	检测每个断面逐个评定	±30mm	T 0911
	横坡度	检测每个断面逐个评定	±0.5%	T 0911
沥青贯入式路面	外观	随时	集料嵌挤密实,沥青洒布均匀,无花白料	目测
	集料及沥青用量	每日1次总量评定	±10%	T 0982
	沥青洒布温度	每车1次逐点评定	符合规范规定	温度计测量
	厚度	每2 000m² 一点逐点评定	-5mm或设计厚度的8%	T 0912
	平整度	随时,以连续10尺的平均值评定	8mm	T 0931
	宽度	检测每个断面	±30mm	T 0911
	横坡度	检测每个断面	±0.5%	T 0911

热拌沥青混合料路面施工过程的质量控制标准 表 17-3

项目		检测频度	质量要求或允许偏差		试验方法
			高速公路、一级公路	其他等级公路	
外观		随时	表面平整密实，不得有轮迹、裂缝、油包、离析、花白料现象		目测
接缝		随时	紧密平整、顺直、无跳车		目测
		逐条缝检测评定	3mm	5mm	T 0931
施工温度	摊铺温度	逐车检测评定	符合设计标准		T 0981
	碾压温度	随时	符合设计标准		温度计测量
厚度	每一层次	随时，厚度 50mm 以下 厚度 50mm 以上	设计值的 5% 设计值的 8%	设计值的 8% 设计值的 10%	施工时插入法量测松铺厚度及压实厚度
	每一层次	一个台班区段的平均值 厚度 50mm 以下 厚度 50mm 以上	-3mm 5mm	—	总量检测
	总厚度	每 2 000m² 一点单点评定	设计值的 -5%	设计值的 -8%	T 0912
	上面层	每 2000m² 一点单点评定	设计值的 -10%	设计值的 -10%	
压实度		每 2 000m² 检查 1 组，逐个试件评定并计算平均值	实验室标准密度的 97%（98%） 最大理论密度的 93%（94%） 试验段密度的 99%（99%）		T 0924 T0922
平整度（最大间隙）	上面层	随时，接缝处单杆评定	3mm	5mm	T 0931
	中下面层	随时，接缝处单杆评定	5mm	7mm	T 0931
平整度（标准差）	上面层	连续测定	1.2mm	2.5mm	T 0932
	中面层	连续测定	1.5mm	2.8mm	
	下面层	连续测定	1.8mm	3.0mm	
	基层	连续测定	2.4mm	3.5mm	
宽度	有侧石	检测每个断面	±20mm	±20mm	T 0911
	无侧石	检测每个断面	不小于设计宽度	不小于设计宽度	
纵断面高程		检测每个断面	±10mm	±15mm	T 0911
横坡度		检测每个断面	±0.3%	±0.5%	T 0911
沥青层层面上的渗水系数，不大于		每公里不少于 5 点，每点 3 处取平均值	300mL/min（普通密级配沥青混合料），200mL/min（SMA 混合料）		T 0971

三、施工质量动态管理方法

1. 质量指标的统计参数

为了对沥青路面施工过程进行有效的控制，在路面工程的施工过程中，必须进行试验结果的分析与评价。施工单位应建立工程质量数据库，随时将质量检测结果输入数据库。在质量检测过程中，可按照施工周期或道路长度，对质量检测数据进行整理和分析，计算各项质量检

测值的平均值 $\overline{X}$(期望值)、极差 R、标准差 S 及变异系数 C_v 等统计参数。

2. 工程质量管理图的建立

施工质量管理图是以日期或试件编号为横坐标,试验结果统计参数为纵坐标而绘制的。常用的质量管理图为试验指标的平均值和极差管理图($\overline{X}$—R 图,见图 17-1)的方法,该管理图可供各有关人员随时检查。

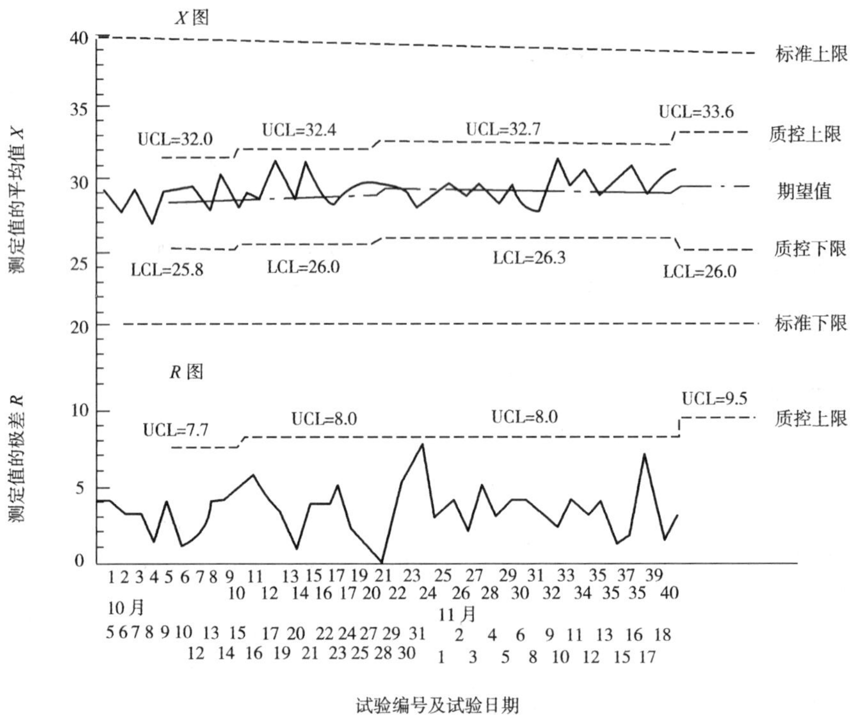

图 17-1 工程质量指标管理图

(1)质量控制指标值的确定方法

在 $\overline{X}$—R 质量管理图中以平均值作为中心线 CL,标出质量控制上限 UCL 和质量控制下限 LCL,UCL—CL 表示允许的施工正常波动范围,见图 17-1。当试验数据超出质量控制上、下限范围时,应视为施工异常或试验数据异常。

在 $\overline{X}$ 图中,CL、UCL、LCL 按照式(17-1)~式(17-3)计算。

$$CL = \overline{\overline{X}} \tag{17-1}$$

$$UCL = \overline{\overline{X}} + A_2\overline{R} \tag{17-2}$$

$$LCL = \overline{\overline{X}} - A_2\overline{R} \tag{17-3}$$

在 R 图中,CL、UCL、LCL 按照式(16-4)~(16-6)计算。

$$CL = \overline{R} \tag{17-4}$$

$$UCL = D_4\overline{R} \tag{17-5}$$

$$LCL = D_3\overline{R} \tag{17-6}$$

式中: CL——$\overline{X}$—R 管理图中的中心线;

UCL——$\overline{X}$—R 管理图中的质控上限；

LCL——$\overline{X}$—R 管理图中的质控下限；

$\overline{\overline{X}}$——该阶段各组检测结果平均值的平均值；

$\overline{R}$——该阶段各组检测结果极差 R 的平均值。

A_2、D_3、D_4——由一组检测结果的试验次数决定的管理图用的系数，其值应按表 17-4 确定。

质量管理图用系数表 表 17-4

一组检测结果的试验次数 n	d_2	d_3	A_2	D_4	D_3
2	1.128	0.853	1.880	3.267	—
3	1.693	0.888	1.023	2.575	—
4	2.059	0.880	0.729	2.282	—
5	2.326	0.864	0.577	2.115	—
6	2.534	0.848	0.488	2.004	—
7	2.704	0.833	0.419	1.924	0.076
8	2.847	0.820	0.373	1.864	0.136
9	2.970	0.808	0.337	1.816	0.184
10	3.087	0.797	0.308	1.777	0.233
∞	—	—	$\frac{3}{d_2\sqrt{2}}$	$1+3\frac{d_3}{d_2}$	$1-3\frac{d_3}{d_2}$

(2)质量标准上限

在 $\overline{X}$—R 管理图上标出设计要求的或规范规定的质量标准或允许差范围，见图 17-1 中的标准上限。当检测试验结果超出此范围时，即施工不合格时，应予以及时处理。

(3)质量直方图或正态分布曲线图

施工单位还可以随着工程的进展，绘制施工质量直方图或正态分布曲线图，见图 17-2。当发现标准差或变异系数有显著增大趋势时，应分析原因，及时研究解决对策。

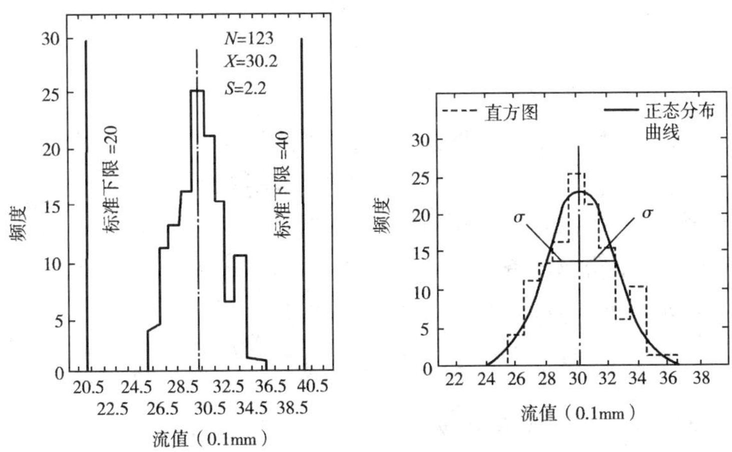

图 17-2 工程质量检测结果的直方图及正态分布曲线图

3. 施工总结

施工结束后，施工单位宜汇总全部数据，计算平均值、标准差及变异系数，绘制整个工程的施工质量直方图或正态分布曲线,作为下一个工程的企业管理目标。

四、沥青路面压实度的控制方法

1. 压实度的计算

沥青面层的压实度按式(17-7)计算。

$$K=\frac{D}{D_0}\times 100(\%) \tag{17-7}$$

式中:K——沥青面层某一测定部位的压实度,%;

D——由试验测定的沥青混合料实际压实密度,g/cm^3;

D_0——沥青混合料的标准密度,g/cm^3。

沥青混合料的标准密度 D_0 以沥青拌和厂取样试验的马歇尔密度为准。沥青拌和厂必须按照要求每天取样1次,或上下午各取样1次进行马歇尔试验,测定试件的密度,以实测的马歇尔试验密度(试件数不少于4~6个)的平均值作为该批混合料摊铺路段压实度计算的标准密度使用。

对沥青碎石及粗粒式沥青混凝土混合料,可以试验段钻孔试件的平均密度为标准密度,且密度的测定方法应与试验段钻孔试件的测定方法相同。此种情况下,试验段的铺筑应由监理工程师或工程质量监督人员与施工单位一起参加,在温度及采用的压路机合理的情况下,反复碾压至无轮迹,用核子密度仪定点检查密度不再变化为止。然后取不少于15个的钻孔试件的平均密度为压实度计算的标准密度。

2. 压实度统计参数的计算

对一个评定路段的平均压实度、标准差、变异系数按式(17-8)~式(17-10)计算。

$$K_0+(K_1+K_2+\cdots+K_n)/N \tag{17-8}$$

$$S=\sqrt{\frac{(K_1-K_0)^2+(K_2-K_0)^2+\cdots+(K_n-K_0)^2}{N-1}} \tag{17-9}$$

$$C_v=\frac{S}{K_0} \tag{17-10}$$

式中: K_0——该评定路段的平均压实度,%;

S——该评定路段的压实度测定值的标准差,%;

C_v——该评定路段的压实度测定值的变异系数,%;

$K_1,K_2,\cdots,K_n$——该评定路段内各测定点的压实度,%

N——该评定路段内各测定点的总数,其自由度为 $N-1$。

对一个评定路段的压实度代表值按式(17-11)计算。

$$K'=K_0-t_aS\sqrt{N} \tag{17-11}$$

式中:K'—— 评定路段的压实度代表值,%;

t_a——t 分布表中随自由度和保证率而变化的系数,其值应按表17-5确定。

表17-5中的数值适用于压实度、厚度等单边检验要求的情况。对高速公路、一级公路和城市快速路、主干路,保证率为95%;对其他等级公路及城市道路,保证率为90%。

$t_a/\sqrt{N}$ 的 值　　　　表 17-5

测点数 N	高速公路、一级公路、城市快速路、主干路	其他等级公路及城市道路	测点数 N	高速公路、一级公路、城市快速路、主干路	其他等级公路及城市道路
2	4.465	2.176	20	0.387	0.297
3	1.686	1.089	21	0.376	0.289
4	1.177	0.819	22	0.367	0.282
5	0.953	0.686	23	0.358	0.275
6	0.823	0.603	24	0.350	0.269
7	0.734	0.544	25	0.342	0.264
8	0.670	0.500	26	0.335	0.258
9	0.620	0.466	27	0.328	0.253
10	0.580	0.437	28	0.322	0.248
11	0.546	0.414	29	0.316	0.244
12	0.518	0.393	30	0.310	0.239
13	0.494	0.376	40	0.266	0.206
14	0.473	0.361	50	0.237	0.184
15	0.455	0.347	60	0.216	0.167
16	0.438	0.335	70	0.199	0.155
17	0.423	0.324	80	0.186	0.145
18	0.410	0.314	90	0.175	0.136
19	0.398	0.305	100	0.166	0.129

第十八章　沥青路面工程质量检验评定

第一节　路面工程质量检验一般规定

路面工程的实测项目规定值或允许偏差按高速公路、一级公路和其他公路（指二级及以下公路）两档设定。对于在设计和合同文件中提高技术要求的二级公路，其工程质量检测及评定按设计和合同文件的要求进行，但不应高于高速公路、一级公路的检验评定标准。

路面工程实测项目规定的检查频率为双车道公路每一检查段内的检查频率（按 m^2 或 m^3 或工作班设定的检查频率除外），多车道公路的路面各结构层均须按其车道数与双车道之比，相应增加检查数量。

各类基层和底基层压实度代表值（平均值的下置信界限）不得小于规定代表值，单点不得小于规定极值。小于规定值 2 个百分点的测点，应按其占总检查点数的百分率计算合格率。

垫层的质量要求同相同材料的其他公路的底基层；联结层的质量要求同相应的基层或面层；中级路面的质量要求同相同材料的其他公路的基层。

路面表层平整度检查测定以自动或半自动的平整度仪为主，全线每车道连续测定按其每 100m 输出结果计算合格率。采用 3m 直尺测定路面各机构层平整度时，以最大间隙作为标尺，按尺数计算合格率。

路面表面渗水系数宜在路面成型后立即测定。

路面各结构层厚度按代表值和单点合格值设定允许偏差。当代表值偏差超过规定值时，该分项工程评为不合格；当代表值偏差满足仪器时，按单个检查值的偏差不超过单点合格值的测定的测点数计算合格率。

路面基层完工后应按时浇洒透层油或铺筑下封层，透层油的透入深度不小于 5mm，不得使用透入能力差的材料作透层油。对封层、黏层和透层油的浇洒要求同沥青表面处治层中的基本规定。

第二节　沥青混凝土面层和沥青碎（砾）石面层质量评定

一、基本要求

（1）沥青混合料的矿料质量及矿料级配应符合设计要求和施工规范的规定。

（2）严格控制各种矿料和沥青用量及各种材料和沥青混合料的加热温度，沥青材料及混合料的各项指标应符合设计和施工规范要求。沥青混合料的生产，每日应做抽提试验、马歇尔稳定度试验。矿料级配、沥青含量、马歇尔稳定度等结果的合格率应不小于 90%。

（3）拌和后的沥青混合料应均匀一致，无花白，无粗细料分离和结团成块现象。

（4）基层必须碾压密实，表面干燥、清洁、无浮土，其平整度和路拱度应符合要求。

(5)摊铺时应严格控制摊铺厚度和平整度,避免离析,注意控制摊铺和碾压温度,碾压至要求的密实度。

二、实测项目(表18-1)

沥青混凝土面层和沥青碎(砾)石面层实测项目　　表18-1

<table>
<tr><th rowspan="2">项次</th><th rowspan="2" colspan="2">检 查 项 目</th><th colspan="2">规定值或允许偏差</th><th rowspan="2">检查方法和频率</th><th rowspan="2">权值</th></tr>
<tr><th>高速公路、一级公路</th><th>其他公路</th></tr>
<tr><td>1</td><td colspan="2">压实度(%)</td><td colspan="2">试验室标准密度的96%(*98%);
最大理论密度的92%(*94%);
试验段密度的98%(*99%)</td><td>按相关规程检查,每200m测1处</td><td>3</td></tr>
<tr><td rowspan="3">2</td><td rowspan="3">平整度</td><td>σ(mm)</td><td>1.2</td><td>2.5</td><td rowspan="2">平整度仪:全线每车道连续按每100m计算IRI或σ</td><td rowspan="3">2</td></tr>
<tr><td>IRI(m/km)</td><td>2.0</td><td>4.2</td></tr>
<tr><td>最大间隙h(mm)</td><td>—</td><td>5</td><td>3m直尺:每200m测2处×10尺</td></tr>
<tr><td>3</td><td colspan="2">弯沉值(0.01mm)</td><td colspan="2">符合设计要求</td><td>按相关规程检查</td><td>2</td></tr>
<tr><td>4</td><td colspan="2">渗水系数</td><td>SMA路面200mL/min;其他沥青混凝土路面300mL/min</td><td>—</td><td>渗水试验仪:每200m测1处</td><td>2</td></tr>
<tr><td rowspan="2">5</td><td rowspan="2">抗滑</td><td>摩擦系数</td><td rowspan="2">符合设计要求</td><td rowspan="2">—</td><td>摆式仪:每200m测1处。摩擦系数测定车:全线连续</td><td rowspan="2">2</td></tr>
<tr><td>构造深度</td><td>铺砂法:每200m测1处</td></tr>
<tr><td rowspan="2">6</td><td rowspan="2">厚度(mm)</td><td>代表值</td><td>总厚度:设计值的-5%H。
上面层:设计值的-10%h</td><td>-8%H</td><td rowspan="2">按相关规程检查,双车道每200m测1处</td><td rowspan="2">3</td></tr>
<tr><td>合格值</td><td>总厚度:设计值的-10%H。
上面层:设计值的-20%h</td><td>-15%H</td></tr>
<tr><td>7</td><td colspan="2">中线平面偏位(mm)</td><td>20</td><td>30</td><td>经纬仪:每200m测4点</td><td></td></tr>
<tr><td>8</td><td colspan="2">纵断高程(mm)</td><td>±15</td><td>±20</td><td>水准仪:每200m测4断面</td><td></td></tr>
<tr><td rowspan="2">9</td><td rowspan="2">宽度(mm)</td><td>有侧石</td><td>±20</td><td>±30</td><td rowspan="2">尺量:每200m测4处</td><td rowspan="2"></td></tr>
<tr><td>无侧石</td><td colspan="2">不小于设计值</td></tr>
<tr><td>10</td><td colspan="2">横坡(%)</td><td>±0.3</td><td>±0.5</td><td>水准仪:每200m测4断面</td><td></td></tr>
</table>

注:①表内压实度可选用其中的1个或2个标准评定,选用2个标准时,以合格率低的作为评定结果。带*号者是指SMA路面,其他为普通沥青混凝土路面。

②表列厚度仅规定负允许偏差。H为沥青层设计总厚度(mm),h为沥青上层设计厚度(mm)。

三、外观鉴定

(1)表面应平整密实,不应有泛油、松散、裂缝、粗细料明显离析现象。对于高速公路和一级公路,有上述缺陷的面积(凡属单条的裂缝,则按其实际长度乘以0.2m宽度,折算成面积)之和不得超过受检面积的0.03%,其他公路不得超过0.05%。不符合要求的每超过0.03%或0.05%减2分。

半刚性基层的反射裂缝可不计作施工缺陷，但应及时进行灌缝处理。

(2)搭接处应紧密、平顺、烫缝不应枯焦。不符合要求时，累计每10m长减1分。

(3)面层与路缘石及其他构筑物应接顺，不得有积水现象，不符合要求，每处减1~2分。

第三节 沥青贯入式面层(或上拌下贯式面层)质量评定

一、外观鉴定

(1)沥青材料的各项指标应符合设计要求和施工规范。

(2)各种材料的规格和用量应符合设计要求和施工规范，上拌沥青混凝土混合料每日应做抽提试验和马歇尔稳定度试验。

(3)碎石层必须平整压实，嵌挤稳定，沥青贯入应深透，浇洒应均匀，不得污染其他构筑物。

(4)嵌缝料必须趁热撒铺，扫料均匀，不应有重叠现象。

(5)上层采用拌和料时，混合料应均匀一致，无花白和粗细分离现象，摊铺平整，接茬平顺，及时碾压密实。

(6)沥青贯入式路面施工前，应先做好路面结构层与路肩的排水。

二、实测项目(表18-2)

沥青表处及沥青贯入式面层(或上拌下贯式面层)实测项目 表18-2

项次	检查项目		规定值或允许偏差	检查方法和频率	权值
1	平整度	σ(mm)	3.5	平整度仪：全线每车道连续按每100m计算IRI或σ	3
		IRI(m/km)	5.8		
		最大间隙h(mm)	8	3m直尺：每200m测2处×10尺	
2	弯沉值(0.01mm)		符合设计要求	按相关规程检查	2
3	厚度(mm)	代表值	-8%H或-5mm	按相关规程检查；每200m每车道1点	3
		合格值	-15%H或-10mm		
4	沥青总用量(kg/m^2)		±0.5%	每工作日每层洒布查1次	3
5	中线平面偏位(mm)		30	经纬仪：每200m测4点	1
6	纵断高程(mm)		±15	水准仪：每200m测4断面	2
7	宽度(mm)	有侧石	±30	尺量：每200m测4处	2
		无侧石	不小于设计		
8	横坡(%)		±0.5	水准仪：每200m测4断面	2

注：①当设计厚度≥60mm时，以厚度的百分率控制；当设计厚度≤60mm时，按厚度不足的毫米数控制。H为厚度(mm)。

②沥青用量按《公路路基路面现场测试规程》中T 0892的方法，每工作日每层洒布沥青检查一次，并计算同一路段的单位面积的总沥青用量。

三、外观鉴定

(1)表面应平整密实，不应有松散、裂缝、油包、油丁、波浪、泛油等现象，有上述缺陷的面积之和不超过受检面积的0.2%。不符合要求时，每超过0.2%减2分。

（2）表面无明显碾压轮迹。不符合要求时，每处减1～2分。

（3）面层与路缘石及其他构筑物应密贴接顺，无积水显现。不符合要求时，每处减1～2分。

第四节　沥青表面处治面层质量评定

一、基本要求

（1）在新建或旧路的表层进行表面处治时，应将表面的泥砂及一切杂物清除干净，底层必须坚实、稳定、平整，保持干燥后才可施工。

（2）沥青材料的各项指标和石料的质量、规格、用量应符合设计要求和施工规范的规定。

（3）沥青浇洒应均匀，无露白，不得污染其他构筑物。

（4）嵌缝料必须趁热撒铺，扫布均匀，不得有重叠现象，压实平整。

二、实测项目（表18-3）

沥青表面处治面层实测项目　　表18-3

项次	检查项目		规定值或允许偏差	检查方法和频率	权值
1	平整度	σ(mm)	4.5	平整度仪：全线每车道连续按每100m计算 *IRI* 或 σ	3
		IRI(m/km)	7.8		
		最大间隙 h(mm)	10	3m直尺：每200m测2处×10尺	
2	弯沉值(0.01mm)		符合设计要求	按相关规程检查	2
3	厚度(mm)	代表值	-5	按相关规程检查；每200m每车道1点	3
		合格值	-10		
4	沥青总用量(kg/m^2)		±10%	每工作日每层洒布查1次	3
5	中线平面偏位(mm)		30	经纬仪：每200m测4点	1
6	纵断高程(mm)		±15	水准仪：每200m测4断面	2
7	宽度(mm)	有侧石	±30	尺量：每200m测4处	2
		无侧石	不小于设计		
8	横坡(%)		±0.5	水准仪：每200m测4断面	2

注：同表18-2注②。

三、外观鉴定

（1）表面平整密实，不应有松散、油包、油丁、波浪、泛油、封面料明显散失等现象，有上述缺陷的面积之和不超过受检面积的0.2%。不符合要求时，每超过0.2%减2分。

（2）无明显碾压轮迹。不符合要求时，每处减1～2分。

(3)面层与路缘石及其他构筑无应密贴接顺，不得有积水现象。不符合要求时，每处减1～2分。

第五节　路缘石及路肩质量评定

一、路缘石基本要求

(1)预制缘石的质量应符合设计要求。

(2)安砌稳定，顶面平整，勾缝密实，线条直顺，曲线圆滑美观。

(3)槽底基础和后备填料必须夯打密实。

(4)现浇路缘石材料应符合设计要去。

二、路缘石实测项目(表18-4)

路缘石铺设实测项目　　表18-4

项次	检查项目		规定值或允许偏差	检查方法和频率	权值
1	直顺度(mm)		10	20m拉线:每200m测4处	3
2	预制铺设	相邻两块高差(mm)	3	水平尺:每200m测4处	2
		相邻两块缝宽(mm)	±3	尺量:每200m测4处	1
	现浇	宽度(mm)	±5	尺量:每200m测4处	2
3	顶面高程(mm)		±10	水准仪:每200m测4处	1

三、路缘石外观鉴定

(1)勾缝密实均匀，无杂物污染。不符合要求时，每处减1～2分。

(2)缘石与路面齐平，排水口整齐、通畅，无阻水现象。不符合要求时，每处减1～2分。

四、路肩基本要求

(1)路肩表面应平整密实，不积水。

(2)肩线应直顺，曲线圆滑。

(3) 硬路肩质量要求应与路面结构层相同。

五、路肩实测项目(表18-5)

路肩实测项目　　表18-5

项次	检查项目		规定值或允许偏差	检查方法和频率	权值
1	压实度(%)		不小于设计	每200m测2处	2
2	平整度(mm)	土路肩	20	3m直尺:每200m测2处×4尺	2
		硬路肩	10		1
3	横坡(%)		±1.0	水准仪:每200m测2处	2
4	宽度(mm)		符合设计要求	尺量:每200m测2处	1

六、路肩外观鉴定

(1)路肩无阻水现象。不符合要求时,每处减1~2分。

(2)路肩边缘直顺,无其他堆积物。不符合要求时,单向累计长度每50m或每处减1~2分。

第六节　钢桥面板上沥青混凝土铺装质量评定

一、基本要求

(1)沥青混合料的矿料质量及矿料级配应符合设计要求和施工规范的规定。

(2)沥青材料及混合料的各项指标应符合设计和施工规范的要求,对每日生产的沥青混合料应做抽提试验(包括马歇尔稳定度试验)。

(3)严格控制各种矿料和沥青用量及各种材料和沥青混合料的加热温度,碾压温度应符合要求。

(4)拌和后的沥青混合料应均匀一致,无白花、粗细料分离和结团成块现象。

(5)桥面泄水孔进水口的布置应有利于桥面和渗入水的排除,其数量不得少于设计要求,出水口不得使水直接冲刷桥体。

二、实测项目(表18-6)

钢桥面板上沥青混凝土铺装实测项目　　表18-6

<table>
<tr><th>项次</th><th colspan="3">检 查 项 目</th><th>规定值或允许偏差</th><th>检查方法和频率</th><th>权值</th></tr>
<tr><td>1△</td><td colspan="3">压实度</td><td>符合设计要求</td><td>按碾压吨位与遍数检查</td><td>3</td></tr>
<tr><td rowspan="5">2△</td><td rowspan="5">平整度</td><td rowspan="2">高速公路、一级公路</td><td>IRI(m/km)</td><td>2.5</td><td>按碾压吨位与遍数检查</td><td rowspan="5">2</td></tr>
<tr><td>σ(mm)</td><td>1.5</td><td rowspan="3">平整度仪:全桥每车道连续检测,每100m计算IRI或σ</td></tr>
<tr><td rowspan="3">其他公路</td><td>IRI(m/km)</td><td>4.2</td></tr>
<tr><td>σ(mm)</td><td>2.5</td></tr>
<tr><td>最大间隙h(mm)</td><td>5</td><td>3m直尺,每100m测3处×3尺</td></tr>
<tr><td>3△</td><td colspan="3">平均厚度(mm)</td><td>+0,-5</td><td>按沥青混凝土实际用量推算</td><td>3</td></tr>
<tr><td>4</td><td colspan="3">抗滑构造深度(mm)</td><td>符合设计要求</td><td>砂铺法:每200m查1处</td><td>1</td></tr>
<tr><td>5</td><td colspan="3">横坡(%)</td><td>±0.3</td><td>水准仪:每200m测4个断面</td><td>1</td></tr>
</table>

三、外观鉴定

(1)表面应平整密实,不应有泛油、裂缝、粗细料集中等现象。有上述缺陷的面积(单条裂缝则按其长度乘以0.2m宽度,折算成面积)之和不得超过受检面积的0.03%。不符合要求时,每超过0.03%减2分。

(2)表面无明显碾压轮迹。不符合要求时,每处减1~3分。

(3)搭接处应紧密、平顺。不符合要求时,累计每10m长减1分。

(4)面层与其他构筑物应接顺,不得有积水现象。不符合要求时,每处减1~2分。

参考文献

[1] 中华人民共和国行业标准,沥青路面设计规范(JTG D50—2006). 北京:人民交通出版社,2006.

[2] 李福普,沈金安. 公路沥青路面施工技术规范实施手册. 北京:人民交通出版社,2005.

[3] 姚祖康. 路面. 北京:人民交通出版社,1997.

[4] 张登良. 沥青路面工程手册. 北京:人民交通出版社,2003.

[5] 沈金安. 沥青及沥青混合料路用性能. 北京:人民交通出版社,2003.

[6] 殷岳川. 公路沥青路面施工. 北京:人民交通出版社,2003.

[7] 邵明建. 沥青路面机械化施工技术与质量控制. 北京:人民交通出版社,2001.

[8] 孙德栋,彭波. 沥青路面设计与施工技术,河南:黄河水利出版社,2002.

[9] 郝培文. 沥青路面施工与维修技术,北京:人民交通出版社,2000.

[10] 虎增福. 乳化沥青及稀浆封层技术. 北京:人民交通出版社,2001.

[11] 郭忠印,李立寒. 沥青路面施工与养护技术. 北京:人民交通出版社,2003.

[12] 中国工程建设标准化协会公路工程委员会. 公路沥青玛蹄脂碎石路面技术指南(SHC F40-01—2002),北京:人民交通出版社,2002.

[13] 何挺继,朱立元,邓世新. 筑路机械手册. 北京:人民交通出版社,1997.

[14] 中国公路学会筑路机械学会. 沥青路面施工机械与机械化施工. 北京:人民交通出版社,1999.

[15] 李继业,刘经强,孙代英. 道路工程施工实用手册. 北京:化学工业出版社,2006.

[16] 杨文渊,钱邵武. 道路施工工程师手册. 北京:人民交通出版社,2003.

[17] 余叔藩. SMA 路面设计与施工. 北京:人民交通出版社,2002.

[18] 沙庆林. 多碎石沥青混凝土 SAC 系列的设计与施工. 北京:人民交通出版社,2005.

[19] 伍石生. 低噪声沥青路面设计与施工养护. 北京:人民交通出版社,2005.

[20] 江苏交通科学研究院. 高性能沥青路面(superpave)基础参考手册. 北京:人民交通出版社,2002.

[21] 美国沥青协会再生协会. 美国沥青再生指南. 北京:人民交通出版社,2006.

[22] 熊广忠. 公路施工质量监理实施细则. 北京:人民交通出版社,2006.

[23] 史建方. 高等级公路沥青混凝土路面新技术. 北京:人民交通出版社,2002.

第三篇　水泥混凝土路面施工技术

第十九章 概 述

水泥混凝土路面俗称白色路面，通常是以水泥与水拌和成的水泥浆为结合料，以碎(砾)石、砂为集料，再添加适当的外加剂，有时掺加掺和料拌制成的混凝土铺筑面层的路面。由于具有强度高、刚度大、使用耐久及养护工作量小等优点，水泥混凝土路面广泛用作我国各级公路的铺面。

近20多年来，我国的水泥混凝土路面技术得到长足的进步，设计理论方法及施工养护技术的科学研究与工程实践取得重大进展，制订与修订了水泥混凝土路面设计规范、施工技术规范及养护技术规范，为我国的混凝土路面修筑提供了技术支持和保证。

第一节 水泥混凝土路面结构构造

水泥混凝土路面由面层、基层、垫层、路肩和排水设施等组成，其结构如图19-1所示。

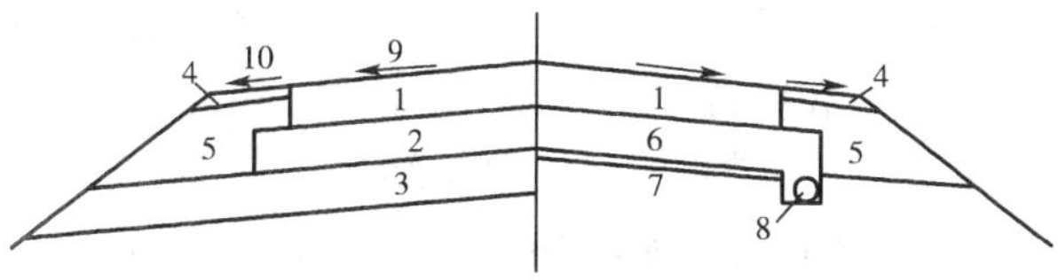

图19-1 路面的组成

1-面层;2-基层;3-垫层;4-路肩;5-路肩基层;6-排水基层;7-反滤层;8-集水管;9-路面横坡;10-路肩横坡

一、面层

水泥混凝土面层暴露在大气中，直接承受行车荷载的作用和环境因素的影响，应具有足够的弯拉强度、疲劳强度、抗压强度和耐久性。此外，为保证行车的安全、舒适和经济性，面层还应具有良好的抗滑、耐磨、平整等表面特性。

水泥混凝土面层通常采用普通素混凝土铺筑而成，并设接缝，这是目前应用最为广泛的面层类型。当面层板的尺寸较大或形状不规则，路面结构下埋有地下设施，高填方、软土地基、填挖交界段的路基有可能产生不均匀沉降时，可采用设置接缝的钢筋混凝土面层。行车舒适性和使用耐久性要求高的高速公路，可视需要选用连续配筋混凝土面层，及沥青上面层与连续配筋混凝土或横缝设传力杆的普通混凝土下面层组成的复合式面层。在高程受限制路段、收费站等处及桥面铺装和混凝土加铺层，可选用钢纤维混凝土。碾压混凝土因其表面平整度差和接缝处难以设置传力杆，一般可用于二级及二级以下公路的面层。

二、接缝

混凝土面层由一定厚度的混凝土板组成，它具有热胀冷缩的性质。由于一年四季大气温度的变化，混凝土面层会随之产生不同程度的胀缩变形。此外，在一昼夜中，由于日温差较大，温度变化周期较短，在面层厚度范围内呈现不均匀分布，造成面层上下底面的温度坡差，使其产生翘曲变形。此类胀缩和翘曲变形一旦受到约束，将在面层内产生温度应力。若此应力超出极限值，面层即产生裂缝或被挤碎。

为了减小由于胀缩和翘曲变形所引起的应力，或者由于施工的需要，水泥混凝土面层需设置缩缝、胀缝和施工缝等各种形式的接缝，可以沿路面纵向或横向布设。其中缩缝保证面层因温度和湿度的降低而收缩，从而避免产生不规则裂缝。胀缝保证面层在温度升高时能自由膨胀，从而避免产生拱胀和折断破坏，同时胀缝也能起到缩缝的作用。此外，混凝土路面每天完工以及因雨天或其他原因不能继续施工时，需做施工缝。施工缝应尽量做到胀缝处，如有困难，也可做至缩缝处。

不同形式的接缝对于减小或消除面层内的温度胀缩及翘曲应力具有不同的作用，各种接缝的设置条件和构造要求也各不相同。但是，在任何形式的接缝处板体都不可能是连续的，其传递荷载的能力会有所降低，而且任何形式的接缝都不免要漏水。因此，对各种形式的接缝都必须为其提供相应的传荷及防水构造。目前，接缝主要通过集料嵌锁作用、传力杆或拉杆及其他附设机械装置传递荷载。此外，为防止水分及其他杂物进入接缝内部，各类接缝的槽口需用不同类型的接缝板或填缝料予以填封。

三、基层

水泥混凝土面层具有较大的刚度和承载能力，因而其基层往往不起主要承载作用，但其应具有足够的抗冲刷能力和一定的刚度。不耐冲刷的基层在渗入水和荷载的共同作用下，会使混凝土路面产生唧泥、板底脱空和错台等病害，导致承载力降低和行车不舒适，并加速和加剧板的断裂。此外，提高基层的刚度，将有利于改善接缝的传荷能力。然而，其作用只能在基层耐冲刷的前提下才得以保证，同时，其效果不如在接缝内设置传力杆。

目前可供选择的基层类型主要有：

(1)贫混凝土和碾压混凝土；

(2)无机结合料(水泥、石灰-粉煤灰)稳定粒料(碎石或砾石)和土；

(3)沥青稳定碎石；

(4)碎石、砾石。

上述四种基层的刚度依次减小，刚度大的基层可以减小荷载作用下板边和板角处的挠度量，增强接缝的传荷能力和耐久性。然而，这会引起面层板产生较大的温度翘曲应力。此外，基层刚度较大且未设垫层时，上路床如果由细粒土、黏土质砂或级配不良的砂组成，则基层与路床之间的刚度差过大，会由此引起基层开裂，因此需要在基层下设置底基层。底基层可采用级配粒料、水泥稳定材料或石灰-粉煤灰稳定材料铺筑而成。

为了将通过面层接缝、裂缝或缝隙渗入路面结构内部的水分迅速排除，基层应具有一定的排水能力。这样将有助于保证路面的使用性能，延长其使用寿命。因而，采用不含或含少量细集料的粒料、结合料稳定开级配粒料、多孔混凝土作基层，其使用性能要优于密级配基层。

由于提高基层的强度或刚度，对于降低面层的应力或减薄面层的厚度，作用很小，因而混凝土面层下的基层不必很厚，需要依据形成结构层、施工要求(摊铺碾压厚度)及排水要求等综合考虑确定。

四、垫层

在季节性冰冻地区，为了防止或减轻路基不均匀冻胀对面层的不利影响，路面结构应达到一最小的厚度。当混凝土面层和基层的厚度小于此最小厚度要求时,应在基层下设置垫层予以补足。此外,在水文地质不良的土质路堑或路基可能产生不均匀沉降或变形时,宜设置不同类型的垫层。

垫层可以选用粒料(砂砾)或结合料(水泥、石灰-粉煤灰)稳定材料(粒料或土)。对于排水基层下的垫层,须采用符合反滤要求的密级配粒料。

垫层所需的厚度,应按路基的水稳定性、刚度及施工和使用期间交通的繁重程度确定;在季节性冰冻地区,则要考虑最小防冻厚度的要求。垫层的宽度宜与路基同宽。

五、路面排水设施

水是危害路面的主要自然因素,因而排水是路面设计的一项主要内容。良好的排水系统可以保证路面的使用性能并可延长其使用寿命。路面排水包括表面排水和内部排水。

路面表面排水是通过行车道和路肩的横向坡度,将路面表面的水迅速排走。流向路肩边缘的表面水可通过漫流形式沿路基坡面排到两侧路基范围以外。如果路基有可能受到冲刷,应在路肩外侧边缘设置拦水带,汇集表面水,后经有一定间隔的泄水口、边坡急流槽排至地面排水系统。

为排除进入路面结构内部的水,需要设置路面内部排水系统。路面结构内部排水系统主要包括边缘排水系统和排水层排水系统。边缘排水系统在路面边缘设置纵向集水沟管,并间隔一定距离设置横向出水管。排水层排水系统又可分为排水基层和排水垫层排水系统两种。前者利用排水性材料作基层,使渗入路面结构内的水,先竖向进入排水基层,而后横向渗流,通过设在路面边缘或路肩下的集水沟管或者铺成全宽式的基层排至路面结构以外。排水基层下应设置隔离层,以防止表面水下渗影响底基层或路基的强度与稳定性,以及路基或底基层细粒土对排水基层的污染。排水垫层是直接设在路基顶面,由排水性材料组成的排水层,它一方面要能渗水,另一方面要防止渗流带来的细粒堵塞透水材料。

六、路肩

路肩设在行车道两侧,供车辆临时或紧急停靠,或者在路面维修期间,作为临时车道供车辆行驶。

路肩铺面应具有一定的承载能力,应同行车道作为一个整体进行结构设计,协调结构层次和组成材料的选用,统一考虑路面和路肩结构的内部排水,提供路面和路肩结构交接处的良好衔接。

按面层所用材料的不同,路肩结构可以分为沥青路肩和水泥混凝土路肩。近年来,国外越来越多地采用水泥混凝土路肩。路肩混凝土面层的厚度通常采用与行车道面层等厚,其基层宜与行车道基层相同。路肩沥青面层宜选用密实型沥青混合料,其基层可选用无机结合料稳定材料或级配粒料。

第二节　水泥混凝土路面使用性能

水泥混凝土路面的使用性能是指其在设计使用期内为满足交通和环境的要求所具有的结构强度,以及为保障车辆行驶的舒适、安全及经济性所具有的表面功能。前者要求水泥混凝土路面结构不仅能够承受各种荷载的作用,还要满足其使用的耐久性,这主要由面层混凝土的强度及疲劳特性等决定;后者要求路面表面平整、抗滑,能迅速排水,且尽可能将车辆与路面表面产生的噪声降低到要求限度。而要保证水泥混凝土路面的结构强度和表面功能,应从路面的结构设计、材料组成设计和施工技术等方面采取措施。

一、结构强度

结构强度是保证路面使用性能的前提。水泥混凝土路面是由面层、基层、垫层及路基等组成的层状结构,每个结构层对于实现路面使用性能发挥着不同的作用,而路面的结构强度即由这些层次的合理组合确定。

水泥混凝土面层强度高、刚度大,是主要承受荷载的结构层,因此,面层混凝土的强度与疲劳特性是保证水泥混凝土路面结构强度的关键因素。前者主要指混凝土的弯拉强度及抗压强度。由于混凝土是脆性材料,其弯拉强度远低于抗压强度,水泥混凝土路面破坏主要是混凝土面层的断裂破坏。路面设计通常以面层混凝土的弯拉强度作为设计指标,并根据此指标确定面层所需的厚度。抗压强度虽然不是混凝土路面的设计指标,但由于其试件制作简单,测试方便,可以建立抗压强度与弯拉强度的回归关系,可通过抗压强度推求弯拉强度;而且其与混凝土面层的耐磨性有直接的关系,抗压强度越大,混凝土的耐磨性越好,因此,抗压强度也是保证混凝土强度的重要指标。水泥混凝土路面在使用期内直接承受着荷载应力和温度应力的反复作用,一次荷载的作用一般不会引起面层的断裂破坏,但是混凝土在承受反复应力的作用时,会在低于一次作用下的极限强度值时出现破坏。混凝土强度随重复作用而降低的现象即为疲劳。水泥混凝土路面结构设计以行车荷载和温度荷载的综合作用产生的疲劳断裂作为设计标准,因此,混凝土良好的疲劳特性是保证水泥混凝土路面结构强度的必要因素。

面层混凝土本身具有足够的弯曲刚度,是提供路面结构强度的主要来源,但须以基(垫)层和路基提供稳定而均匀的支承为前提。由于接缝渗入水对基层顶面的冲刷是引起水泥混凝土路面唧泥、错台及断裂等病害的主要原因,因此对基层的首要要求是具有足够的抗冲刷能力。而对于路基的主要要求是提供均匀支承,即路基在环境因素和荷载作用下产生的不均匀变形应尽可能小。

二、表面功能

水泥混凝土路面的表面功能是路面表面为轮胎或车辆行驶提供的使用功能。它一方面与轮胎或车辆作用的性状有关,另一方面与面层混凝土的表面特性有关。根据波长的大小,路面表面特性可以分为细构造、粗构造、宏构造和不平整。其中,细构造为轮胎提供附着力,以保证路面的抗滑能力;粗构造为路表水从快速滚动的轮胎面下排除提供通路,以保证雨天高速行驶的安全性,这二者是保证行车安全所必须的;而宏构造会使滚动的车轮轮胎产生较大的噪声;不平整则影响行车的舒适性、安全性和经济性。

1. 平整度

路面平整度是路面表面诱发行驶车辆出现振动的高程变化。它直接影响到行车的舒适性及燃料消耗。平整度的测定方法和仪器大致可以分为两类:一类是断面类平整度测量,直接沿行驶车辆的轮迹量测路面表面的高程,得到路表纵断面,通过数学分析采用综合统计量作为其平整度指标;另一类是反应类平整度测量,通过在主车或拖车上安装由传感器和显示器组成的仪器,传感和积累车辆以一定速度经不平整路表面时悬挂系统的竖向位移量。不同量测方法的结果可以通过转换而采用统一的标准,如国际平整度指数(IRI)。

路面不平整的初始来源主要是混凝土面层摊铺和压实的施工质量。而后，随着路面的使用，路面结构强度不断降低，沉降、错台等随之出现，其不平整也会逐渐加剧。因此，应注意路面施工过程中对各结构层平整度与强度的控制，以及混凝土路面使用中的养护工作。

2. 抗滑性能

路面抗滑性能是指车辆轮胎制动时路表面对车轮滑移的阻抗能力，通常采用锁轮拖车、偏转轮拖车及摆式仪等方法进行测定。

影响路面表面抗滑性能的因素主要是路面表面的细构造和粗构造。路面表面的细构造是指集料表面的粗糙度，它随车轮的反复作用而逐渐被磨光，通常采用石料磨光值（PSV）表征其抗磨光的性能。细构造在低速（30～50km/h 以下）时对路表抗滑性能起决定作用。而行驶速度高时起主要作用的是粗构造，通常用构造深度表征其构造特性。其功能是使车轮下的路表水迅速排除，以避免形成水膜。粗构造也会随车轮的反复作用而逐渐丧失。

为保障行车安全，路面表面需有一定的抗滑能力，应从路面表面的细构造和粗构造两个方面解决。混凝土面层的细构造主要与水泥砂浆和粗集料的性质有关，应注意集料的选用和水泥混凝土的配合比设计。粗构造则主要采用机械方法，通过刻槽、拉槽、压槽、拉毛等措施形成。

三、轮胎-路表面的噪声特性

因混凝土面层设有众多的接缝，且面层材料刚度较高，以及为提供抗滑能力而筑造的粗构造，均使行驶其上的车轮轮胎与其作用产生较大的噪声。为降低混凝土路面的噪声，在设计混凝土表层材料时应优化路表面的构造特性，以达到平衡抗滑和降低噪声的要求。可以采取的措施主要有纵向整平技术、双层混凝土铺筑、纵向粗构造制作、外露集料和多孔混凝土等。

第三节　水泥混凝土路面施工

水泥混凝土路面的施工包括面层和基层等施工，由于现场分布面广、作业线长，必须有严密的施工组织设计。施工前应做好充分的准备，选择好材料及其拌和场地，进行材料试验和配合比设计。施工的各工序，施工机具和人力资源必须合理安排，密切配合。

一、面层施工

目前，水泥混凝土面层常用的施工方法主要有滑模机摊铺施工、轨道机摊铺施工、三辊轴机组施工以及小型机具施工等，其施工程序一般为模板安装、传力杆设置、混凝土的拌和与运输、混凝土摊铺和振捣、接缝制做、表面整修、混凝土养生与做缝等。

1. 滑模机摊铺施工

滑模式摊铺机施工是取消侧模，两侧设置有随机移动的固定滑模，采用导向和传感器系统自动控制铺筑方向和高程。铺筑混凝土时，首先用振捣器对拌和物进行捣实，随后刮平板进行整平，形成密实而平整的表面，再使用搓动式振捣板进行振实和整平，最后用光面带进行光面处理。此外，针对路面设计要求还应配制打纵缝拉杆的机械装置或拉杆自动插入装置。这种方法大量减少劳动力和辅助机械，铺筑速度快，质量好；但需要较大规模的材料供应及混合料拌和及运输设备，建筑费用较高。滑模机施工操作和维修的技术要求较高，主要用于高速和一级公路。

2. 轨道机摊铺施工

轨道式摊铺机施工是由支撑在轨道上的摊铺机将混凝土拌和物摊铺在基层上，振动梁振实，修整梁整平，接缝钢筋安置机械放置传力杆和拉杆。这种施工方法的优点是所用机械比较简单，对操作和维修人员的技术要求较低，也能保证质量；但需在轨道基础上安设模板，且需要配备较多劳力。这种方法主要用于二级或二级以下公路的施工，掌握得好也可用于高速和一级公路。

3. 三辊轴机组施工

三辊轴机组由三辊轴机、排式振捣机及拉杆插入机等组成。其由一根偏心振动轴和两根圆心轴组成，具有摊铺、振密、提浆和整平功能。这种机械摊铺能力较大，而且机身轻，调遣和操作灵活，是一般公路水泥混凝土路面施工的适宜机械。使用三辊轴机施工时需注意控制三辊轴机的提浆功能，防止混凝土由于过分提浆使得水泥浆和砂浆层上浮，粗集料颗粒下沉，产生分层现象。其主要用于一般公路和桥面施工，掌握得好也可用于二级及二级以上等级公路。

4. 小型机具施工

小型机具施工方法采用人工摊铺，插入式和平板式振捣器捣实，振动梁整平。这种方法需要使用大量的劳动力，施工进度较慢，混凝土面层的强度、厚度及平整度等施工质量难以严格控制。因而，它主要适用于二级以下公路或局部范围内不能使用机械铺筑的路段。

混凝土面层施工方法的选择，应根据道路等级、材料供应及施工技术条件等情况综合确定。

二、基层施工

基层和底基层的作用是为水泥混凝土面层提供均匀、连续、稳定的支承。施工完成的基层应表面平整、坚实、无松散现象，并符合相关规范的规定。此外，在某些水温状况不良的路段需要设置垫层，以改善路基的温度和湿度状况。基层和垫层的工程质量直接影响面层的使用性能，进而影响整个路面结构的使用性能及使用寿命。

目前，常用混凝土路面的基层、底基层材料主要有贫混凝土，水泥或石灰粉煤灰稳定粒料、稳定土等半刚性材料，以及沥青稳定碎石与粒料等。垫层可采用粒料及半刚性材料。鉴于半刚性基层、沥青稳定碎石基层及粒料基层等已广泛应用，本篇主要讲述碾压混凝土、贫混凝土和多孔混凝土基层的施工，这些基层由于具有较大的刚度，可视为刚性基层。

1. 贫混凝土和碾压混凝土基层施工

贫混凝土（Lean concrete）是由粗细级配集料与少量水泥（集料用量的6% ~10%）和水拌和而成的一种混凝土，有时也称经济混凝土（Econocrete）。根据用水量的不同，贫混凝土基层通常可采用不同的施工方式。用水量较小时，贫混凝土基层可采用碾压施工；用水量较大时，对于中等或轻交通道路贫混凝土基层，可采用振捣棒和平板振动器等小型机具，或三辊轴机组方式施工。对于特重或重交通道路基层施工时，可类似于普通混凝土面层，采用轨道式摊铺机或滑模式摊铺机施工。

碾压混凝土（RCC）是以级配集料、较低的水泥用量与用水量、掺和料以及外加剂等组成的超干硬性混凝土拌和物，经振动压路机等机械碾压密实而形成的一种混凝土。碾压混凝土施工和贫混凝土碾压施工与水泥稳定材料的施工类似。

2. 多孔混凝土基层施工

多孔混凝土也称为大孔混凝土或多孔贫混凝土等，作为一种新型的排水基层材料，是介于水泥稳定碎石和普通混凝土之间的一种贫混凝土。由于具有更开的级配，并较之水泥稳定碎石的水泥用量有所增大，多孔混凝土的排水性能和强度都比多孔隙水泥稳定碎石有很大提高。

水泥混凝土路面通过设置多孔混凝土排水基层，并辅以相应的排水设施，可将进入路面结构内的水迅速排除，从而减少路面结构的水损坏，大大提高其使用性能，延长其使用寿命。

目前，多孔混凝土排水基层及路面结构内部排水系统的施工尚无通用的工艺，还处于经验积累的阶段。一般采用机械或人工摊铺，振动压路机弱振和光轮压路机碾压配合的方式施工。

第二十章　普通水泥混凝土面层材料

第一节　组成材料要求

普通水泥混凝土由原材料水泥、细集料、粗集料、水和外加剂组成，必要时掺加掺和料。

一、水泥

水泥是一种多组分的人造矿物粉料。它与水拌和后成为塑性胶体，既能在空气中硬化，又能在水中硬化，并能将砂石等材料胶结成具有一定强度的整体。

1. 品种

道路工程中常用的水泥有硅酸盐水泥、普通硅酸盐水泥、矿渣硅酸盐水泥、火山灰质硅酸盐水泥和粉煤灰硅酸盐水泥等五大品种，其中后四者又可称为掺混合材水泥。此外，随着路面工程对水泥要求的不断提高，近年来又生产了道路水泥。在某些特殊工程中，还使用高铝水泥、膨胀水泥、快硬水泥等。

(1)硅酸盐水泥

凡由硅酸盐水泥熟料、0% ~5%石灰石或粒化高炉矿渣、适量石膏磨细制成的水硬性胶凝材料，称为硅酸盐水泥，即国外通称的波特兰水泥。硅酸盐水泥分为两种类型，不掺加混合材料的称为Ⅰ类硅酸盐水泥，代号 P·Ⅰ；在硅酸盐水泥磨粉时掺加不超过水泥质量5%石灰石或粒化高炉矿渣混合材料的称为Ⅱ类硅酸盐水泥，代号 P·Ⅱ。

(2)掺混合材水泥

为了改善硅酸盐水泥的某些性能，同时达到增加产量和降低成本的目的，在硅酸盐水泥中掺加适量的混合材料与石膏共同磨细所得水硬性胶凝材料，称为掺混合材水泥。混合材料按其在水泥中的作用，可分为活性和非活性两类。活性混合材料主要包括粒化高炉矿渣、火山灰质混合材料和粉煤灰；非活性混合材料主要有磨细的石英砂、石灰石、黏土、慢冷矿渣及炉渣等，近年来也采用兼具有活性和非活性的窑灰。

凡由硅酸盐水泥熟料、6% ~15%混合材料、适量石膏磨细制成的水硬性胶凝材料，称为普通硅酸盐水泥，简称普通水泥，代号 P·O。掺活性混合材料时，最大掺量不得超过15%，其中允许采用不超过水泥质量5%的窑灰或不超过水泥质量10%的非活性混合材料来代替。掺非活性复合材料时，最大掺量不得超过水泥质量10%。

此外，根据所掺混合材料种类的不同，如粒化高炉矿渣、火山灰质混合材料、粉煤灰，掺混合材水泥可具体分为矿渣硅酸盐水泥、火山灰质硅酸盐水泥、粉煤灰硅酸盐水泥，其代号分别为 P·S、P·P、P·F。

(3)道路水泥

以适当成分的生料烧至部分熔融，所得以硅酸钙为主要成分和较多量的铁铝酸钙的硅酸盐熟料称为道路硅酸盐水泥熟料。由道路硅酸盐水泥熟料、0% ~10%活性混合材料和适量石膏磨细制成的水硬性胶凝材料，称为道路硅酸盐水泥，简称道路水泥。道路水泥是一种强度高特别是抗折强度高、耐磨性好、干缩性小、抗冲击性好、抗冻性和抗硫酸性比较好的专用水泥。

2. 强度等级

硅酸盐水泥和普通水泥是公路工程中最常用的水泥品种。按规定龄期的抗压强度和抗折强度，硅酸盐水泥的强度等级分为42.5、42.5R、52.5、52.5R、62.5、62.5R，普通水泥强度等级分为32.5、32.5R、42.5、42.5R、52.5、52.5R，其中R指水泥型号为早强型。各强度等级水泥的各龄期强度不得低于表20-1中的数值。

水泥的强度指标(MPa) 表20-1

品种	强度等级	抗压强度		抗折强度	
		3d	28d	3d	28d
硅酸盐水泥	42.5	17.0	42.5	3.5	6.5
	42.5R	22.0	42.5	4.0	6.5
	52.5	23.0	52.5	4.0	7.0
	52.5R	27.0	52.5	5.0	7.0
	62.5	28.0	62.5	5.0	8.0
	62.5R	32.0	62.5	5.5	8.0
普通水泥	32.5	11.0	32.5	2.5	5.5
	32.5R	16.0	32.5	3.5	5.5
	42.5	16.0	42.5	3.5	6.5
	42.5R	21.0	42.5	4.0	6.5
	52.5	22.0	52.5	4.0	7.0
	52.5R	26.0	52.5	5.0	7.0

3. 技术要求

水泥是混凝土的胶结材料，混凝土的性能很大程度上取决于水泥的品质。水泥生产工艺中生料煅烧成熟料的方式可分为立窑和悬窑两种。立窑水泥在煅烧过程中，其烧成温度窑中间和边缘不同，上部和下部不同，因而游离氧化钙和氧化镁含量偏高，水泥体积稳定性较差。悬窑水泥则有效避免了上述问题，因此，对于特重、重交通等级混凝土路面应采用悬窑水泥，中、轻交通的路面可采用悬窑或立窑矿渣硅酸盐水泥。此外，从低温施工的蓄热及早强出发，低温天气施工或有快通要求的路段可采用早强型水泥，而为防止路面发生温度裂缝，一般宜采用普通型水泥。各级交通路面采用水泥的抗压强度和抗折强度不得低于表20-2中规定。

各级交通路面水泥各龄期强度要求 表20-2

交通等级	特重交通		重交通		中、轻交通	
龄期(d)	3	28	3	28	3	28
抗压强度(MPa,≥)	25.5	57.5	22.0	52.5	16.0	42.5
抗折强度(MPa,≥)	4.5	7.5	4.0	7.0	3.5	6.5

各级公路混凝土路面所使用水泥的化学成分、物理性能等品质要求宜符合表20-3的规定。水泥进场时每批量应附有齐全的化学成分、物理力学指标合格的检验证明。水泥出磨必须安定，且水泥的存放期不得超过3个月。

水泥的化学成分和物理指标 表20-3

水泥性能	特重、重交通路面	中、轻交通路面
铝酸三钙	不宜>7.0%	不宜>9.0%
铁铝酸四钙	不宜<15.0%	不宜<12.0%
游离氧化钙	不得>1.0%	不得>1.5%
氧化镁	不得>5.0%	不得>6.0%
三氧化硫	不得>3.5%	不得>4.0%
硫含量	$Na2O+0.658K_2O\leq0.6\%$	怀疑有碱活性集料时,≤0.6% 无碱活性集料时,≤1.0%
混合材种类	不得掺窑灰、煤矸石、火山灰和黏土, 有抗盐冻要求时不得掺石灰、石粉	不得掺窑灰、煤矸石、火山灰和黏土, 有抗盐冻要求时不得掺石灰、石粉
出磨安定性	雷氏夹或蒸煮法检验必须合格	蒸煮法检验必须合格
标准稠度需水量	不宜>28%	不宜>30%
烧失量	不得>3.0%	不得>5.0%
比表面积	宜为300~450(m^2/kg)	宜为300~450(m^2/kg)
细度(80μm)	筛余量不得>10%	筛余量不得>10%
初凝时间 终凝时间	不早于1.5h 不迟于10h	不早于1.5h 不迟于10h
28d干缩率	不得>0.09%	不得>0.10%
耐磨性	不得>3.6kg/m^3	不得>3.6kg/m^3

注:水泥28d干缩率和耐磨性试验方法采用《道路硅酸盐水泥》(GB 13693—2005)标准。

水泥在选择和使用时,除应满足表20-2和表20-3的规定外,还应通过混凝土配合比试验,根据其试配弯拉强度、耐久性和工作性,优选适宜的水泥品种和强度等级。而且,水泥种类一旦选定不得随意变更。不同品种、牌号、强度等级、厂家的水泥,严禁混装和混合使用。

路面采用机械化铺筑时,宜选用散装水泥。散装水泥供应不上时,可采用吨包装水泥或大袋装水泥,但应配备拆包和泵送水泥的设备。小型机具及三辊轴机组铺筑路面,工程规模小,可使用袋装水泥。

为降低水化反应速度,防止温差开裂,散装水泥的夏季出厂温度,南方不宜高于65℃,北方不宜高于55℃。混凝土搅拌时的水泥温度,南方不宜高于60℃,北方不宜高于50℃。同时水泥上述各温度不宜低于10℃。其原因,一是要保证水泥尽快达到抗冻临界强度;二是低于此温度,水泥的水化反应过慢,凝结时间过长,不便于水泥路面铺筑后的抗滑构造制作及养生等工序的进行。

二、粗集料

混凝土的粗集料是指粒径大于5mm的碎石、碎砾石和砾石等。

1. 级配

为获得密实、强度高的混凝土,并节约水泥,要求粗细集料组成的矿质混合料有良好的级配。矿质混合料的级配首先取决于粗集料的级配。混凝土用粗集料的级配,可采用表20-4所示的连续级配或间断级配。连续级配的优点是所配制的混凝土较密实,具有优良的工作性,不易产生离析现象。间断级配配制相同强度混凝土所需的水泥用量可少些，但容易产生离析现象，并需采用强力振捣。

粗集料级配范围 表 20-4

方孔筛尺寸(mm)		2.36	4.75	9.50	16.0	19.0	26.5	31.5	37.5
		累计筛余以质量计(%)							
合成级配	4.75~16	95~100	85~100	40~60	0~10				
	4.75~19	95~100	85~95	60~75	30~45	0~5	0		
	4.75~26.5	95~100	90~100	70~90	50~70	25~40	0~5	0	
	4.75~31.5	95~100	90~100	75~90	60~75	40~60	20~35	0~5	0
粒级	4.75~9.5	95~100	80~100	0~15	0				
	9.5~16		95~100	80~100	0~15	0			
	9.5~19		95~100	85~100	40~60	0~15	0		
	16~26.5			95~100	55~70	25~40	0~10	0	
	16~31.5			95~100	85~100	55~70	25~40	0~10	0

路面和桥面混凝土的粗集料不得使用不分级配的统料，应按最大粒径分为2~4个粒级的集料进行掺配，并应符合表20-4中合成级配的要求。碎石公称最大粒径不应大于31.5mm；砾石不宜大于19mm；碎砾石不得大于26.5mm。贫混凝土粗集料公称最大粒径不应大于31.5mm；钢纤维混凝土与碾压混凝土粗集料公称最大粒径不宜大于19mm。碎砾石或碎石中粒径小于75μm的石粉含量不宜大于1%。

2. 技术要求

粗集料应质地坚硬、耐久、洁净。

集料的强度可用岩石的抗压强度和压碎指标值确定。为保证混凝土的耐久性，用作混凝土的粗集料应具有足够的坚固性，以抵抗冻融和自然因素的风化作用。其坚固性要求在硫酸钠溶液中浸湿和烘干5次循环后的质量损失小于规定值。

表面粗糙且多棱角的碎石集料，同水泥石的黏附性好，配制的混凝土具有较高的强度，但在相同的水泥浆用量条件下，砾石配制的混凝土具有较好的和易性。粗集料的粒状以接近正方体为佳，不宜含有较多针片状颗粒，否则将显著降低水泥混凝土的抗折强度，同时影响混凝土拌和物的和易性。

为了保证混凝土的强度及耐久性，应限制混凝土粗集料的含泥量、泥块含量及有害杂质含量。此外，尚应注意"碱集料反应"。当采用含有非晶质二氧化硅的岩石如蛋白石、方石英、硅镁石灰岩等作粗集料时，如果水泥中碱性氧化物(K_2O和Na_2O)含量较高，并且混凝土较长时期处于潮湿环境，则水泥中的碱性氧化物水解后生成的氢氧化钠和氢氧化钾会与集料中的活性二氧化硅发生化学反应，在集料表面生成一种碱-硅酸凝胶体。这种凝胶体吸水后体积膨胀，造成混凝土结构破坏，出现较深的网裂，直至松散破坏，即为"碱集料反应"。为此，选用集料时应有所限制。

按表20-5所示的技术指标，粗集料可分为Ⅰ、Ⅱ、Ⅲ级。高速公路、一级公路、二级公路及有抗(盐)冻要求的三、四级公路混凝土路面的粗集料应不低于Ⅱ级，无抗(盐)冻要求的三、四级公路混凝土路面、碾压混凝土及贫混凝土基层可用Ⅲ级粗集料。有抗(盐)冻要求时，Ⅰ级集料吸水率不应大于1.0%，Ⅱ级集料不应大于2.0%。对于以抗压强度为指标的混凝土结构，Ⅰ级宜用于强度等级大于 C60 的混凝土；Ⅱ级宜用于强度等级介于 C30 ~ C60 及有抗冻、抗渗或其他要求的混凝土；Ⅲ级宜用于强度等级小于 C30 的混凝土。

粗集料技术指标　　表 20-5

项　目	技术要求		
	Ⅰ级	Ⅱ级	Ⅲ级
碎石压碎指标(%)	<10	<15	<20
砾石压碎指标(%)	<12	<14	<16
坚固性(按质量损失计,%)	<5	<8	<12
针片状颗粒含量(按质量计,%)	<5	<15	<20
含泥量(按质量计,%)	<0.5	<1.0	<1.5
泥块含量(按质量计,%)	<0	<0.2	<0.5
有机物含量(比色法)	合格	合格	合格
硫化物及硫酸盐含量(按 SO_3 质量计)	<0.5	<1.0	<1.0
岩石抗压强度	火成岩应≥100MPa；变质岩应≥80MPa；水成岩应≥60MPa		
表观密度	>2 500kg/m^3		
松散堆积密度	>1 350kg/m^3		
空隙率	<47%		
碱集料反应	经碱集料反应试验后，试件无裂缝、酥裂、胶体外溢等现象，规定试验龄期的膨胀率应小于 0.10%		

三、细集料

混凝土的细集料是指粒径小于 5mm 的天然砂、机制砂或混合砂。

1. 细度模数

通常采用细度模数 M_x 评价砂的粗细程度。细度模数是各号筛的累计筛余百分率之和除以 100 之商，按式(20-1)求得。

$$M_x = \frac{\sum A_i}{100} = \frac{1}{100}(A_5 + A_{2.5} + A_{1.5} + A_{0.63} + A_{0.16}) \tag{20-1}$$

式中：A_5、$A_{2.5}$、…、$A_{0.16}$——5、2.5、…、0.16 号筛的累计筛余，%。

2. 级配

优质的混凝土用砂要具有高的密度和小的比表面积，从而达到既保证混凝土拌和物有适宜的工作性及硬化后混凝土有一定的强度和耐久性，同时又达到节约水泥的目的。

混凝土用砂的级配要求，应与一定的粗集料级配所组成的矿质混合料一并考虑。其级配应满足表 20-6 的要求。

混凝土用砂的级配范围 表 20-6

砂分级	方孔筛尺寸(mm)					
	0.15	0.30	0.60	1.18	2.36	4.75
	累计筛余以质量计(%)					
粗砂	90 ~ 100	80 ~ 95	71 ~ 85	35 ~ 65	5 ~ 35	0 ~ 10
中砂	90 ~ 100	70 ~ 92	41 ~ 70	10 ~ 50	0 ~ 25	0 ~ 10
细砂	90 ~ 100	55 ~ 85	16 ~ 40	0 ~ 25	0 ~ 15	0 ~ 10

表 20-6 中,砂按细度模数分为 1 区粗砂($M_x = 3.1 \sim 3.7$)、2 区中砂($M_x = 2.3 \sim 3.0$)和 3 区细砂($M_x = 1.6 \sim 2.2$)。1 区粗砂配制混凝土时,拌和物泌水性较严重,静态平整度不佳,因此路面和桥面普通混凝土用天然砂宜为中砂,也可使用细度模数在 2.0 ~ 3.5 之间的砂。规定细度模数的下限是为了提高混凝土路表面的抗滑、抗磨性能,提高路面的行车安全性。

砂源不同时,如果砂的细度模数变化过大,会导致混凝土拌和物的稠度变异性较大,有时会达到失控的程度,经常出现振捣不密实、麻面或水泥浆薄厚不均及坍边现象。因此,路面混凝土同一配合比用砂的细度模数变化范围不应超过 0.3,否则应调整配合比中的砂率。细度模数变化范围超过 0.3 的不同来源或产地的砂应分别堆放,按不同砂率配合比分别拌和使用。

3. 技术要求

细集料应质地坚硬、耐久、洁净。集料中含有泥土(包括尘屑和黏土)、云母、有机质、硫化物和硫酸盐、轻物质(如煤和褐煤)等杂质时,会在集料表面形成包裹层而妨碍集料同水泥石的黏附,妨碍水泥水化,以及同水泥水化产物产生不良的化学反应等。因此,对细集料中有害杂质的含量应做出限制。

细集料按表 20-7 所示的技术要求分为三级,高速公路、一级公路、二级公路及有抗(盐)冻要求的三、四级公路混凝土路面用砂的类别不应低于Ⅱ级,无抗(盐)冻要求的三、四级公路混凝土路面及贫混凝土基层可使用Ⅲ级砂。此外,Ⅰ级砂宜用于强度等级大于 C60 的混凝土;Ⅱ级砂宜用于强度等级介于 C30 ~ C60 及有抗冻、抗渗或其他要求的混凝土;Ⅲ级砂宜用于强度等级小于 C30 的混凝土。

细集料技术要求 表 20-7

项　　目	技 术 要 求		
	Ⅰ级	Ⅱ级	Ⅲ级
机制砂单粒级最大压碎指标(%)	<20	<25	<30
氯化物(氯离子质量计,%)	<0.01	<0.02	<0.06
坚固性(按质量损失计,%)	<6	<8	<10
云母(按质量计,%)	<1.0	<2.0	<2.0
天然砂、机制砂含泥量(按质量计,%)	<1.0	<2.0	<3.0
天然砂、机制砂泥块含量(按质量计,%)	0	<1.0	<2.0
机制砂 MB 值<1.4 或合格石粉含量(按质量计,%)	<3.0	<5.0	<7.0
人工砂 MB 值≥1.4 或不合格石粉含量(按质量计,%)	<1.0	<3.0	<5.0
有机物含量(比色法)	合格	合格	合格

续上表

项　　目	技术要求		
	Ⅰ级	Ⅱ级	Ⅲ级
硫化物及硫酸盐(按 SO_3 质量计)	<0.5	<0.5	<0.5
轻物质(按质量计,%)	<1.0	<1.0	<1.0
机制砂母岩抗压强度	火成岩应≥100MPa;变质岩应≥80MPa;水成岩应≥60MPa		
表观密度	>2 500kg/m³		
松散堆积密度	>1 350kg/m³		
空隙率	<47%		
碱集料反应	碱集料反应试验后,由砂配制的试件无裂缝、酥裂、胶体外溢等现象,在规定试验龄期的膨胀率应小于0.10%		

为提高机制砂混凝土路面的抗滑性能,保证运营的安全与经济,机制砂除应满足表20-6和表20-7的要求外,还应检验砂浆磨光值,其值宜大于35。不宜使用抗磨性较差的泥岩、页岩、板岩等水成岩类母岩品种生产机制砂。此外,当机制砂中石粉和土总量不大于12%时,应掺入引气高效减水剂,以达到降低单位用水量和水灰比,有效控制拌和物的工作性和稠度,提高抗滑、耐磨性能,保证强度及耐久性的目的。

在河砂资源紧缺的沿海地区,二级及二级以下公路混凝土面层和基层可采用淡水冲洗或被雨水冲淋过的海砂,及海水浸湿时间有限的河口附近的海砂等淡化海砂。为防止钢筋锈蚀,缩缝设传力杆混凝土路面不宜使用淡化海砂,钢筋混凝土及钢纤维混凝土路面不得使用淡化海砂。淡化海砂除应满足表20-6和表20-7的要求外,尚应符合下述规定:带入每立方米混凝土中的含盐量不应大于1.0kg;中碎贝壳等甲壳类动物残留物含量不应大于1.0%;与河砂做对比试验,淡化海砂应对砂浆磨光值、混凝土凝结时间、耐磨性、弯拉强度等无不利影响。

四、水

用于拌制和养生混凝土的水,不应含有影响水泥正常凝结和硬化的有害杂质、油、酸、盐类等。

凡能饮用的自来水和清洁的天然水,一般都可使用。海水和严重污染的河水、湖水不得作为混凝土拌和用水。当对水质有疑问时,应检验下列指标,合格者方可使用:硫酸盐含量(按 SO_4^{2-} 计)小于0.002 7mg/mm³;含盐量不超过0.005mg/mm³;pH值不小于4。

五、外加剂

混凝土外加剂是在拌制混凝土过程中掺入,用以改善混凝土性质的物质,其掺量一般不大于水泥质量的5%(特殊情况除外)。

1. 种类

混凝土外加剂按其主要功能可以分为四类:①改善混凝土拌和物流变性能的外加剂,如各种减水剂、引气剂、泵送剂、保水剂、灌浆剂等;②调节混凝土凝结时间和硬化性能的外加剂,如缓凝剂、速凝剂、早强剂等;③改善混凝土耐久性的外加剂,如引气剂、阻锈剂、防水剂等;④改善混凝土其他性能的外加剂,如加气剂、膨胀剂、防冻剂、着色剂、碱-集料反应抑制剂等。

混凝土路面修筑中常用的外加剂有以下三类。

(1)减水剂或塑化剂

减水剂是在混凝土坍落度基本相同的条件下,能减少拌和用水的外加剂。使用减水剂对混凝土有下列技术经济效益:在保证混凝土工作性和水泥用量不变的条件下,可以减少用水量提高混凝土强度;在保持混凝土用水量和水泥用量不变的条件下,可增大混凝土的流变性;在保证混凝土工作性和强度不变的条件下,可节约水泥用量。

减水剂按塑化效果可分为普通减水剂和高效减水剂;按引气量可分为引气减水剂和非引气减水剂;按混凝土的凝结时间和早期强度可分为标准型、缓凝型和早强型减水剂。按化学成分可分为木质素系减水剂(简称 M 剂)、萘系减水剂(NF、MF 等)、水溶性树脂(密胺树脂)类减水剂(SM)等。

(2)缓凝剂、速凝剂和早强剂

缓凝剂是能延缓混凝土的凝结时间,对混凝土后期物理力学性能无不利影响的外加剂。

缓凝剂和速凝剂主要用于调节水泥凝结时间。前者如羟基羧酸盐(酒石酸等)、多羟基碳水化合物类(糖蜜等)和无机化合物类(Na_3PO_4 等)等,主要用于热天拌制混凝土;后者如"红星 1 型"等,用于冷天拌制混凝土。

早强剂是加速混凝土早期强度发展的外加剂。常用的早强剂按化学成分可分为无机盐类、有机盐类和有机复合的复合早强剂三类,如氯化钙和三乙醇胺复合早强剂等。

(3)引气剂

引气剂是在拌制混凝土过程中引入大量均匀分布稳定而封闭的微小气泡的外加剂。对混凝土拌和物,由于这些气泡的存在,可切断毛细孔通道,改善和易性,减少泌水和离析。对硬化后的混凝土,由于气泡彼此隔断,使水分不易渗入,又可缓冲其水分结冰膨胀的作用,因而提高混凝土的抗冻性、抗渗性和抗蚀性。但是,由于气泡的存在,混凝土强度有所降低。

常见的引气剂有松香热聚物、烷基磺酸钠和烷基苯碳酸钠等阴离子表面活性剂等。

2. 应用

各交通等级路面及桥面混凝土宜选用减水率大、坍落度损失小、可调控凝结时间的复合型减水剂。高温施工宜使用引气缓凝(保塑、高效)减水剂,低温施工宜使用引气早强(高效)减水剂。选定减水剂品种,必须与所用的水泥进行适应性检验。

引气剂应选用表面张力降低值大、水泥稀浆中起泡容量多而细密、泡沫稳定时间长、不溶残渣少的产品。有抗冰(盐)冻要求的地区,各交通等级路面、桥面、路缘石、路肩混凝土及基层贫混凝土必须使用引气剂;无抗冰(盐)冻要求地区,二级及二级以上路面混凝土中也宜使用引气剂。

此外,处在海水、海风、氯离子、硫酸根离子环境或冬天洒除冰盐的路面或桥面钢筋混凝土、钢纤维混凝土中宜掺阻锈剂。

3. 技术要求

无论使用何种外加剂,必须先通过所用水泥与外加剂化学成分的适应性检验,使用与水泥相适应的外加剂品种。当工程所用混凝土中水泥的品种、强度等级、生产厂变动,或混凝土性能出现变化时,应重新检验外加剂的适用性。

各种外加剂的产品质量应符合表 20-8 的规定。

掺外加剂会改变混凝土制备工艺的要求,使用时应特别小心,同时要特别注意配量正确和在拌和物中拌和均匀。

表 20-8

掺常用外加剂混凝土的性能要求

试验项目＼外加剂种类		普通减水剂	高效减水剂	引气剂	引气减水剂	引气高效减水剂	缓凝剂	高温缓凝剂	缓凝减水剂	缓凝高效减水剂	引气缓凝高效减水剂	早强剂	早强减水剂	泵送剂
减水率(%),≥		8	15	6	12	18	—	6	8	15	18	—	8	坍落度增加不小于 100mm
泌水率比(%),≤		95	90	70	70	70	100	95	100	100	70	100	95	常压及压力泌水率不大于 90
含气量(%)		≤3.0	≤3.0	≥3.0	≥3.0	≥3.0	—	≤2.5	≤4.5	≤5.5	≥3.0	—	≤3.0	≤4.5
凝结时间差(min)	初凝	-90 ~ +120	-90 ~ +120	-90 ~ +120	-90 ~ +120	-60 ~ +90	> +90	+300 ~ +480	> +90	> +90	> +90	-90 ~ +90	-90 ~ +90	坍落度保留值 30min 不小于 150mm
	终凝						—	≤ +720	—	—	—			坍落度保留值 60min 不小于 120mm
抗压强度比(%),≥	1d	—	140	—	—	—	—	—	—	—	—	135	140	—
	3d	115	130	95	115	120	90	—	100	125	115	130	130	90
	7d	115	125	95	110	115	95	90	110	125	110	110	115	90
	28d	110	120	90	100	105	100	100	110	120	105	100	105	90
弯拉强度比(%),≥	7d	—	—	—	—	—	—	—	—	—	—	105	110	—
	28d	105	115	100	110	115	100	100	105	115	115	100	105	90
收缩率比(%),≤	28d	125	125	120	120	120	125	125	125	125	120	130	130	125
磨耗量(kg/m^3),≤	28d	2.0	2.0	2.5	2.0	2.0	2.0	2.0	2.0	2.0	2.0	2.0	2.0	—
冻融循环次数,≥		100	100	200	200	200	—	—	—	100	200	100	100	100
碱含量(%)		测定值(以混凝土每立方米总碱量不超过 3.0kg 控制)												
对钢筋锈蚀作用		应说明对钢筋有无锈蚀危害												

注:①表中所列减水率、泌水率比、凝结时间差、抗压强度比、弯拉强度比、收缩率比的数据为掺外加剂受检混凝土与基准混凝土差值或比值。

②冻融循环次数:满足相对动弹性模量值不小于 80% 时的最大循环次数。有抗冻要求时,应检冻融循环次数;无抗冻性要求,此项免检。

③凝结时间指标“ - ”表示提前,“ + ”表示延缓。

④弯拉强度比、磨耗量为路面混凝土要求检项。

⑤泵送剂基准混凝土坍落度为 80mm ± 10mm,受检混凝土坍落度为 180mm ± 10mm。

六、掺和料

混凝土中可用的掺和料主要有粉煤灰、硅灰和磨细矿渣。

1. 粉煤灰

粉煤灰是燃烧煤粉后收集到的灰粒，也称飞灰。它可以作为生产水泥的原料，也是混凝土中最常用的掺和料。粉煤灰掺入混凝土后，不仅可以取代部分水泥，而且能改善混凝土的一系列性能。研究认为，粉煤灰在混凝土中，能与水泥互补短长、均衡协调。粉煤灰可以充当混凝土的减水剂、释水剂、增塑剂、密实剂、抑热剂、抑胀剂等一系列复合功能的基本材料，具有明显的技术经济效益。

公路混凝土工程中，根据不同的使用条件和技术要求，可掺用氧化钙含量小于 8.0%，游离氧化钙含量小于等于 1.0%，以氧化钙和氧化铝为主要成分，但不具备自硬化特性的低钙粉煤灰，或以粉煤灰为主要成分，与其他掺和料和外加剂复合制成的复合粉煤灰矿粉，但不得使用高钙粉煤灰。

配制混凝土时，作为掺和料的粉煤灰成品分为三级，其质量应满足表 20-9 的规定。混凝土路面掺用粉煤灰时，应掺用质量指标符合表 20-9 规定电收尘的Ⅰ、Ⅱ级干排或磨细低钙粉煤灰，不得使用Ⅲ级粉煤灰。贫混凝土基层、碾压混凝土基层或复合式路面下面层掺用的粉煤灰等级，应符合表 20-9 规定的Ⅲ级或Ⅲ级以上，不得使用等外粉煤灰。

粉煤灰分级和质量指标 表 20-9

粉煤灰等级	细度(45μm 气流筛筛余量)(%)	烧失量(%)	需水量比(%)	含水率(%)	Cl^-(%)	SO_3(%)	混合砂浆活性指数	
							7d	28d
Ⅰ级	≤12	≤5	≤95	<1.0	<0.02	≤3	≥75	≥85 (75)
Ⅱ级	≤20	≤8	≤105	<1.0	<0.02	≤3	≥70	≥80 (62)
Ⅲ级	≤45	≤15	≤115	<1.0	—	≤3	—	—

注：①混合砂浆的活性指数为掺粉煤灰的砂浆与水泥砂浆的抗压强度比的百分数，适用于所配制混凝土强度等级大于等于 C40 的高性能混凝土；当配制的混凝土强度等级小于 C40，混合砂浆的活性指数要求满足 28d 括号中的数值。

②45μm 气流筛的筛余量换算为 80μm 水泥筛的筛余量时，换算系数约为 2.4。

粉煤灰宜采用散装灰，进货应有等级检验报告，并应确切了解所用水泥中已经加入的掺和料种类和数量。

2. 硅灰

硅灰是从冶炼金属硅或硅铁合金的烟道中收集得到的高水硬活性的极细硅质灰粉，其细度比水泥高 1 ~2 个数量级，密度很小，单位质量的体积很大。

当公路路面使用高性能混凝土时，有条件者可使用冶炼高纯金属硅、硅铁合金生产的满足表 20-10 技术指标规定的超细高活性硅灰，或以硅灰为主要成分与其他掺和料复合而成的复合硅灰。

硅灰的性能指标 表 20-10

物理性能			化学性能			混合砂浆性能
比表面积(m^2/kg)	细度(45μm 筛余)(%)	含水率(%)	烧失量(%)	S_iO_2 含量(%)	Cl^-含量(%)	28d 活性指数(%)
150 000	≤10	≤3	≤6	≥85	<0.02	≥85

硅灰氧化硅含量很高，是目前配制高强与超高强高性能混凝土不可缺少的掺和料。同时，由于其密度很大，需水量很高，必须与高效减水剂或超塑化剂共同掺用，在一般施工气温和工艺条件下均要求缓凝，应使用缓凝高效减水剂。

3. 矿渣

矿渣是从冶铁高炉排出、经高温水淬处理后的炼铁炉渣。经与水泥相同磨细后得到的自身具有相当水硬活性的矿渣粉称为磨细矿渣，而使用超细磨方式得到超细矿渣。当以矿渣为主要成分，复合其他掺和料共同（超）磨细可得到复合矿渣（微）粉。公路工程混凝土中磨细矿渣和复合矿渣粉应满足表 20-11 所示技术要求。

磨细矿渣的技术要求 表 20-11

指标 等级	比表面积（m^2/kg）	混合砂浆活性指数			需水量比（%）	MgO 含量（%）	烧失量（%）	Cl^- 含量（%）	S_iO_2 含量（%）
		3d	7d	28d					
Ⅰ	≥800	≥85	≥100	≥115	≥100	≤10	≤3	<0.02	≤4
Ⅱ	≥600	≥50	≥75	≥95	≥100	≤10	≤3	<0.02	≤4
Ⅲ	≥400	≥50	≥75	≥95	≥100	≤10	≤3	<0.02	≤4

第二节　主要技术经济性质

一、工作性

工作性是指混凝土拌和物的性质，通常认为包括流动性、可塑性、稳定性和易密性。优质的混凝土拌和物应具有：满足输送和浇筑要求的流动性；不为外力产生脆断的可塑性；不产生分层、泌水的稳定性和易于浇筑致密的易密性。

目前，国际上还没有一种能够全面表征混凝土拌和物工作性的测定方法，其稠度试验方法在我国通常有坍落度试验和维勃稠度试验两种方法。根据水泥混凝土路面施工方式的不同，即滑模摊铺机、轨道摊铺机、三辊轴机组及小型机具施工，路面用混凝土拌和物的工作性应符合表 20-12 和表 20-13 的要求。

混凝土路面滑模摊铺最佳工作性及允许范围 表 20-12

指标 界限	坍落度 S_L（mm）		振动黏度系数 η（N·m/m^2）
	砾石混凝土	碎石混凝土	
最佳工作性	20～40	25～50	200～500
允许波动范围	5～55	10～65	100～600

注：滑模摊铺时的最大单位用水量砾石混凝土不宜大于 155kg/m^3，碎石混凝土不宜大于 160kg/m^3。

不同施工方式混凝土坍落度及最大单位用水量 表 20-13

摊铺方式	轨道摊铺机摊铺		三辊轴机组摊铺		小型机具摊铺	
出机坍落度（mm）	40～60		30～50		10～40	
摊铺坍落度（mm）	20～40		10～30		0～20	
最大单位用水量（kg/m^3）	碎石 156	砾石 153	碎石 153	砾石 148	碎石 150	砾石 145

注：①表中的最大单位用水量系采用中砂、粗细集料为风干状态的取值。采用细砂时，应使用减水率较大的减水剂。

②使用碎砾石时，最大单位用水量可取碎石与砾石中值。

二、强度

强度是水泥混凝土硬化后的主要力学性能，按照我国有关国家标准规定，混凝土强度有立方体抗压强度、棱柱体抗压强度、劈裂抗拉强度、弯拉强度、剪切强度和黏结强度等。与一般工程结构不同，水泥混凝土路面以弯拉强度作为主要强度指标，抗压强度作为参考或辅助指标。同时，在混凝土路面评价时采用劈裂强度，混凝土的抗拉强度也有应用。

现行水泥混凝土路面设计规范中，水泥混凝土的设计强度以表20-14所示28d龄期的弯拉强度控制。当混凝土浇筑90d内不开放交通时，可采用90d龄期的弯拉强度。弯拉强度一般采用150mm×150mm×550mm的梁式试件，采用三分点加载的方式测定。

混凝土弯拉强度标准值 表20-14

交通等级	特重	重	中等	轻
水泥混凝土的弯拉强度标准值(MPa)	5.0	5.0	4.5	4.0
钢纤维混凝土的弯拉强度标准值(MPa)	6.0	6.0	5.5	5.0

抗压强度一般采用边长150mm的立方体试件，由于其试验方法简单，可通过建立抗压强度与弯拉强度的关系式间接得到弯拉强度。国家科技工作引导性项目《我国水泥混凝土路面发展对策及修筑技术研究》总报告汇总306组室内和现场取样的试验数据，建立混凝土7d和28d弯拉与抗压强度的关系如式(20-2)所示。

$$f_r = 0.44 f_c^{0.71} \tag{20-2}$$

式中：f_r——水泥混凝土弯拉强度，MPa；

f_c——水泥混凝土抗压强度，MPa。

此外，通过对107组试验数据的整理，建立如式(20-3)所示混凝土28d弯拉强度与7d抗压强度的关系。

$$f_{r(28)} = 1.335 f_{c(7)}^{0.456} \tag{20-3}$$

对于二级及二级以下公路的水泥混凝土路面，当弯拉强度试验条件不具备时可通过测定试件的抗压强度，间接得到材料的弯拉强度。

三、耐久性

1.抗冻性

面层混凝土直接受到大气温度和湿度的反复作用，在季节性冰冻地区还受到冻融反复作用。混凝土耐久性的首要要求是抗冻性，为此需要使用引气剂，适当提高水泥用量，降低水灰比和改善混合料的组成。各级公路路面视使用的环境，即无抗冻性、有抗冻性和抗盐冻要求三种环境，混凝土中含气量应分别达到表20-15中的要求。

路面混凝土含气量及允许偏差(%) 表20-15

最大公称粒径(mm)	混凝土路面无抗冻性要求	混凝土路面有抗冻性要求	混凝土路面有抗盐冻要求
19.0	4.0±1.0	5.0±0.5	6.0±0.5
26.5	3.5±1.0	4.5±1.0	5.5±0.5
31.5	3.5±1.0	4.0±0.5	5.0±0.5

混凝土满足耐久性要求的最大水灰比和最小水泥用量如表20-16所示。

混凝土满足耐久性要求的最大水灰(胶)比和最小水泥用量 表 20-16

公路等级		高速公路、一级公路	二级公路	三、四级公路
最大水(胶)灰比(%)		0.44	0.46	0.48
抗冰冻要求最大水(胶)灰比(%)		0.42	0.44	0.46
抗盐冻要求最大水(胶)灰比(%)		0.40	0.42	0.44
最小水泥用量(kg/m^3)	42.5 级	300	300	290
	32.5 级	310	310	305
抗冰(盐)冻要求最小水泥用量(kg/m^3)	42.5 级	320	320	315
	32.5 级	330	330	325
掺粉煤灰时最小水泥用量(kg/m^3)	42.5 级	260	260	255
	32.5 级	280	270	265
抗冰(盐)冻掺粉煤灰最小水泥用量(kg/m^3)	42.5 级	280	270	265

注:①掺粉煤灰并有抗冰(盐)冻要求时,不宜使用 32.5 级水泥。

②水(胶)灰比计算以砂石料的自然风干状态计(砂含水率≤1.0%,石子含水率≤0.5%)。

③处在除冰盐、海风、酸雨或硫酸盐等腐蚀性环境中,或在大纵坡等加减速车道上的混凝土,最大水灰(胶)比可比表中数值降低 0.01~0.02。

在严寒地区路面混凝土抗冻标号不宜小于 F250,寒冷地区不宜小于 F200。

此外,在海风、酸雨、除冰盐或硫酸盐等腐蚀环境影响范围内的混凝土路面和桥面用混凝土,应抗各种化学侵蚀性,这就要求水泥具有高化学稳定性。在使用硅酸盐水泥时,应掺加粉煤灰、磨细矿渣和硅灰掺和料,不宜单独使用硅酸盐水泥,可使用矿渣水泥或普通水泥。

2. 耐磨性

道路面层混凝土因受车辆轮胎的反复作用,还要求其有较高的耐磨性。混凝土耐磨性评价,按现行试验法,是以 150mm × 150mm × 150mm 立方体试件,养生至 27d 龄期,在 60℃ 烘干至恒重,然后在带有花轮磨头混凝土磨耗试验机上,在 200N 负荷下磨削 50 转,并按式(20-4)计算磨损量。

$$G=\frac{m_0-m_1}{0.0125}\cdot 100 \qquad (20\text{-}4)$$

式中:G——单位面积磨损量,kg/m^2;

m_0——试件的原始质量,kg;

m_1——试件磨损后的质量,kg;

0.0125——试件磨损面积,m^2。

目前,对于路面面层混凝土耐磨性尚未规定明确的技术要求,但不能因此予以忽视。混凝土耐磨性能与抗压强度密切相关,为此也可通过提出抗压强度要求,间接反映耐磨性要求。对于承受特重和重交通等级路面混凝土的抗压强度应不低于 35MPa,中等交通等级的公路不低于 30MPa,轻交通等级的公路不低于 25MPa。

路面混凝土还应有较低的弹性模量和温度膨胀系数,以减小温度应力。

普通水泥混凝土在满足上述三项技术要求的前提下,其各项材料组成应力求经济合理。由于其中水泥造价最高,因此常以单位质量水泥获得的弯拉强度最大为经济合理的指标。

实际施工中各级水泥混凝土路面最大单位水泥用量不宜大于400kg/m^3，掺粉煤灰时最大单位胶材总量不宜超过420kg/m^3。

第三节　配合比设计

混凝土拌和物配合比设计的目的是根据对路面混凝土的强度、工作性、耐久性及经济性的要求，确定混凝土的水泥、水、细集料、粗集料、外加剂和掺和料各组分的配合比例。常用的方法有经验公式法和正交试验法，前者适用于一般路面工程或较小规模的工程，后者适用于重大工程或大规模工程。

一、经验公式法

经验公式法用于普通混凝土配合比设计，包括水泥、水、细集料和粗集料四组分的混凝土配合比设计，加有外加剂的混凝土配合比设计，以及加有粉煤灰掺和料的混凝土配合比设计。

1. 四组分混凝土的配合比设计

由水泥、水、细集料和粗集料组成的混凝土的配合比设计，是确定这四组分之间的分配比例。该分配比例可由水灰比、砂率及用水量等参数来控制。混凝土配合比设计可按下述步骤进行：

①计算初步配合比：根据原始资料，按我国现行规范的配合比设计方法，计算初步配合比，即水泥∶水∶细集料∶粗集料 = G_o∶W_o∶S_o∶G_o。

②提出基准配合比：根据初步配合比，采用施工实际材料，进行试拌，测定混凝土拌和物的工作性，即坍落度或维勃稠度，提出满足工作性要求的基准配合比，即 C_{oa}∶W_{oa}∶S_{oa}∶G_{oa}。

③确定试验室配合比：以基准配合比为基础，增大和减小水灰比，拟订几组适合工作性要求的配合比，通过制备试件、测定强度，确定既符合强度和工作性要求，又较经济的试验室配合比，即 C_{ob}∶W_{ob}∶S_{ob}∶G_{ob}。

④换算工地配合比：根据工地现场材料的实际含水率，将试验室配合比换算为工地配合比，即 C∶W∶S∶G 或1∶W/C∶S/C∶G/C。

(1)计算初步配合比

1)确定混凝土的试配强度

为保证混凝土的质量，所配制的混凝土强度应具有一定的保证率。路面混凝土的配制弯拉强度可按式(20-5)计算：

$$f_c = \frac{f_r}{1-0.04C_v} + ts \tag{20-5}$$

式中：f_c——混凝土配制28d弯拉强度的均值，MPa；

f_r——混凝土设计弯拉强度标准值(表20-14)，MPa；

s——弯拉强度试验样本的标准差，MPa；

t——保证率系数，应符合表20-17的规定；

C_v——混凝土弯拉强度变异系数，应按统计数据在表20-18的规定范围内取值；在无统计数据时，应按设计取值。

如果施工配制弯拉强度超出设计给定的弯拉强度变异系数上限，则必须改进机械装备，并提高施工控制水平。

保证率系数 t 表 20-17

公路技术等级	判别概率 p	样本数 n(组)				
		3	6	9	15	20
高速公路	0.05	1.36	0.79	0.61	0.45	0.39
一级公路	0.10	0.95	0.59	0.46	0.35	0.30
二级公路	0.15	0.72	0.46	0.37	0.28	0.24
三、四级公路	0.20	0.56	0.37	0.29	0.22	0.19

各级公路混凝土路面弯拉强度变异系数 C_v 表 20-18

公路技术等级	高速公路	一级公路		二级公路	三、四级公路	
混凝土弯拉强度变异水平等级	低	低	中	中	中	高
弯拉强度变异系数允许变化范围	$C_v \leqslant 0.10$		$0.10 < C_v \leqslant 0.15$			$0.15 < C_v \leqslant 0.20$

2)计算和确定水灰比

按混凝土的试配弯拉强度 f_c(MPa)、水泥实测 28d 抗折强度 f_s(MPa)和粗集料类型,据经验公式(20-6)和式(20-7)计算水灰比 W/C。

碎石或碎砾石混凝土:

$$\frac{W}{C}=\frac{1.5684}{f_c+1.0097-0.3595f_s} \tag{20-6}$$

砾石混凝土:

$$\frac{W}{C}=\frac{1.2618}{f_c+1.5492-0.4709f_s} \tag{20-7}$$

混凝土的水灰比应按满足弯拉强度计算值和耐久性(表 20-16)两者要求的水灰比中取小值。

3)计算单位用水量

根据粗集料的种类和表 20-12 及表 20-13 中适宜的坍落度,按式(20-8)或式(20-9)确定混凝土拌和物在砂石料自然风干状态的单位用水量。

碎石混凝土:

$$W_o=104.97+0.309S_L+11.27\frac{C}{W}+0.61S_P \tag{20-8}$$

砾石混凝土:

$$W_o=86.89+0.370S_L+11.24\frac{C}{W}+1.00S_P \tag{20-9}$$

式中:W_o——不掺外加剂与掺和料混凝土的单位用水量,kg/m^3;

S_L——混凝土拌和物坍落度,mm;

$\frac{C}{W}$——灰水比,即水灰比的倒数;

S_P——砂率,其取值应按砂的细度模数和粗集料的种类,查表 20-19 取用,在软拉抗滑构造时,砂率在此基础上可增大 1% ~2% ,%。

砂的细度模数与最优砂率的关系 表 20-19

砂细度模数		2.2～2.5	2.5～2.8	2.8～3.1	3.1～3.4	3.4～3.7
砂率 S_P（%）	碎石混凝土	30～34	32～36	34～38	36～40	38～42
	砾石混凝土	28～32	30～34	32～36	34～38	36～40

注:碎砾石可在碎石和砾石之间内插取值。

单位用水量应取计算值和按不同施工方式所要求的表 20-12 和表 20-13 规定值两者中的较小值。若实际单位用水量仅掺引气剂不满足所取数值,则应掺用引气(高效)减水剂,三、四级公路也可采用真空脱水工艺。

4)计算单位水泥用量

混凝土拌和物的单位水泥用量按式(20-10)计算,并取计算值与表 20-16 规定值两者中的较大值。

$$C_o=\left(\frac{C}{W}\right)W_o \tag{20-10}$$

式中:C_o——单位水泥用量,kg/m^3。

5)确定粗、细集料的单位用量

在已知砂率、单位用水量和水泥用量的情况下,可以采用假定表观密度法或绝对体积法确定粗、细集料的单位用量。

①假定表观密度法

该法假定混凝土拌和物的表观密度为一固定值,混凝土拌和物各组成材料的单位用量之和即为表观密度。在砂率已知的条件下,粗、细集料的单位用量可由式(20-11)求得:

$$\left.\begin{aligned}&C_o+W_o+S_o+G_o=\rho_{cp}\\&\frac{S_o}{S_o+G_o}\times100=S_P\end{aligned}\right\} \tag{20-11}$$

由式(20-11)得:

$$\left.\begin{aligned}&S_o=(\rho_{cp}-C_o-W_o)\cdot S_P\\&G_o=\rho_{cp}-C_o-W_o-S_o\end{aligned}\right\} \tag{20-12}$$

式中:S_o、G_o——每立方米混凝土粗集料和细集料的用量,kg;

ρ_{cp}——每立方米混凝土拌和物的湿表观密度,其值可根据施工单位积累的试验资料确定。缺乏资料时,可在 2 400～2 450 范围内取值,kg。

其余符号意义同前。

②绝对体积法

该法假定混凝土拌和物的体积等于各组成材料绝对体积和拌和物中所含空气体积之和。在砂率已知的条件下,粗、细集料的单位用量可由式(20-13)求得:

$$\left.\begin{aligned}&\frac{C_o}{\rho_C}+\frac{W_o}{\rho_W}+\frac{S_o}{\rho_S}+\frac{G_o}{\rho_G}+10a=1\ 000\\&\frac{S_o}{S_o+G_o}\times100=S_P\end{aligned}\right\} \tag{20-13}$$

式中:ρ_C、ρ_W——分别为水泥和水的密度,可取为 2.9～3.1g/cm^3、1.0g/cm^3;

ρ_S、ρ_G——分别为细集料和粗集料的表观密度,g/cm^3;

a——混凝土的含气量百分率,在不使用引气型外加剂时,a 可取为 1,%。

其余符号意义同前。

(2)试拌调整,提出基准配合比

通过上述各式计算得到的配合比,是参照规范推荐及以往经验公式和参数确定的初步材料用量,它同材料的实际情况存在一定的差异。因此,必须通过试验进行配合比调整。

①试拌

按上述初步定出的配合比,配制不小于表20-20建议的混凝土拌和物。如需进行弯拉强度试验,则应根据实际需要计算用量。采用机械搅拌时,拌量应不小于搅拌机额定搅拌量的1/4。

混凝土试配用拌和量 表20-20

集料最大粒径(mm)	拌和物数量(L)	集料最大粒径(mm)	拌和物数量(L)
≤30	10~15	40	25~30

试配用的原材料,要与实际工程所用的材料相同,粗、细集料的称量均以自然风干状态为基准,即含水率小于1.0%的细集料和含水率小于0.5%的粗集料。如非用干燥集料配制,称料时应在用水量中扣除集料的含水量,集料值则应相应增加。

②测定工作性

测定坍落度,并观察黏聚性和饱水性。

③调整配比

如果测得的工作性低于设计要求,可保持水灰比不变,适当增加水泥浆用量;如果测得的工作性超过设计要求,则可减少水泥浆用量,或者保持砂率不变,增加砂石用量。当砂浆过多时,可酌量增加石子;砂浆过少时,则可酌情增加砂浆。每次调整加入少量材料,重复试验(时间不得超过20min),直到符合要求为止。

④提出基准配合比

(3)强度测定,确定试验室配合比

①制备试件、检验强度

按基准配合比,以初选水灰比为中心,按0.02增减幅度选定2~4个水灰比,制作试件;也可保持水灰比不变,以初选单位水泥用量为中心,按15~20kg/m^{3}增减幅度选定2~4个单位水泥用量,配制几组配合比的混凝土拌和物,浇制混凝土抗弯拉强度试件,并测定其实际密度。经标准养生28d,进行强度测试。有条件时可同时制作几组试件,供快速检验或较早龄期(3d或7d)时强度测试,以便尽早提出混凝土配合比,供施工时使用。但必须以标准养生28d强度的检验结果为依据调整配合比。

②确定试验室配合比

通过调整得到符合工作性和强度要求的配合比后,还应按混凝土的实测密度校正其计算密度。混凝土的计算密度为经试拌调整后每立方米混凝土各项材料用量之和,即$\rho'_{cp} = C_{ob} + S_{ob} + G_{ob} + W_{ob}$(kg/m^3)。校正系数$\delta$为实测密度与计算密度之比值。各项材料用量均乘以校正系数,即可定出试验室配合比,或称设计配合比。

(4)换算施工配合比

试验室配合比是按自然风干状态的集料计算的。施工现场的集料含水率经常变化,因而,须根据拌制时集料的实际含水率对试验室配合比进行调整。在集料中的水分应在用水量中扣除,由于水分所减少的集料数量则在集料用量中补足,由此得到施工配合比。

值得指出的是,上述道路水泥混凝土配合比的设计方法,还存在一些问题,这主要体现在该方法未与水泥新标准接轨。为与 ISO 标准接轨，水泥新标准胶砂强度测试时，胶砂比规定为 1:3，水灰比为 0.5，标准砂换成了机制砂。按新标准测得的水泥抗压强度比旧标准平均低 9.4MPa，抗折强度平均低 0.22～0.33MPa，因此，原来确定的混凝土抗弯拉强度与水泥抗折强度及水灰比的关系已不再适用。公路部门应开展混凝土抗弯拉强度与水泥新标准抗折强度相关性的研究，建立新的经验关系式。目前进行混凝土的配合比设计时，可参考现有的经验公式，并结合实际经验进行。

2. 掺外加剂混凝土配合比设计

(1)外加剂掺加要求

路面混凝土中掺外加剂时应符合下列要求：

①混凝土拌和物高温施工时的初凝时间不得小于 3h，否则应采取缓凝或保塑措施，可使用引气缓凝或保塑性型(高效)减水剂；在低温和负温施工时终凝时间不得大于 10h，否则应采取必要的促凝、早强或防冻措施，可使用引气早强(促凝)型(高效)减水剂或引气防冻(早强)型(高效)减水剂。此外，处在海水和撒除冰盐锈蚀环境中的钢筋混凝土与钢纤维混凝土路面及桥面铺装应掺阻锈剂。

②外加剂掺量应通过适应性试验，并由混凝土试配试验确定。各种外加剂以溶液方式加入，其稀释用水和原液中的水量，应从拌和时的加水量中扣除。引气剂的适宜掺量应由搅拌机口的拌和物含气量测定进行控制。实际路面和桥面引气混凝土抗冰冻与抗盐冻耐久性的评价，应采用钻芯取一定深度的切片，用气孔显微镜测定硬化混凝土的上下两个表面的平均气泡间距系数，其最大间距不宜超过表 20-21 的规定。

混凝土最大平均气泡间距系数(μm) 表 20-21

环境＼公路等级		高速公路、一级公路	三、四级公路
严寒地区	冰冻	275	300
	盐冻	225	250
寒冷地区	冰冻	325	350
	盐冻	275	300

注：测定深度：路面 0～5cm，桥面 0～3cm。

③引气剂与(高效)减水剂或其他外加剂复配在同一水溶液中时，应注意它们的可共溶性，防止外加剂发生絮凝、沉淀现象。如产生絮凝现象，应分别稀释并分别加入搅拌机。

(2)配合比设计步骤

①确定试配强度和水灰比

与前述混凝土的配合比设计方法相同，按式(20-5)确定混凝土试配强度，然后按前述方法计算、校核及确定水灰比。

②计算掺外加剂混凝土的单位用水量

根据集料品种和规格、外加剂的类型和掺量以及施工和易性的要求，按式(20-14)计算每立方米水泥混凝土的用水量。

$$W_{ow} = W_o(1-\beta) \tag{20-14}$$

式中：W_{ow}——每立方米掺外加剂混凝土的用水量，kg；

W_o——每立方米未掺外加剂的基准混凝土中的用水量，kg；

β——所用外加剂剂量的实测减水量，无减水作用的外加剂该值为 0。

③计算掺外加剂混凝土的单位水泥用量

$$C_{ow}=\frac{C}{W}\cdot W_{ow} \tag{20-15}$$

式中：C_{ow}——每立方米掺外加剂混凝土的水泥用量，kg。

④计算单位粗、细集料用量

根据表20-19选定砂率，用假定表观密度法或绝对体积法确定粗、细集料用量。

⑤试拌调整

根据计算所得各种材料用量进行混凝土试拌，如不满足要求则应对材料用量进行调整，重新计算和试拌，直到达到设计要求，提出试验室配合比。

3. 加掺和料混凝土配合比设计

混凝土中掺加粉煤灰的配合比设计方法，对于粉煤灰的使用可以采用等量取代法、超量取代法和外加法。目前，应用最多的是超量取代法。

(1)配合比设计原则

掺粉煤灰混凝土配合比设计是以未掺粉煤灰的基准混凝土的配合比为基础，按等稠度、等强度等级的原则，用超量取代法进行调整。

所谓"等稠度"和"等强度"等级是指配制成的粉煤灰混凝土具有与基准混凝土拌和物相同的稠度和硬化后指定龄期相等的强度等级。所谓"超量取代法"是指粉煤灰总掺量中，一部分取代等体积的水泥，超量部分粉煤灰取代等体积的砂。

(2)设计步骤

①计算基准混凝土配合比

根据普通混凝土配合比设计方法，计算基准配合比 C_o、S_o、G_o 和 W_o。

②选定粉煤灰掺量和超量系数

粉煤灰掺量应根据水泥中原有的掺和料数量和混凝土弯拉强度等要求由试验确定。代替水泥的粉煤灰掺量 $f(\%)$，对于Ⅰ型硅酸盐水泥宜小于等于30%，Ⅱ型硅酸盐水泥宜小于等于25%，道路水泥宜小于等于20%，普通水泥宜小于等于15%，矿渣水泥不得掺粉煤灰。

粉煤灰超量系数 k 根据粉煤灰的等级按表20-22选用。

粉煤灰超量系数 表20-22

粉煤灰等级	Ⅰ	Ⅱ	Ⅲ
超量取代系数 k	1.1～1.4	1.3～1.7	1.5～2.0

③计算粉煤灰取代水泥用量 F_{o1}、超量部分质量 F_{o2} 和总掺量 F_o

$$F_{o1}=C_o\cdot f \tag{20-16}$$

$$F_{o2}=F_{o1}(k-1) \tag{20-17}$$

$$F_o=F_{o1}+F_{o2} \tag{20-18}$$

④计算粉煤灰混凝土的单位水泥用量 C_{of}

$$C_{of}=C_o-F_{o1} \tag{20-19}$$

⑤计算粉煤灰混凝土的单位用砂量 S_{of}

$$S_{of}=S_o-\frac{F_{o2}}{\rho_F}\cdot\rho_S \tag{20-20}$$

⑥计算粉煤灰混凝土各种材料用量

由前已计算得到 C_{of}、S_{of}，取 G_{of}、G_o，$W_{of}=W_o$，粉煤灰混凝土各材料用量即为 C_{of}、S_{of}，G_{of}、

W_{of}。

⑦试拌调整提出试验室配合比。

4. 混凝土配合比设计示例

【示例1】 加减水剂混凝土配合比设计

设计某地区重交通等级一级公路轨道摊铺机施工的路面水泥混凝土配合比。水泥为42.5级普通硅酸盐水泥，密度 $\rho_c = 3.1 \times 10^3 kg/m^3$。细集料为中砂，表观密度 $\rho'_s = 2.70 \times 10^3 kg/m^3$。粗集料为石灰岩碎石，最大粒径 $d_{max} = 31.5mm$，表观密度为 $\rho'_s = 27.5 \times 10^3 kg/m^3$。掺加高效减水剂UNF.5，掺加量为0.75%，减水率 $\beta = 15\%$。

要求混凝土设计弯拉强度为5.0MPa，拌和物坍落度为20~40mm。

(1)计算初步配合比

①计算试配强度

已知设计弯拉强度为5.0MPa，取保证率系数 $t = 0.46$，变异系数 $C_v = 0.10$，试配强度由式(20-5)，得：

$$f_c = \frac{5.0}{1 - 1.04 \times 0.10} + 0.46 \times 0.48 = 5.80(\text{MPa})$$

②计算和确定水灰比

按混凝土的试配弯拉强度 f_c(MPa)、水泥实测28d抗折强度 f_s(MPa)和粗集料类型，据经验公式(20-6)计算水灰比 W/C。

$$\frac{W}{C} = \frac{1.568\ 4}{f_c + 1.009\ 7 - 0.359\ 5 f_s} = \frac{1.568\ 4}{5.80 + 1.009\ 7 - 0.359\ 5 \times 8.00}$$

混凝土的水灰比应按满足弯拉强度计算值和耐久性(表20-16)两者要求的水灰比中取较小值，因此取0.40。

③计算单位用水量

砂为中砂，根据表20-7，由内插法选取砂率为 $S_p = 31\%$。根据摊铺方式，取坍落度 $S_L = 30mm$。

按式(20-8)确定混凝土拌和物在砂石料自然风干状态的单位用水量 W_o 为：

$$W_o = 104.97 + 0.309 S_L + 11.27 \frac{C}{W} + 0.61 S_p$$

$$= 104.97 + 0.309 \times 30 + 11.27 \times \frac{1}{0.40} + 0.61 \times 31 = 161(\text{kg/m}^3)$$

掺加减水剂后，按式(20-13)计算每立方米水泥混凝土的用水量：

$$W_{ow} = W_o(1 - \beta) = 161 \times (1 - 0.15) = 137(\text{kg/m}^3)$$

单位用水量应取计算值和按施工方式所要求的表20-13规定值两者中的较小值，因此取为137kg/m³。

④计算单位水泥用量

已知单位用水量 $m_{wo} = 137 kg/m^3$，水灰比 $W/C = 0.40$。由式(20-10)计算单位水泥用量为：

$$C_o = \left(\frac{C}{W}\right) W_o = 137/0.40 = 343(\text{kg/m}^3)$$

该计算值与表2-16规定值比较，取两者中的较大值，即343kg/m³。

⑤计算砂石用量

已知水泥用量 $m_{co}=343\text{kg/m}^3$，用水量 $m_{wo}=137\text{kg/m}^3$，水泥密度 $\rho_c=3.1\times10^3\text{kg/m}^3$，水密度 $\rho_c=1.0\times10^3\text{kg/m}^3$，砂表观密度 $\rho'_= 2.70\times10^3\text{skg/m}^3$，碎石表观密度 $\rho'_s=2.75\times10^3\text{kg/m}^3$，砂率 $\beta_s=31$。根据绝对体积法，由式(20-13)可得：

$$\left.\begin{aligned}&\frac{343}{3.1}+\frac{137}{1.0}+\frac{S_o}{2.70}+\frac{G_o}{2.75}=1\ 000\\&\frac{S_o}{S_o+G_o}\times100=31\end{aligned}\right\}$$

解得 $S_o=638(\text{kg/m}^3)$，$G_o=1\ 419(\text{kg/m}^3)$。

由此得到初步配合比为 $C_o:W_o:S_o:G_o=343:137:638:1\ 419$。

(2)试拌调整

按上述初步定出的配合比，拌制 0.03m^3 混凝土拌和物，材料组成包括水泥、水、砂和碎石，分别为10.29kg、4.11kg、19.14kg、42.57kg。测得坍落度为30mm，符合工作性要求。

但从黏聚性和饱水性要求观察，砂率偏小。提高砂率为32%，重新计算得到 $C_o=343\text{kg/m}^3$、$W_o=137\text{kg/m}^3$、$S_o=658\text{kg/m}^3$、$G_o=1\ 399\text{kg/m}^3$。混凝土计算湿表观密度 $\rho'_{cp}=2537\text{kg/m}^3$。再次拌和 0.03m^3 混凝土拌和物，材料组成包括水泥、水、砂和碎石，分别为10.29kg、4.11kg、19.74kg、41.97kg。测得坍落度为27mm，工作性符合要求，黏聚性和饱水性良好。

因此，得出基准配合比为 $C_{oa}:W_{oa}:S_{oa}:G_{oa}=343:137:658:1\ 399$。

(3)测定强度，确定试验室配合比

按基准配合比的水灰比 W/C = 0.40，增加和减少 0.02 计算另两组混凝土配合比，即取 A 组为 0.42、B 组为 0.40、C 组为 0.38。制作三组梁试件，标准养生 28d 测其弯拉强度，A、B、C 三组结果分别为 6.28MPa、5.85MPa 和 5.54MPa。

根据试验结果，选取 B 组配合比，其弯拉强度及工作性均符合要求，而且水泥用量最少。

按上述配比基准配合比，实测拌和物湿表观密度 $\rho_{cp}=2\ 408\text{kg/m}^3$。因此，校正系数 $\delta=\frac{2\ 512}{2\ 537}=0.99$，以此系数乘以各项组分的单位含量，得到配合比为：

$$C_{oa}=343\times0.99=339.6(\text{kg/m}^3)$$

$$W_{oa}=137\times0.99=135.6(\text{kg/m}^3)$$

$$S_{oa}=658\times0.99=651.4(\text{kg/m}^3)$$

$$G_{oa}=1\ 399\times0.99=1\ 385.0(\text{kg/m}^3)$$

因此，最终确定的试验室配合比为 $C_o\text{b}:W_{ob}:S_{ob}:G_{ob}=340:136:651:1\ 385$。

(4)换算施工配合比

根据工地实测，砂的含水率 $w_s=3\%$，碎石含水率 $w_G=1\%$。各种材料的用量为：

水泥用量：$C=340(\text{kg/m}^3)$；

砂用量：$S=651\times(1+3\%)=671(\text{kg/m}^3)$；

碎石用量：$G=1\ 385\times(1+1\%)=1\ 399(\text{kg/m}^3)$；

水用量：$W=136-(651\times3\%+1\ 385\times1\%)=103(\text{kg/m}^3)$。

因此，工地配合比为 $C:S:G:W=1:1.97:4.11:3.30$。

【示例2】 加掺和料的混凝土配合比设计

按前述混凝土设计示例资料，掺加Ⅱ级粉煤灰，粉煤灰密度为 2.2g/m^3，试求该混凝土的配合比。

设计步骤如下。

(1)计算混凝土基准配合比

由水泥混凝土配合比设计示例知 $C_o: W_o: S_o: G_o = 343:137:638:1\ 419$。

(2)选定粉煤灰掺量和超量系数

已知水泥品种为普通硅酸盐水泥,粉煤灰的最大掺量百分率为15%,现取 $f\% = 18\%$。由于粉煤灰等级为II级,选取超量取代系数 $k = 1.5$。

(3)计算粉煤灰取代水泥量、粉煤灰超量部分质量和粉煤灰总量

$$F_{o1} = C_o \cdot f = 343 \times 18\% = 62(\text{kg/m}^3)$$

$$F_{o2} = F_{o1}(k-1) = 62 \times (1.5-1) = 3(\text{kg/m}^3)$$

$$F_o = F_{o1} + F_{o2} = 62 + 31 = 93(\text{kg/m}^3)$$

(4)计算粉煤灰混凝土的单位水泥用量

$$C_{of} = C_o - F_{01} = 343 - 62 = 281(\text{kg/m}^3)$$

(5)计算粉煤灰混凝土单位砂用量

$$S_{of} = S_o - \frac{F_{o2}}{\rho_F} \cdot \rho_S = 638 - \frac{31}{2.2} \times 2.70 = 600(\text{kg/m}^3)$$

(6)粉煤灰混凝土各种材料用量

由以上计算知,$C_{of} = 281\text{kg/m}^3$、$F_o = 93\text{kg/m}^3$、$S_{of} = 600\text{kg/m}^3$、取 $G_{of} = G_o = 1\ 419\text{kg/m}^3$,$W_{of} = W_o = 137\text{kg/m}^3$。

(7)试拌调整提出试验室配合比

校核调整方法同前。

二、正交试验法

正交试验法是一种科学安排与分析多因素试验的方法。该法利用数理统计学观点,应用正交性原理,从大量的试验中挑选适量的具有代表性、典型性的试验点,根据正交表合理安排试验。通过正交试验法可以科学地解决两个矛盾:其一,全面试验的试验次数与实际可行的试验次数之间的矛盾;其二,实际所做的少量试验与要求全面掌握内在规律之间的矛盾。

一般正交试验法用 $L_n(Sr)$ 表示至多安排 r 个因素,每个因素有 s 个水平,共做 n 次试验的正交表。正交表必须具备下述两种性质:①表中任何一列,其所含各种水平的个数都相同;②表中任何两列,所有可能的数对出现的次数都相同。

正交试验法的一般步骤可归纳为:①选定指标,因素及因素的水平;②选择合适的正交表,排定表头;③按照表中排定条件做各次试验,并将试验数据填入表格右端;④计算各列的同一水平的数据和与极差 R_j,将其填入表格下端;⑤按极差大小排出因素的主次;⑥选取因素的最佳组合;⑦进行验证性试验,作进一步分析。

影响混凝土组成中的材料因素较多,确定这些影响因素的先后次序和大小,最好的办法是进行正交试验。正交试验先要确定试验因素和试验水平。其中,试验因素为制约混凝土弯拉强度和稠度的主要材料参数、对于普通混凝土,可选用水量、水泥用量、砂率等因素;掺粉煤灰的混凝土可选用用水量、水泥用量、粉煤灰掺量、砂率等因素。试验水平即试验因素量的大小,取决于试验工作量和要求精度,一般先通过分析预估出一个水平,再以等间距增减,构成几个水平。混凝土正交组成设计时一般可选用3个水平。

试验因素和水平确定后,按正交设计法选取材料因素、水平组合,采用合适的正交表[如

$L_9(3^4)$]安排试验方案。对正交试验结果进行直观及回归分析,定量回归分析的考察指标有弯拉强度或抗压强度及工作性等。根据直观分析并依据所建立的混凝土单位用水量及弯拉强度推定经验公式,综合考虑拌和物的工作性,确定满足设计要求的用水量、水泥用量、粉煤灰掺量及砂率等。

由正交试验确定的用水量、水泥用量、粉煤灰掺量及砂率,再利用绝对体积法计算每立方米混凝土各种组成材料,包括粗集料、细集料的用量,得出初步配合比。如果混凝土中有外加剂,再按普通混凝土掺加外加剂的设计方法计算外加剂的用量。

【示例3】 设计某地区滑模摊铺机施工的路面水泥混凝土配合比。水泥为42.5级普通硅酸盐水泥,密度为$3.1\times10^3kg/m^3$。细集料为中砂,表观密度为$2.65\times10^3kg/m^3$,细度模数2.7。粗集料为石灰岩碎石,表观密度为$2.70\times10^3kg/m^3$。采用Ⅱ级粉煤灰,密度为$2.20\times10^3kg/m^3$,掺加UNF.5减水剂,掺加量0.75%,减水率15%。引气剂采用松香热聚物,掺量0.05%。要求混凝土设计弯拉强度为5.5MPa,拌和物坍落度为25~50mm。

(1)试验设计

根据经验公式计算结果及原材料性质,选定各因素的水平:经计算用水量为170kg,根据外加剂减水15%的性能,用水量为145kg,增加135kg、155kg两个水平。水泥用量是重点考查因素,考虑掺粉煤灰的影响选用340kg、350kg、360kg三个水平,粉煤灰的掺量选用水泥剂量的12%、15%、18%三个水平,砂率选用33%、35%、37%三个水平。不考虑因素间的交互作用,设计因素水平见表20-23。

因素水平表 表20-23

水平	因素			
	A 水泥用量(kg)	B 用水量(kg)	C 砂率(%)	D 粉煤灰掺量(%)
1	340	135	33	12
2	350	145	35	15
3	360	155	37	18

按表20-23选定的水平,选用$L_9(3^4)$正交表安排试验如表20-24所示。

(2)试验结果分析

根据表20-23的因素组合,利用绝对体积法计算每立方米混凝土各种组成材料的用量,拌制混凝土测其坍落度和28d弯拉强度,试验结果如表20-24所示。

试验结果 表20-24

试验号	A	B	C	D	试验结果		
					28d弯拉强度(MPa)	坍落度(mm)	含气量
1	1	1	1	1	5.95	41	3.8
2	1	2	2	2	5.00	49	3.0
3	1	3	3	3	5.07	55	4.7
4	2	1	2	3	7.31	36	3.4
5	2	2	3	1	6.34	41	3.6
6	2	3	1	2	5.31	51	3.6

续上表

试验号	A	B	C	D	试验结果		
					28d 弯拉强度（MPa）	坍落度（mm）	含气量
7	3	1	3	2	7.76	36	3.2
8	3	2	1	3	6.86	38	3.5
9	3	3	2	1	5.61	44	3.3

	28d 弯拉强度				坍落度（mm）			
	A	B	C	D	A	B	C	D
Ⅰ$_j$	16.02	21.02	18.12	17.90	145	113	130	126
Ⅱ$_j$	18.96	18.20	17.92	18.07	128	128	129	136
Ⅲ$_j$	20.23	15.99	19.17	19.24	118	150	132	129
R_j	4.21	5.03	1.25	1.34	27	37	3	7

表 20-24 中Ⅰ$_j$ 是指第 j 列取Ⅰ水平下的指标平均值，R_j 是第 j 列中Ⅰ$_j$、Ⅱ$_j$ 和Ⅲ$_j$ 之间最大值与最小值之差，称为极差。极差的大小代表该因素变化对指标值的影响程度。故通过极差大小，得出各因素指标值对混凝土 28d 弯拉强度和坍落度的影响顺序见表 20-25。

因素对指标的影响及最佳因素水平组合 表 20-25

考核指标	各因素对考核指标影响大小的排序
28d 弯拉强度	B（用水量）>A（水泥用量）>D（粉煤灰掺量）>C（砂率）
坍落度	B（用水量）>A（水泥用量）>D（粉煤灰掺量）>C（砂率）

将每个因素各个水平的实际取值按大小顺序在横坐标标出，再结合相应的指标值在坐标平面上连线得到图 20-1。

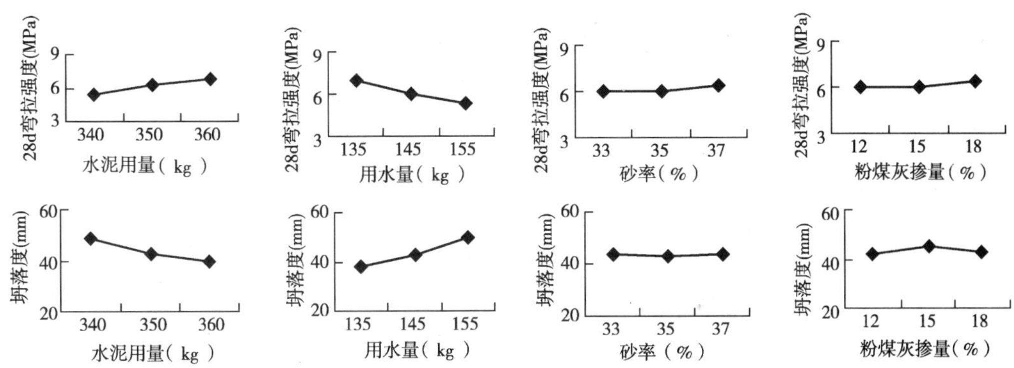

图 20-1 因素水平变化影响

由表 20-25 和图 20-1 可知，各因素对混凝土 28d 弯拉强度的影响顺序为用水量 > 水泥用量 > 粉煤灰掺量 > 砂率，且随着用水量减小或水泥用量增大，弯拉强度减小，砂率和粉煤灰影响相对较小；各因素对混凝土坍落度的影响顺序为用水量 > 水泥用量 > 粉煤灰掺量 > 砂率，且随着用水量增大或水泥用量减少，坍落度增大，砂率和粉煤灰影响相对较小。

混凝土 28d 设计弯拉强度为 5.5MPa，由式（20-5）得出其配制 28d 弯拉强度为 6.43MPa，由表 20-24 可知第 4、7 和 8 组试件满足要求，与此相应的坍落度差值不大，均满足设计要求。但是考虑到经济性要求，综合比较对于水泥用量选定 2 水平，即 350kg；用水量选定 1 水平，即

135kg；砂率选择 2 水平，即 35%；粉煤灰掺量选用三水平，即 18%。

(3) 试验结果的应用

已知水泥用量、用水量和砂率，根据假定表观密度法或绝对体积法，求得砂用量为 704kg，碎石用量为 1 309kg。由此得到初步配合比为 $G_o : W_o : S_o : G_o = 350 : 135 : 704 : 1\ 309$。在此基础上，采用超量取代法，超量系数取为 1.5，计算掺加粉煤灰后的初步配合比为 $C_{of} : F_o : W_{of} : S_{of} : G_{of} = 287 : 95 : 665 : 1\ 309 : 35$。

第二十一章　面层混凝土摊铺机施工

第一节　概　　述

施工技术直接影响水泥混凝土路面使用性能，而其关键是路面混凝土摊铺的机械和技术。路面摊铺机械化，可以加快施工速度，提高施工质量以及降低工程造价。目前，常见的大型摊铺机械有滑模摊铺机和轨道摊铺机。

一、滑模摊铺机施工技术

滑模摊铺机施工技术是用自带滑动模板的摊铺机，沿设在基层的基准线自动转向和自动找平，一次性完成布料、振动密实、成型、表面修整和拉毛、养生等水泥混凝土路面摊铺工序。它是目前混凝土路面摊铺中速度最快、效率最高和质量最好的摊铺方式。滑模摊铺机1963年诞生于比利时，1986年我国首次引用，到现在，其机械设计、施工技术与管理日益成熟。滑模摊铺机整合了计算机技术、液压技术、自动控制技术和机械制造技术、混凝土材料学以及施工管理学众多技术科学，不但提高路面摊铺质量和施工效率，节省工程投资，也提升了公路行业的技术水平。以下为滑模摊铺机施工的主要特点。

1. 施工速度快

滑模摊铺机施工时不设模板，并一次性完成路面的摊铺、振捣、成型等工序，其施工速度是目前混凝土路面施工方式中最快的。滑模摊铺机的理论施工速度可达2 160m/d。在美、德等发达国家，滑模摊铺机的实际施工速度最快达到1 609m/d，在我国，其实际最快施工速度也达到1 600m/d。同时，滑模摊铺机可一次摊铺50cm厚的混凝土面层，比用不同材料的多层沥青路面结构施工速度快。

2. 自动化程度高

滑模摊铺的自动化主要体现在混凝土搅拌楼和摊铺机两个方面。混凝土搅拌楼一般配备电子计算机系统和电视监视系统，以自动控制混凝土配合比和称料精度，并监控仓内搅拌情况。滑模摊铺机配有自动控制和防差错系统，可有效控制摊铺机精确摊铺。同时，滑模摊铺机可配备传力杆插入装置和侧向拉杆插入装置，以便在摊铺过程中自动插入传力杆和拉杆。

高度自动化的滑模施工可以减轻劳动强度，节省劳动力，提高生产率。一般来说，滑模施工的劳动生产率是轨道摊铺机施工的3～5倍，小型机具施工的8～15倍。

3. 施工质量好

滑模施工能摊铺出密实、均匀、平整度优良，弯拉强度高的混凝土路面。其平整度甚至可以超过沥青路面，且保持时间长。同时，高强度的混凝土路面能提供高承载力、优良的耐久性和耐磨性。

4. 技术经济性

滑模施工的初期投资大，需要购置大型机械设备和设置大型搅拌站。但当施工规模超过

10km 时，其造价低于其他施工方式。其成套机械设备的投资仅为同样生产能力的沥青路面摊铺系统的 1/3 ~ 1/2。

滑模摊铺机施工对水泥混凝土拌和物的稠度和黏聚性、供料连续性、施工技术管理水平、施工工序控制等要求较高。因此，滑模摊铺机适合高速公路和一级公路的水泥混凝土路面大规模施工。

二、轨道摊铺机施工技术

轨道式施工是在基层上铺设两条轨道模板，作为路面侧面支撑和路型定位，模板顶面作为路面表面基准，施工机械行驶在轨道上进行布料、振动密实、成型、表面修整和拉毛、养生等混凝土路面摊铺的施工方法。其主要特点如下。

1. 机械结构简单

轨道摊铺机由行走机构、传动系统、机架、操纵控制系统和作业装置构成，另外还有纹理制作机械和养生剂撒布机等附属机械。轨道摊铺机结构简单、造价较低、操作方便，但自动化程度不如滑模摊铺机高。

2. 工作性较好

轨道摊铺机工作可靠、故障少且易维修，路面表面未做好时，可倒车重做，而滑模摊铺机则不能。

3. 路面质量较好

轨道摊铺机铺筑的路面质量较好，而其纵坡、横坡、平直度和转弯半径的精度在很大程度上依赖于轨模的精度。由于轨模安装误差及轨模下的地基可能发生变形，铺筑后的路面的几何尺寸和平整度都稍逊于滑模摊铺。

4. 技术经济性

轨道摊铺机施工初期投资比滑模摊铺机施工的低，比三辊轴和小型机具高；但安装轨模费时费钱，降低了施工效率，使得其施工效率大大低于滑模摊铺机施工。

相对滑模摊铺机施工，轨道摊铺机的施工技术和管理水平、施工工序控制等要求低一些，而铺筑的路面几何尺寸和平整度也差一些。因此，轨道摊铺机常用作二级或二级以下公路的混凝土路面施工，掌握得好也可用于修筑高速公路和一级公路。

虽然滑模摊铺机与轨道摊铺机有一定差异，但其施工内容大同小异，主要包括施工准备、混凝土的拌和与运输、摊铺与振动密实、表面修整与抗滑构造制作、接缝施工以及养生等。

第二节 施 工 准 备

一、施工组织管理

为保障工程项目的质量和进度，控制工程造价，应建立一套科学有效的管理制度，对工程项目的材料、机械、人员、财务等方面进行全面管理。

1. 施工指挥调度机构

在施工前期，建立项目经理部作为施工指挥调度机构。其主要功能是建立职责明确的分支机构及分级目标管理责任制，安排施工管理、工程技术和机械操作等各方面人员的技术培训等。

2. 施工质量保证体系

根据公路等级、路面结构形式和施工单位条件确定施工方法，提出合适的施工工艺和机械设备要求，并制订一套完善的施工质量保证体系，以对工程进行全面质量管理。

全面质量管理包括施工准备，铺筑试验路段，施工过程中质量控制管理，各项技术指标检验，竣工检查及出现施工技术问题的汇报、商议和解释等。在确定施工方法后，组织人员技术培训，提高施工操作及管理水平。其关键是建立健全质量管理制度，实行严格的质量和进度控制，建立工序管理和岗位责任制度，对施工各阶段的质量进行检查、控制和评定，确保施工质量及其稳定性。

二、水泥混凝土拌和物

1. 材料准备和质量检验

施工前，应根据设计要求、建设规模和施工经验，就近对水泥、砂石、水、粉煤灰等材料的质量、供应量、运距等方面进行调查。在保障工程质量的前提下，充分利用当地材料，以降低工程造价。

水泥应查验出厂质量报告单，抽样检验水泥的细度，凝结时间，安定性及3d、7d和28d的抗压强度，其中有一项不满足设计要求的，则禁止使用。新出厂的水泥至少存放一周后方可使用，如受潮结块，绝对禁止使用。

砂、石材料应抽样检查含泥量、有害物质含量、坚固性、针片状颗粒含量和磨耗值等。如有不满足使用要求的，采取措施处理符合要求后方可使用，否则另选材料。

不得使用海水、严重污染或有害物质含量超标的水作为拌和与养护用水。同时，拌和用水应不影响混凝土和易性和凝结时间、强度及其发展，不降低耐久性和不污染混凝土表面等。外加剂应进行化学成分和剂量适应性检验。化学成分不适应者，不得使用。剂量不适应者，可通过试验确定最佳剂量，也可根据使用经验来确定。粉煤灰使用前应查阅等级检验报告并抽样试验，测定粉煤灰混凝土的弯拉强度、工作性、抗磨性、抗冻性等技术指标，合格后方可使用。

2. 拌和物的配合比检验和调整

首先，按拌和物的试验室配合比在施工拟采用的搅拌楼中试拌。然后，检验该拌和物的含气量、坍落度及其损失、VC值及其偏差，根据料场砂石料含水率，调整试验室配合比中的砂石用量，加水量和外加剂掺量，但水灰比、水泥用量不得减少，以满足工作性要求。根据满足工作性的配合比，制作混凝土抗压和抗弯拉试件，测定28d强度或根据压蒸4h快速测定强度推算28d强度。如强度符合要求，则视为试拌配合比；如强度偏低，可采取提高水泥强度等级、降低水灰比或改善级配等提高强度措施。

按照试拌配合比拌和混凝土，由施工用的机械试铺一段不小于200m的试验段。根据摊铺过程和成型效果适当调整试拌配合比，并满足7d或28d设计弯拉强度或设计抗压强度，则视此配合比为施工配合比。

施工时，根据原材料的变化、施工季节的变化和施工变异性等因素，可略微调整施工配合比，使之满足设计要求。夏季高温时，砂石料和水泥的温度较高，水的蒸发量较大，可适当增加单位用水量或增加缓凝剂的剂量；冬季低温时，适当加大水泥用量，保持较小的水灰比，并优先使用防冻剂、引气剂，或者采用保温蓄热施工方式。

3. 现场试验室

施工现场应建立试验室。在备料和施工过程中，施工单位应对原材料调查取样，定期抽检和试验分析，提供符合要求的原材料和配合比的试验报告，控制拌和物工作性，提供混凝土弯拉强度和钻芯劈裂强度，路面平整度、板厚、构造深度等自检结果。

三、基层检验和修整

面层摊铺前，应对基层进行全面检查和修整，减少产生可能病害的隐患。检验的项目和频率以及标准如表21-1所示。

基层检验的项目和频率 表21-1

项目	当量回弹模量	压实度	厚度	平整度	宽度	纵坡高程	横坡	
							路面宽度9~15m	路面宽度大于15m
频率	每50m测2点	每1 000^{2}测1点	每50m测1点	每50m测一处	每50m测一处	每20m测1点	测5点	测7点
标准	不小于设计要求	不小于规定要求	允许误差±10%	最大不超过10mm	不小于设计规定	允许误差±10mm	允许误差≤±1%	

基层修整后，应加强养护，控制行车，避免出现坑槽等损坏。同时，及时处理基层表面裂缝，如有损坏，应先挖除损坏部分，采用贫混凝土进行处理。最后，清扫基层表面，并洒水湿润，但不得积水。

四、施工机具

施工前，必须对摊铺机、搅拌站、运输车辆等施工机械，经纬仪、水准仪或全站仪等测量仪器以及人工辅助施工的振捣棒等机具进行全面检查，并调试校核；对主要设备的易损零部件应有适量储备，以保证正常、连续施工。

五、测量放样

施工放样是根据设计图纸确定路中线、路边线、胀缝以及平、竖曲线变化点的中心桩位置等，并相应在路两侧的稳固位置上各设一对边桩。在确定路中线和路边线后，在现场核对施工图纸中的混凝土板块划分线。要求分块线距公用事业检查井盖的边线至少1m，否则应移动分块线。放样时，为了保证曲线路段中线内外侧车道混凝土块有较合理的划分，必须保证横向分块线与路中线垂直。在浇筑混凝土过程中，应经常对其进行复核。

六、搅拌站设置

所有等级公路的混凝土路面施工，都必须在摊铺路段的中间位置附近设置搅拌站。搅拌站的场地布置主要包括搅拌楼、砂石料堆场、水泥罐仓、外加剂稀释池、外加剂库、原材料磅站、钢筋和木材加工场地、变电室或发电站、施工配件库、维修车间、燃料库、储水池、车辆清洗场地、污水沉淀池、试验室、办公室等。

水泥罐仓储备散装水泥时，同一罐仓不得混装不同厂家或不同强度等级的水泥，也不得混装粉煤灰和水泥，对粉煤灰也应独立配备罐仓储备。水泥罐仓换装水泥时，应清仓后再灌。使用吨包水泥或袋装水泥时，应建立水泥储备仓库及拆包与输送入罐设备。储存时，应严防水泥和粉煤灰受潮或浸水。

搅拌站应储备至少一个月施工所需的砂石料。砂石料场地应设在地势高、排水通畅的位置，其底部应采用水泥混凝土硬化，防止水和泥土污染。对不同规格的砂石料应采取隔离措施，以防混杂。在低温、雨季或大风天、日照强烈情况下，应在砂石料堆上设顶棚或覆盖帆布以防雨、防雪、隔晒，并保证不少于正常施工的10d用量。

第三节　工艺流程与机械配置

一、工艺流程

混凝土路面施工应按照施工工艺流程图精心组织，循序进行，以确保施工质量。滑模摊铺机和轨道摊铺机的施工工艺类似，具体流程如图21-1所示。其中，摊铺过程滑模机和轨道的施工些差异，详见后面的相关叙述。

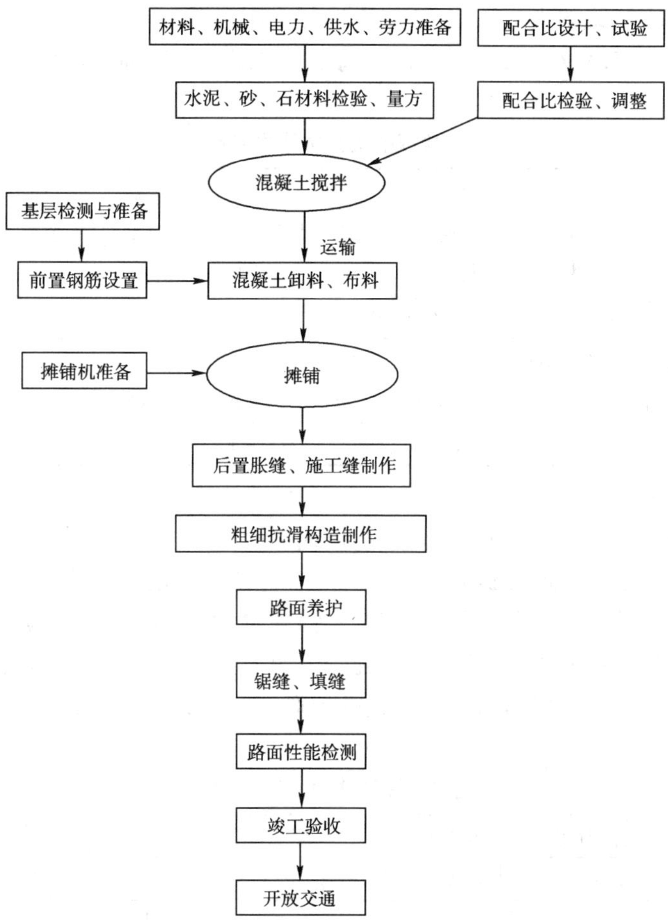

图21-1　滑模摊铺机和轨道摊铺机施工工艺流程图

二、机械配置

各个施工工序可以采用不同类型的机械，而不同类型的机械具有不同的工艺要求和生产率。因此,为提高摊铺效率,应考虑施工机械的选型和合理配套。

施工机械的合理配套主要指拌和、运输和摊铺之间机械的合理配套。影响水泥混凝土路面质量和使用性能的施工工序主要是混凝土的拌和与摊铺。在机械选型时,应先确定混凝土拌和与摊铺等主导机械,再选配配套机械。考虑施工质量和进度的要求,结合施工单位的技术人员素质、管理水平和购买能力等实际情况,选择具有足够工作能力、机械可靠性和效率高以及经济合理的机型。在保证最大限度发挥主导机械效率的前提下,尽量统一配套机械的机型,并减少其数量。

1. 摊铺机

(1)滑模摊铺机

目前,我国滑模摊铺系统有两种类型:一种是主要工作由机械完成,利用小型机具和人工做辅助工作的轻型机械配置方式。该方式设备投资较少,施工速度较慢,平均为 4 500m^2/d。另一种是全部工作由机械完成的重型机械配置方式。该方式设备投资较大,施工速度快,最高达 8 000m^2/d,而且施工质量高、稳定性好。

高速公路和一级公路的主车道施工时,应选配一次能同时摊铺 2~3 个车道宽度的大型或特大型滑模摊铺机。二级及二级以下公路可选用中型或大型摊铺机。滑模摊铺机的选择可参见表 21-2。

滑模摊铺机基本技术参数 表 21-2

型号	发动机功率(kW)	摊铺宽度(m)	摊铺厚度(cm)	摊铺速度(m/min)	空驶速度(m/min)	行走速度(m/min)	履带数(个)	整机质量(t)
特大型三车道滑模摊铺机	200~300	12.5~16.0	0~50	0~3	0~5	0~15	4	57~135
大型双车道滑模摊铺机	150~200	3.6~9.7	0~50	0~3	0~5	0~18	2~4	22~50
中型多功能单车道滑模摊铺机	70~150	2.5~6.0	0~40	0~3	0~9	0~15	2、3、4	12~27
小型路缘石滑模摊铺机	≤80	<2.5	<45	0~5	0~9	0~10	2、3	≤10

(2)轨道摊铺机

轨道摊铺机有刮板式、箱式和螺旋式。刮板式摊铺机是利用刮板的旋转和移动,将混凝土拌和物向任意方向摊铺。该摊铺机质量轻,易操作,摊铺能力较小。箱式摊铺机是在机械前进时通过料箱的横向移动,并利用箱子的底端按松铺厚度刮平混凝土。螺旋式摊铺机是利用正反方向旋转的螺旋杆摊铺混凝土,并利用螺旋杆后面的刮板调整摊铺的高度。

轨道摊铺机的选型应根据路面车道数或设计宽度按表 21-3 的技术参数选择,最小摊铺宽度不得小于单车道 3.75m。

轨道摊铺机基本技术参数 表 21-3

项目	最大摊铺宽度(m)	摊铺厚度(mm)	摊铺速度(m/min)	功率(kW)	质量(t)
三车道轨道摊铺机	11.75~18.3	250~600	1~3	33~45	13~38
双车道轨道摊铺机	7.5~9.0	250~600	1~3	15~33	7~13
单车道轨道摊铺机	3.5~4.5	250~450	1~4	8~22	≤7

2. 布料设备

滑模摊铺素混凝土路面时,可配备挖掘机或装载机辅助布料。滑模摊铺支架法设置传力杆的路面、钢筋混凝土路面、桥面和桥头搭板时,可再增加侧向上料的布料机或选择带有侧向上料机构的滑模摊铺机。

轨道摊铺机的布料机构有刮板式和箱式。刮板式布料机操作简单、机动灵活、布料速度快，但容易产生非压实性密实度不均匀现象。箱式布料机操作简单、布料均匀，并可消除非压实性密实度不均匀现象，但结构比较笨重，不够灵活。

3. 抗滑构造制作设备

在路面硬化前，可利用人工或机械在路面表面拖拉麻袋、塑料刷或钢丝刷形成纹理。工程规模大、日摊铺速度快时，应采用拉毛养生机，以提高质量和效率。在路面硬化后，可采用刻槽机制作纹理，其配备的数量和生产能力应满足摊铺进度要求。

滑模摊铺系统和轨道摊铺系统的机械配套见表21-4。

摊铺系统的机械选用 表21-4

工序	可选用机械	
	滑模摊铺	轨道摊铺
测量放样	水准仪、经纬仪、全站仪	
	基准线、线桩和紧线器	
搅　拌	强制式搅拌楼、装载机、发电机、供水泵和蓄水池	
运　输	自卸车汽车、混凝土运输车	
摊　铺	布料机、挖掘机、吊车等布料设备	布料机、修光机
	整平梁、振捣棒	
抗滑构造	拉毛机、人工拉毛齿耙、工作桥、硬刻槽机	
切缝、灌缝	锯缝机、灌缝机、插胶条工具、移动发电机	
养　生	压力式喷洒机、喷雾器、工地运输车、洒水车	

第四节　混凝土拌和与运输

混凝土面层摊铺时，可由搅拌厂提供商品混凝土或现场搅拌站即时拌和混凝土。商品混凝土一般由正规混凝土搅拌厂生产，其专业化程度高、设备齐全、原材料规格齐备，所供应的混凝土质量及其稳定性和均匀性都较好。有条件的工程可优先选用商品混凝土，但一般公路的施工现场处于野外，距搅拌厂较远且商品混凝土价格较贵。为了保证混凝土拌和物的工作性和降低工程造价，一般要在工程适宜地点设置现场搅拌站。

一、拌和设备

混凝土拌和设备主要有搅拌楼，自动供料、计量、称量设备，砂石料含水率反馈控制装置，计算机自动配料操作系统和外加剂加入装置。此外，还有砂石料仓、外加剂池、粉煤灰罐仓和推土机或装载机配套设施，如使用散装水泥应配备水泥罐仓，使用袋装水泥时应配备拆包和输送设备。

混凝土搅拌楼应以强制双卧轴或强制行星立轴机型为主，并优先选择搅拌精度高、弃料少的间歇式搅拌楼，也可使用连续式搅拌楼。使用连续式搅拌楼时，为了保证拌和物匀质性和熟化程度，应配备两个搅拌锅或一个长度足以搅拌均匀的搅拌锅。此外，为保证安全，应在搅拌锅上配备电视监控设备。

搅拌楼的混凝土总拌和能力可按式(21-1)计算,并按总拌和能力确定所要求的拌和楼数量和型号。

$$M = 60kbhv_t \tag{21-1}$$

式中:M——搅拌楼总拌和能力,m^3/h;

b——摊铺宽度,m;

v_t——摊铺速度,m/min;

h——面板厚度,m;

k——搅拌楼可靠性系数,为1.2~1.5,与搅拌楼总体可靠性和拌和物种类有关。当总体可靠性低,或拌和钢纤维混凝土和碾压混凝土,或摊铺要求较低坍落度的普通混凝土时,取高值;否则,取低值。

搅拌楼最小理论配套生产容量根据公路等级和路面摊铺方式确定,见表21-5、一般可配备2~3台搅拌楼,最多不宜超过4台。

搅拌楼最小理论配套容量(m^3/h)　　表21-5

摊铺宽度(m)	摊铺方式	
	滑模摊铺	轨道摊铺
单车道3.75~4.5	≥100	≥75
双车道7.4~9	≥200	≥150
整幅宽≥11.25	≥300	≥200

二、拌和技术要求

1. 配料精度

搅拌楼投入生产前,必须通过法定计量部门标定,并试拌正常。当有效期满或重新安装时,应重新标定。搅拌楼工作时,应使用自动称量配料装置,不得使用人工配料生产,且每15d应校检一次搅拌楼计量精度。搅拌楼配料计量偏差不得超过表21-6的规定。

搅拌楼的混凝土拌和计量允许偏差(%)　　表21-6

材料名称	水泥	掺和料	钢纤维	砂	粗集料	水	外加剂
高速公路、一级公路每盘	±1	±1	±2	±2	±2	±1	±1
高速公路、一级公路累计每车	±1	±1	±1	±2	±2	±1	±1
其他公路	±2	±2	±2	±3	±3	±2	±2

2. 拌和时间

根据拌和物的黏聚性、均质性和强度稳定性,并通过搅拌楼试拌后确定拌和时间,见表21-7。

拌和时间(s)　　表21-7

机型 / 拌和时间	间歇式			连续式
	单立轴式	行星立轴式	双卧轴式	双卧轴式
总拌和时间	80~120	60~90		≤30
纯拌和时间	≥35	≥30		≥40

注:纯拌和时间指原材料都到齐后的拌和时间。

3. 外加剂和掺和料

外加剂应稀释后加入搅拌锅,并从总加水量中扣除稀释用水和溶液中的含水量。加入搅拌锅时,应使其充分溶解,不应分层富集。间歇式搅拌楼是按施工配合比确定的掺量和每盘水泥用量计算外加剂溶液浓度,连续式搅拌楼则按流量比例控制。

外加剂溶液应在使用前一天配制。搅拌时,应连续搅拌并保持均匀。加入外加剂的拌和物的纯拌和时间应比不掺外加剂的延长 5 ~ 10s。掺加引气剂时,一次拌和量不应大于其额定搅拌量的 90%。纯拌和时间应保证含气量最大或较大。

掺加粉煤灰或其他掺和料时,应按水泥的输送和计量方式加入搅拌锅。当同时掺加粉煤灰和引气剂时,应通过试验确定引气剂掺量。掺粉煤灰混凝土的纯拌和时间应比不掺的延长 10 ~ 15s。

4. 其他混凝土

拌和钢纤维混凝土时,一次拌和量不宜超过其额定搅拌量的 80%,且应采用合理的投料方法和顺序以保证钢纤维均匀分散在混凝土中,避免拌和物出现钢纤维“结团”现象。一般采用将钢纤维、水泥和砂石干拌后再加水湿拌的方法,也可利用钢纤维分散机在正常拌和过程中掺加钢纤维。通过现场试拌试验确定拌和时间,一般较普通水泥混凝土延长 20 ~ 30s。采用先干拌后湿拌方法的干拌时间不应小于 1min。

碾压混凝土的稠度对砂石料的含水率非常敏感。应切实做好砂石料的防雨覆盖,且至少应保证 20d 的用量,同时不得在任何雨天拌和,否则拌和好的混凝土会过软,甚至不能摊铺和碾压。所以,在拌和时应严格控制砂石料的含水量和加水率,最短纯拌和时间应比普通混凝土延长 15 ~ 20s。

三、运输车辆

考虑保证混凝土的工作性和缩短运输时间,一般选择 5 ~ 20t 自卸车和混凝土输送车。

自卸车用于中短距离运输普通混凝土、钢纤维混凝土和碾压混凝土。车箱要求平整光滑,密封性较好,运输过程中不漏浆撒料,卸料时抬升角度大于 45°。从开始拌和到浇筑,自卸车运输的时间不应超过 1h,否则应掺加缓凝剂。

混凝土运输车可用于水泥混凝土的远距离运输,运送钢筋混凝土路面用混凝土,也可运输坍落度大于 5cm 的普通混凝土。

机械摊铺系统配套的运输车辆可按式(21-2)计算:

$$N = \sum_{i=1}^{n} 2(1 + SR_c m_i / v_q g_q) \tag{21-2}$$

式中:N——汽车辆数,辆;

n——搅拌楼台数:

S——单程运输距离,km;

R_c——混凝土密度,t/m^3;

m_i——第 i 台搅拌楼生产能力,m^3/h;

v_q——车辆的平均运输速度,km/h;

g_q——汽车载重能力,t/辆。

四、运输技术要求

(1)运输车辆的车型和数量应根据施工进度、工程数量、运输距离和路况等确定。总运输能力应比总拌和能力略有富余,以确保混凝土拌和物在运输规定时间内运到摊铺现场,具体规定见表21-8。

混凝土拌和物运输、铺筑时间 表21-8

运输、摊铺时间(h)	施工气温(℃)			
	5～9	10～19	20～29	30～35
运输允许最长时间	2.0	1.5	1.0	0.75
铺筑完毕允许最长时间	2.5	2.0	1.5	1.25

注:施工气温是指施工期间的日间平均气温,使用缓凝剂时,各数值可增加0.25～0.5h。

钢纤维混凝土拌和物的运输和摊铺时间同普通混凝土。碾压混凝土拌和物的运输时间不应超过30min,并在拌和后2h内压实完毕。当混凝土拌和物不满足规定的运输和铺筑完毕时间要求时,应加入缓凝剂或保塑剂等外加剂,其掺加量通过试验确定。

(2)自卸车装料前应将车箱打扫干净,并用水湿润,但不得积水。搅拌楼卸料落差不得超过2m。装料时,每装一盘料后,应挪动一下车位。混凝土输送车装料前也应加水湿润,并将水排除干净。装料时,应转动入料。

(3)运输中要防止漏浆漏料,减少颠簸,防止拌和物离析。在高温、大风、雨天、低温施工时应遮盖车上混凝土。对于碾压混凝土,则在任何情况下均必须遮盖。

自卸车的最远运输半径为20km。超过20km时,应采用混凝土输送车运输。不论任何方式运输碾压混凝土,最远运输半径均控制为10km。

(4)应配备专人指挥车辆倒车和卸料,协调各个车辆,使其快速、安全地完成卸料。

第五节 滑模摊铺机施工

一、基准线设置

设置基准线是为滑模摊铺机建立一个高程、纵横坡、板厚、板宽、摊铺中线、弯道及连续平整度等基本几何位置的基准参照系。基准线为摊铺机上的4个水平传感器和2个方向传感器提供一个精确的、与路面平行的水平和竖向参考系,以确定摊铺路面的方向、平面、高程、横坡、板厚、弯道等。因此,基准线的测设精度在很大程度上决定路面几何精度和平整度。

基准设置方式有基准线、滑鞋、方铝管和多轮支架等。我国规范目前对基层的平整度要求为不大于8mm,远大于面层的3mm的要求。因此,为保证混凝土面层的平整度,宜采用基准线方式,不采用其他简易基准设置方式。

基准线有单向坡双线式、单向坡单线式和双向坡双线式三种。

单向坡双线式基准线位于摊铺机两侧,所摊铺的混凝土面层板横向坡度为单向坡。两根基准线间的垂直横坡与路面相同,在平面上相互平行,并保持板宽一致。计算纵横坡和弯道渐变段等路段的横坡时应重点计算基准线支距,以保证其对应点的高程与路面保持一致。这种设置方式施工简单、使用效果较好,广泛应用于我国高速公路和一级公路的混凝土路面施工。

单向坡单线式基准线位于摊铺机一侧,已铺筑好的一侧不设基准线,所摊铺的混凝土面层板横向坡度为单向坡。必须在另一侧具备适宜的基准,路面横向连接摊铺,其横坡应与已铺路面一致。这种形式在路面多次摊铺的情况下,于后次横向连接摊铺时采用。这时,修筑好的路面、边沟或缘石可作为摊铺机的不设基准线一侧的平面参考系。

双向坡双线式的两根基准线位于摊铺机两侧,在直线段平行且间距相等,路拱靠滑模摊铺机自动铺成。对于采用双向横坡的渐变段和弯道上的变坡和超高,基准线仅提供摊铺基准位置或路面两边缘的几何基准,其路拱也由摊铺机自动铺成。在采用单向横坡的渐变段和弯道上,滑模摊铺机的挤压底板不需要设置路拱的平面,只需跟线,并在施工中保证基准线准确,即能保证路面的几何尺寸的精度。

基准线器具包括基准线、线桩和安装器具。基准线是 3 ~ 5mm 的钢绞线,总长不小于 3 000m。一套基准线桩具包括一根直径 12mm,高度为 120cm 的圆钢筋,一个架臂扣和夹线臂,总数不得少于 300 套。基准线安装器具包括固定扳手、大锤、水准仪或全站仪、水准尺、钢卷尺等。

基准线设置应满足下述技术要求:

(1)基准线横向宽度:为摊铺宽度加上与两侧各为 65 ~ 100cm 的横向支距之和。

(2)基准线桩纵向最大间距:平直线段为 10m,平圆曲线段视半径大小为 5 ~ 7m;在小半径或山区极小半径回头曲线段上,内侧为 2.5 ~ 5m,外侧为 3.5 ~ 7m;平面缓和曲线段和竖曲线段为 5 ~ 10m。

(3)基准线桩:应牢固固定在基层上,基层顶面到夹线臂的高度宜为 45 ~ 75cm,夹线臂夹口到基准线桩的水平距离宜为 30cm。

(4)基准线长度:一根基准线的最大长度为 450m,续接时,应通过同一个过渡桩的夹线臂口平顺连接。

(5)基准线张紧度:基准线上拉力不小于 1 000N,即张紧后基准线上的垂度不大于 1.0mm。

(6)基准线精度:基准线设置精度应符合表 21-9 的规定。

滑模摊铺混凝土路面基准线设置精度要求 表 21-9

项目		规定值	最大允许偏差
中线平面偏位(mm)		10	20
路面宽度偏差(mm)		15	20
面板厚度偏差(mm)	代表值	-3	-5
	极值	-8	-10
纵断高程偏差(mm)		±5	±10
横坡偏差(%)		±0.10	±0.15
左右幅连接纵缝高差(mm)		±1.5	±2

(7)基准线维护:设置基准线后,严禁扰动、碰撞和振动,多风季节施工时,应缩小基准线桩的纵向间距,当风力达到 5 ~6 级或以上时,应停止施工。

二、摊铺准备

摊铺前,应对施工现场准备工作进行检查,确保摊铺一次成型。检查的主要内容有:

(1)基层:检查基层的强度和平整度,保持其表面清洁且湿润。

(2)板厚控制:垂直于基准线测定断面板厚。单车道一个横断面测 3 点、双车道测 5 点,其平均值为该断面平均板厚。断面平均板厚不应比设计板厚薄 5mm 以上,且单点极小值不应比设计板厚薄 10mm 以上。每 200m10 个断面的均值为该路段平均板厚,路段平均板厚不应小于设计板厚。

(3)横向连接摊铺检查:检查的主要内容和要求有前次摊铺路面纵缝的溜肩胀宽部位应切割顺直;侧边拉杆应校正扳直,缺少拉杆时应钻孔锚固植入;纵向施工缝的上半部缝壁应涂满沥青。

(4)施工人员和施工机具:确认所有施工人员到位,所需施工机具齐备且试运作正常。

三、滑模摊铺机摊铺

1. 滑模摊铺机检查

滑模摊铺机所有工作部件应进行初步设定,并通过试铺调整后固定。正式摊铺时根据实际情况变化进行微调。滑模摊铺机初步设定的项目主要有:

(1)振捣棒下缘位置应在挤压板最低点以上,横向间距不大于45cm;两侧最边缘振捣棒与摊铺边缘距离不大于25cm。

(2)挤压底板前倾角设置为3°左右。提浆夯板位置在挤压底板前缘以下5~10mm。无需设前仰角的滑模摊铺机可将挤压底板前后调成水平。

(3)设超铺角的滑模摊铺机两边缘超铺高程,根据拌和物的稠度在3~8mm间调整。带振动搓平梁的滑模摊铺机,应将搓平梁前沿调整到与挤压板后沿高程相同,搓平梁的后沿比挤压底板后沿低1~2mm,并与路面高程一致。

首次摊铺前,应校准摊铺位置,即在直线路段,校准滑模摊铺机挤压底板四角点高程和侧模前进方向。具体做法如下:将滑模摊铺机开进设好的桩位或线位,调整水平传感器立柱高度,使挤压底板恰好落在精确测量设置好的木桩或基准线上,同时调整滑模摊铺机前后左右的水平度,令滑模摊铺机挂线自动行走,再返回校核1~2遍,以确保正确无误。

开始摊铺的前5m内,必须对所摊铺出的路面高程、边缘厚度、中线、横坡坡度等技术参数进行复核测量,并在10m内完成起步—调整—正常摊铺。正常摊铺时,滑模摊铺机各项工作参数设置应固定。如果第二天连接摊铺,应先检查滑模摊铺机挤压底板4个角点的位置,再将滑模摊铺机后退到前一天做了侧向收口工作缝的路面内,使挤压底板前缘对齐工作缝端部,然后开始摊铺。

2. 摊铺过程

滑模式摊铺机的摊铺过程如图21-2所示。首先,由螺旋摊铺器1把堆积在基层上的水泥混凝土拌和物横向铺开,刮平器2进行初步刮平;然后,由振捣器3进行振捣密实,刮平器4进行振捣后整平,以形成密实、平整的表面,搓动式振捣板5对混凝土面层进行振实和整平;最后用光面带6对面层进行光面。

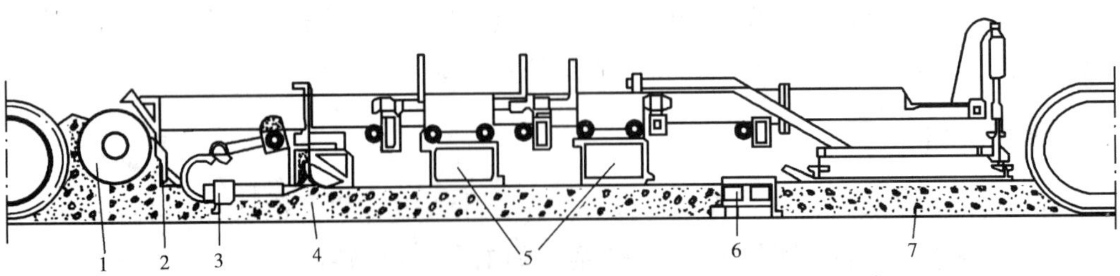

图21-2　滑模摊铺机摊铺过程示意图

1-螺旋摊铺机;2-刮平器;3-振捣器;4-刮平板;5-搓动式振捣板;6-光带面;7-混凝土面层

(1)卸料和布料

施工现场应配备专人指挥车辆均匀卸料。为减少滑模摊铺机的推进负荷,机前的最高料位不得高于机前松方控制板顶面，料位的正常高度应在螺旋布料器叶片最高点以下。机前缺料或料位过高时，应采用装载机或挖掘机适当布料和送料，并协调供料与摊铺速度。

滑模摊铺机自带的布料器有螺旋布料器和刮板布料器两种。刮板布料器的布料效率高，摊铺阻力小，刮板磨损小且便于更换，但不能对拌和物进行二次机前搅拌，容易造成拌和物离析和两侧分布不均匀。螺旋布料器具有优良的机前二次搅拌效果，拌和物离析小且两侧分布均匀，布料效率高，但摊铺阻力大，螺旋磨损大且更换麻烦。摊铺宽度较窄的单车道路面时，可采用单根形式的螺旋布料器，能较好地将卸偏的拌和物从一侧摊到另一侧。摊铺双车道大宽度路面时，可采用独立控制的两根螺旋布料器。卸料时，应注意要保证两侧边角的料充足。布料时，应连续不断地左右旋转，以充分、均匀搅拌拌和物。

采用预制钢筋支架施工接缝时，应先将摊铺机前的料卸足，再固定传力杆支架，接着卸料，并压住钢筋支架。支架下部的混凝土采用手持振捣棒振捣密实，之后进行滑模摊铺。

摊铺过程中，根据振捣仓内的料位高度来控制松方高度控制板或进料门，开始应高于振捣棒15cm左右，以保证进料。正常料位高度以保持振捣仓内砂浆料位高于振捣棒10cm左右为佳，料位高度上下波动幅度不超过4cm，以利于振捣仓内拌和物气泡受振捣而彻底排放。仓内有螺旋的摊铺机，正常料位高度应保持在螺旋杆中轴位置。

(2)摊铺速度与频率

摊铺过程中，应根据拌和物的稠度，调整摊铺机的行进速度和振捣频率，以控制路面的密实度。摊铺速度应根据拌和物稠度、供料量和设备性能控制在0.5～3.0m/min，一般采用1m/min左右。根据拌和物的稠度大小，调整振捣频率为6 000～11 000r/min，一般采用9 000r/min左右。当拌和物变稀时，应先适当降低振捣频率，然后加快摊铺速度。其摊铺速度不得超过3.0m/min，振捣频率不得小于6 000r/min；当拌和物偏干时，则反之。

摊铺时，应保持滑模摊铺机均匀、连续不间断地作业。不允许料多时加快速度，缺料时则随意停机等待。停机次数越多，摊铺机挤压底板静止压力造成横向槽越多，平整度则越差。

(3)振捣棒和夯实杆

摊铺过程中，应经常检查振捣棒的工作情况，以控制密实度和避免产生麻面、拉裂等现象。振捣棒位置过深，则摊铺后的路面将留有发亮的砂浆条带。在大风气候下，该砂浆条带容易导致产生规律性的纵向塑性收缩裂缝。因此，正确的振捣棒位置为其底缘在挤压底板的后缘高度以上，在不出现塑性收缩裂缝的前提下，也允许使用挤压底板中位以上的振捣位置。摊铺设有胀缝和钢筋网的路面板时，必须提高振捣棒位置，使其最低位置在挤压底板的后缘高度以上，避免推移胀缝板和钢筋网。

为夯实粗集料和提取一定水泥浆厚度以制作路面抗滑构造，有的摊铺机在振捣仓后部、挤压底板前方配备夯实杆(也称捣实杆)。夯实杆设在挤压底板前沿以下5～10mm，如低于5mm，将不能提取足够水泥浆厚度制作抗滑构造；如高于10mm，则会增大滑模摊铺机行进阻力和夯实杆自身阻力，会使夯实杆断裂。

(4)挤压底板

挤压底板的作用是将振捣提浆后的混凝土挤压得更加密实，同时，挤压拖抹出混凝土路面的标准断面、光滑的外观和良好的纵横向平整度。

挤压底板前仰角与摊铺机自重共同作用形成对混凝土的挤压力，以增加混凝土路面的密实度。该挤压力应适当，如挤压力过大，则阻力过大，摊铺机有可能被混凝土顶起，影响正常摊铺；如挤压力过小，则密实度不够。一般来说，根据摊铺机的质量、型号以及拌和物稠度，挤压底板前仰角在2°～5°间变化。

德国Wirtgen公司生产的滑模摊铺机不设前仰角，而通过底板前部固定的较大圆弧保证底板下多进拌和物而挤压密实。这种挤压效果大约相当于挤压底板前仰角为1°～2°的挤压力。路面的密实度主要依靠提高振捣棒的振动烈度和加速度，一般是设前仰角滑模摊铺机的2～3倍。密实度受摊铺机的自重影响不大，因此摊铺的路面密实度差异较小、强度均匀。

(5)超铺角

混凝土拌和物一般具有2～5cm的坍落度，路面摊铺后失去模板支撑，路面高程会降低。为此，摊铺机上设置超铺角，以多铺一定的拌和物来保证摊铺出的断面几何形状满足要求。超铺角设置从进料门开始，增大两边角的进料高度和数量，并令挤压底板两侧模板翘起合适的高度和向内侧倾斜一定角度，构成一定超铺量。路面脱模后，自动坍落成90°边沿，保证路面两边横向平整度。Wirtgen滑模摊铺机不设超铺角，而采用加长侧模板的方式试图解决边侧塌落问题，其侧模板一直延长到抹平板的后部。

不论何种摊铺机，拌和物的坍落度都不宜过小，在3cm左右比较适宜。过小的坍落度会造成横向拉裂，且拉裂的深度可能超过面板的一半厚度，而形成施工期间断板现象。

(6)拉杆设置

摊铺单车道路面时，应根据路面设计要求配置一侧或双侧纵缝拉杆插入机械装置。侧向拉杆装置的正确插入位置应在挤压底板的中下或偏后部。同时摊铺2个或2个以上车道时，还应在纵缝位置中间配置1个或1个以上中间拉杆自动插入装置。该装置有前插式和后插式两种配置。中间拉杆后插式装置适用带有振动搓平梁或修复插入缺陷振动装置的摊铺机，其他摊铺机可用中间拉杆前插式装置。

摊铺结束后，应将滑模摊铺机驶离工作面，将传感器从基准线上脱开，清理滑模摊铺机上的混凝土，并进行加润滑油、加水等保养措施。同时，在路面设置横向施工缝，切缝部位应满足平整度、高程和横坡要求，以便第二天继续施工。

四、特殊路段施工

滑模摊铺机满负荷铺筑的路面最大上坡纵坡为5%，最大下坡纵坡为6%。铺筑较大上坡路面时，挤压底板前仰角应适当调小，并适当调轻抹平板压力；铺筑较大下坡路面时，前仰角应适当调大，并适当调大抹平板压力。抹平板合适的压力为板底不小于3/4长度接触路表面。

滑模摊铺机可施工的最小弯道半径为50m，最大超高横坡为7%。摊铺单向横坡时，可跟线摊铺，随时观察并调整抹平板内外侧的抹面距离，防止压垮边缘。摊铺中央路拱时，可输入控制参数，自动控制生成路拱；也可根据生成的几何位置，手工调节形成设计路拱。

在摊铺平面交叉口、收费站广场或匝道变宽段路面时，如摊铺宽度小于滑模摊铺机固定宽度，可采用滑模摊铺机跨一侧或两侧模板施工方式。模板顶面应粘贴橡胶垫，其高程应低于路面高程3mm。滑模摊铺机的振捣仓在模板上部应设置隔板，施工时应关闭隔板外侧的振捣棒。

摊铺路缘石时，可采用小型专用滑模摊铺机，也可在边缘安装路缘石模具。利用中小型滑模摊铺机可整体一次摊铺路面及路缘石，并可采用悬臂式连体摊铺硬路肩及路缘石，最大可悬臂摊铺的路肩宽度为2.75m。路缘石模具必须在垂直和平面上设置3°左右的挤压喇叭口，保证挤压成型。施工路缘石应配备与其形状相同的抹面工具，局部料稀坍落部位，待混凝土稍硬后进行适当修整。在路肩泄水槽部位，应趁软挖掉路缘石，并抹成与泄水槽相接的平面喇叭口。

五、特殊气候条件下施工

水泥混凝土路面施工质量受环境因素影响较大，在高温、低温、雨季和刮风天施工时，应根据各自的气候特点，采取相关措施，以确保施工质量。

1. 高温季节施工

夏季高温时，混凝土拌和物的坍落度损失较大。拌和物过干过硬均会影响振捣密实，且易造成麻面、拉裂现象。当现场温度超过30℃时，应选择在早晨、傍晚或夜间施工，尽可能避免中午施工。否则，应采取设遮阳篷遮盖砂石料，抽取地下冷水拌和，加缓凝剂、保塑剂或适当加大外加剂剂量等技术措施，同时进行合理施工组织，减少因施工调度延误、材料短缺、机械故障等因素对摊铺工作的影响。施工中应随时测气温，水泥、拌和用水、拌和物及路面的温度和混凝土水化热，确保拌和物的温度不超过35℃。

2. 低温季节施工

冬季低温施工时，应采用早强型水泥、高强度等级的水泥或不掺粉煤灰等措施，并随时测量气温、水泥、拌和用水、拌和物及路面温度。

最低气温达 -3℃时，应采用路面保温覆盖措施；最低气温达 -10℃时，应同时采用保温覆盖和加防冻剂措施。对于钢筋混凝土路面和桥面混凝土，不宜使用氯盐类和(亚)硝酸盐类防冻剂；确有需要使用时，应同时使用阻锈剂。

搅拌机出料温度不得低于10℃，摊铺混凝土温度不得低于5℃。养生期间，应始终保持混凝土面层板温度在5~10℃之间。保温覆盖养生应先撒养生剂，加盖塑料薄膜保湿，再盖保温材料保温。保温养生不得少于21d。

3. 雨季施工

雨季施工时，应准备足够的防雨篷或塑料薄膜，以便在下雨时遮盖刚铺好的路面。当降雨影响路表面质量时应停止施工。被降雨轻微冲刷，平整度和细观抗滑构造满足要求的路面，宏观抗滑构造应通过硬刻槽恢复；被降雨严重冲刷而严重劣化平整度的路面，应尽早铲除重铺。

4. 刮风天施工

在日照较强、空气干燥的春秋多风季节或山区、沿海经常刮风地区，应采取及时喷养生剂、用塑料薄膜覆盖以及采用保证平整度的机械抹面等措施，防止摊铺后的路面因水分过快蒸发而发生塑性收缩开裂。

六、施工其他问题

滑模摊铺机摊铺路面时，常见的问题是塌边、麻面和拉裂现象。

(1)塌边的主要形式有边缘出现塌落、边缘倒塌、松散无边等。

边缘塌落会影响路面平整度和横坡，其主要原因是模板边缘调整角度不合适和摊铺速度过慢。对此，可通过调整一定的预抛高，使坍落定型时正好符合实际的边缘要求，也可调整摊铺速度来减少甚至避免边缘塌落。

造成边缘倒塌和松散无边的主要原因有拌和物本身和布料。拌和物中坍落度大或在拌和、运输过程中严重离析会形成倒边；布料器布料时会将拌和物的稀浆分到两边而导致倒边。为减少边缘塌落和松散无边现象，可采取的措施有减小拌和物的坍落度，避免在拌和和运输过程中产生离析；布料时适当调整边侧振动器的振动频率及人工粗布料等。

(2)麻面主要是因为拌和物的坍落度过低和拌和不均匀造成的。严格控制混凝土的坍落度和拌和设备的计量装置精度可显著减少或消除麻面现象。

(3)拉裂产生的原因主要有拌和物过干硬、摊铺速度过快、振捣频率不够以及摊铺机挤压底板的前仰角过大。针对相关影响因素,采取对应措施来较少或消除拉裂现象。

第六节　轨道摊铺机施工

一、轨道模板架设

轨道摊铺机在轨道上移动推进,并以轨道为基准控制路面尺寸和高程。因此轨道模板不仅是铺筑设备作业和拌和物所依托的支撑条件,而且是摊铺的几何基准,对摊铺路面的几何尺寸、平整度及其稳定性等指标有关键意义。

轨道摊铺机使用轨道与模板合一的专用轨模,其单根长度为3m,底面宽度为高度的80%以上,轨道顶面应低于模板2~4cm,轨道中心距模板内侧边缘距离为12.5cm,如图21-3所示。

轨道用螺栓和垫片固定在模板支座上,模板应使用钢钎固定在基层上。安装牢固后,应对拟摊铺路面的厚度等几何尺寸进行检验和调整,并在模板内侧涂刷脱模剂或隔离剂以方便脱模,接头处应粘贴胶带或塑料薄膜密封。

轨道模板准备的数量应根据施工进度和施工气温确定,并满足拆模周期内的周转需要,一般不少于3~5d摊铺需要。

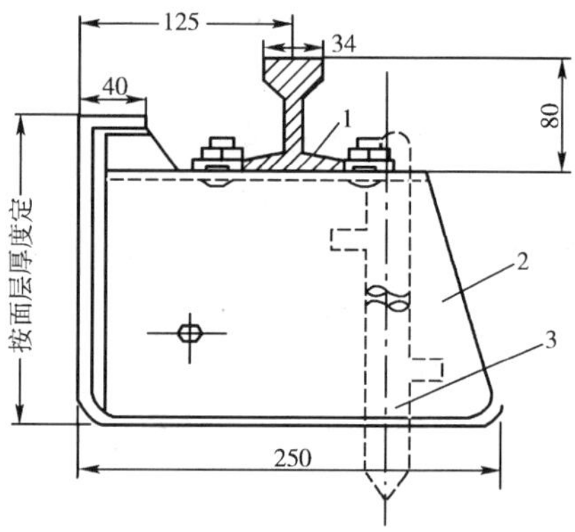

图21-3　轨道模板(尺寸单位:mm)
1-轨道;2-模板;3-钢钎

二、钢筋设置

平缝中设置拉杆时,应根据设计要求的间距,预先在模板上制作拉杆置放孔,以便在施工时插入,也可将拉杆采用门形式固定在基层上。假缝中设置拉杆时,可由拉杆置放机在施工时置入。设置传力杆时,应采用门形式固定在基层上,并确保准确和牢固。

三、摊铺过程

轨道摊铺机是通过卸料机将混凝土倾卸在基层上或料箱内,然后按摊铺厚度均匀分布在模板范围内,接着由内部振捣棒组或振捣机进行整平和振捣密实。

1. 布料

轨道摊铺机布料方式有螺旋布料器布料、刮板布料和料箱布料。布料松铺系数根据拌和物的实测坍落度控制在1.15~1.30之间,具体见表21-10。

摊　铺　系　数　　表21-10

坍落度(mm)	5	10	20	30	40	50	60
松铺系数	1.30	1.25	1.22	1.19	1.17	1.15	1.12

螺旋布料器前应保持5~10cm高的拌和物,通过螺旋正反方向旋转将其摊开,并利用安装在螺旋布料器后面的刮平板刮平。调节刮平板的升降可调整摊铺厚度。卸料时,应将拌和物卸在铺筑宽度的中间,以便向两侧均匀摊铺。

刮板布料是通过摊铺机安装可上下左右移动并旋转的刮板来摊铺混凝土。调整导轨上的支座,可变更摊铺宽度。卸料时,应将拌和物分成几小堆,以便摊开,且不易产生离析。

上述两种布料方法可使用挖掘机、装载机或人工辅助粗布料,保证摊铺时不缺料,也不应堆积过高。

料箱布料是利用摊铺机的前后移动和料箱的左右移动来布料。这种布料方式摊铺能力大、密度均匀、高程正确、故障较小,适合摊铺钢筋混凝土路面、有裸露粗集料抗滑表层的路面以及一般路面。摊铺前两者时,应分两层两次布料。下层布料完成后,将钢筋网安装好,再进行上层布料,或将下层振捣密实后再进行上层布料。下层混凝土的摊铺长度应根据钢筋网长度和混凝土凝结时间而定,一般不超过20m。卸料时,料箱的出料口关闭。卸料后,打开出料口,待拌和物堆呈"堤状",前后移动摊铺机和左右移动料箱将拌和物摊开,并按松铺厚度刮平。

2. 振捣密实

混凝土振捣可采用振捣机或内部振动式振捣机进行,其密实度和成型厚度的关键是布料的均匀和松铺系数。

振捣机主要有复平梁和弹性振捣梁两部分组成。它紧跟摊铺机后面,进行再次整平和捣实。复平梁与铺筑宽度同宽,其工作可弥补摊铺机初平的缺陷,使松铺混凝土在全宽度范围内达到正确高度,为保证振捣密度和路面平整度奠定基础。复平梁前拌和物堆壅高度不得超过15cm,超过时应人工铲除。振捣梁的底面为弧形,宽度也同摊铺宽度,振动频率在50~100Hz。通过弹性振捣梁振实后,后部混凝土应控制有2~5mm回弹高度,并且其提取水泥浆的厚度能保证整平工序正常进行。靠近轨道模板处,应用插入式振捣器补充振捣。

内部振捣可采用斜杆连续拖行及间歇垂直插入。连续拖行振捣时,将振动梁的推进速度调节在0.5~1.0m/min之间,并随坍落度的大小而增减。间歇振捣的间断距离不得大于60cm。混凝土拌和物的坍落度小于3cm时,则必须采用该方法。

3. 拆卸轨模

路面铺筑后,应拆卸轨模,间隔时间见表21-11。为保证正常连续摊铺,应至少储备3d可用的模板。

混凝土路面板的允许最早拆模时间 表21-11

昼夜平均气温(℃)	-5	0	5	10	15	20	25	≥30
硅酸盐水泥、R型水泥	240	120	60	36	34	28	24	18
道路、普通硅酸盐水泥	360	168	72	48	36	30	24	18
矿渣硅酸盐水泥	—	—	120	60	50	45	36	24

当模板长度与轨道长度不一致时,应先拆除轨道,然后拆卸模板。拆卸模板时,应先拔掉固定模板的铁楔。拆卸时不得损伤混凝土板及模板,拆卸后应及时清洗和修补。

第七节 表面修整与抗滑构造制作

一、表面修整

滑模摊铺机通过自动抹平板装置进行路面抹面。修整过程中,应根据路面的纵坡变化调整自动抹平板的压力。对表面少量局部麻面和明显缺陷部位,应补充适量砂浆并进行机械修整。

轨道摊铺机通过表面修整机和往复式滚筒进行整平和精光。表面修整机有斜向移动和纵向移动两种。前者是通过一对与行走轴线呈 10°～13°的整平梁做相对拉动来完成修整；后者为整平梁在混凝土表面沿纵向往复移动，依靠机体前进而将混凝土板表面整平。整个表面修整应以机械修整为主，人工修整为辅。后者的修整工作主要有：

（1）采用抹面抄平器修整摊铺后表面的缺陷，但不得人工修补路面高程。

（2）对边缘出现倒边、塌边、溜肩现象时以及左右连接摊铺的纵缝处，进行适当修整。

（3）滑模摊铺机起步摊铺段或纵向施工接头，采用水准仪和直尺边抄平边修整。

二、抗滑构造制作

为提高路面的抗滑能力，保证路面行车安全，应在混凝土表面制作抗滑构造。抗滑构造要求深度均匀，不损坏构造边棱，不影响耐磨、抗冻及路面平整度。反映抗滑构造的指标——构造深度（TD），依公路等级和路段不同确定。

路面修整后、硬化之前，采用拉毛工艺制作路面微观抗滑构造。拉毛是由人工或机械在摊铺后的路面上拖挂 1～3 层叠合麻布、帆布或棉布。布片接触路面的拖行长度为 0.7～1.5m。

路面硬化前，利用拉毛机或人工拉槽方式制作宏观抗滑构造，也可以在路面硬化后采用刻槽机硬刻槽。拉毛机是紧接着摊铺机进行拉毛处理，人工拉槽应在混凝土表面泌水完毕 20～30min 内进行。硬刻槽可在摊铺完毕后 3d 开始，并在两周内完成。拉槽或硬刻槽的深度为 2～3mm，槽宽 3～5mm，槽间距 15～25mm。为降低行车噪声，可采用非等间距拉槽或刻槽。

第八节　接缝施工

一、接缝构造

水泥混凝土路面接缝分为纵向接缝和横向接缝。纵向接缝包括纵向缩缝和纵向施工缝，横向接缝包括横向缩缝、横向施工缝和横向胀缝。

1. 纵向接缝

混凝土面板的纵缝应与路中线平行，纵缝间距应根据路面总宽度、车道划分和硬路肩位置确定。

（1）纵向缩缝

当一次摊铺 2 个或 2 个以上车道宽度时，路面应设置纵向缩缝，其位置按车道宽度确定，并采用假缝拉杆型构造，具体构造见图 21-4。设置拉杆时，滑模摊铺机可配置拉杆插入装置，轨道式摊铺机可采用拉杆置放机或将门形式结构固定在基层上。

切缝深度应根据基层类型确定。采用级配碎（砾）石基层时，槽口深度应为板厚的 1/3；采用水泥稳定粒料基层和石灰粉煤灰粒料基层时，槽口深度应为板厚的 2/5。不论采用何种基层，槽口深度应不小于 7cm。切缝宽度一般为 6～8mm。

（2）纵向施工缝

当一次摊铺宽度小于路面总宽度时，设置纵向施工缝，其位置与车道线一致。一般纵向施工缝采用平缝加拉杆型构造，具体构造见图 21-5。当摊铺的面板厚度大于 25cm 时，可采用企口型纵向施工缝。

滑模机摊铺时，通过侧向拉杆插入装置插入直形杆或L形杆。L形拉杆应按拉杆长度和间距进行等拔出强度互换。在横向连接摊铺前，应先扳直L形拉杆。轨道摊铺时，应在侧模预留拉杆置放孔，并在振实过程中从预留孔中水平插入拉杆。在路面切缝前，不得碰撞和松动拉杆。如发现拉杆松动或漏放，应在横向连接摊铺路面前，钻孔重新植入拉杆。

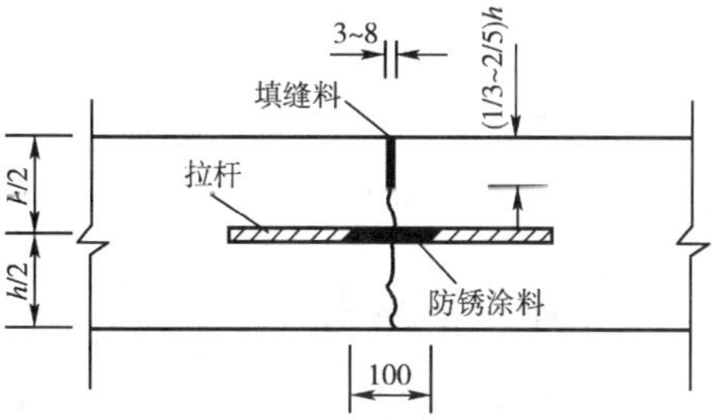

图21-4　纵向缩缝构造(尺寸单位:mm)

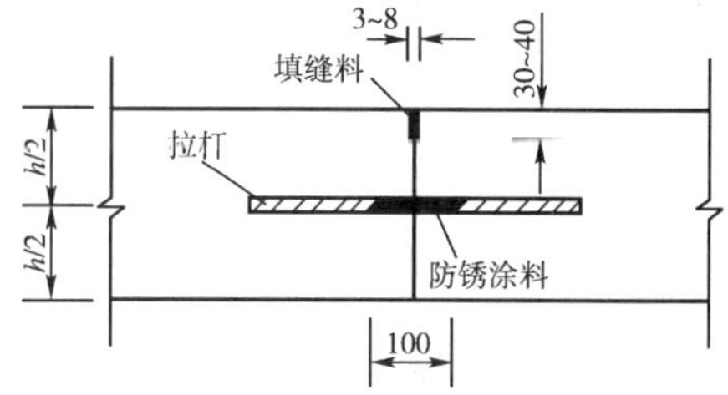

图21-5　纵向施工缝构造(尺寸单位:mm)

拉杆采用螺纹钢筋，设在板厚中央。插入拉杆时，应保证拉杆的插入位置和插入部位混凝土密实。侧向和中间拉杆打入的高低误差不大于±3cm；倾斜及前后误差不大于±4cm，并对拉杆中部100mm范围内进行防锈处理。拉杆的直径、长度和间距可参照表21-12选用。施工时，拉杆间距可按横向接缝的实际位置予以调整，最外侧的拉杆距横向接缝的距离不小于100mm。

拉杆的直径、长度和间距(mm)　　表21-12

面层板厚度(mm)	到自由边或未设拉杆纵缝的距离(m)					
	3.00	3.50	3.75	4.50	6.00	7.50
200~250	14×700×900	14×700×800	14×700×700	14×700×600	14×700×500	14×700×400
260~300	16×800×900	16×800×800	16×800×700	16×800×600	16×800×500	16×800×400

注：表内数字为直径×长度×间距。

纵向缩缝或纵向施工缝均应与路中心线平行布设。在路面等宽的路段内或路面变宽路段的等宽部分，纵缝的间距和形式应保持一致。路面变宽段的加宽部分与等宽部分之间，以纵向施工缝隔开，加宽板在变宽段起始处的宽度不应小于1m。

2. 横向接缝

横向接缝包括横向缩缝、横向施工缝及横向胀缝。

(1)横向缩缝

横向缩缝通常垂直于路中线方向等间距布置。为了控制由翘曲应力产生的裂缝，缩缝间距一般在4~6m范围内选用，基层的刚度越大，选用的间距应越短。为改善行车质量，国外也有采用变间距缩缝及倾斜于行车方向布置。其优点是车辆的两侧车轮不同时作用在横缝上，可以减少接缝不平整对行车的影响，同时也可以避免等间距布置时可能出现的车辆共振现象。

横向缩缝有假缝和设传力杆假缝两种形式，前者主要依靠混凝土断裂面处集料的相互啮合作用传递荷载；后者则依靠传力杆来增强面层板的传荷能力，以确保面层板的整体性。设传力杆的假缝，虽然增加了施工的不便，但却大大提高了接缝的传荷能力，从而减少了混凝土路面唧泥、错台等病害出现的可能性。此外，在使用后期考虑加铺沥青层时，设传力杆的接缝形式可以减薄加铺层的厚度。

对中等和轻交通的混凝土路面，可采用不设传力杆假缝型，具体构造见图21-6。特重和重交通的混凝土路面、收费站广场以及邻近胀缝、路面自由端的缩缝内，采用加传力杆的假缝型。传力杆可由滑模摊铺机的传力杆自动插入装置在摊铺时插入，也可使用钢筋加强支架前置法施工。传力杆无涂层一侧焊接，有涂层一侧绑扎，并正反交错布置，具体构造见图21-7。钢筋定位支架应有足够的刚度，准确牢固定位传力杆。在机械摊铺前，使用手持振捣棒振实传力杆高度以下的混凝土拌和物。

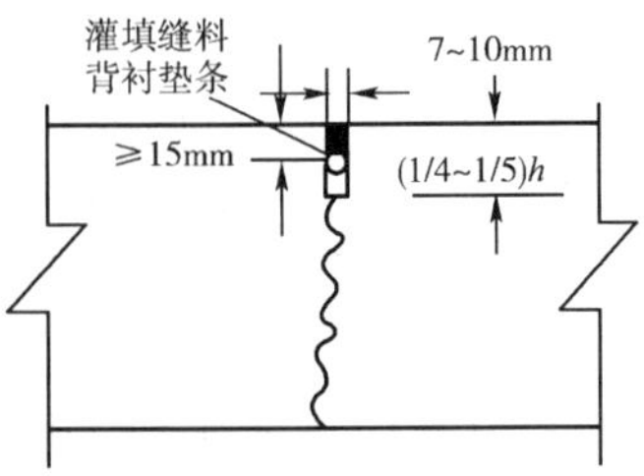

图21-6 未设传力杆假缝型横向缩缝构造

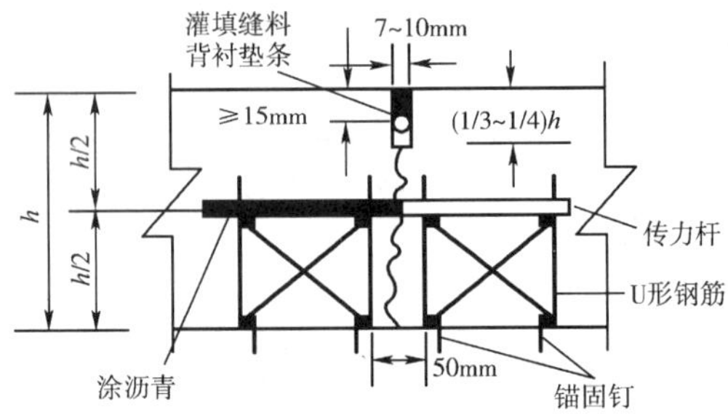

图21-7 设传力杆假缝型横向缩缝构造

(2)横向施工缝

每次连续摊铺结束或摊铺中断且中断时间超过30~40min时，应设置横向施工缝。横向施工缝宜与胀缝或缩缝重合，确有困难不能重合时，采用设螺纹传力杆的企口缝形式。横向施工缝应与路中心线垂直，在缩缝处采用平缝加传力杆型(图21-8)，在胀缝处其构造与胀缝(图21-9)相同。

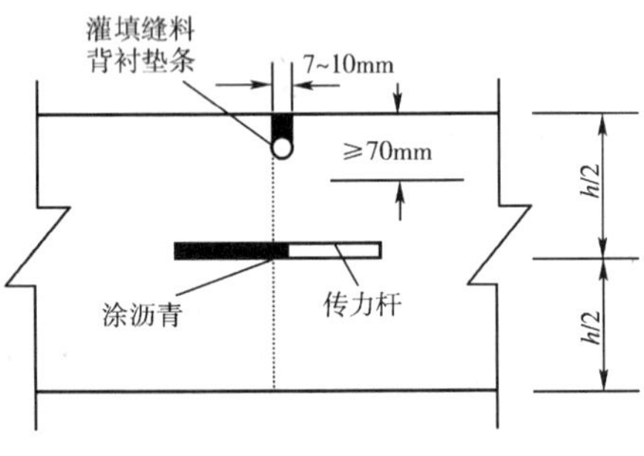

图21-8 横向施工缝构造

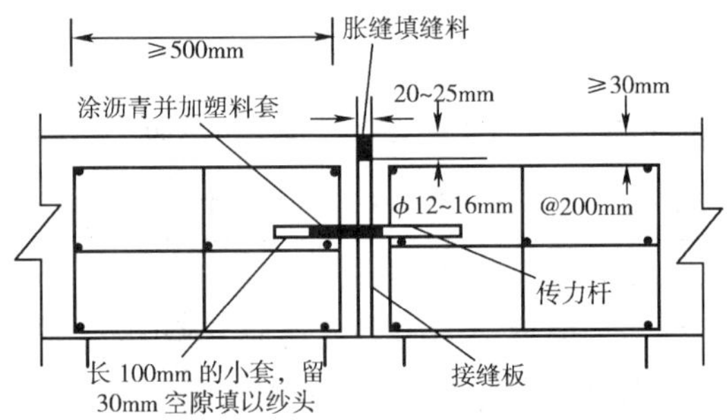

图21-9 横向胀缝构造

(3)横向胀缝

在邻近桥梁等固定构造物、道路交叉口及小半径曲线和凹形竖曲线纵坡变换路段，应根据施工季节气温和两构造物间距设置横向胀缝。高温施工时，可不设胀缝，春秋季节施工且两构造物间距大于等于500m和冬季低温施工且间距大于等于350m时，在两个构造物中间的路面上设一道胀缝。

胀缝施工时，应预先在基层上设置胀缝钢筋支架，具体构造见图21-8。传力杆一端焊接在支架上，另一端涂满沥青并置于支架上，并在两个支架之间置放胀缝板。支架和胀缝板应准确牢固地锚固在基层上。布料后，用手持振捣棒振实胀缝板两侧的混凝土。在硬化前，剔除胀缝板上部的混凝土，嵌入2cm×2cm的木条。表面修整后，取出木条，涂上黏结剂，嵌入多孔橡胶条或灌填缝料。

传力杆应采用光面钢筋，其尺寸和间距可以通过计算确定，或按表21-13选用。最外侧传力杆距纵向接缝或自由边的距离为150~250mm。

传力杆尺寸和间距(mm)　　表 21-13

面层厚度	传力杆直径	传力杆最小长度	传力杆最大间距
220	28	400	300
240	30	400	300
260	32	450	300
280	35	450	300
300	38	500	300

3. 交叉口接缝

布设交叉口的接缝时,不能将交叉口孤立出来进行,应分清道路的主次,保持主要道路的接缝位置和形式全线贯通。而后,考虑次要道路的接缝布设如何与主要道路相协调,并适当调整交叉口范围内主要道路的横缝位置。

两条道路正交时,各条道路的直道部分均保持本身纵缝的连贯,而相交路段内各条道路的横缝位置须按相交道路的纵缝间距作相应变动,以保证两条道路的纵横缝垂直相交,互不错位。两条道路斜交时,主要道路的直道部分保持本身纵缝的连贯,而相交路段内的横缝位置须按次要道路的纵缝间距作相应变动,以保证与次要道路的纵缝相连接。相交道路弯道加宽部分的接缝布置,应尽可能不出现或少出现错缝和锐角板。

为避免加宽度段终点处的板块出现锐角板,此处的板宽不宜小于 1m,即将该处的板宽增加到 1m 以上。

此外,在次要道路弯道加宽段起终点断面处的横向接缝,应采用胀缝形式。预计膨胀量大时,应在直线段连续布置 2 ~ 3 条胀缝。

二、切缝

1. 横向接缝

横向缩缝的切缝方式有全部硬切缝、软硬结合切缝和全部软切缝三种。软硬结合切缝是指每隔 1 ~ 2 条提前软切缝,其余用硬切缝补切。切缝方式的选用应根据接缝类型、施工地区温差确定。具体选择可参考表 21-14。

切　缝　方　式　　表 21-14

昼夜温差 Δt(℃)	切缝方式	缩缝切深
<10	硬切缝,最长时间不得超过 24h	硬切缝深度为 1/4 ~ 1/5 板厚
10 ~ 15	软硬结合切缝,每隔 1 ~ 2 条提前软切缝,其余用硬切缝补切	软切深度不应小于 60mm;不足者应硬切补深到 1/3 板厚,已断开的缝不补切
>15	宜全部软切缝,抗压强度约为 1 ~ 1.5MPa,人可行走。软切缝不宜超过 6h	软切缝深大于等于 6cm,未断开的接缝应硬切补深到不小于 1/4 板厚

注:Δt 为施工地区白天最高温度与夜晚最低温度的最大温差(℃)。

设传力杆的横向缩缝的切缝深度为 1/3 ~ 1/4 板厚,且不小于 70mm;无传力杆缩缝的切缝深度应为 1/4 ~ 1/5 板厚,且不小于 60mm。当混凝土面板强度达到试切不啃边时,可以采用硬切施工。完工后,最长切缝时间不得超过 24h。左右分幅横向连接摊铺的路面,在先摊铺的混凝土板沿切缝已断开部位做记号。后摊铺路面切缝时,已断开的缩缝应对齐提前软切缝。

2. 纵向接缝

高速公路和一级公路分幅摊铺的路面纵向施工缝，应全部硬切缝并填缝。二级以下公路纵向施工缝在上半部涂满沥青后，可不切缝；但二级以下公路的高边坡路段、软基路段、填挖交界路段、桥头搭板、桥面板的纵向施工缝应在上半部涂满沥青，进行切缝填缝。

对一次摊铺宽度大于或等于7.5m双车道路面的中间纵向缩缝，应采用硬切缝，切缝深度应不小于1/3～1/4板厚，最小为7cm，最迟切缝时间不得超过24h，与横向缩缝同时切缝。

3. 弯道、交叉口及匝道路面切缝

在弯道加宽与渐变段、平面交叉、匝道进出口等变宽路面上，切缝时应先划分面板宽度。划分匝道路面纵缝时，应避开轮迹位置。然后，垂直于面板的中心线切横缝。横向变宽度处的路面缩缝，允许切割成小转角的折线。在有拉杆的纵缝处，横向缩缝切口必须缝对缝。相邻板的缩缝在平面上不得错位，允许误差为±5mm。

缩缝切缝宽度宜控制在4～6mm，切缝时锯片晃度不应大于2mm。可先用薄锯片锯切到要求深度，再使用6～8mm厚锯片或叠合锯片扩宽填缝槽，填缝槽深度宜为25～30mm，宽度宜为7～10mm，如图21-10。

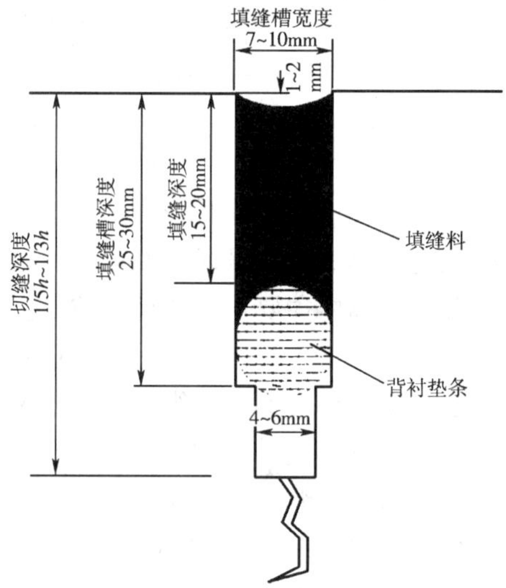

图21-10 缩缝切缝、填缝(槽)、垫条细部尺寸

三、填缝

1. 材料要求

各类接缝的槽口均需予以填封，以免杂物和水进入。接缝填封材料按使用性能分为接缝板和填缝料两类。

(1)接缝板

接缝板用于胀缝接缝内。接缝板应选用能适应混凝土板膨胀收缩、施工时不变形、复原率高且耐久性好的材料。高速和一级公路宜选用塑胶、橡胶泡沫板、沥青纤维板；其他等级公路可采用橡胶泡沫板、沥青纤维板、杉木板、杨木板、松木板、纤维板、泡沫树脂板等各种接缝板。其技术指标应符合表21-15中规定。

胀缝板的技术要求 表21-15

试验项目	胀缝板种类		
	木材类	塑料(橡胶)泡沫类	纤维类
压缩应力(MPa)	5.0～20.0	0.2～0.6	2.0～10.0
复原率(%)	≥55	≥90	≥65
挤出量(mm)	<5.5	<5.0	<3.0
弯曲荷载(N)	100～400	0～50	5～40

(2)填缝料

接缝填缝料应选用与混凝土接缝槽壁黏结力强、回弹性好、能适应混凝土板块收缩、不溶于水、不渗水、高温时不流淌、低温时不脆裂且耐老化的材料。常用的填缝料有常温施工式填缝料、热施工式填缝料、预制多孔橡胶条制品等。高速公路、一级公路应优选使用树脂类、橡胶类或改性沥青类的填缝材料及其制品，并宜在填缝料中加入耐老化剂；二级以下公路可采用各种性能符合要求的填缝材料。

①常温施工式填缝料：主要有聚（氨）酯、硅树脂类、氯丁橡胶、乳化（改性）沥青橡胶类等，技术要求见表21-16。

常温施工式填缝料技术要求 表21-16

试验项目	低弹性型	高弹性型
失黏（固化）时间（h）	6~24	3~16
弹性复原率（%）	≥75	≥90
流动度（mm）	0	0
拉伸量（-10℃）（mm）	≥15	≥25
与混凝土黏结强度（MPa）	≥0.2	≥0.4
黏结延伸率（%）	≥200	≥400

②加热施工式填缝料：主要有沥青马蹄脂类、聚氯乙烯胶泥类、改性或橡胶沥青类等，技术要求见表21-17。

加热施工式填缝料技术要求 表21-17

试验项目	低弹性型	高弹性型
针入度（0.01mm）	<50	<90
弹性或复原率（%）	≥30	≥60
流动度（mm）	<5	<2
拉伸量（-10℃）（mm）	≥10	≥15

③背衬垫条：各级公路路面使用常温和加热施工式灌注型填缝料填缝时，应使用背衬垫条控制填缝形状系数。背衬垫条应具有良好的弹性、柔韧性、不吸水、耐酸碱腐蚀和在热填缝时高温不软化等性能。背衬垫条材料有聚氨酯、橡胶或微孔泡沫塑料等，其形状应为圆柱形，直径应比接缝宽度大3~5mm，大小宜为8~10mm。

此外，尚有预制橡胶嵌缝料。用于预制橡胶嵌缝料的胶条性能应满足表21-18的技术要求。由于使用性能和施工质量存在一些问题，这种嵌缝料国内已不多用。

橡胶嵌缝条胶料技术要求 表21-18

性能		技术要求	
		I类	II类
公称硬度（邵尔）		60±5	70±5
最小拉伸强度（MPa）		12	
最小扯断伸长率（%）		250	200
最大压缩永久变形（100℃，22h后）（%）		40	
耐热老化性（100℃，72h热老化后）	硬度变化（邵尔），不大于	0~12	
	最大拉伸强度变化（%）	-20	
	最大扯断伸长率变化（%）	-25	
耐臭氧性：（40℃，96h后）伸长20%（臭氧浓度：50~100ppm）		不龟裂	

续上表

性　　能		技术要求	
		I类	II类
耐低温性:(−10℃,7h后)硬度(邵尔)增加,不大于		15	10
耐水性:标准室温,7h后的体积变化(%),不大于		0~5	
成品填缝料压缩50%后最小恢复率(%),不小于	−10℃,72h后	88	
	−25℃,72h后	83	
	100℃,72h后	85	

2. 填缝施工

混凝土面板养生期满后,应对切开接缝的槽口及时填缝。填缝前,应先采用切缝机清除接缝中夹杂的砂石,凝结的切缝泥浆等硬物质,再使用高压水和高压空气彻底清除接缝中尘土等物质,确保缝壁内部清洁干燥。

使用常温施工或聚氨酯、硅树脂等填缝料时,应备齐12h灌缝料用量,并随拌随用。使用加热施工式填缝料时,将填缝料加热至规定温度并搅拌均匀,保持温度不变进行灌缝,填缝料必须饱满均匀、厚度一致并连续贯通,不得出现填缝料缺失、开裂和渗水等现象。在切缝出现啃边、掉角或边角不规则的接缝时,必须使用填缝料灌缝。在低温天气,常温施工式填缝料的养生期为24h,加热施工式的为2h;高温天气,前者为12h,后者为6h。在灌缝料养生期内,应封闭交通。

使用预制橡胶条嵌缝时,应先将黏结剂均匀连续地涂在缝壁上部,形成一层约1mm厚的黏结剂膜,再使用专用工具嵌入嵌缝条。嵌入过程中,在宽度方向压缩40%~60%。在嵌缝条施工期间和黏结剂固化前,应封闭交通。嵌缝黏结剂固化后,应将两端多余的嵌缝条在长度方向沿路面边缘裁掉。

第九节　混凝土面层养生

混凝土面层抗滑构造拉毛制作完毕后应立即养生,使之在开放交通前达到足够的强度。

一般采用喷洒养生剂及保湿覆盖的方式养生,不宜使用围水方式养生。在雨季或养生用水充足的情况下,也可采用覆盖砂、旧麻袋、草袋、草帘、稻草等洒水湿养生方式。昼夜温差大的地区,路面摊铺后3d内宜采取覆盖保湿措施防止发生裂缝和断板。

一、养生剂养生

水泥混凝土路面采用喷洒养生剂方式养生时,养生剂喷洒剂量、成膜厚度、适宜的喷洒时间应通过现场试验确定。喷洒养生剂的厚度应足以形成完全封闭的薄膜;喷洒应均匀,使成膜厚度一致;喷洒后的表面不得有颜色差异;喷洒时间宜在表面混凝土泌水完毕后进行;喷洒厚度宜控制在0.5~1.0mm。除喷洒表面外,面板两侧也应喷洒。养生剂可采用一种或两种分别使用。单独采用一种养生剂养生时,保水率应达到90%以上,一般不应小于300mL/m^{2}原液。采用两种养生剂时应分层喷洒,不得混合应用。养生剂喷洒后再加覆盖,养生效果会更好。

二、覆盖塑料薄膜养生

盖塑料薄膜的时间，以不压设细观抗滑构造为准。薄膜厚度应满足养生要求并保持到养生结束，其宽度应大于覆盖面60cm。两条薄膜对接时，搭接宽度不小于40cm，薄膜在路面上加细土或砂盖严实，并防止被钢筋挂烂及被风吹破或掀走。养生期间应始终保持薄膜完整，薄膜破裂时应立即补盖或修补。

三、覆盖洒水湿养生

使用麻袋、草袋等覆盖物养生，应及时洒水，在任何气候条件下，均应保证覆盖物底部在养生期间始终处于潮湿状态，并由此确定每天洒水遍数。

四、养生时间

养生时间长短应根据混凝土弯拉强度增长情况确定，当达到设计弯拉强度的80%时，可停止养生。一般养生天数为14～21d。掺粉煤灰的水泥混凝土路面，最短养生时间不少于28d。

混凝土面层在养生期间和填缝前，严禁人、畜、车辆通行。达到设计强度40%时，撤除养生覆盖物后，行人方可通行。路面养生期内，如确有需要，可搭建临时便桥供行人、牲畜、畜力车、汽车通过。

第十节　混凝土面层断裂破坏的成因及防治

一、混凝土路面断裂破坏的种类

水泥混凝土路面的裂缝，从表现形式上可分为表面裂缝和贯穿板全厚的裂缝(简称断裂裂缝)。表面裂缝主要是由混凝土混合料的早期过快失水干缩和碳化收缩引起的，它属于一种非结构性损坏的轻微裂缝，对混凝土强度的危害不大。而断裂裂缝属于结构性损坏的严重裂缝，主要由于缩应力、温度应力及荷载应力过大引起。混凝土路面断裂裂缝主要有纵向裂缝、横向裂缝、斜向裂缝、板角裂缝及网裂等几种形式。

此外，以裂缝产生的时间划分为：①早期裂缝，一般是指水泥混凝土路面板浇筑完成后到未正式开放交通前产生的裂缝，也称为施工断板；②使用期裂缝，是指水泥混凝土路面在设计使用期限内出现的裂缝。开放交通一段时间后，出现的裂缝较早期裂缝在数量上有突变，约计增加一倍以上，裂缝逐渐由窄变宽，除有纵、横向裂缝外，还出现板角断裂。

二、混凝土路面断裂破坏产生的原因

水泥混凝土路面产生裂缝的原因很多，但就其本质而言是由于混凝土板块所承受的应力或应变超过了板的承受能力。水泥混凝土的抗弯拉强度比抗压强度低得多，因此混凝土路面主要是由于抗弯拉强度不足而导致的断裂破坏。对于常用的普通混凝土路面，即除部分边缘及角隅外，其他部位均不设钢筋，在车轮荷载作用及温度应力作用下，混凝土路面薄板受弯拉部位易产生断裂破坏。从早期阶段到路面使用期阶段，混凝土路面主要承受的应力有干缩应力、温度应力和荷载应力。

1. 干缩应力引起的裂缝

当混凝土中的化学结合水、层间水、物理吸附水及毛细水在硬化过程中失去时，水泥浆体就会产生收缩即干缩，当收缩受到限制时，会产生收缩应力。

水泥浆干缩的内部因素主要是混凝土中骨料对水泥浆的限制所引起的，而外部因素主要是路面板块间或路面整体的限制所引起的。处于限制状态下的混凝土路面结构，当混凝土本身的抗拉弹性应变及徐变两者与混凝土硬化干燥过程中的自由收缩不相适应时，混凝土就会产生裂缝。

从配合比来看，混凝土的单位用水量是最重要的影响因素。单位用水量愈小，混凝土的干缩愈小；但过小的单位用水量，往往无法满足混凝土路面施工要求。因而在实际施工中，通常以缩小侧限系数 K_C 为目的。

干缩应力的大小还与面板与基础的连接状态、板的长度和环境等因素有关。如果切缝不及时、切缝深度不够或混凝土板过长时，干缩量会更大。

控制干缩裂缝的措施主要是通过减小蒸发量，尽量减缓混凝土中水分的蒸发速率，可采用加遮盖或夜间施工等方法，降低施工时的温度和采取必要的湿治养生等措施。新拌混凝土抵抗收缩裂缝的能力与原材料细粒含量、配合比中水泥浆和砂浆含量、新拌混凝土的均质性和离析与否有关。因此，防止干缩裂缝的措施应从材料、施工和环境三个方面着手。

2. 温度应力引起的裂缝

由于大气温度和太阳辐射周期性变化，致使混凝土路面产生由年温差引起的胀缩应力和由日温差引起的翘曲应力。年温差引起的温度变形，周期较长，温度变化较缓慢，因此路面板的胀缩在厚度范围内呈均匀分布，这种变形一旦受到基层的约束将产生均匀胀缩应力。在日温差较大的季节，由于日温差变化周期较短，在路面板厚度范围内呈不均匀分布，板上下形成的温度梯度将产生翘曲应力。在温差很大的情况下，路表温差幅值很大，而板底温差值很小，最大变温幅值很小，最大变温场形成的最大温度梯度可能产生较大的温度应力。

温度裂缝的产生与施工的季节有很大的关系：①夏季施工时，温度高、气候干燥，混凝土终凝前，表面水分蒸发速度大于泌水速度，容易发生早凝而失去流动性，表面易干燥。同时，混凝土浆内一部分水分往往被干燥的基层所吸收，致使混凝土产生收缩裂缝。②昼夜温差影响，使面板受温度应力产生翘曲。在施工不利季节，昼夜温差较大，在白天高温环境下浇筑混凝土面板，由于板底基础表面约束，高温下面板上部产生压应力，表面板下部产生拉应力。夜晚时，大气温度的骤然下降，由于板体的导热作用，加之混凝土硬压时，自身产生的热量，使混凝土板下温度高于板上温度，导致混凝土板向上方翘曲。这时缩缝尚未切开，混凝土的自由伸缩受到限制，向上翘曲和向下翘曲产生的重复拉应力，若切缝不及时，混凝土板易在缩缝附近拉断。

3. 荷载应力引起的裂缝

路面结构的主要功能是为汽车行驶提供具有足够强度和稳定性的支承面，因此，混凝土路面板受到的外力主要来自汽车荷载的作用。车辆作用于路面上的力，主要有垂直力和水平力。垂直力有车轮荷载产生的静压力及路面不平整引起车辆跳动而产生的冲击力；水平力则是由于车轮转动及制动对路面的水平作用力。在一般匀速行驶的条件下，车轮对路面作用的水平力并不大，约为垂直压力的20%～30%，但在变速和制动时，可增大到垂直力的80%。由于混凝土路面为薄板结构，其破坏形式一般为弯拉断裂，最大弯拉应力一般发生在路面板的上、下表面。产生弯拉作用的外力主要为汽车荷载的垂直力，水平力的影响则非常小，在一般路面结构设计中未考虑水平力的作用，只是在路面板平面尺寸的计算时才考虑水平力的作用。

车辆荷载对混凝土路面板的影响比干缩应力和温度应力要大，与混凝土路面断裂破坏有着最直接的关系。混凝土路面强度高、承载能力大，一般轴载小的车辆对其产生的破坏作用并不明显。但由于混凝土为脆性材料，对重载、超载非常敏感，因此，致使混凝土路面断裂破坏的主要因素来自大吨位的重车和超重车，特别是混凝土板在接缝传荷能力丧失、地基不均匀沉降或局部脱空，以及雨水渗入路基时，混凝土板的断裂破坏会进一步加剧。

此外，标准轴载的累计重复作用次数，也是路面结构强度发生变化的重要影响因素。理论计算与工程实践表明，在车轮荷载的重复作用下，尽管荷载应力小于混凝土路面的极限抗弯拉强度，路面板仍会产生断裂破坏，可见标准轴载作用次数与混凝土路面断裂破坏有着密切的关系。

三、防止或减少混凝土路面断裂破坏的措施

针对上述混凝土路面断裂破坏原因分析，以下从材料、施工及设计等方面提出防止或减少水泥混凝土路面断裂破坏的一些行之有效措施，延长混凝土路面的使用寿命，提高行车的舒适性及安全性。

1. 混凝土材料组成方面的控制

（1）对施工的原材料应严格挑选，水泥混凝土所用的碎石、砂砾、水泥及用水应严格满足设计规范要求。不同强度等级、不同厂家的水泥严禁混合使用；尽量减少单位水泥用量，并采用发热量少、收缩量小的普通硅酸盐水泥或道路硅酸盐水泥。

（2）严格控制混凝土配合比。按试验配合比准确配料，集料的含水率要及时通过试验取得，控制适宜的用水量，保持水灰比准确。用水量越大，混凝土越易产生裂缝，因此为减少用水量，可通过拌和物中加缓凝剂、保塑剂或加大缓凝减水剂用量以及改善集料级配来实现。

2. 施工方面的控制

（1）严格控制基层顶面高程，确保混凝土路面板厚度均匀一致；基层顶面在混凝土摊铺前要充分洒水润湿；按规范要求控制基层平整度，采用加铺沥青封油层及塑料薄膜等方法减少混凝土面板与基层的摩阻力；保证混凝土板下路基、垫层和基层的压实度，以防混凝土板下脱空产生断裂破坏。

（2）混凝土浇筑时一般宜在气温 30℃以下进行，夏季气温高于 30℃时，宜避开中午时间，选择在早晨、傍晚或夜间施工。高温时，对拌和物采取下列降温措施：对砂石料堆加盖遮阳篷；抽用地下冷水或冰水拌和；使用长时间在太阳下暴晒的干燥集料时，应充分洒水润湿；在每日气温最高和日照最强烈的时候应进行遮阳施工；加快各施工环节的衔接，尽量缩短各环节所耗时间。

（3）混凝土表面修整过程中，要避免日光直射，防止混凝土温度上升过快过多或表面干燥；混凝土成型后应及时养生，养生应保证混凝土表面受到全面覆盖，并始终潮湿。采用覆盖洒水养生时，高温季节要加强洒水，确保混凝土表面保持足够的湿度，严禁出现表面发白的现象；在刮风天气施工时，要加快施工速度，加强养生措施。使用养生剂养生时，应加大喷洒剂量，必要时加盖塑料薄膜或湿草袋。当风力达到 5 级以上时，必须停止施工。

（4）根据施工现场气温确定切缝时间，不能过迟，以免由于温度应力过大而产生裂缝；可采用跳仓切缝方法，即先每隔 1 ~ 2 条缝切 1 条，然后再切余下的缩缝。也可通过压缝的方法进行控制。高温施工时，应比常温施工适当提前切缝时间；切缝深度为板厚的 1/3 ~ 1/4，剩余部分能吸收由于高温产生的内应力。

3. 设计方面的控制

(1)混凝土路面板的厚度、平面尺寸的设计,应充分考虑交通量及车辆的荷载组成情况,避免由于设计厚度不足、平面尺寸不合理及在设计使用年限内由于交通量的快速增长或重车增加造成路面板的提前破坏。对于排水设施不完善及高填方较多的路段,可适当增加混凝土路面板的设计厚度及减小路面板的平面尺寸,这样可大大增加路面板的抗弯拉强度及减小路面板的温度应力;而较小尺寸的路面板能更好适应地基的不均匀沉降,减小地基脱空带来的不利影响。

(2)对于桥涵、通道等结构物附近的路面板,应认真做好结合部位的设计,防止不均匀沉降的产生。

此外,由于混凝土路面板板角处受荷时所产生的挠度最大,易使板角下的基础塑性变形累积而产生的脱空。因此,在设计时,可考虑适当缩小板角附近的接缝传力杆或拉杆的布置间距,以减小板角处的挠度。

需要说明的是,除摊铺机施工的混凝土面层会产生上述断裂破坏,其他施工方式如三辊轴机组和小型机具,同样存在类似问题,且其防治措施也基本相同。

第二十二章　面层混凝土三辊轴机组与小型机具施工

第一节　概　　述

目前,三辊轴机组和小型机具施工是除滑模摊铺机和轨道摊铺机施工外水泥混凝土路面应用较广的施工方式。

三辊轴机组采用三辊轴整平机、振捣机等组成的机组进行施工,三辊轴整平机全称"自行驱动辊轴式水泥混凝土摊铺整平机",简称三辊轴机。三辊轴机组是介于小型机具施工和摊铺机施工之间的一种中型施工设备,较之滑模及轨道摊铺机成本低,适应性强,操作简单、方便、灵活,能达到较高的平整度。其主要适用于路面、桥面、机场道面等各种摊铺整平工程,自20世纪90年代以来,在我国得到了越来越广泛的应用。以广西为例,采用三辊轴机组施工技术修筑水泥混凝土路面达1 500多公里,占其全部水泥混凝土路面的85%,混凝土桥面铺装也全部采用三辊轴机组施工。

三辊轴机组施工的工艺流程以及机械的布置顺序为:拌和物搅拌与运输→布料机具布料→排式振捣机振捣→拉杆安装机安装拉杆→人工找补→三辊轴整平机摊铺整平→精平饰面→抗滑构造制作→接缝施工→养生。

小型机具施工虽然机械化程度很低,施工质量受操作人员的素质影响较大,施工速度慢,但由于我国经济水平限制和施工的需要,目前仍然得到广泛的应用,尤其在二级以下公路建设中,这种施工方法占很大比例。

水泥混凝土路面面层小型机具施工主要包括以下工序:测量放样→安装模板→架设传力杆和拉杆→拌和物搅拌与运输→摊铺与成型→表面修整→抗滑构造制作→接缝施工→养生。

第二节　施 工 准 备

三辊轴机组施工和小型机具施工之前,均应做下列准备工作。

一、施工组织设计编制

根据设计文件、施工条件和有关规范,确定施工方案,编制施工组织设计,包括施工工艺、材料使用计划、劳动力组织安排、临时设施、现场组织管理计划、安全措施等。材料供应、模板数量、混凝土的搅拌能力和运输能力,必须和施工技术方案相适应。施工前应做好技术准备,对人员进行认真培训。

二、拆迁及辅助设施准备

妨碍施工的建筑物、灌溉渠道、地下管线等,应在施工前拆迁完毕。施工前要准备好水电供应、交通道路、搅拌和堆料场地、办公生活用房、工棚、仓库和消防设施等。拌和场地的选择要考虑运距最短，方便原材料的运进及拌和物的运出，一般选在施工路段的中间。

三、原材料准备和性能检验

原材料进场后，不同规格的集料要分堆堆放，并保证排水良好，夏季、冬季和雨季时应加以覆盖。水泥和外加剂应存放在仓库内，水泥注意防潮，宜在 1 个月内使用，最长不宜超过 3 个月；外加剂的储存应符合产品说明书的要求，以溶液掺加的外加剂注意防止沉淀，粉状外加剂应当天溶解当天使用。现场应建立工地试验室，并按照规定的检测频率和试验规程对各种原材料进行检验，如果材料性质不符合规定，要采取相应的补救措施。

施工前，通过试拌检验按设计配合比配制的混凝土拌和物的和易性，根据结果加以调整。按和易性符合要求的配合比，成型混凝土抗折及抗压试件，检验 28d 强度，或者压蒸 3h 快速测定强度后推算 28d 强度，检验是否满足强度要求。强度不满足要求时，可通过提高水泥强度等级、降低水灰比和改善集料级配等措施调整。另外，现场集料的含水率是经常变化的，必须逐班测定，以正确确定施工配合比。

四、基层准备

对基层的压实度、平整度、高程、横坡、宽度、轴向偏位、厚度等各项进行检查。对于局部松散、不平整、开裂等缺陷必须进行处理。基层质量是面层施工质量的基础，其中基层的平整度直接影响到板厚的均匀性，必须认真对待。面层摊铺施工前应清理基层表面，并洒水润湿，以防止混凝土底部的水分被干燥的基层吸去，影响混凝土的水化反应，使混凝土变得疏松以至产生细小裂缝。

五、模板安装

安装模板前，根据设计图纸放样定出路面中心线和路边线。

三辊轴机组施工时三辊轴机要在模板上行走，三辊轴机的自重一般 3t 以上，且三辊轴机组施工的效果和模板直接有关，所以对模板的要求高。施工中必须采用钢模板，长度为 3 ~ 4m，高度小于路面厚度 0 ~ 2cm。

小型机具施工时，模板宜采用钢模。钢模可用 4 ~ 5mm 厚的钢板冲压制成，或用 3 ~ 4mm 厚钢板与边宽 40 ~ 50mm 的角（槽）钢组合构成。无钢模时，也可采用木模。模板应平直，拆装方便，有足够的刚度和强度，在荷载作用下不易挠曲变形，且其高度与混凝土板厚相同。模板长一般为 3m，接头处应设置牢固的拼接配件，拼接必须平顺、紧密。采用木模板时，板厚宜为 5cm 以上，弯道上的木模板可薄些，以利于制作成弧形。

模板的质量和安装的准确性，对面层厚度等各项施工质量指标影响很大，因此必须严格控制，保证稳固、顺直、平整，桩间无起伏。相邻模板高差大于 3mm 、有错位及不平整的模板应重新安装。模板支撑必须牢固，采用钢钎打入基层固定，不能有任何变位，宜提前 24h 安装模板并按要求检查调整好，与地面接触处如出现缝隙需用砂浆封好。安装完毕后，在内侧面均匀刷涂一层肥皂液、沥青或废机油等以利脱模。模板的数量应根据施工进度配备，必须足够以保证施工的连续进行，且不少于 3d 的摊铺用量。模板的质量指标和安装质量指标参照表22-1 和表 22-2 执行。

三辊轴机组施工。

在进行小型机具的选型和配套时，应根据生产规模不同依据下述原则进行选择：①机具规格应满足水泥混凝土路面施工技术规范要求；②各种机具的工艺参数合理，主要参数协调一致，互相配套，各种机具都能发挥出最大生产能力；③机具功能满足相应工序的要求；④机具性能稳定，安全可靠，使用寿命长，操作简单，维修方便；⑤在保证优良施工质量的情况下，尽可能减少施工机具投资。

施工机具配备可参照表22-7。

小型机具配套表 表22-7

工作内容	主要施工机械机具	
	机械机具名称、规格	数量、生产能力
钢筋加工	钢筋锯断机、折弯机、电焊机	根据需要确定规格和数量
测量	水准仪、经纬仪	根据需要确定规格和数量
架设模板	与路面厚度等高3m长槽钢模板、固定钢钎	数量不少于3d摊铺用量
搅拌	强制式搅拌楼，单车道≥25m^3/h，双车道≥50m^3/h	总搅拌生产能力及搅拌楼数量根据施工规模和进度计算确定
	装载机	2~3m^3
	发电机	≥120kW
	供水泵和蓄水池	单车道≥100 m^3，双车道≥200 m^3
运输	5~10t自卸汽车	数量由匹配计算确定
振实	手持振捣棒，功率≥1.1kW	每2m宽路面不少于1根
	平板振动器，功率≥2.2kW	每车道路面不少于1个
	2个振动器功率≥1.1kW振捣整平梁，刚度足够	每车道路面不少于1个，每车道路面不少于1根
	现场发电机，功率≥30kW	不少于2台
提浆整平	提浆滚杠直径15~20mm，表面光滑无缝钢管，壁厚≥3mm	长度应适应摊铺宽度，一次摊铺单车道路面1根，双车道路面2根
	叶片式或圆盘式抹面机	每车道路面不少于1台
	3m刮尺	每车道路面不少于2根
	手工抹刀	每车道路面不少于1把
真空脱水	真空脱水机有效抽速≥15L/s	每车道路面不少于1台
	真空吸垫尺寸不小于1块板	每台吸水机应配3块吸垫
抗滑构造	人工拉毛齿耙、压槽器	根据需要确定数量
	工作桥	不少于3个
切缝	软锯缝机	根据需要确定数量
	手推锯缝机	根据进度确定数量
磨平	水磨石磨机	需要处理欠平整部位时
灌缝	灌缝机具	根据需要确定规格和数量
养生	4.5~8.0t洒水车	根据需要确定数量
	压力式喷洒机或喷雾器	根据需要确定规格和数量
	工地运输车4~6t	根据需要确定数量

第四节 混凝土拌和物搅拌与运输

拌和物应拌和均匀、充分。搅拌时间根据搅拌机的类型、转速、拌和物的种类和投料顺序决定,根据拌和物的黏聚性、均质性及强度稳定性经试拌确定。

三辊轴整平机的整平能力虽强,但摊铺和振密能力较弱,适合于摊铺流动性较大,工作性良好的混凝土拌和物,坍落度宜为20~70mm。从原料全部投入到开始出料为止的搅拌时间不应少于30~40s,最长不宜超过120s。为了改善拌和物的工作性能,一般要掺加外加剂。

一般情况下,小型机具施工时,单立轴式搅拌机总拌和时间宜为80~120s,原材料全部投入后的纯拌和时间不宜短于35s;行星立轴和双卧轴式搅拌机总拌和时间宜为60~90s,纯拌和时间不宜短于30s;连续双卧轴搅拌机的最短拌和时间不宜短于40s。最长总拌和时间不宜超过高限值的2倍。拌和时间过长会使集料破碎而影响配合比,混凝土的和易性发生变化以及浪费能源。

为获得合格的拌和物,必须对各组成材料进行准确的计量。每台搅拌楼在正式投入生产前,须进行标定和试拌。在标定有效期或搅拌楼搬迁安装后,均应重新标定。施工中应每15d校验一次搅拌楼计量精确度。搅拌楼配料计量偏差不得超过表21-6的规定。

第一次搅拌时,搅拌筒内会黏附一部分砂浆,影响混凝土的配合比,为此应先加适量砂浆或混凝土搅拌,然后按规定配合比进行正式搅拌。

为了保证混凝土的良好工作性,拌好的拌和物应尽快运送到摊铺现场,防止过多蒸发失水和水化失水,以及因运输的颠簸和振动使混凝土发生离析。混凝土拌和物的运输时间,要保证现场有足够的摊铺时间。根据施工温度的不同,最长运输时间可参照表22-8掌握。掺加缓凝剂后,可适当延长,可通过试验确定。在运输过程中,尽量避免拌和物的污染和离析。自卸车的车箱应清洗干净,并洒水润湿。如果自卸车的车箱不洁净,杂物混入路面中,会形成路面孔洞;车辆如果不润湿,有时卸料会出现困难。装料盘数也不宜过多。运输过程中,尽量匀速行驶,保持平稳,减少颠簸。夏季高温、大风、雨天和冬季施工,运输时应对拌和物进行遮盖。为防止混凝土离析,装料时,搅拌机的卸料高度不应超过2m,必要时可使用溜槽。自卸车卸料时,拌和物的下落高度均不应超过1.5m。

混凝土拌和物运输、铺筑时间 表22-8

运输、摊铺时间(h)	施工气温(℃)			
	5~9	10~19	20~29	30~35
运输允许最长时间	1.5	1.0	0.75	0.50
铺筑完毕允许最长时间	2.0	1.5	1.25	1.0

注:施工气温是指施工期间的日间平均气温,使用缓凝剂时,各数值可增加0.25~0.5h。

高温季节施工时,可对砂石料堆进行遮阳,抽用地下冷水或冰水拌和,拌和物中加缓凝剂、保塑剂或加大缓凝减水剂用量。夏季气温高于30℃时,宜避开中午时间,选择在早晨、傍晚或夜间施工。遇雨时,应对砂石料堆加以覆盖。

第五节　混凝土面层铺筑

一、三辊轴机组铺筑

1. 布料

三辊轴机的摊铺能力不是很强，要特别注意布料的均匀性，准确控制布料高度。铺料之前，基层应清扫干净，并洒水润湿。要有专人指挥车辆均匀卸料，分多堆卸。可用人工布料，也可用装载机或挖掘机布料。人工布料宜使用排式振捣机前方的螺旋布料器辅助控制松铺高度。

坍落度为 20 ~ 50mm 的拌和物，松铺系数为 1.08 ~ 1.22。坍落度大时取低值；坍落度小时取高值。由于路面横坡的影响，在摊铺和振密过程中，拌和物会由高侧向低侧流动。因此，布料时应在较高的一侧适当增大布料高度，路面较低的一侧适当减低布料高度，以补偿拌和物的流动，保持路面的平整和均匀性。同样，超高路段，横坡高侧取高值，横坡低侧取低值，但不得低于模板顶面。

2. 密排振实

混凝土拌和物摊铺后，立即进行振捣密实作业。布料长度不宜小于 10m。密排振捣棒间歇插入振实时，每次移动距离不宜超过振捣棒有效作用半径的 1.5 倍并不得大于 60cm，振捣时间宜为 15 ~ 30s，以保证有效振实。

振捣密实以拌和物中粗集料停止下沉，表面不再冒气泡，并泛出水泥浆为准，注意不能过振。排式振捣机应匀速缓慢、不间断地行进。

桥面铺装或面层铺筑厚度较小时，可采用梁式振捣机和平板振动器进行振捣。

3. 拉杆安装

面板振实后，应趁拌和物刚液化时，立即安装拉杆。单车道摊铺的混凝土路面，应在边缘模孔中按设计要求在面板厚度中间插入拉杆钢筋。一次摊铺双车道路面，除了在侧模板中插入拉杆外，还要在中间纵缝部位使用拉杆插入机插入拉杆钢筋。拉杆插入机的限位开关应调整到适当的位置，以便按设计要求将拉杆安装在面板厚度中间。插入拉杆后振捣混凝土拌和物，以使拌和物充分包裹拉杆。插入机每次移动的距离应与拉杆间距相同。

4. 人工找补

三辊轴机施工时，拌和物不能低于模板，否则三辊轴机振动提浆后，表面浆不均匀，且水灰比大的稀浆会去填补凹陷处。在混凝土凝固后，这些部位的强度、抗滑性和耐磨性都较差，且容易产生收缩裂纹。但如果振密后混凝土拌和物高出模板顶面过多，会给三辊轴机的施工造成困难，容易偏斜。因此，三辊轴机施工时拌和物应高于模板顶面 5 ~ 20mm。安装拉杆后，要立即检查混凝土的平整情况，进行人工找补。对于高处要适当铲除，低处要用同一批拌和物进行填补。在操作时工作人员不能踏入拌和物中，要站在人行工作桥上进行找补，不能留下脚窝，也不能将尘土带入拌和物中。

5. 三辊轴整平机作业

三辊轴整平机的作业单元长度应合适，宜为 20 ~ 30m。如果作业长度过短，机械频繁来回移动，难以摊平。如果作业长度过长时，轴前高出的混凝土拌和物被长距离推移，在振动轴的离心力作用下，逐渐分层离析，形成水灰比很大的水泥浆。遇到低凹处，水泥稀浆便会填入补充，这些地方在混凝土硬化后强度低，耐磨性和摩擦系数都大大降低，成为路面的薄弱部位。

混凝土拌和物振动后，工作性损失很快，如果布料长度较短就开始振动，三辊轴机不能立刻跟上施工，两道工序的间隔时间过长，会使拌和物的工作性损失过多，造成以后施工的困难。因此，应在布料长度够一个作业单位长度时才开始振实，并紧跟开动三辊轴机进行整平，振实与整平两道工序之间的间隔宜不大于10min。此时混凝土刚振动过，工作性较好，三辊轴机施工较为容易，效果也好。

三辊轴整平机在一个作业长度内，应采用前进振动、后退静滚的方式作业，宜分别进行2～3遍，不宜超过3遍。振动时，调整好振动轴的高度，与模板顶面留2mm的间隙，要求振动轴只能打击削平拌和物表面，不能和模板接触。在三辊轴整平机作业时，要注意观察混凝土拌和物表面的高低情况，积料过多时，应辅以人工铲除；轴下有间隙时，应采用同一作业单元内的拌和物找补。注意随时刮去模板顶上留下的余浆，以保证两根整平轴始终接触模板顶面。由于三辊轴机自重较大，其振动作用可能使模板松动，因此应随时注意观察模板的情况，如有松动、变形，应随时校正。

振动滚压完成后，将振动辊轴抬离模板，用整平轴前后静滚整平，其目的不仅是整平，还可以使表面砂浆的厚度和水灰比更加均匀。静滚遍数要足够多，一般为4～8遍，直到平整度符合要求，表面砂浆厚度和水灰比均匀为止。最后达到的表面平均砂浆厚度宜不大于4mm，最厚不应超过6mm。三辊轴整平机前方表面过厚的大水灰比砂浆必须刮除丢弃，以改善表面的抗滑性及耐磨性。刮除的水泥浆不能再用于路面内。

三辊轴整平机整平作业期间，恰好处在混凝土向上泌水过程中，表面砂浆水灰比及流动性增大，容易影响路面质量。为了增强表面耐磨性，改善平整度，也可采用两台三辊轴整平机联合作业，中间增加真空脱水作业。

6. 精平饰面

三辊轴机基本整平路面后，表面砂浆沿纵向的厚度和水灰比都已达到均匀，但沿横向可能尚不均匀，应采用3～5m刮尺进行饰面。将刮尺纵向摆放，横向推拉。推拉应速度均匀，每次推拉一次完成，中间不停顿，并调整好刮尺底面与路面的接触角度。刮尺前缘应离开路面，使刮出的浆始终被赶到刮尺前面。刮平过程中要注意刮尺和混凝土表面全面接触，如果刮尺底面和拌和物之间有空隙，说明混凝土表面有低洼处，应随时补浆。刮尺饰面应在三辊轴机完成整平作业后尽快进行，否则饰面效果差。

待表面泌水蒸发消失，再使用刮板或抹刀进行1～2遍收浆饰面或抹光，也可采用旋转抹面机进行2遍密实精平饰面。收浆饰面的目的是消除混凝土表面的泌水通道，使混凝土表面更加密实、平整。经过抹光处理后再进行抗滑构造施工，可明显提高表面耐磨性。关键是掌握好收浆饰面的时间，应在泌水蒸发已经消失，混凝土表面还能够压实但又没有留下明显的浆印时进行。施工实践表明，在混凝土初凝时间过2/3之后，混凝土的贯入阻力已经开始快速增长。刮尺、刮板、抹刀、抹面机饰面的最迟时间不得迟于表22-8中铺筑完毕允许最长时间。该表中施工气温指施工时间内的平均气温，使用缓凝剂后，表中数值可增大0.25～0.50h。

二、小型机具铺筑

1. 摊铺

摊铺混凝土前，应做好检查准备工作，确认模板的位置、高程、润滑、支撑等情况符合要求，模板底面与基层之间密实无缝隙；传力杆、拉杆等已经正确安设；基层表面平整、干净，破损已进行修复，摊铺前清扫干净并洒水润湿；以及建好运输道路等。

现场应有专人指挥卸料,使卸下的拌和物分成几个分布均匀的小堆,以方便摊铺。如果运到现场的拌和物有离析,应用铁锹翻拌均匀,但严禁再次加水。用铁锹送料时需反扣,严禁抛掷和耧耙。在模板附近,用铁锹插捣几下,以防止出现孔洞蜂窝现象。面板厚度22cm以下时,一次摊铺成型;如果厚度超过22cm,应分两层进行摊铺和振捣。人工摊铺拌和物的坍落度应控制在0.5~2cm之间,拌和物松铺系数通过现场试验确定,控制在1.10~1.25之间。料偏干,坍落度较小时,松铺系数应取偏大值;反之,取偏小值。

2. 振捣

拌和物摊铺均匀后,采用插入式振捣棒、平板振动器和振动梁配合进行振捣成型,这是保证路面内在质量的关键。每2m断面应配备2根振捣棒。先用振捣棒对拌和物进行振捣,振捣位置呈梅花状交错分布。每次振捣时间不宜少于30s,以拌和物停止下沉,表面不再冒气泡和泛出水泥浆为准,也不宜过振。振捣棒的移动间距不宜大于其作用半径的1.5倍;至模板边缘的距离不应大于其作用半径的0.5倍,并应避免碰撞模板、钢筋、传力杆和拉杆。对边角位置应特别注意仔细加以振捣。振捣棒插入角度宜为30°~45°,插入深度离基层3~5cm,振捣棒应轻插慢提,不得猛插快拔,严禁在拌和物中推行和拖拉振捣棒振捣。

插入式振捣棒振捣过后,用平板式振动器在混凝土表面全面振捣,每4m断面配备1块振动板。纵横方向各振捣一遍,振捣位置应重叠10~20cm。振动板在每一位置的振动时间以振动板底部和边缘泛浆厚度3~5mm为限,并不宜少于15s。振动板应由2人拉起振捣和移位,注意不能过振。

平板振动器振捣完后,可用振动梁进一步振实并整平提浆。振动梁放在侧模上,沿混凝土表面拖拉振实,移动速度应均匀缓慢,一般往返2~3遍,最终使混凝土表面泛出的砂浆均匀平整。振动梁应具有足够的刚度和质量,底面平直,底部应焊接或安装深度4mm左右的粗集料压实齿,每4m断面上应配备具有2个振动器的1根梁。

振捣过程中,对缺料的部位应随时进行人工找平,多余的料适当铲除。人工找平时应使用同批拌和物,严禁使用纯砂浆。应随时检查模板、拉杆、传力杆和钢筋网的移位、变形、松动、露浆等情况,并及时纠正。

对于采用两次摊铺的混凝土面层,两层拌和物的摊铺和振捣间隔时间应尽量短,上层混凝土拌和物的振捣必须在下层拌和物初凝之前完成。另外,在振捣上层拌和物时,振捣棒应插入下层至少5cm,以使两层成为一体。

3. 整平饰面

振实作业完成后,进行整平工作,使混凝土表面平整、致密,为保证路面外观质量和行车舒适性提供条件。首先使用滚杠提浆整平,平均每4m宽路面需配备1根滚杠。整平时,第一遍应短距离缓慢一进一退拖滚或推滚,以后应较长距离匀速拖滚两遍,并将水泥浆始终赶在滚杠前方。因泌水而产生的水灰比过大、过稀的多余水泥浆宜铲除,也可等稀水泥浆的水分蒸发到适宜拖滚时,再进行拖滚。

滚杠整平后,使用抹面机压浆整平饰面。抹面机包括叶片式和圆盘式两种。抹面机应往返2~3遍压浆并整平抹面。如果不配备抹面机,应在滚杠整平后,用大木抹进行2~3次抹面直到表面无泌水为止,修整时前后两次刮痕应重叠一半。两次抹面的间隔时间参考表22-9。

抹面的间隔时间 表22-9

施工温度(℃)	0	10	20	30
间隔时间(min)	35~45	30~35	15~25	10~15

抹面完成后，用抹刀和刮尺进行精平饰面。这是保证路面外观质量的关键工序，可使混凝土表面更加致密、平整、美观。应做好人工清边整缝，清除粘浆，修补缺角、掉角。先使用抹刀将抹面留下的痕迹抹平，再用3m刮尺，纵横各1遍精平饰面。作业时工作人员要站在工作桥上，不得随便踏入混凝土中。精平饰面后的面板表面应无任何抹面印痕，平整度达到规定要求。

混凝土拌和物运输、铺筑的完成时间应不超过表22-8的要求。

第六节 其他工序

一、钢筋的加工与设置

水泥混凝土路面所用的各种钢筋均应符合有关标准的要求，钢筋应顺直，没有损伤，表面无油污和锈蚀。传力杆采用光圆钢筋，端头端口应垂直、光圆，宜用锯断方法加工，并用砂轮打磨掉毛刺。拉杆采用螺纹钢筋，其中部10cm范围内应进行防锈处理。

钢筋网及骨架可用绑扎或焊接成型。绑扎时，搭接长度应为一个网格或20cm。焊接采用点焊，焊接的尺寸、焊点外形及压入深度、焊点的抗剪强度均应符合规定。

当混凝土板中按照设计要求需设置钢筋时，应配合拌和物摊铺工作一起进行。

1. 钢筋网的设置

安放单层钢筋网片时，先摊铺一层混凝土拌和物，其高度按钢筋网片的设计高度预加一定的沉落度，安放钢筋后继续浇筑。安放双层钢筋网片时，当板厚不大于25cm时，可将两层钢筋网片事先用架立筋扎成骨架一次就位。板厚大于25cm时，按照单层网片的方法，分两层安放。

2. 角隅钢筋的设置

安放角隅钢筋时，先在角隅处摊铺一层混凝土拌和物，其高度按角隅钢筋的设计高度预加一定的沉落度，安放钢筋后用拌和物压住，然后继续浇筑。

3. 边缘钢筋的设置

安放边缘钢筋时，先在边缘处铺筑混凝土拌和物，拍实至钢筋设置高度，安放边缘钢筋，两端弯起处用混凝土拌和物压住，防止位移。

二、接缝施工

接缝是混凝土路面结构的重要构造，同时也是薄弱部位，许多病害都与接缝质量有关。接缝质量直接影响混凝土路面的使用寿命和行车舒适性，因此接缝是混凝土路面施工中的难点和重点，必须严格控制其施工质量。

1. 缩缝

缩缝施工优先采用切缝的方法。当混凝土立方体强度达到8MPa以上时，应及时进行硬切缝。工地上可参考表22-10进行试锯确定切缝时间，以锯片磨耗小，缝边不发生碎裂崩边为准。

参考切缝时间　　表22-10

昼夜平均温度(℃)	5	10	15	20	25	30
切缝时间(h)	45~50	30~45	22~26	18~21	15~18	13~15

切缝时间控制不好容易产生早期裂缝。为了防止早期裂缝，可每隔3~4条切缝做一条压缝。路面成型后，即用振动刀在预定位置上压缝，至规定深度后，提出压缝刀。用原浆修平缝

槽,放入嵌缝条,然后再次修平缝槽,待混凝土拌和物初凝前泌水之后,取出嵌缝条,用抹缝瓦刀修整缝槽。

2. 纵向施工缝

当一次摊铺宽度小于路面总宽度时,设纵向施工缝。位置宜与车道线一致,构造采用平缝加拉杆形式。当板厚度大于等于25cm时,可采用企口型纵向施工缝。施工时,应在振实过程中从侧模预留孔中扶正插入拉杆。拉杆在路面硬切缝前,禁止碰撞和松动,在施工过程中,若发现拉杆松动或未插入,应在横向连接摊铺路面前,钻孔重新植入。

路面混凝土达到设计强度后,方可进行另一幅的路面施工。施工另一幅路面时,宜在先施工幅的路面上垫一条橡胶,以防止纵向施工缝崩边。

3. 横向施工缝

每日施工结束时,或因特殊情况造成施工中断时间超过30~45min时,应设横向施工缝。横向施工缝采用平缝加拉杆型。浇筑端头施工缝混凝土时,先浇一层混凝土到传力杆高度以上,安放传力杆并固定好,检查传力杆的位置符合要求后,再浇上一层混凝土,并用振捣棒仔细振实。

当先施工端的混凝土强度达到拆模要求后,方可进行另一端的施工。从施工缝开始浇筑时,振捣棒不得碰撞传力杆。

4. 胀缝

在摊铺至胀缝位置前方1~2m处时,将胀缝支架准确定位锚固,摊铺混凝土并用振捣棒振实胀缝两侧的混凝土。胀缝板应连续贯通整个路面宽度,钢筋支架两侧应比摊铺宽度各短3cm,其高度应保证密封槽的尺寸符合要求。密封槽先采用木条嵌填,嵌入的木条和胀缝板暂时连成一体,填缝时再取出。

5. 填缝

混凝土面板养生期满后,应及时填缝。先用切缝机将密封槽加工成规定的尺寸,加工胀缝密封槽时,先取出胀缝上部的木条,将缝边做成圆弧或呈45°。密封槽应用铁钩取出杂物和用压力水清洗,并用热空气烘干,确保缝壁及内部清洁、干燥。缝壁以擦不出灰尘为准。用专用工具将衬垫材料嵌入到规定的深度,缩缝和施工缝密封槽的深宽比为1~2,胀缝深宽比为0.5~1.0。

加热型填缝料的加热温度应符合规定要求。加热过程中应搅拌均匀,填缝料熔化后保温使用。常温填缝料应按1h使用量拌和均匀,并随拌随用。灌缝深度宜为2cm,最浅不小于1cm。灌缝顶面,热天宜与路面齐平,冷天应为凹面,中心凹入1~2mm。填缝必须饱满、均匀、深度一致并连续贯通,填缝料不得缺失、开裂和渗水。常温型填缝料的养生期,冷天宜为24h,热天宜为12h。加热型填缝料的养生期,冷天宜为2h,热天宜为6h。养生期间,应封闭交通。

凡切缝已出现啃边、掉角、边角不规则的密封槽均应使用填缝料灌填,不得使用预制嵌缝条。使用预制嵌缝条时,黏结剂应均匀连续地涂在缝壁上部,厚约1mm,保证黏结紧密。使用专用工具嵌入嵌缝条,在长度方向既不拉伸也不压缩,保持自然状态。宽度方向应压缩40%~60%嵌入。嵌缝条高度不宜小于2.5cm。嵌缝条施工期间和黏结剂固化前,应封闭交通。

三、抗滑构造施工

抗滑构造是保证路面行车安全的重要措施之一,施工时优先选用硬刻槽。路面摊铺7d

后，或抗压强度达到设计抗压强度的 40% 后方可刻槽，并宜在两周内完成。刻槽机应匀速行走，不得中途抬起或改变方向，否则容易导致制作的纹理深度不均匀以及不连贯，对路面的排水、色差、抗滑效果都有影响。路面板的边缘应设有托架，使刻槽机能行走到板边，制作的纹理贯通整个板宽。刻槽深度为 2 ~ 3mm，槽宽 3 ~ 5mm，槽间距 15 ~ 25mm。刻槽后路面应及时冲洗干净，清除纹理构造中残存的水泥浆，否则纹理将被填充，影响刻槽效果。之后，再恢复养生。

也可采用拉毛与拉槽相结合的方法制作抗滑构造，应在整平饰面后及时进行。拉槽的几何尺寸与刻槽相同。

四、养生与交通管制

整平饰面完成后，应及时进行养生，以保证混凝土强度顺利形成。常用的养生方法包括湿法养生、塑料薄膜养生和喷洒养生剂养生，不宜采用围水养生方式。

在雨季或养生用水充足的情况下，可采用湿法养生，在混凝土表面全面覆盖土工毡、土工布、麻袋、草袋或草帘等，并每天均匀洒水数次，使覆盖物底部始终保持潮湿状态。

采用塑料薄膜养生时，应在混凝土表面不见浮水，手指压无痕迹时，喷洒塑料溶液，形成不透水的薄膜黏附于混凝土表面。喷洒厚度以能形成薄膜为度，用量控制在大约每千克溶剂喷洒 $3m^2$ 左右，具体用量通过现场试验确定。养生期间应保持薄膜的完整，如有破裂，应立即补喷；也可直接用塑料薄膜覆盖，薄膜厚度应适宜，宽度大于覆盖面约 60cm。两条薄膜对接时，重叠厚度不宜小于 40cm。薄膜应能全面覆盖路面，并覆盖严密，养生期间始终保持薄膜的完整，如有破裂或者缺损，应及时补盖。

采用喷洒养生剂方式时，应在混凝土表面不见泌水时进行。喷洒的剂量、成膜厚度、喷洒时间等应通过现场试验确定。喷洒厚度以足以形成完全封闭路表面的薄膜为准。喷洒尽量均匀，保证成膜厚度一致，喷洒后的表面不应有颜色的差异。喷洒高度控制在 0.5 ~ 1m，单独采用一种养生剂时，有效保水率应大于 90%，喷洒剂量不应小于 $0.3kg/m^2$ 原液。当采用一种养生剂喷洒上述剂量达不到要求的保水率时，可使用两种养生剂喷洒两层或者喷洒一层养生剂并加保湿覆盖的方法。

在昼夜温差大于 10℃ 的地区或在日平均气温低于 5℃ 施工混凝土路面时，应采取保温保湿养生方式，即先将路面洒水湿透，覆盖塑料薄膜保湿，并覆盖泡沫塑料垫或干厚草帘保温。

养生的时间根据混凝土强度增长情况而定，在达到设计弯拉强度的 80% 以上时结束养生，一般为 14 ~ 21d，热天不少于 14d，冷天不宜少于 21d。前 7d 混凝土强度增长最快，应特别注意加强养生，严禁出现混凝土路面发白的情况。

养生期间和填缝前严禁车辆和行人通行，在达到设计强度的 40% 后（约 3d），方可准许行人通行。

五、拆模

合理的拆模时间和混凝土的强度增长有关。当混凝土的立方体试件抗压强度达到 8MPa 以上时，应及时拆模。混凝土成型后至拆模的时间称为允许拆模时间，可参考表 22-11 确定。

允许拆模时间　表22-11

昼夜平均温度(℃)	5	10	15	20	25	30
拆模时间(h)	72	48	36	30	24	18

拆模时,注意不得损伤混凝土面板的边角,拆下的模板不得压在刚拆完模的路面上。

第七节　真空脱水

一、真空脱水原理

真空脱水工艺是利用大气压和真空负压之间的压力差作为外荷载,将水从混凝土拌和物中排出,同时使混凝土密实成型的一种施工工艺。三辊轴机组施工和小型机具施工时可在混凝土拌和物摊铺振捣之后加入这道工序。在我国许多省市的水泥混凝土路面施工中有过不同程度的应用,如果处理得当,可以取得较好的技术经济效果。

在真空脱水施工时,真空吸垫内形成一定的真空度,大气压和吸垫内的真空负压之间形成约7~9t/m^{2}的压力差作用于混凝土。在这种压力作用下,混凝土中的自由水向上渗流,由脱水机具排出混凝土外。同时,混凝土固相骨架发生各向收缩变形,各种集料颗粒互相靠近,混凝土开始具有一定的塑性和初期结构强度。在脱水后期,气压荷载基本由固相骨架承担,脱水速度变慢,混凝土体积基本不再压缩。此时应停止脱水作业,否则会使混凝土内空气含量增加,毛细孔增大,影响混凝土质量,且浪费能源。

经过真空脱水后的混凝土,其内部结构特性、各种物理力学性能都有不同程度的改善:早期强度增长快,可提前拆模,加快模板的周转,缩短施工周期;28d强度也比普通混凝土有所提高;早期干缩小,耐磨性、抗冻性、抗渗性、钢筋握裹力以及新旧混凝土的黏结力等性能均有所提高。另外,真空处理结束后,混凝土就具有0.1~0.3MPa的塑性结构强度,可以立刻进行机械抹面。

真空脱水工艺虽具有以上优点,但也存在一些不足。真空脱水时,吸垫中间脱水多,边缘脱水少,上层脱水多,下层脱水少,因而会导致强度不均匀。由于脱水不均匀,容易使混凝土中间收缩大,边缘收缩小,中间形成凹面。另外,如果脱水太快,会使表面形成致密层,阻断自由水渗流,形成上硬下软的“弹簧层”现象。由于其局限性,目前真空脱水工艺一般仅在次要工程施工中使用。

二、真空脱水设备

混凝土真空脱水的设备主要有真空脱水装置、专用真空泵等。

1.真空脱水装置

真空脱水装置目前广泛使用的是柔性真空吸垫。早期采用的刚性真空吸盘,由于其笨重、操作不便,真空度低,吸水孔易堵塞等缺陷现已很少使用。

柔性真空吸垫一般由覆盖层即密封层,连接真空泵的真空腔或通道,及滤布或起过滤作用的膜片组成。

柔性真空吸垫有尼龙网格吸垫、V82型气垫薄膜吸垫及V88无滤布吸垫等。尼龙网格吸垫真空腔分布不及V82型或V88型吸垫合理,脱水效果较差。V82型吸垫真空腔分布均匀,脱水效果比尼龙网格吸垫好。但这两种吸垫都需用过滤布,增加了施工麻烦,滤布折叠起来,容易影响表面平整度，且每天都要对滤布冲洗干净。

V88 型吸垫真空腔均匀，作业面大，使用简便，每次作业只要一次铺放，取消了尼龙过滤布的铺放、卷起及冲洗工序，省工省时，改善了劳动条件；作业面灵活，按每幅宽 50cm 拼接，四周不需专用密封边固定吸垫，尺寸能满足不同作业面的施工需要，还加快了脱水进度及均匀度，改善了混凝土表面平整度，减少了抹平时间。

2. 真空泵

真空泵是混凝土真空处理中产生真空负压的关键设备。真空泵有往复式真空泵、水环式真空泵及混凝土专用真空泵。往复式真空泵是通过曲柄连杆机构，使气缸内的活塞作往复运动形成负压抽气过程。水环式真空泵启动前泵内灌入一定高度的水，当工作叶轮在泵体内旋转时，由离心力作用，将水甩至体壁形成水环体和真空室。混凝土专用真空泵工作原理与水环式相同，而结构较紧凑。我国在上述混凝土专用真空泵的基础上，研制了可调式混凝土专用真空泵。其特点是备有真空度调节装置，能够按工艺要求调节真空度，即从脱水初期需用较低的真空度，然后逐渐加大至最大值，有利于提高脱水效果。

常用真空泵型号和主要技术指标列于表 22-12 中，推荐采用新型低真空大抽吸泵（ZTJ—70）。

真空泵型号和技术性能表　　表 22-12

技术参数	ZTJ—70	HZX60A	HZX60	HZG60	HZJ40	DXNAPAC	TREMIX
最大真空度（%）	85 ~ 90	≥95	98	98	95	95	85 ~ 90
最大抽速（L/s）	≥30	28	28	28	28	25	30.8
真空作业面积（m^2）	70	60	60	60	40 ~ 60	—	—
功率（kW）	4	4	4	4	4	4	4
转速（r/min）	2 880	2 850	2 850	2 850	2 850	—	—

三、真空脱水施工工艺

1. 主要工艺

真空脱水施工的主要工艺如下。

（1）检查泵垫

真空脱水前，先向真空泵的真空室和集水箱内注入清水，使水面和箱内管口相平，调节搭扣松紧，盖严箱盖。用橡胶板堵住进水口，开机检查真空泵的空载真空度，应大于 0.093MPa（700mmHg）。再检查连接软管、真空吸垫及接头，发现有损坏、漏气或阻塞时，及时修补或更换。同时，检查真空封泥、黏结剂和修补用品，以及常用的修理工具。准备好计时、测温、计量水桶和记录表格。

（2）铺设吸垫

推荐采用 V88 型新型吸垫，可省却尼龙垫布，并吸水均匀。其次，可采用 V82 型吸垫，它不需塑料网片，仅需尼龙垫布，吸水尚均匀。

采用 V82 型或尼龙网格吸垫时，应先铺放尼龙布。要求尽量铺放平整、无褶皱，过长时可折叠放置，尼龙布比板面应略小 8 ~ 10cm。如采用尼龙网格吸垫时，应铺设网片，周边与尼龙布对齐，每网片间还应搭接 2 ~ 3cm，最后铺上部吸罩，并连接接水桶。

如有密封边,应用毛刷沿周边轻扫压一遍。开泵脱水的同时,应再拉压一遍,以保证脱水效果。

(3)开泵脱水

将真空泵吸口和吸垫吸口用软管接通,启动真空泵开始脱水作业。开机的同时要计时、量水,观察和控制泵上真空表的数值变化,随时检查是否有漏气现象。观察气垫薄膜内的水流状况,若发现局部水流不畅,可短暂掀起邻近的密封边,放入少量空气,促使水分流动。

对于厚15~25cm的路面,当一次抽吸面积为14~25cm^2时,可采用渐变真空度法施工:在1min内逐步将真空度升高到400~500mmHg,维持4min,从第5min开始将真空度逐渐升到600~680mmHg,然后继续抽吸直到预定时间。如果在规定时间内达不到上述真空度值,应立即检查:吸垫或密封边处是否漏气;气垫薄膜的吸口连接处是否漏气;吸管及吸口处是否被堵塞。如有漏气现象,应及时补漏;如果吸口处堵塞,应停机疏通。

最短脱水时间不宜短于表22-13的规定。同时也可用脱水率或剩余水灰比来控制。脱水率应根据混凝土面板的厚度控制在10%~15%。或用直接检查的方法控制脱水时间:当脚踩在混凝土表面上时,基本无晃动感觉,而且脚印很浅,并能立即使用重型抹光机进行抹面,则应停止脱水。当脱水达到规定时间或已脱出规定水量后,在吸垫四周位置要略掀起1~2cm,继续抽吸10~15s,以脱尽作业表面及管路中余水,然后停泵。

最短脱水时间(min) 表22-13

面层厚度 h(mm)	昼夜平均气温 t(℃)					
	3~5	6~10	11~15	16~19	10~25	>25
18	26	24	22	20	18	17
22	30	28	26	24	22	21
25	35	32	30	27	25	24

用卷轴卷起吸垫,移至下一工作面,依次铺放,继续下次脱水作业。

(4)复平

为弥补真空脱水可能造成板中板边高差,脱水后应用滚杠或振动梁再振一次。以保证表面平整,并进一步增强板面强度的均匀性。

2. 注意事项

真空脱水施工要注意如下几点。

(1)真空脱水应在摊铺、振捣、整平工序之后立即进行,其他工序和常规施工相同。真空脱水后混凝土已经比较干硬,因此必须在脱水前用振动梁或滚杠提浆整平,才能保证达到要求的平整度。

(2)真空脱水会对混凝土产生压缩作用,使混凝土体积缩小,因此振动成型后的拌和物厚度应高出模板1%~1.5%。

(3)拌和物的水灰比可适当提高,以获得较好的工作性。但不宜过大,因为初始水灰比较大的拌和物,虽然脱水量也较大,但脱水之后的水灰比仍然很大,对强度形成不利,控制在0.48~0.55之间比较合适。集料可比常规施工的混凝土增加5%~10%。

(4)试验研究表明,对于某一确定的情况,存在一个最佳真空度。路面施工中,真空度应控制在0.07MPa以上,最小不得低于0.06MPa。应采用渐变真空度法施工,如果真空度提高过快,可能导致摊铺层表面形成密实层阻滞脱水,发生弹簧层现象。施工过程中如果出现弹簧层现象,可以用振捣棒加以振捣,破坏表面致密层后继续作业。结束脱水作业时,也应逐渐减小真空度。

(5)真空脱水处理后的混凝土表面比较密实、干硬,可以立即进行抹面,但必须使用机械抹光。首先用圆盘式抹光机粗抹一遍,隔几分钟后用叶片式抹光机进行精抹。脱水后表面如果局部不平整,应立即进行人工找补。

(6)由于真空脱水使混凝土强度形成加快,切缝时间应比常规施工提前3~5h。

(7)真空脱水作业时,不能随意在吸垫上行走,即使检查漏气时也不能穿带钉或硬底的鞋踏上吸垫,最好穿胶鞋操作;吸垫要避免与带有尖角的硬物接触,以免损伤;每班施工结束后,所有施工机具特别是过滤布、吸垫的骨架层、通道、密封边,均应用高压清洗机清洗干净;真空泵内的沉积物应清除掉,排除存水,并重新注入清水,开泵将其内的水泥残渣冲洗干净。

第二十三章　配筋混凝土面层施工

第一节　钢筋混凝土面层

钢筋混凝土面层(Reinforced Concrete Pavement)是在混凝土面层板内配置纵向和横向钢筋,以防止可能产生的裂缝缝隙张开的一种设接缝混凝土路面结构。它耐久性较好,养护费用少,综合成本低。面层中的钢筋可以限制裂缝的发展,使路面层板的接缝间距延长,减少接缝数量,从而减少因接缝设置不当而产生的唧泥、错台等病害,提高路面行车的舒适性。钢筋混凝土面层可用于高速公路、一级公路的路面,各级公路的桥涵与路面过渡段,软弱土基、高填方、填挖交界路段以及交叉口和收费站广场,也可用于面层板长度6m以上以及板的平面形状不规则或板内开设孔口等场合。

一、构造

钢筋混凝土面层的构造包括其板厚、平面尺寸、接缝和配筋等方面。

1. 板厚

设置钢筋的目的不是增加面层的弯拉强度,而是控制裂缝缝隙的张开量,把开裂的面层拉在一起,使面层能依靠断裂面上的集料嵌锁作用而具有传荷能力,但却不能增加面层板的抗弯强度。因此,其结构和厚度应按普通混凝土面层设计原理和方法设计。

2. 平面尺寸

钢筋混凝土面层长度 L_s 一般在6~15m之间,也可通过式(23-1)估算。

$$L_s = 2.19\sqrt[3]{h(5.6Pf_{sy})^2} \tag{23-1}$$

式中:h——钢筋混凝土面层厚度,cm;

P——纵向钢筋截面积与混凝土断面积之比;

f_{sy}——钢筋的屈服强度,MPa,可按表23-1选用。

3. 配筋

配筋设计时,假定混凝土面层为均质,与基层之间的摩擦力沿面层平面方向即在截面上均匀分布。因此,最大拉应力将产生在混凝土面层的横向或纵向的中间位置,它等于由该处到最近的板边缘范围内面层和基层之间的摩阻力。钢筋混凝土面层的配筋量则应抵抗在该位置可能产生的最大拉应力,即按式(23-2)计算确定。

$$A_s = \frac{16L_s h\mu}{f_{sy}} \tag{23-2}$$

式中:A_s——每延米混凝土面层宽(或长)所需的钢筋面积,mm^2;

L_s——纵向钢筋时,为横缝间距;横向钢筋时,为无拉杆的纵缝或自由边之间的距离,m;

h——混凝土面层厚度,cm;

μ——面层与基层之间的摩阻系数,一般为1.5~1.8;

f_{sy}——钢筋的屈服强度，MPa，可据表 23-1 选用。

钢筋强度和弹性模量经验参考值 表 23-1

钢筋种类	钢筋直径 d (mm)	屈服强度 f_{sy} (MPa)	弹性模量 E_s (MPa)
R235(Q235)	8 ~ 20	235	2.1×10^5
HRB335	6 ~ 50	335	2.0×10^5
HRB400	6 ~ 50	400	2.0×10^5
KL400	8 ~ 40	400	2.0×10^5

确定每延米混凝土面层所需钢筋面积后，即可选定钢筋的直径和根数。为避免板中出现应力集中，钢筋直径应尽可能取小值。纵向和横向钢筋应选用相同直径或其直径之差在 4mm 之内，以分散板内的应力。钢筋的最小间距应大于集料最大粒径的 2 倍。钢筋的最小直径和最大间距数值应符合表 23-2 的规定。

钢筋最小直径和最大间距(mm) 表 23-2

钢筋类型	最小直径	纵向最大间距	横向最大间距
光面钢筋	8	150	300
螺纹钢筋	12	350	750

钢筋布置应符合下列要求：

(1)钢筋的主要作用是使裂缝密闭，只要有足够的保护层厚度即可，一般为 5mm，通常钢筋设在面层板下 1/3 ~ 1/2 板厚范围内。横向钢筋位于纵向钢筋之下。

(2)纵向钢筋的搭接长度一般不小于 35 倍钢筋直径，搭接位置应错开，各搭接端连线与纵向钢筋的夹角应小于 60°。

(3)边缘钢筋至纵缝或自由边的距离一般为 100 ~ 150mm。

4. 接缝

钢筋混凝土面层板长度较长，缩缝缝隙的张开宽度可能较普通混凝土面层的大，因此其断裂面的传荷能力将减弱。为保证接缝具有较高的传荷能力，钢筋混凝土面层板的所有横向缩缝必须设置传力杆。其他接缝构造同普通混凝土面层。

二、施工

钢筋混凝土面层混凝土的摊铺作业应符合素混凝土面层的相应规定。面层铺筑前，应按设计图纸中面层板平面位置、尺寸、钢筋布置要求对钢筋网设置位置路面层板块、地梁和接缝位置等进行准确放样。

1. 钢筋网加工与安装

(1)钢筋网所采用的钢筋直径、间距，钢筋网的设置位置、尺寸、层数等应符合设计图纸的要求。钢筋网中钢筋之间连接宜采取焊接，双层钢筋网或焊接困难的单层钢筋网可采取绑扎。钢筋网的焊接和绑扎精度应符合表 23-3 的规定。搭接焊和帮条焊时，钢筋的搭接长度要满足：双面焊不小于 5 倍钢筋直径 d；单面焊不小于 10d，钢筋绑扎搭接长度不能小于 35d。同一垂直断面上不能有两个焊接或绑扎接头，相邻钢筋的焊接或绑扎接头要分别错开 500mm 和 900mm 以上。此外还可采用工厂焊接好的冷轧带肋钢筋网，但要保证其质量满足国家相关标准的规定。另外钢筋直径和间距应按设计的非冷轧钢筋等强互换为冷轧带肋钢筋。

钢筋网焊接及绑扎的允许误差(mm)　　表23-3

项　目		焊　接	绑　扎
钢筋网的长和宽		±10	±10
网眼尺寸		±10	±20
骨架宽和高		±5	±5
骨架长		±10	±10
箍筋间距		±10	±20
受力钢筋	间距	±10	±10
	排距	±5	±5

(2)钢筋网应采用预先架设安装方式。钢筋网主受力钢筋应设置在弯曲应力中最大的底部位置。单层钢筋网的安装,在确保精度的条件下,可采用两次摊铺,中间摆设钢筋网的安装方式。单层钢筋网的安装高度应在面层下1/3～1/2板厚处,外侧钢筋中心至接缝或自由边的距离不应小于10cm,并应配置4～6根/m^2焊接支架或三角架立钢筋支座,以保证在混凝土拌和物压力下钢筋网基本不下陷、不移动,经振捣可弹性恢复到设定位置。单层钢筋网不得使用砂浆或混凝土垫块架立。

双层钢筋网主筋应分别安装在上层顶部及下层底部。双层钢筋网上下层之间不应少于4～6个/m^2焊接支架或环形绑扎箍筋。双层钢筋网底部可采用焊接架立钢筋或3cm厚砂浆垫块支撑,数量不得少于4～6个/m^2。安装双层钢筋网时要确保其底部到基层表面有不小于30mm的保护层,顶部离面层板表面有不小于50mm的耐磨保护层。

在路面摊铺前,应检验绑扎或焊接安装好的钢筋网和钢筋骨架,不得有贴地、变形、移位、松脱和开焊现象,其安装位置的允许偏差应符合表23-4的规定。连续钢筋网每隔30m宜采用绑扎方式安装。

钢筋网安装位置的规定值及允许偏差(mm)　　表23-4

项　目		允许误差
受力钢筋排距		±5
钢筋弯起点位置		20
箍筋、横向钢筋间距	绑扎钢筋网及骨架	±20
	焊接钢筋网及骨架	±10
路面钢筋预埋位置	中心线位置	±5
	水平高差	±3
钢筋保护层	距表面	规定值50
	距底面	规定值30

2. 布料与摊铺

布料前,应保护好安装架设好的钢筋网。卸料时,应卸在料斗内、布料机接料斗内或轨道摊铺机的料箱内,不得直接从运输车辆倾倒在钢筋网上,也不得倾倒在旁边的基层上。卸料后,由机械从侧边运送到摊铺位置。堆放在钢筋网上的料堆不应过高,应尽快布匀,防止将钢筋网压变形或压垮。布料时,可采用两台布料机分两次布料,在两台布料机中间摆放间断钢筋网。摊铺好的拌和物上严禁任何机械碾压。

混凝土拌和物的坍落度和施工方式相同时,钢筋混凝土面层的布料松铺高度应比素混凝土路面的高 2 ~3cm。一般来说,用于钢筋混凝土面层的混凝土拌和物的坍落度应比相同施工方式的素混凝土面层的大 1 ~2cm。

钢筋混凝土面层的振捣间距应适当加密。采用插入振捣时,振捣棒间距应按纵向钢筋间距作适当调整,振捣棒组不应阻碍、碰撞和扰动钢筋。插入振捣时,不应拖行振捣棒组,应依次逐条分别振捣,并且应轻插慢提,不可猛插急提。混凝土拌和物的坍落度和施工方式相同时,振捣时间应比素混凝土延长 5 ~ 10s。采用滑模摊铺机或轨道摊铺机施工时,速度一定,应适当增大振捣频率;振捣频率一定时,应适当减慢速度。

钢筋混凝土路面应连续摊铺至横缝位置或钢筋网的端部,防止各种原因产生的摊铺中断。当因不可抗拒因素中断摊铺时,必须设置横向施工缝。横向施工缝可采用平缝使纵向钢筋穿过接缝后仍保持连续。横向施工缝距前后最近接缝的距离不应小于 5m,缝内应加密一倍长度且不小于 2m 的纵向钢筋。

此外,钢筋混凝土路面摊铺作业还应符合普通混凝土路面相应铺筑方式的有关规定。

3. 切缝

根据面层铺筑前的放样确定切缝位置。设接缝钢筋混凝土面层横向缩缝间距一般为 10 ~20m,最大不超过 30m。当面层板宽度不大于 9m 时,可不切纵缝,否则应按车道切纵缝。设接缝的钢筋混凝土路面摊铺面层板时,在每张钢筋网片边缘 10cm 处做标记,准确定位切纵、横缩缝。纵横向切缝部位的钢筋表面要涂防锈涂层或包裹防锈塑料套管等阻锈措施。切开的纵横缩缝要及时填缝。

第二节　连续配筋混凝土面层

连续配筋混凝土面层(Continuously Reinforced Concrete Pavement)是在混凝土面层纵向配置足够数量且连续的钢筋,通过此纵向钢筋限制面层板因纵向收缩而产生的开裂,减少由接缝引起的路面病害,提高路面使用性能。

除设置施工缝和近构造物处所需胀缝外,连续配筋混凝土面层不设胀缝和缩缝,使路面形成一个平整的行车表面,改善汽车行驶的平稳性,同时也增加路面层板的整体强度。但连续配筋混凝土面层并非完全没有裂缝,只是钢筋约束混凝土的收缩变形,承受其收缩应力,使裂缝分散在更多的部位。通常在面层板上,每 1.5 ~4.0m 有一道微小裂缝,但由于钢筋的约束,裂缝仍然保持紧密接触。连续配筋混凝土面层裂缝宽度小,通常用肉眼看不清楚。这种微小裂缝不至于破坏路面的整体连续性和行车平稳性,路面表面雨水也不易渗入,因此使用效果好。

国外 70 多年的使用实践表明,连续配筋混凝土路面具有耐久性好、行车舒适平稳、施工进度快、养护工作少以及寿命周期费用低等优点。其主要问题是所用钢筋的数量多,对施工工序有较严格的要求,初期投资大,但从长期使用性能来看,连续配筋混凝土路面的经济性很好。此外,对连续配筋混凝土路面的端部及与桥梁等构造物连接的部位,须进行端部处理。

连续配筋混凝土路面的应用和理论研究以美国和比利时最具代表性。美国于 1921 年最先使用连续配筋混凝土路面,到 1980 年境内已修筑 22 600km 连续配筋混凝土路面。比利时从 20 世纪 50 年代开始修建,在 70 年代修筑了大量连续配筋混凝土路面。我国在试验研究及修筑试验路的基础上,连续配筋混凝土路面已应用于高速公路、重载交通路面、机场道面以及旧混凝土路面加铺等场合。

一、结构构造

连续配筋混凝土路面的结构构造与普通混凝土路面有所区别，前者路面结构构造包括板厚、配筋和端部构造，除了根据车轮荷载作用设计路面层板的厚度之外，对于路面板钢筋的布置与用量以及路面端部设施的结构细节，都需要根据混凝土面层的温度变形特性进行设计计算。

20 世纪 60 ~70 年代，美国混凝土学会（ACI）及此后 AASHTO 对连续配筋混凝土路面的设计原理和方法进行了研究，提出了实用的设计方法。我国在 1994 年公路水泥混凝土路面设计规范中列有连续配筋混凝土路面的设计方法，并在试验研究的基础上 2002 年修订规范中进行了补充完善。

1. 面层板厚

连续配筋混凝土面层内配置纵向配筋的作用是控制混凝土面层板纵向收缩引起的开裂，防止裂缝宽度增大，即纵向钢筋只承担收缩应力，并不分担截面的弯拉应力。也就是说连续配筋混凝土面层内配置的钢筋主要用于约束裂缝，提高路面使用性能，并不计其对路面承载能力增强的作用，因此连续配筋混凝土路面的厚度可按照普通混凝土路面计算方法计算。

ACI 对根据 AASHTO 试验路的观测资料提出的普通混凝土路面设计方法进行了若干修正，引入荷载传递因素，建立新的诺谟图，提出了连续配筋混凝土路面板厚的设计方法。根据该设计方法，在相同的交通荷载和材料特性的情况下，连续配筋混凝土路面板厚为普通混凝土路面板厚的 80% ~90%。但国外实际应用表明，由该方法设计的重交通道路的连续配筋混凝土路面大都发生明显损坏。因此，国外对交通特别繁重的道路，连续配筋混凝土面层采用与普通混凝土面层板相同的厚度，次重交通道路适当减薄。

我国在 20 世纪 80 年代初对连续配筋混凝土路面展开了研究和工程应用。基于现有研究成果和工程实践，参照国外设计方法，我国规范规定，连续配筋混凝土面层的厚度与普通混凝土面层的相同。

2. 配筋

连续配筋混凝土路面中的纵向钢筋是考虑混凝土收缩和温度变形来设计，依据静力平衡关系，确定最小配筋率。美国各州的连续配筋混凝土路面配筋率一般取 0.5% ~0.7%，寒冷地区取高值；由于比利时公路路面所采用的混凝土强度较高，过去的配筋率取 0.85%。近年来，为了获得更均匀的裂缝间距而取 0.67%。

配置纵向钢筋的目的是约束裂缝扩张，承受混凝土收缩应力，而不是增加混凝土面层的抗弯拉强度。所以，纵向钢筋用量不能按照车辆荷载进行设计，而要根据裂缝间距、缝隙宽度和钢筋屈服强度三项指标要求进行设计。横向配筋目的是固定纵向钢筋，保证纵向钢筋充分发挥作用。因此，横向钢筋用量可按照钢筋混凝土路面计算方法确定，也可按照纵向钢筋用量的 1/5 ~1/8 取用。

限制裂缝间距是为了避免或减少混凝土面层板裂缝处剥落和冲断破坏的可能性；限制缝隙宽度是为了避免或减少剥落和渗水的可能性；计算钢筋拉应力是为避免钢筋实际承受拉应力超过其屈服强度而发生丧失约束裂缝的能力。对这三项指标，我国现行规范规定：初拟配筋率后，按上述三项要求判断配筋率是否合适。

横向裂缝的平均间距为 1.0m ~2.5m；裂缝缝隙宽度不超过 1mm；钢筋拉应力不超过钢筋屈服强度。

（1）横向裂缝间距

横向裂缝间距过大,裂缝会变宽,水更容易渗入路面中而加快钢筋腐蚀;横向裂缝间距过小,则板块数量过多,降低车辆行驶舒适性。横向裂缝平均间距可按下列公式计算。

$$L_d = \frac{2b}{\sqrt{\frac{4k_s}{d_s E_s}(1+\varphi)}} \tag{23-3}$$

$$\varphi = \rho \frac{E_s}{E_c} \tag{23-4}$$

$$\lambda_c = \frac{f_t}{E_c(\alpha_c \Delta t + \varepsilon_{sh})} \tag{23-5}$$

式中:L_d——横向裂缝平均间距,m;

φ——钢筋刚度贡献率,%;

ρ——配筋率,%;

E_s——钢筋弹性模量,MPa。可参考表23-1选用;

E_c——混凝土弹性模量,MPa;

d_s——钢筋直径,mm;

k_s——黏结刚度系数,MPa/mm,可参照表23-5确定;

λ_c——混凝土温缩应力系数;

b——随系数φ和λ_c变化的系数,查图23-1确定;

f_t——混凝土抗拉强度标准值,MPa,可参照表23-5确定;

α_c——混凝土线膨胀系数,通常取1×10^{-5}/℃;

Δt——设计温差,为混凝土的平均养护温度与设计最低温度之差,可近似取所在地区的日平均最高气温与最低气温之差;

ε_{sh}——连续配筋混凝土干缩应变,参照表23-5确定。

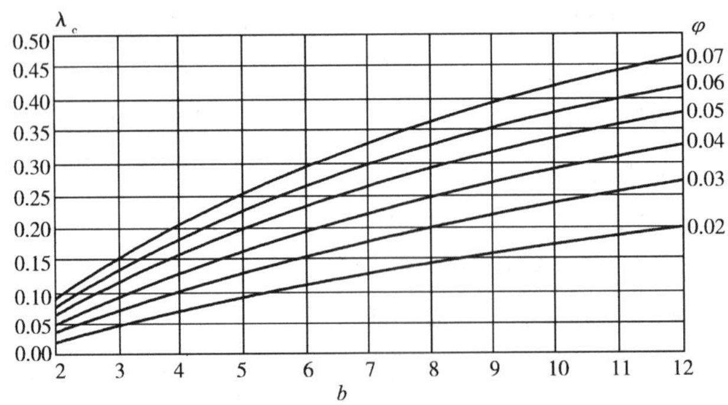

图23-1 不同φ值时系数b与系数λ_c的关系曲线

连续配筋混凝土纵向配筋计算参数经验参考值 表23-5

混凝土强度等级	C30	C35	C40
混凝土抗拉强度标准值f_t(MPa)	3.0	3.2	3.5
黏结刚度系数k_s(MPa/mm)	30	32	34
连续配筋混凝土干缩应变ε_{sh}	0.000 45	0.000 3	0.000 2

(2)裂缝缝隙宽度

裂缝缝隙宽度可按式(23-6)计算。

$$b_j = (\alpha \Delta t + \varepsilon_{sh}) \lambda_b L_d \tag{23-6}$$

式中：b_j——裂缝缝隙宽度,mm;

λ_b——裂缝宽度系数,根据钢筋刚度贡献率 φ 和 b,查图 23-2 确定;

其他符号意义同前。

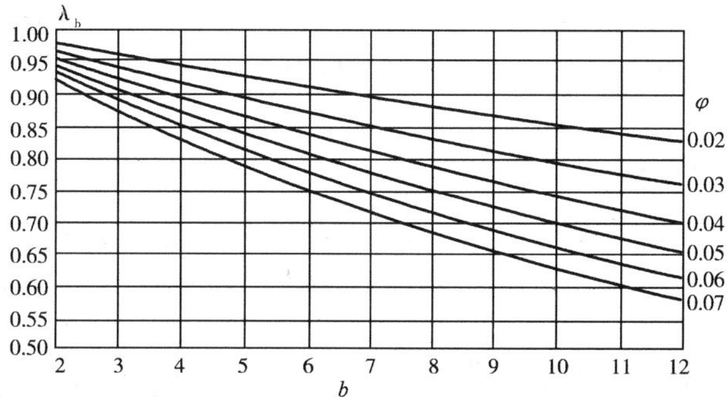

图 23-2　不同 φ 值时系数 b 与裂缝宽度系数 λ_b 的关系曲线

(3)钢筋拉应力

钢筋拉应力 σ_s 可按式(23-7)计算。

$$\sigma_s = E_s(\alpha_c \Delta t \lambda_{st} + \alpha_s \Delta t) \tag{23-7}$$

式中：λ_{st}——钢筋温度应力系数,根据钢筋刚度贡献率 φ 和 b,查图 23-3 确定;

α_s——钢筋线膨胀系数,通常取$9 \times 10^{-6}/℃$;

其他符号意义同前。

纵向配筋率 ρ 的计算步骤如下:

①根据公路所在地区,初步拟定配筋率 ρ。一般地区 ρ 为 0.6% ~0.8%,冰冻地区 ρ 为 0.7% ~0.8%;按照式(23-4)计算钢筋刚度贡献率 φ,再按式(23-5)计算混凝土温缩应力系数 λ_c,根据 φ 和 λ_c,查图 23-1 得系数 b,最后按照式(23-3)计算裂缝间距 L_d。当 $L_d > 2.5$m 或 $L_d < 1.0$m 时,在规定范围内增大或减少 ρ,重复上述计算至符合要求。

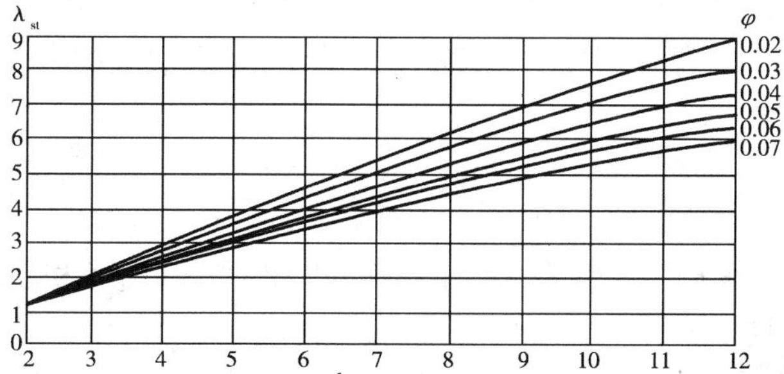

图 23-3　不同 φ 值时系数 b 与钢筋温度应力系数 λ_{st}的关系曲线

②由钢筋刚度贡献度 φ 和系数 b，查图 23-2 得裂缝宽度系数 λ_b；然后根据式(23-6)计算裂缝缝隙宽度 b_j。当 $b_j \leq 1$mm 时，满足要求；否则应增大配筋率，重复上述计算至符合要求。

③由钢筋刚度贡献率 φ 和系数 b，查图 23-3 得钢筋温度应力系数 λ_{st}；然后根据式(23-7)计算钢筋应力 σ_s。当 $\sigma_s \leq$ 钢筋屈服强度 f_{sy} 时，满足要求；否则，应增大配筋率 ρ，重复上述计算至符合要求。

综合上述三项计算结果，最终确定配筋率，并进一步确定钢筋根数。连续配筋混凝土路面的纵向和横向钢筋均应采用螺纹钢筋，其直径为 12 ~ 20mm。在满足纵向钢筋间距要求的前提下，宜选用直径较小的钢筋，以更好约束裂缝的发展和承受混凝土的收缩应力。

3. 钢筋布置

连续配筋混凝土面层钢筋布置应符合下列要求：

(1)纵向钢筋应设在面层表面下 1/2 ~ 1/3 厚度范围内，横向钢筋位于纵向钢筋之下。

(2)纵向钢筋的间距不大于 250mm，不小于 100mm 或集料最大粒径的 2.5 倍。

(3)横向钢筋的间距不大于 800mm。

(4)纵向钢筋的单面焊接长度一般不小于 10 倍钢筋直径，双面焊一般不小于 5 倍钢筋直径。焊接位置应错开，各焊接端连线与纵向钢筋的夹角应小于 60°。

(5)边缘钢筋至纵缝或自由边的距离一般为 100 ~ 150mm。

4. 端部处理

实测资料显示，连续配筋混凝土面层的端部若没有约束措施，则其自由端的移动量每年可达 25 ~ 50mm，具体与混凝土的粒料类型、基层摩阻力、板厚和施工季节有关。端部过大的位移会严重影响路面行车的平顺和舒适，并对与之相连接的其他路面、桥梁和涵洞等构造物将造成危害。为了消除或减少连续配筋混凝土路面端部位移的不利影响，在连续配筋混凝土路面与其他类型路面或桥梁、涵洞等构造物连接的端部，应设置锚固结构，借助地基的被动土压力来约束位移。

端部锚固结构可采用钢筋混凝土地梁或宽翼缘工字梁式构造等形式。端部锚固结构设计时，首先要估算板端在温差作用下可能发生的位移量，然后根据位移控制要求(全部或部分)计算所需的约束力，由此可验算锚固结构的强度、地基稳定性和纵向位移量是否满足控制要求。

钢筋混凝土地梁一般采用 3 ~ 5 个，梁宽 400 ~ 600mm，梁高 1 200 ~ 1 500mm，间距 5 000 ~ 6 000mm。地梁与连续配筋混凝土面层连成整体，具体构造如图 23-4 所示。

宽翼缘梁式构造是将宽翼缘工字钢梁的底部锚入钢筋混凝土枕梁内。枕梁长度一般为 3 000mm，厚度为 200mm。钢梁腹板与连续配筋混凝土路面面层端部间填入胀缝材料，具体构造见图 23-5。

二、施工

连续配筋混凝土路面施工与钢筋混凝土路面施工有关规定基本相同，减少了切缝工序，增加了设置端部锚固结构工序。

端部锚固结构应按设计要求施工，以确保锚固效果。采用地梁锚固时，先在锚固端按设计结构尺寸开挖地槽。开挖时，应尽量避免扰动和超挖两侧基层、垫层及土基。尺寸较规则、超挖较少时，可不设侧模，否则应设侧模。岩石路基上可直接将钢筋锚固在基岩中。地梁钢筋要与路面钢筋焊接在一起,地梁要与面层板浇成整体。地梁与路面混凝土合拢时气温应控制在 20 ~ 25℃。

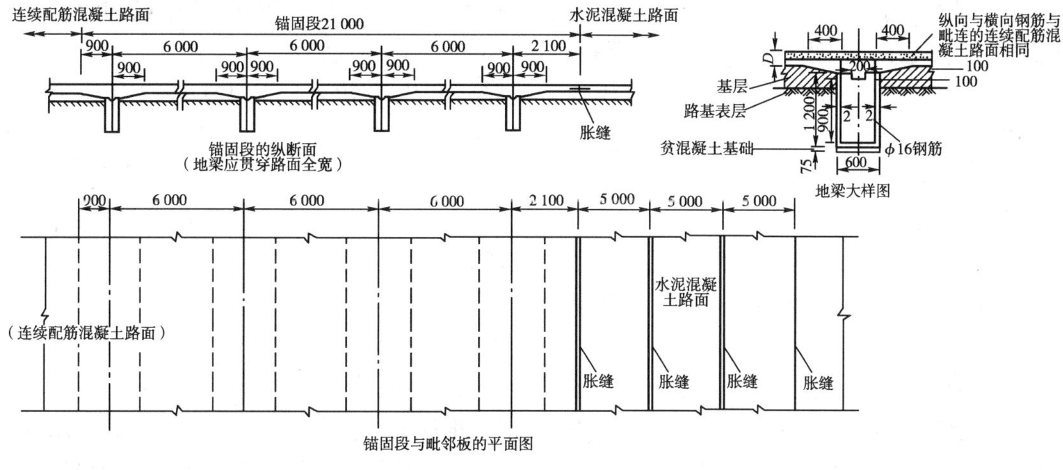

图 23-4　钢筋混凝土地梁锚固(尺寸单位:mm)

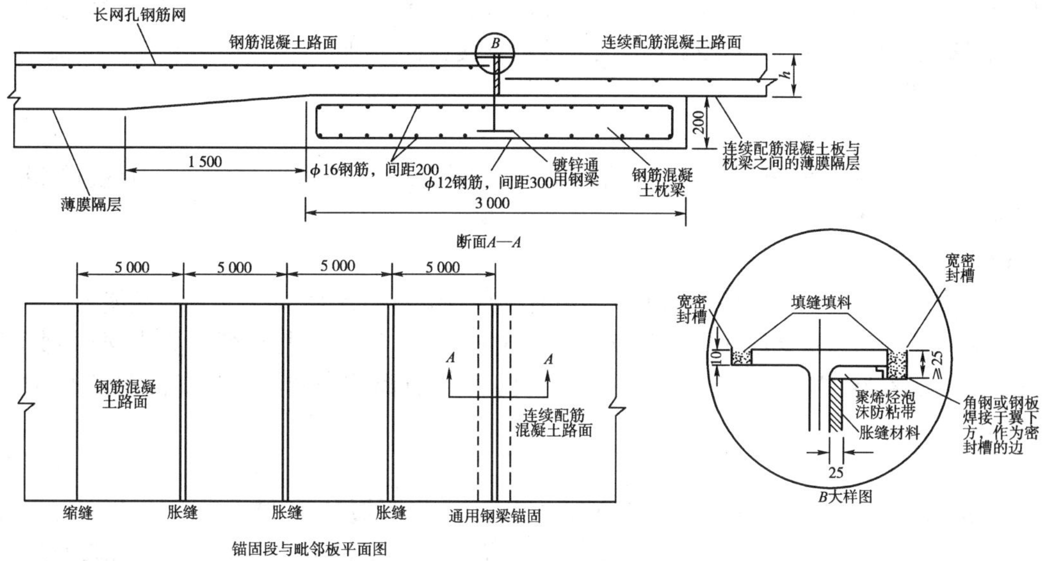

图 23-5　宽翼缘工字钢梁锚固(尺寸单位:mm)

采用宽翼缘工字钢梁端部接缝时,应按设计要求制作与基层厚度相同的枕垫板,枕垫表面铺设滑动隔离层,后摊铺面层板。然后安装横向宽翼工字钢梁。面层板端部与工字钢连接部位以胀缝填缝料填塞,并确保在枕垫板的端部可自由滑动。

第三节　钢纤维混凝土面层

一、概述

钢纤维混凝土面层(Steel Fiber Reinforced Concrete Pavement)是在素混凝土基体中掺入乱向、不连续的钢纤维的一种面层结构形式。这种面层具有优良的抗拉、抗弯拉、抗疲劳性能以及较好的韧性。钢纤维混凝土面层的应用可以明显减薄混凝土板厚，延长缩缝间距，减少接缝数量，改善路用性能，进而减少工作量，缩短工期，减少唧泥、错台等病害，既延长使用寿命又保证行车舒适性。钢纤维混凝土面层一般应用于公路路面、机场道面、桥面、停车场和收费站广场等场所，也可用于高程受限制地段路面和旧水泥混凝土路面加铺层。

国外从 20 世纪 70 年代开始将其应用于公路路面和机场道面。美国自 1972 年以来在密歇根州、爱荷华州等地修筑钢纤维混凝土路面；英、法、德等国家从 1973 年以来也相继修筑钢纤维混凝土路面；日本 1975 年在国家公路黑矶工程中修筑钢纤维混凝土路面。我国自 20 世纪 70 年代中期开始研究钢纤维混凝土，并在 20 世纪 80 年代初应用于公路和城市道路路面。自 1988 年开始，机场也应用钢纤维混凝土铺筑机场道面。

钢纤维混凝土面层的结构形式有新建路面面层和旧路面加铺层两种。

1. 钢纤维混凝土新建路面面层

钢纤维混凝土新建路面面层可分为单层式、复合式和碾压式。国内外较多采用的是单层式钢纤维混凝土面层，该路面面层的全断面采用钢纤维混凝土浇筑而成，厚度约为普通水泥混凝土面层的 50% ~60%。复合式钢纤维混凝土面层是在面层的受拉区铺筑钢纤维混凝土，在其上面铺筑普通混凝土。该种面层充分利用了钢纤维混凝土优良的抗弯拉性能，减少钢纤维的用量，降低工程造价，但对施工要求较高。碾压式钢纤维混凝土面层是在碾压混凝土中掺入一定数量的钢纤维，提高碾压混凝土的抗弯拉和抗疲劳性能，同时该种面层施工速度快、水泥用量少、经济性较好。

2. 钢纤维混凝土加铺层

按照加铺层与原有路面之间结合程度的不同，加铺层面层一般分为分离式，直接式和结合式三种。

(1)分离式加铺层

当原有面层裂缝较多或新的加铺层与原有面层接缝不一致时，为防止反射裂缝的产生，常在钢纤维混凝土加铺层与原面层之间设置稳定的隔离层。隔离层材料可用油毡、沥青砂等稳定性较好的沥青类材料，不宜采用砂等松散材料。一般分离式加铺层的厚度较直接式和结合式的厚。

(2)直接式加铺层

当原有面层的状况较好时，在清洗原有面层后，可直接铺筑钢纤维混凝土加铺层。这种面层施工比较方便，其加铺层厚度比分离式薄，比结合式要厚。因上下层间结合状况较复杂，原有面层的裂缝和接缝可能会导致加铺层产生反射裂缝，影响加铺层的使用性能。

(3)结合式加铺层

当原有面层状况良好时，也可采用结合式加铺层。即将钢纤维混凝土加铺层与原有面层黏结为一整体，上、下两层板共同发挥整体强度作用。一般对原有面层的表面清洗凿毛，清除油污，并在洁净的原路表面涂以环氧水泥砂浆等，以保证结合良好。这种路面受力性能较好，加铺层厚度较分离式和直接式小，但要求上下层黏结良好，且加铺层的接缝与原有面层的接缝一致。

二、钢纤维及其技术要求

1. 构造

钢纤维混凝土用钢纤维，是采用碳钢加工制成的纤维，对长期处于受潮条件的混凝土，宜使用经防锈处理的钢纤维。钢纤维有不同的制造方法，通常使用铣削型和剪切型钢纤维，也可使用熔抽型钢纤维，不宜使用钢丝切断型钢纤维。

钢纤维的尺寸主要由强化效果和施工难易性决定。钢纤维粗或短，其强化效果差；如过长或过细，施工时不易拌和，容易结团。为了加强钢纤维和混凝土之间的黏结力，采用增大纤维表面积的方法，将其加工为异型纤维。

此外，还需考虑钢纤维对长期行车安全性的影响，不得使用裸露尖端导致行车不安全的钢纤维。混凝土路面工程可使用外形为波浪形、压痕形、扭曲形、矩形钢纤维，不宜使用外形为圆形、平直形、月牙形、端钩形及大头形钢纤维。

2. 技术要求

混凝土路面工程使用的钢纤维除应满足《混凝土用钢纤维》(YB/T 151—1999)的规定外，还应满足以下强度及尺寸等方面的技术要求。

(1)抗拉强度

钢纤维抗拉强度分为表23-6所示的三个等级。从延长使用年限及防止使用不耐疲劳或劣质钢纤维角度出发，混凝土路面工程中使用的钢纤维单丝抗拉强度等级不宜小于600级。

钢纤维抗拉强度等级 表23-6

等级	1000级	600级	380级
抗拉强度(MPa)	>1 000	600 ~ 1 000	380 ~ 600

(2)长度

钢纤维的长度要与混凝土的公称最大粒径相匹配。钢纤维在混凝土中要起到提高弯拉强度、抗拉强度、抗裂和增强韧性等作用，其长度宜大于粗集料公称最大粒径的1/3。同时，为防止混凝土搅拌不均匀或搅拌困难，钢纤维的长度也不宜过长，其长度不应超过粗集料公称最大粒径的2倍。

此外，钢纤维的长度与标称值的偏差不应超过±10%，该长度偏差可由式(23-8)求得。

$$\delta_i = \frac{\sum L_i}{100} - L_f \qquad (23\text{-}8)$$

式中：δ_i——钢纤维长度偏差值，mm；

L_i——每根受检钢纤维实测长度，mm(随机抽取10根，精度不小于0.01mm)；

L_f——钢纤维长度标称值，mm。

三、钢纤维混凝土的配合比设计

采用滑模摊铺机、轨道摊铺机、三辊轴机组及小型机具铺筑的钢纤维混凝土路面，其配合比设计方法如下所述。

1. 钢纤维混凝土配合比设计要求

(1)弯拉强度

钢纤维混凝土路面的设计弯拉强度标准值f_{rf}应符合表20-14的要求。钢纤维混凝土配制28d弯拉强度的均值f_{cf}，应按式(20-5)计算得到，并以f_{rf}和f_{cf}分别代替f_r和f_c。

(2)工作性

与普通混凝土达到相同振实性能的钢纤维混凝土，其坍落度一般比表20-12和表20-13中的规定值小20mm。

钢纤维混凝土应掺高效减水剂，否则不能提高基体混凝土的强度和耐久性，一旦路面磨损成坑，钢纤维裸露后，将失去作用。掺高效减水剂时，钢纤维混凝土的单位用水量可按表23-7初选，再由拌和物实测坍落度确定。

钢纤维混凝土单位用水量选用表 表23-7

拌和物条件	粗集料种类	粗集料公称最大粒径 D_m（mm）	单位用水量（kg/m^3）
长径比 $L_f/d_f=50$，体积率 $\rho_f=0.6\%$，坍落度20mm，中砂，细度模数2.5，水灰比0.42～0.50	碎石	9.5、16.0	215
		19.0、26.5	200
	砾石	9.5、16.0	208
		19.0、26.5	190

注：①钢纤维长径比每增减10，单位用水量相应增减10kg。

②钢纤维体积率每增减0.5%，单位用水量相应增减8kg。

③坍落度变化范围为10～50mm时，相对于坍落度20mm每增减10mm，单位用水量相应增减7kg。

④细度模数在2.0～3.5范围内，砂的细度模数每增减0.1，单位用水量相应增减1kg。

（3）耐久性

各级公路路面和桥面钢纤维混凝土满足耐久性要求的最大水（胶）灰比和最小水泥用量应符合表23-8的规定。当实际水（胶）灰比在只掺引气剂不能满足此项规定时，应使用引气型复合（高效）减水剂满足最大水（胶）灰比的要求。

钢纤维混凝土满足耐久性要求的最大水（胶）灰比和最小水泥用量 表23-8

公路等级		高速、一级公路	二级公路	三、四级公路
最大水（胶）灰比		0.47	0.49	0.50
抗冰冻要求最大水（胶）灰比		0.45	0.46	0.48
抗盐冻要求最大水（胶）灰比		0.42	0.43	0.46
最小单位水泥用量（kg/m^3）	42.5级	360	360	350
	32.5级	370	370	365
抗冰（盐）冻要求最小单位水泥用量（kg/m^3）	42.5级	380	380	375
	32.5级	390	390	385
掺粉煤灰时最小单位水泥用量（kg/m^3）	42.5级	320	320	315
	32.5级	340	340	335
抗冰（盐）冻掺粉煤灰最小单位水泥用量（kg/m^3）	42.5级	330	330	325

为防止氯离子造成钢纤维锈蚀破坏，钢纤维混凝土严禁采用海水、海砂，不得掺加氯盐类早强剂、防冻剂等外加剂。

处在海风、酸雨、硫酸盐及除冰盐等环境中的钢纤维混凝土路面，宜掺用表20-9中Ⅰ、Ⅱ级粉煤灰，桥面宜掺用硅灰与S95和S105级磨细矿渣。

（4）经济性

钢纤维混凝土的经济性体现在它具有比普通混凝土路面高得多的承载能力、耐冲击韧性、疲劳循环周次及使用寿命。其中关键材料是钢纤维，应在保证路面安全性和钢纤维质量的前提下，选择性能价格比较优的钢纤维，但不得使用不满足前述技术要求的低级或劣质钢纤维。

2. 钢纤维混凝土配合比设计步骤

钢纤维混凝土的配合比设计同普通水泥混凝土类似，也有四个设计步骤。由于后三个步骤与普通水泥混凝土相同,此处只介绍钢纤维混凝土的初步配合比设计步骤。

(1)确定钢纤维混凝土的试配强度

查表20-14确定路面钢纤维混凝土的设计弯拉强度,据式(20-5)计算钢纤维混凝土的试配弯拉强度。

(2)计算确定水灰比

以钢纤维混凝土配制弯拉强度f_{cf}代替f_c,按式(20-6)和式(20-7)计算出不含钢纤维的基体混凝土的水灰比。取钢纤维混凝土基体的水灰比计算值与表23-8规定值两者中的小值。

(3)确定钢纤维掺量体积率

钢纤维掺量体积率按实际使用经验,宜在0.06% ~0.10%范围内初选。当板厚减薄较多时,体积率宜取上限;当长径比大时,宜取较小值;有锚固端者亦宜取较小值。

(4)确定单位用水量

查表23-7,初选钢纤维混凝土的初选单位用水量。掺用外加剂时,应按式(20-15)计入外加剂对单位用水量及水灰比的影响。掺用粉煤灰时,粉煤灰的掺量同普通水泥混凝土的配合比设计,按超量取代法确定。同时将取代水泥部分的粉煤灰与水泥相加,将水灰比转化为水胶比,超量部分代替砂,并折减砂的用量。

(5)确定单位水泥用量

钢纤维混凝土的单位水泥用量应按式(23-9)确定。

$$C_{of}=\left(\frac{C}{W}\right)W_{of} \tag{23-9}$$

式中:C_{of}——钢纤维混凝土的单位水泥用量,kg/m^3;

W_{of}——钢纤维混凝土的单位用水量,kg/m^3。

由计算得到的水泥用量与表23-9满足耐久性要求的最小水泥用量比较,两者之中取大值,但不宜大于500kg/m^3。

(6)确定砂率

钢纤维混凝土砂率一般在38% ~50%之间,可按式(23-10)计算,也可参照表23-9选用。

$$S_{pf}=S_p+10\rho_f \tag{23-10}$$

式中:S_{pf}——钢纤维混凝土砂率,%;

S_p——普通水泥混凝土砂率,%;

ρ_f——钢纤维掺量体积率,%。

钢纤维混凝土砂率选用值(%) 表23-9

拌和物条件	公称最大粒径19mm碎石	公称最大粒径19mm砾石
$L_f/d_f=50$,$\rho_f=1.0\%$,$W/C=0.5$,砂细度模数$M_x=3.0$	45	40
L_f/d_f增减10, ρ_f增减0.10%, W/C增减0.1, 砂细度模数M_x增减0.1	±5 ±2 ±2 ±1	±3 ±2 ±2 ±1

(7)确定粗、细集料的单位用量

在已知砂率、单位用水量、钢纤维掺量体积率和水泥用量的情况下,可以采用式(23-11)或式(23-12)表示的假定表观密度法或绝对体积法确定粗、细集料的用量。

$$\left.\begin{aligned}&C_{of}+F_{o}+W_{of}+S_{of}+G_{of}=\rho_{cf}\\&\frac{S_{of}}{S_{of}+G_{of}}\times 100=S_{pf}\end{aligned}\right\}\tag{23-11}$$

式中：C_{of}、F_{o}、W_{of}、S_{of}、G_{of}——分别为水泥、钢纤维、水、砂和石子的单位用量，kg；

ρ_{cf}——假定钢纤维的单位质量，可取 2 450 ~2 580kg。

$$\left.\begin{aligned}&\frac{C_{of}}{\rho_C}+\frac{F_o}{\rho_F}+\frac{W_{of}}{\rho_W}+\frac{S_{of}}{\rho_S}+\frac{G_{of}}{\rho_G}+10a=1\ 000\\&\frac{S_{of}}{S_{of}+G_{of}}\times 100=S_{pf}\end{aligned}\right\}\tag{23-12}$$

式中：ρ_C、ρ_F、ρ_W、ρ_S、ρ_G——分别为水泥、钢纤维、水、砂和石子的单位质量，kg；

a——含气量，%。

四、路面结构

钢纤维混凝土路面结构设计与普通混凝土路面相似，只是设计参数有所不同。

1. 设计参数

（1）钢纤维混凝土抗弯拉强度和抗弯拉弹性模量

钢纤维混凝土抗弯拉强度以实测为宜。当无试验资料时，可取用等交通等级普通水泥混凝土弯拉强度标准值加 1MPa，也可按式（23-13）计算确定。

$$f_{ftm}=f_{tm}(1+\alpha_{tm}\rho_f l_f/d_f)\tag{23-13}$$

式中：f_{ftm}——钢纤维混凝土抗弯拉强度设计值；

f_{tm}——同强度等级的素混凝土抗弯拉强度设计值，按现行《公路水泥混凝土路面设计规范》（JTG D40—2002）规定采用；

α_{tm}——钢纤维对抗弯拉强度的影响系数，应通过试验确定，当 $f_{tm}\leqslant 6.0$MPa 时，对熔抽型钢纤维 $\alpha_{tm}=0.52$；对剪切型或熔抽型（$l_f\geqslant 35$ mm）钢纤维 $\alpha_{tm}=0.73$；

ρ_f——钢纤维体积率；

l_f/d_f——钢纤维的长度（l_f）与直径（d_f）之比，简称长径比。

抗弯拉弹性模量可采用同强度等级的素混凝土抗弯拉强度相应的抗弯拉弹性模量 E_{tc}。

（2）钢纤维混凝土弯拉疲劳应力系数

根据设计使用年限内汽车标准轴载的累积作用次数和钢纤维体积率，按式（23-14）计算确定。

$$k_f=N_e^{0.053-0.017\rho_f\frac{l_f}{d_f}}\tag{23-14}$$

式中：N_e——设计使用年限内，路面所经受的累计重复作用次数。

2. 初估板厚和确定平面尺寸

钢纤维混凝土初裂时的抗弯拉强度约为普通混凝土路面的 2 倍，因此，在混凝土强度相同时，钢纤维混凝土面层厚度约为普通混凝土的 70%。当钢纤维体积率为 0.6% ~1.0% 时，钢纤维混凝土面层厚度为普通混凝土面层厚度的 0.65 ~0.75。

钢纤维混凝土路面的接缝间距一般在 15 ~20m，最大不应超过 30m。接缝构造同普通混凝土路面。

3. 应力计算

钢纤维混凝土路面的临界荷位仍是纵缝边缘中部。面层的荷载应力和温度应力按照普通混凝土路面的相应方法计算。

4. 板厚确定

按照现行规范普通混凝土路面板厚设计方法确定板厚。钢纤维混凝土的最小厚度，当特重或重交通时为160mm；中等或轻交通时为140mm。

五、施工

钢纤维混凝土路面施工除了满足普通混凝土路面的施工要求之外，还应结合钢纤维特点，解决由此带来的各种技术问题。

1. 搅拌和运输

由于钢纤维一次性直接投入搅拌机容易出现结团现象。为充分分散钢纤维，应在搅拌机上安装振动式钢纤维分散机，也可使用双锥反转出料强制式搅拌机。搅拌时，要先在搅拌机里干拌1～2min，再加水湿拌2min左右。总拌和时间控制在6min之内，且每次搅拌量控制在搅拌机容量的1/3以下。

钢纤维混凝土拌和物采用自卸运输车运送。拌和物的凝结时间较短，因此，应尽量压缩整个施工工艺流程所耗费时间，各施工工序应紧凑高效。高温时，应掺加缓凝型高效减水剂。在浇筑和摊铺过程中，严禁因拌和物干涩而加水，可喷雾防止表面水分蒸发。钢纤维混凝土拌和物运输、浇筑至摊铺完毕的时间见表23-10。

钢纤维混凝土拌和物运输和铺筑完毕时间 表23-10

施工气温(℃)	运输允许最长时间(h)		铺筑完毕允许最长时间(h)	
	滑模、轨道	三辊轴机组	滑模、轨道	三辊轴机组
5～9	1.25	1.0	1.5	1.25
10～19	0.75	0.5	1.0	0.75
20～29	0.5	0.35	0.75	0.5
30～35	0.35	0.25	0.50	0.35

2. 布料与摊铺

钢纤维混凝土面层所采用的各种机械布料与摊铺方式，应保证钢纤维在混凝土路面板中的均匀性、一致性及结构的连续性。在保证振实前提下，应使用较低坍落度的拌和物，具体见表23-11。

不同施工方式钢纤维混凝土拌和物坍落度(cm) 表23-11

摊铺方式	滑模摊铺机	轨道摊铺机	三轮轴机组	小型机具
出机坍落度	30～50	20～40	20～30	10～30
摊铺坍落度	10～30	5～25	5～15	0～15

注：适宜摊铺的现场坍落度不应变化，出搅拌机坍落度可根据气温、运距等适度调整。

钢纤维混凝土面层布料的松铺厚度应通过机械试铺确定。拌和物坍落度和施工方式相同时，钢纤维混凝土面层的松铺厚度应比普通混凝土的高1～2cm。

3. 振捣与整平

钢纤维混凝土路面所采用的振捣机械和振捣方式不仅应保证混凝土密实，而且还应保证钢纤维在混凝土中的均匀分布。在已振实的面层板中，不得遗留振捣棒插振后局部无钢纤维的空洞、坑穴或沟槽。为保证边角混凝土密实，将振捣棒顺路线方向插入，使钢纤维成纵向条状集束，有利于抵抗面层内的收缩应力和温度应力以及荷载传递。振动持续时间以混凝土停止下沉，不再冒气泡并泛出水泥浆为准。

采用滑模摊铺机或轨道摊铺机摊铺时，面层板振捣应采用高频或超高频振捣棒组，且振捣棒底缘应严格控制在面层板表面位置。采用三辊轴机组摊铺钢纤维混凝土面层，可采用平板式振捣器振捣密实。上述振捣方式中，不得采用振捣棒组插入路面钢纤维混凝土拌和物内部振捣，也不得使用人工插捣。

钢纤维混凝土路面的整平除应满足各级公路路面平整度要求外，整平后的面层板表面 1 ~ 2cm 内还应保证钢纤维不直立和不翘头。

4. 抗滑构造制作

钢纤维混凝土路面必须使用硬刻槽方式制作抗滑构造，不得使用粗麻袋、刷子和扫帚制作细观抗滑构造。

5. 切缝

当钢纤维混凝土强度达到设计强度约 50% 时，开始切缝。钢纤维混凝土路面的横向缩缝间距应在 5 ~ 10m，钢纤维掺量较大时取高值，否则取低值。

第二十四章　复合式路面施工

第一节　复合式路面结构

复合式路面是面层以不同强度的水泥混凝土或水泥混凝土与沥青混凝土所组成的路面结构。其中,水泥混凝土包括普通混凝土、钢筋混凝土、连续配筋混凝土、贫混凝土、碾压混凝土及多孔混凝土等。

1. 水泥混凝土复合式路面

水泥混凝土复合式路面是上下两层不同强度的混凝土复合而成的整体性结构。下层可采用普通混凝土、贫混凝土、碾压混凝土或多孔混凝土,甚至应用非规格地方材料;上层可采用普通水泥混凝土、钢筋水泥混凝土、连续配筋水泥混凝土或钢纤维水泥混凝土。旧混凝土面层上加铺水泥混凝土也可看作复合式路面。

美国 1893 年首次采用复合式混凝土路面,当时下层采用水泥用量偏小的经济混凝土。1973 年,美国混凝土筑路协会材料与混合料设计分会开始对水泥混凝土复合式路面的应用进行研究。之后,在法国、英国、澳大利亚以及日本等国家铺筑了大量的试验路,对此进行了应用研究。我国在“七五”期间对水泥混凝土复合式路面设计理论和方法进行了深入系统地研究。

2. 水泥混凝土与沥青混凝土复合式路面

水泥混凝土与沥青混凝土复合式路面是以水泥混凝土为下面层,沥青混凝土为上面层,即在水泥混凝土面层上加铺沥青层。一般来说,下层的水泥混凝土可采用普通混凝土、贫混凝土、碾压混凝土及多孔混凝土等。这种复合式路面与柔性路面相比可降低沥青用量,又可弥补水泥混凝土路面的不足,刚柔相济,大大改善路面的使用性能。此外,为改善旧水泥混凝土路面的使用性能而加铺沥青层也可视为复合式路面。

水泥混凝土与沥青混凝土复合式路面应用与研究的起步较水泥混凝土复合式路面晚。1985 年,西班牙某高速公路采用 23cm 的碾压混凝土与 5cm 的沥青混凝土作为复合式路面。此后,各国开始对该类型路面进行了理论研究和实际应用。一些国家提出并应用了各自的简化方法。

在国内,研究学者利用层状体系理论和断裂力学等理论对此进行了初步的分析,取得了一定成果;“八五”期间,对碾压混凝土加铺沥青层复合式路面结构设计理论和方法进行系统深入研究,提出了完整的路面结构设计方法,并应用于实际工程。

一、水泥混凝土复合式路面

水泥混凝土复合式路面设计中,除需解决其荷载应力、温度应力及结构厚度设计问题外,其余与普通混凝土路面相同。

1. 荷载应力分析

水泥混凝土复合式路面可按弹性地基上的双层板进行应力分析。

(1)现行规范方法双层板荷载应力分析

等刚度法是进行双层板应力分析时应用较为广泛的一种方法,即将不同接触状况的双层板转换为刚度相当的单层板,然后按弹性地基上的当量单层板计算荷载弯矩和应力,再根据上、下层板的刚度计算各层所分担的弯矩和应力。

我国 1994 年和现行设计规范均按照等刚度法的基本原理进行双层混凝土路面的荷载应力分析,既对分离式和结合式双层板进行分析计算,也考虑了层间的结合状态,引入了层间结合系数的概念。当该系数取 0 或 1 时,则对应分离式和结合式两种状态。

与普通水泥混凝土面层板行车荷载应力分析类似,双层混凝土板的临界荷位仍为板的纵缝边缘中部,标准轴载在临界荷位处产生的上层和下层混凝土板的荷载疲劳应力 σ_{pr1} 和 σ_{pr2} 分别按式(24-1)计算,但结合式双层板仅需计算下层板的荷载疲劳应力 σ_{pr2}。

$$\sigma_{pr}=k_r k_f k_c \sigma_{ps} \tag{24-1}$$

式中:σ_{ps}——标准轴载在四边自由板的临界荷位处产生的荷载应力,MPa;

k_r——考虑接缝传荷能力的应力折减系数;

k_f——考虑设计基准期内荷载应力累计疲劳作用的疲劳应力系数;

k_c——综合系数。

其中,应力折减系数、荷载疲劳应力系数和综合系数的确定方法,与单层混凝土板相同;不同之处为对上层板和下层板均进行荷载应力计算。

①截面总刚度

双层混凝土板的截面总刚度为上层板和下层板对各自中面的弯曲刚度以及由截面轴向力所构成的弯曲刚度三者之和,由式(24-2)计算确定。

$$D_g=\frac{E_{c1}h_{01}^3}{12}+\frac{E_{c2}h_{02}^3}{12}+\frac{E_{c1}h_{01}E_{c2}h_{02}(h_{01}+h_{02})^2}{4(E_{c1}h_{01}+E_{c2}h_{02})}\times k_u \tag{24-2}$$

式中:D_g——双层混凝土板的界面总刚度,MN · m;

E_{c1}、E_{c2}——双层混凝土板上层和下层的弯拉弹性模量,MPa;

h_{01}、h_{02}——双层混凝土板上层和下层的厚度,m;

k_u——层间结合系数,分离式时,$k_u=0$;结合式时,$k_u=1$。

②相对刚度半径

双层混凝土板的相对刚度半径按式(24-3)计算确定。

$$r_g=1.23\left(\frac{D_g}{E_t}\right)^{1/3} \tag{24-3}$$

式中:E_t——基层顶面的当量回弹模量,新建公路按式(24-4)进行计算。

$$E_t=ah_x{}^bE_0\left(\frac{E_x}{E_0}\right)^{1/3} \tag{24-4}$$

$$E_x=\frac{h_1^2\mathrm{E}_1+h_2^2E_2}{h_1^2+h_2^2} \tag{24-5}$$

$$h_x=\left(\frac{12D_x}{E_x}\right)^{1/3} \tag{24-6}$$

$$D_x=\frac{E_1h_1^3+E_2h_2^3}{12}+\frac{(h_1+h_2)^2}{4}\left(\frac{1}{E_1h_1}+\frac{1}{E_2h_2}\right)^{-1} \tag{24-7}$$

$$a=6.22\times\left[1-1.51\left(\frac{E_x}{E_0}\right)^{-0.45}\right] \tag{24-8}$$

$$b = 1 - 1.44 \times \left(\frac{E_x}{E_0}\right)^{-0.55} \tag{24-9}$$

式中：E_t——基层顶面的当量回弹模量值，MPa；

E_0——路床顶面的回弹模量，MPa；

E_x——基层和底基层或垫层的当量回弹模量，MPa；

E_1、E_2——分别为基层和底基层或垫层的回弹模量，MPa；

h_x——基层和底基层或垫层的当量厚度，m；

D_x——基层和底基层或垫层的当量弯曲刚度，MN·m；

h_1、h_2——分别为基层和底基层或垫层的厚度，MPa；

a、b——与 E_x/E_0 有关的回归系数。

底基层和垫层同时存在时，可先按式(24-5)～式(24-7)将底基层和垫层换算成具有当量回弹模量和当量厚度的单层，然后再与基层一起按上述各式计算基层顶面当量回弹模量。无底基层和垫层时，相应层的厚度和回弹模量分别以0值代入上述各式进行计算。按上述各式计算得到的当量回弹模量，与按多层体系计算的结果的偏差在1%～4%范围内。

在旧柔性路面上铺筑水泥混凝土复合式路面时，原柔性路面顶面的当量回弹模量可按式(24-10)计算确定。

$$E_t = 13\ 739 w_0^{-1.04} \tag{24-10}$$

式中：w_0——以后轴载100kN的车辆进行弯沉测定，经统计整理后得到的原路面计算回弹弯沉值，0.01mm。

③上层及下层板的荷载应力

标准轴载在临界荷位处产生的分离式双层板上层和下层的荷载应力或者结合式双层板下层的荷载应力，分别由式(24-11)和式(24-12)确定。

$$\sigma_{ps1} = 0.077 r_g^{0.60} E_{c1} h_{01} / 12 D_g \tag{24-11}$$

$$\sigma_{ps2} = 0.077 r_g^{0.60} E_{c2} (h_{02}/2 + h_x k_u) / 6 D_g \tag{24-12}$$

式中：σ_{ps1}、σ_{ps2}——双层混凝土板上层和下层的荷载应力，MPa；

h_x——下层板中面至结合式双层板中性面的距离，m，按式(24-13)计算确定：

$$h_x = \frac{E_{c1} h_{01} (h_{01} + h_{02})}{2(E_{c1} h_{01} + E_{c2} h_{02})} \tag{24-13}$$

其他符号意义同前。

(2)三维有限元法双层板荷载应力分析

对于双层混凝土路面，其总厚度较大，与薄板有较大差别，以弹性地基薄板理论计算可能造成较大的误差，为了求得准确结果，应放弃关于薄板的假设。为求解上下层板在荷载作用下不同的力学反应，应直接对双层板路面进行分析，给出上下层板的荷载应力公式。为此，将弹性地基上的双层板作为三层弹性体系，并利用三维等参元法进行有限元分析。

1)层间接触状态分析

分析双层混凝土路面时，首先应确定层间接触状态。实际双层混凝土路面上下层板之间的接触状况处于半结合状态。但因为这种半结合的程度难以量化，分析比较困难，因此通常假定层间接触为绝对光滑和完全结合两种状况进行应力计算。

实际应用时，层间完全结合的情况不大可能存在。原因是：贫混凝土或碾压混凝土基层与混凝土面层施工时连续摊铺同时进行振捣或者碾压几乎不可能；基层与面层同时施工，在材料准备，拌和物的生产，以及施工组织等难度很大；面层和基层材料的物理力学性质相差较大，在温度影响下，随着时间的延长，层间接触状态将越来越接近分离状态。鉴于以上原因，可以认为双层混凝土路面的层间接触状态与层间分离式较为接近，因此仅对层间分离式即绝对光滑状态进行分析。

在进行有限元分析时，层间光滑采用铰接杆单元模拟，如图24-1所示。经过试算，取杆单元长度为0.2cm，模量为300 000MPa，截面积为1cm^2。

2）荷载应力实用计算公式

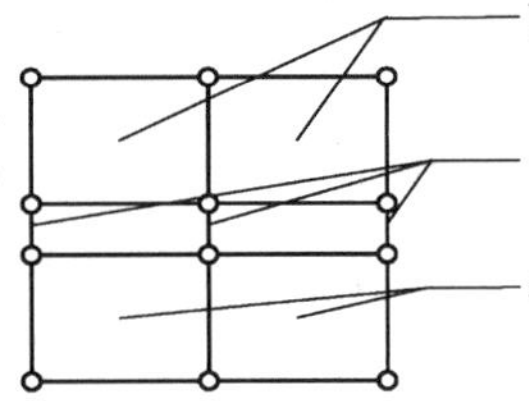

图24-1　层间光滑模拟

在进行荷载应力分析时，对荷载应力起显著作用的因素包括：上面层厚度 h_1，模量 E_1，下面层厚度 h_2，模量 E_2，地基模量 E_0，轴载 P。其计算范围分别取为：上面层厚度为22～30cm，模量取为定值30 000MPa，下面层厚度为12～24cm，模量范围为13 000～23 000MPa，地基的当量回弹模量 E_t 为60～260MPa。车辆荷载的轴—轮型和轴重范围与规范相同。除了上述参数外，土基的泊松比为0.3，上面层的泊松比为0.15，下面层的泊松比为0.2。

为了方便应用，利用均匀设计法安排计算因素的水平组合，通过大量计算，并用回归方法求导了标准轴载以及各种轴－轮型的荷载应力公式。其中地基模量均取为地基当量回弹模量，按照 E_t 的范围进行因素组合安排，而在有限元计算时按照模量修正公式（24-14）换算为地基计算回弹模量 E_{tc}。

$$\left.\begin{aligned}E_{tc}&=nE_t\\n&=3.79r_g^{0.92}\end{aligned}\right\}\tag{24-14}$$

式中：r_g——面层板的相对刚度半径，具体计算采用式（24-3）。

回归得到标准轴载上层板荷载应力 E_1 和标准轴载下层板荷载应力 E_2 分别为：

$$\begin{aligned}\sigma_1=&3.313-0.071\,5h_1-0.055\,3h_2-2.679\times10^{-3}E_t+4.575\times10^{-6}E_t^2+\\&1.782\times10^{-3}h_1h_2-4.326\times10^{-7}E_2h_2\end{aligned}\tag{24-15}$$

$$\begin{aligned}\sigma_2=&-0.116+0.032\,7h_2+5.69\times10^{-5}E_2-1.783\times10^{-3}E_t-7.687\times10^{-4}h_2^2+\\&2.124\times10^{-6}E_t^2-1.572\times10^{-6}E_2h_1+2.349\times10^{-5}E_th_1\end{aligned}\tag{24-16}$$

各种轴－轮型的荷载应力公式为：

$$\sigma_1=AP^n\tag{24-17}$$

$$\sigma_2=BP^n\tag{24-18}$$

其中，各轴－轮型的系数 A 与 n 以及 B 与 n 分别为：

①单轴单轮组

$$\left\{\begin{aligned}A=&4.328\times10^{-2}-9.802\times10^{-4}h_1-1.145\times10^{-3}h_2-2.154\times10^{-5}E_0+\\&2.54\times10^{-8}E_0^2+2.754\times10^{-5}h_1h_2+9.198\times10^{-9}E_2h_2\\n=&0.963\,3\end{aligned}\right.\tag{24-19}$$

$$\left\{\begin{aligned}B=&3.648\times10^{-3}+1.883\times10^{-4}h_2+6.483\times10^{-7}E_2-1.877\times10^{-5}E_t-\\&5.351\times10^{-6}h_2^2+2.659\times10^{-8}E_t^2-2.115\times10^{-8}E_2h_1+\\&2.027\times10^{-7}E_th_1\\n=&1.030\,7\end{aligned}\right.\tag{24-20}$$

②单轴双轮组

$$\begin{cases}A=3.394\times10^{-2}-7.442\times10^{-4}h_1-5.617\times10^{-4}h_2-2.538\times10^{-5}E_0+\\ \quad 3.995\times10^{-8}E_0^2+1.858\times10^{-5}h_1h-4.668\times10^{-9}E_2h_2\\ n=0.995\ 5\end{cases}\tag{24-21}$$

$$\begin{cases}B=2.051\times10^{-4}+1.505\times10^{-4}h_2+5.817\times10^{-7}E_2-1.93\times10^{-5}E_t-\\ \quad 2.781\times10^{-6}h_2^2+1.609\times10^{-8}E_t^2-1.649\times10^{-8}E_2h_1+\\ \quad 3.616\times10^{-7}E_th_1\\ n=1.007\ 4\end{cases}\tag{24-22}$$

③双轴双轮组

$$\begin{cases}A=1.283\times10^{-2}-2.626\times10^{-4}h_1-2.079\times10^{-4}h_2-1.126\times10^{-5}E_0+\\ \quad 2.077\times10^{-8}E_0^2+6.244\times10^{-6}h_1h-1.427\times10^{-9}E_2h_2\\ n=0.993\ 2\end{cases}\tag{24-23}$$

$$\begin{cases}B=-4.031\times10^{-4}+9.932\times10^{-5}h_2+2.038\times10^{-7}E_2-6.142\times10^{-6}E_t-\\ \quad 2.299\times10^{-6}h_2^2+8.236\times10^{-9}E_t^2-5.523\times10^{-9}E_2h_1+\\ \quad 8.215\times10^{-8}E_th_1\\ n=1.031\ 2\end{cases}\tag{24-24}$$

上述各公式中,各参数分别为面层厚度 h_1(cm),基层厚度 h_2(cm),基层模量 E_2(MPa),地基当量回弹模量 E_t(MPa),轴重 P(kN),荷载应力 σ_1、σ_2(MPa)。

2. 温度应力分析

(1)现行规范方法双层板温度应力分析

现行规范在分析双层混凝土路面板的温度应力时,假设:

①上下层板间竖向连续,没有夹层和脱空现象;

②双层板的挠度为小挠度,板截面的竖向拉压和水平剪切变形可以忽略,且四边自由;

③两层板均为等截面;

④下层板和地基之间竖向连续,且接触面完全光滑;

⑤上下层板的泊松比、导热系数、热膨胀系数和初始硬化温度都相同。

双层板的温度应力由三部分组成,其中温度翘曲应力和内应力与单层板概念相同,计算方法相似。但在计算温度翘曲应力时,所用的温度梯度为上下层板的综合值,它取决于上下层板的温度梯度和平均温度,及其层间接触状况。在层间为光滑接触时,双层板的综合温度梯度为:

$$T_g=\frac{T_{g1}D_1+T_{g2}D_2}{D_1+D_2}\tag{24-25}$$

式中:T_g——双层板的综合温度梯度,℃/m;

T_{g1},T_{g2}——上层板和下层板的温度梯度,℃/m;

D_1,D_2——上层板和下层板的弯曲刚度,Mn · m。

组成双层板温度应力的第三部分是由上下层板变形协调约束引起的板间约束应力。在层间为光滑接触时,是由上下层板自身的温度梯度与双层板的综合温度梯度之差引起的;在层间为结合时,除了这一部分,还有层间无水平位移引起的层间剪切力产生的上下层板的拉压应力。

分离式双层板的应力临界点位于上层板或下层板的板底。对于上层板而言,其温度应力与相同板厚的单层板温度应力的差异仅仅是因温度梯度值有所不同。在板长和地基条件相同的条件下,双层板的综合温度梯度小于相同板厚的单层板温度梯度。由此产生的应力差通过引入一个系数加以修正。分离式双层板上层板的温度应力为：

$$\sigma_{tm1} = \frac{\alpha_c E_{c1} h_{01} t_g}{2} B_{x1} \tag{24-26}$$

$$B_{x1} = \xi_1 B_x \tag{24-27}$$

$$\xi_1 = C_x^{0.32 - 0.81\ln\left(\frac{h_{01}E_{c1}}{h_{02}E_{c2}}\right) + 2.5\ln\frac{h_{01}}{h_{02}}} \tag{24-28}$$

式中：σ_{tm1}——分离式双层混凝土板上层板的最大温度应力，MPa；

B_{x1}——分离式双层板的混凝土温度应力系数，可近似按式(24-27)和式(24-28)计算确定；

B_x——上层混凝土板的温度应力系数，按 l/r_g 和 h_{01} 查图 24-2 确定；

C_x——混凝土板的温度翘曲应力系数，按 l/r_g 查图 24-2 确定；

其他符号意义同前。

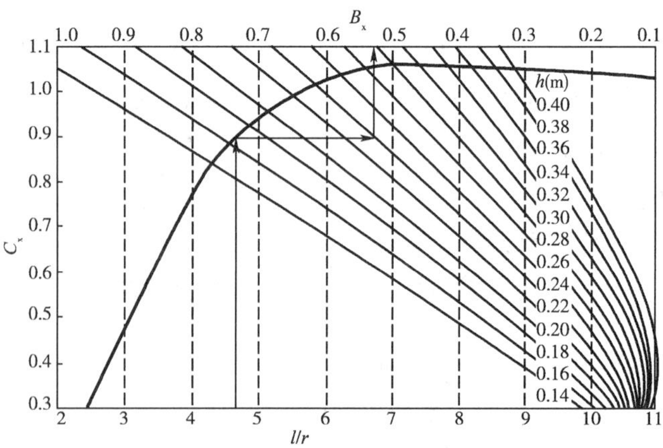

图 24-2 温度应力系数 B_x

由于上层板的影响，下层板板顶的日温差比相同板厚的单层板小，最大值出现时间也滞后。下层板的温度应力不仅小，而且最大值大多出现在交通量较少的夜间和傍晚，对混凝土的疲劳作用甚小，因此对于分离式双层板下层板的温度应力可不予考虑。

(2)三维有限元法双层板温度应力分析

对于双层板的温度应力，可采用三维等参元法进行分析。计算模型和假设与荷载应力有限元计算时基本相同，即采用三层光滑弹性体系，面层与基层、基层与地基之间均为光滑接触。以路面实测资料建立的非线性温度场为基础进行计算，其温度场公式为：

$$t = t_0 + (t_{max} - t_0) \cdot \exp\left(-z\sqrt{\frac{\omega}{2\alpha}}\right) \cdot \sin\left(\omega\tau - z\sqrt{\frac{\omega}{2\alpha}}\right) \tag{24-29}$$

式中：t——深度为 Z 处的计算点温度；

t_0——$\tau=0$ 时，板顶($z=0$)的温度；

t_{max}——板顶的最高温度；

z——计算点的深度；

α——路面导温系数；

τ——时间，以 $t=t_0$ 时作为起点；

ω——角频率，$\omega=\pi/2\tau_1$；

τ_1——出现 t_{max} 的时间。

对双层混凝土路面进行温度应力分析时,对温度应力大小起显著作用的因素包括上面层厚度 h_1、下面层厚度 h_2、模量 E_2、地基模量 E_0、板长 L 和温度梯度 T_g。前面四种因素与地基模量的分析范围、上面层模量及各层泊松比取值与荷载应力分析时相同。

板长 L 在荷载应力分析时,在常用板长范围内,对荷载应力的影响很小,取为固定值 5m。在温度应力分析时,板长对温度应力有较大的影响。常用板长为 4 ~ 6m,在分析时适当扩展,取其分析范围为 4 ~ 7m。根据规范确定不同公路自然区划的最大温度梯度 T_g 为 83 ~ 98℃/m。在计算时,同样考虑混凝土材料徐变的影响,按照美国混凝土学会(ACI)的徐变公式和推荐参数,计算温度应力的混凝土徐变模量约为其弹性模量的 0.85;地基徐变模量取其弹性模量的 0.7。

为方便结构设计,需要有一个实用的简单的温度应力计算公式。在研究该实用计算公式时,仍运用均匀设计法安排计算因素组合,并以回归技术推求温度应力公式。

对计算结果进行回归分析,采用二次多项式模型,并运用筛选变量的回归技术,最终得到分离式双层混凝土路面上层板温度应力计算公式为:

$$\begin{aligned}\sigma = & 1.252 - 0.048h_1^2 - 7.537\times10^{-6}E_0^2 - 0.031L^2 + 1.018T_g^2 + \\ & 0.00131h_1h_2 + 1.99\times10^{-4}E_0h_1 + 0.0254h_1L + 2.44\times10^{-7}E_2h_2 - \\ & 0.00532h_2L - 7.42\times10^{-4}E_0L + 0.00301E_0T_g \end{aligned} \tag{24-30}$$

利用此公式计算,可省去规范中查图表的麻烦。

(3)施工技术

前已述及,水泥混凝土复合式路面实际应用时,按施工方式分为连续式和间断式两种,与其对应的路面结构为结合式和分离式两种形式。

上下层混凝土的施工各与其相应方法相同,此处不加详述。

(4)设计计算示例

【示例 1】 设计具有贫混凝土基层的水泥混凝土路面

公路自然区划Ⅲ区拟新建一条高速公路,路基土为黄土,采用普通混凝土面层与贫混凝土基层组成的双层水泥混凝土路面,单幅路面宽 11.75m。经交通调查分析,设计车道使用初期标准轴载日作用次数为 3 800 次。试设计该路面结构和厚度。

1)交通分析

高速公路的设计基准期为 30 年,安全等级为一级。临界荷位处的车辆轮迹横向分布系数取 0.22。取交通量年平均增长率为 5%。设计基准期内设计车道标准轴载累计作用次数为:

$$N_e = \frac{N_s[(1+g_r)^t - 1]\times365}{g_r}\eta = \frac{3800\times[(1+0.05)^{30}-1]\times365}{0.05}\times0.22 = 2.03\times10^7(\text{次})$$

属于特重交通。

2)拟路面结构

相应于安全等级一级的变异水平等级为低级。根据高速公路交通等级和低变异水平等级,初拟混凝土面层厚度为 0.26m,贫混凝土基层 0.16m,底基层选用水泥稳定粒料,厚度 0.18m,垫层为 0.15m 的低剂量无机结合料稳定土。水泥混凝土面层板的平面尺寸长为 5.0m,宽从中央分隔带至路肩依次为 4.0m、4.0m、3.75m;纵缝为设拉杆平缝,横缝为设传力杆的假缝。贫混凝土基层不设纵缝,横缝设假缝,间距 5.0m。

3)路面材料参数确定

普通混凝土面层的弯拉强度标准值为 5.0MPa,弯拉弹性模量标准值为 31GPa;贫混凝土的弯拉强度标准值为2.0MPa，弯拉弹性模量标准值为18GPa。此外，路基土的模量取30MPa，低剂量无机结合料稳定土垫层回弹模量取600MPa，水泥稳定粒料基层的回弹模量取1 300MPa。基层顶面当量回弹模量计算得165MPa。

4）荷载疲劳应力

普通混凝土面层与贫混凝土基层组成的分离式复合式混凝土路面。此时 $K_u=0, h_x=0$。由式（24-2）得总刚度为：

$$D_g=E_{c1}h_{01}^3/12+E_{c2}h_{02}^3/12+E_{c1}h_{01}E_{c2}h_{02}(h_{01}+h_{02})^2/4(E_{c1}h_{01}+E_{c2}h_{02})\times k_u$$
$$=31\ 000\times0.26^3/12+18\ 000\times0.16^3/12$$
$$=51.549(\mathrm{MN\cdot m})$$

复合式路面的相对刚度半径，按式（24-3）计算得：

$$r_g=1.23\sqrt[3]{D_g/E_t}=1.23\times\sqrt[3]{51.549/165}=0.835(\mathrm{m})$$

由式（24-11）和式（24-12），得到标准轴载在临界荷位产生的荷载应力为：

$$\sigma_{ps1}=0.077r_g^{0.60}\frac{E_{c1}h_{01}}{12D_g}=0.077\times0.835^{0.60}\times\frac{31\ 000\times0.26}{12\times51.549}=0.900(\mathrm{MPa})$$

$$\sigma_{ps2}=0.077r_g^{0.60}E_{c2}\frac{0.5h_{02}+h_xk_u}{6D_g}=0.077\times0.835^{0.60}\times\frac{18\ 000\times(0.5\times0.16+0\times0)}{6\times51.549}=0.322(\mathrm{MPa})$$

普通混凝土面层为设拉杆平缝，取其接缝传荷能力的折减系数为 $k_r=0.87$；贫混凝土基层不设纵缝，不考虑接缝传荷系数。水泥混凝土面层疲劳应力系数 $k_f=N_e^n=(2.03\times10^7)^{0.057}=2.609$；贫混凝土的疲劳应力系数 $k_f=N_e^n=(2.03\times10^7)^{0.065}=2.985$。根据公路等级，由查得综合系数 $k_c=1.30$。则面层和基层的荷载疲劳应力分别为：

$$\sigma_{pr1}=k_rk_fk_c\sigma_{ps1}=0.87\times2.609\times1.30\times0.900=2.656(\mathrm{MPa})$$

$$\sigma_{pr2}=k_fk_c\sigma_{ps2}=2.985\times1.30\times0.322=1.250(\mathrm{MPa})$$

5）温度疲劳应力

Ⅲ区最大温度梯度取90℃/m。普通混凝土面层板长5.0m，$l/r_g=5/0.835=6.00$，由混凝土面层 $h_{01}=0.26\mathrm{m}$，查图24-2可得 $B_x=0.57, C_x=1.03$。则最大温度梯度时混凝土面层的温度应力计算为：

$$\xi_1=C^{0.32-0.81\ln\left(\frac{h_1E_1}{h_2E_2}+2.5\frac{h_1}{h_2}\right)}=1.03^{0.32-0.81\times\ln\left(\frac{0.26\times31\ 000}{0.16\times18\ 000}+2.5\times\frac{0.26}{0.16}\right)}=0.96$$

$$B_{x1}=\xi_1E_x=0.96\times0.57=0.55$$

$$\sigma_{tm1}=\frac{\alpha_cE_{c1}h_{c1}T_g}{2}B_{x1}=\frac{1\times10^{-5}\times31\ 000\times0.26\times90}{2}\times0.55=2.0(\mathrm{MPa})$$

上层板相应的温度应力疲劳系数为：

$$k_t=\frac{f_r}{\sigma_{tm1}}\left[a\left(\frac{\sigma_{tm1}}{f_r}\right)^c-b\right]=\frac{5.0}{2.0}\left[0.855\times\left(\frac{2.0}{5.0}\right)^{1.355}-0.041\right]=0.515$$

则上层板底的温度疲劳应力为：

$$\sigma_{tr1}=k_t\sigma_{tm1}=0.515\times2.0=1.03(\mathrm{MPa})$$

6）确定设计厚度

高速公路的安全等级为一级，目标可靠度为95%，选取相应的变异水平等级为低，据此确定可靠度系数为 $r_r = 1.33$。

则水泥混凝土上层板：

$$r_r(\sigma_{pr1} + \sigma_{pr1}) = 1.33 \times (2.656 + 1.03) = 4.9(\mathrm{MPa}) \leqslant f_r = 5.0(\mathrm{MPa})$$

贫混凝土基层：

$$r_r(\sigma_{pr2} + \sigma_{tr2}) = 1.33 \times (1.250 + 0) = 1.66(\mathrm{MPa}) \leqslant f_r = 2.0(\mathrm{MPa})$$

因而，拟订的由厚度为26cm的混凝土面层和厚度为16cm的贫混凝土基层组成的分离式双层混凝土路面，可以承受设计基准期内荷载应力和温度应力的综合疲劳作用。

二、水泥混凝土与沥青混凝土复合式路面

1. 应力分析

对于沥青上面层和水泥混凝土下面层的复合式路面，沥青混凝土上面层的主要作用是提高路面的表面使用功能，对于降低混凝土下面层荷载应力的效果有限，通过分析增加40mm沥青上面层仅减少约10mm混凝土下面层厚度。混凝土下面层仍是主要承载层。

鉴于混凝土下面层承受绝大部分荷载作用，计算时先求无沥青上面层时的混凝土下面层的应力，再考虑沥青上面层的影响，从而得到混凝土与沥青混凝土复合式面层的荷载应力和温度应力。

(1)荷载应力

利用三维有限元分析方法计算绝对光滑和完全连续两种接触状况下的混凝土面层板荷载应力，再根据三层弹性体系理论分析沥青面层对混凝土下面层荷载应力的影响，由此确定复合式路面的荷载应力。

复合式路面的临界荷位为混凝土下面层的纵向边缘中部，即车辆轴载置于板长中部，一侧车轮紧贴板边。标准轴载 P_s 在临界荷位处产生的荷载疲劳应力，其计算与普通混凝土面层相同，按式(24-31)确定。

$$\sigma_{ps} = 0.077 r^{0.60} / h^2 \tag{24-31}$$

当有沥青上面层时，由三层弹性体系计算结果，得到标准轴载 P_s 在混凝土面层板临界荷位处产生的荷载应力 σ_{psa} 为：

$$\sigma_{psa} = (1 + \zeta h_a)\sigma_{ps} \tag{24-32}$$

式中：σ_{ps}——标准轴载在无沥青面层的混凝土面板临界荷位处的荷载应力，MPa，由式(24-31)确定；

ζ——系数，可由图24-3查出；

h_a——沥青面层厚度，m。

(2)温度应力

采用三维有限元法及弹性三层体系分析，水泥混凝土与沥青混凝土复合式路面临界荷位处的温度疲劳应力 σ_{tra} 的实用计算公式为：

$$\sigma_{tra} = (1 + \zeta' h_a)\sigma_{tr} \tag{24-33}$$

式中：ζ'——系数，可由图24-4查出；

σ_{tr}——无沥青面层时混凝土面层在临界荷位处的温度疲劳应力，MPa，按单层混凝土面层计算。其中，计算最大温度应力 σ_{tm} 时，其最大温度梯度 T_g 应考虑沥青上面层

厚度的影响，按表 24-1 取值。

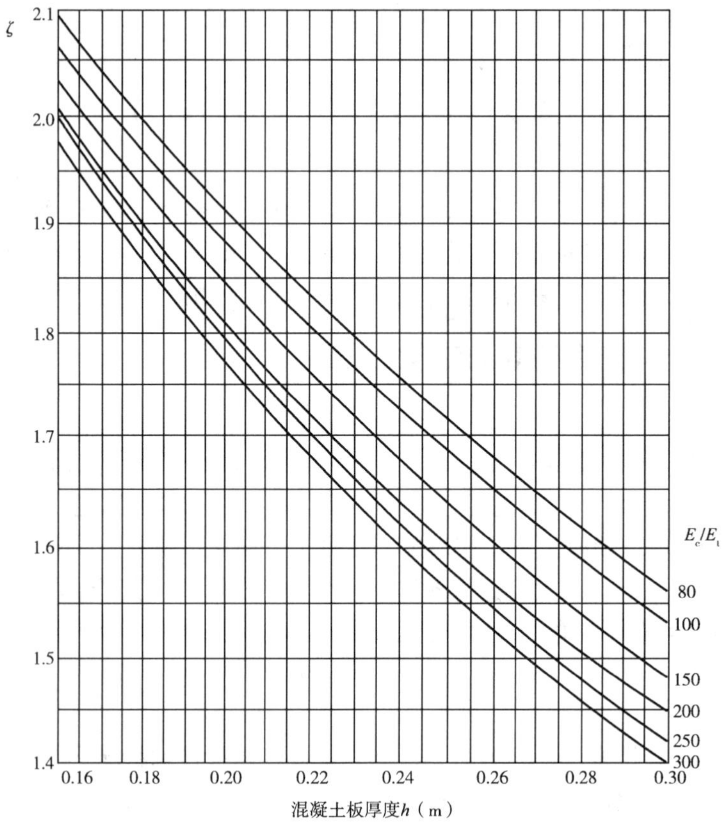

图 24-3　系数 ζ 图

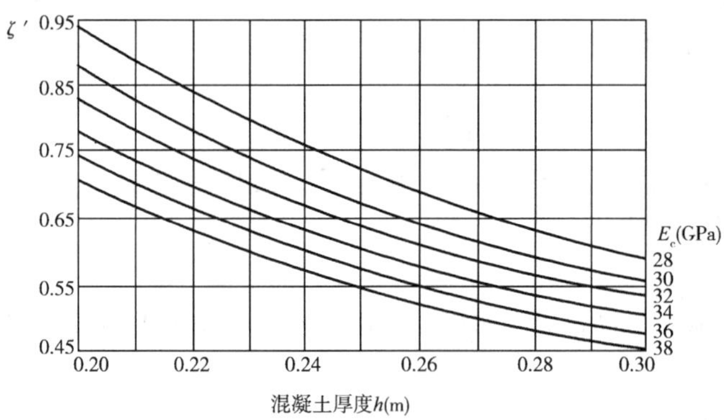

图 24-4　系数 ξ′图

有沥青面层的碾压混凝土面层的最大温度梯度值 T_g（℃/m）　　表 24-1

h_a(m)	公路自然区划			
	Ⅱ、Ⅴ	Ⅲ	Ⅳ、Ⅵ	Ⅶ
0.00	83～88	90～95	86～92	93～98
0.04	58～62	62～67	60～65	66～70
0.08	40～43	46～48	43～49	47～50
0.12	28～30	30～32	29～31	31～33
0.16	30～31	30～31	30～31	30～31
0.20	30	30	30	30

2. 结构组合设计

复合式路面各结构层应有合理的材料和厚度，其对路基、垫层、底基层、基层的要求同普通混凝土路面。

(1)沥青面层

沥青面层的功能主要是提高路面表面的平整度、耐磨、抗滑性能，并可扩散车轮荷载，减少冲击振动，及降低温度梯度。沥青面层的厚度应考虑满足上述功能和减缓反射裂缝。

水泥混凝土与沥青混凝土复合式路面的关键问题是反射裂缝的处治。国内外一些代表性工程实践表明，采用一定厚度的沥青面层对延缓裂缝的反射有较好的作用。

沥青层的厚度，按减轻反射裂缝的要求确定，高速公路和一级公路不小于10cm，其他等级公路的不小于7cm。

(2)混凝土下面层

混凝土下面层的材料与结构设计，除前述荷载应力和温度应力分析外，其余均与普通混凝土面层相同。

(3)反射裂缝处治

在复合式路面结构中，混凝土下面层设有接缝，并有可能产生裂缝，就形成沥青面层产生反射裂缝的隐患。随着温度和湿度的变化，混凝土下面层中的裂缝将会扩大或缩小，而由于交通荷载的作用，也会使裂缝竖向错动。在温度与交通的综合作用下，裂缝将逐渐向上延伸，最终贯通整个沥青上面层。

国内外常用处治反射裂缝的措施有，加厚沥青面层或纤维增强沥青混合料、设置应力吸收层或玻璃纤维格栅，以及采用沥青碎石结构层等。增加沥青面层厚度可延长裂纹行走路径、减小荷载在面层中产生的应力，从而延缓裂缝反射到面层表面。纤维增强沥青混凝土可提高其抗裂强度和降低裂纹的扩展速率。分析和计算表明，1cm 纤维增强混凝土具有约 1.4cm 沥青混凝土的抗裂能力。此外，应力吸收层和玻璃纤维格栅可承受拉应力，缓冲水平位移对沥青面层的影响减轻或延缓反射裂缝的发生。

3. 施工

水泥混凝土与沥青混凝土复合式路面上下面层的施工，可按照前述混凝土路面施工技术及有关沥青路面的施工技术进行。

需要注意的是两层之间的黏结技术，保证层间有足够的黏结强度。根据试验，不同黏结材料按层间抗剪强度大小排序为：橡胶沥青 > 乳化沥青 + 石屑 > 乳化沥青 > 乳化沥青 + 矿粉 > 热沥青 > 热沥青 + 矿粉。

4. 设计计算示例

【示例 2】 旧混凝土路面上加铺沥青混凝土设计

公路自然区划Ⅳ区一条已建的一级公路，采用普通混凝土面层，厚度 0.23m，板长 5m，纵缝为设拉杆平缝，横缝采用未设传力杆假缝。经交通调查分析得知，设计车道目前标准轴载日作用次数为 7 000 次，已建成通车 10 年。经调查评定，路面损坏状况和接缝传荷能力的分级标准为优良，无板底脱空。旧混凝土路面结构设计参数调查结果：弯拉强度为 4.5MPa，弯拉弹性模量为 29GPa，基层顶面回弹模量为 100MPa。拟加铺沥青混凝土面层，以改善路面使用性能。试确定沥青混凝土加铺层厚度。

(1)交通分析

一级公路的设计基准期为 30 年,安全等级为二级。临界荷位处的车辆轮迹横向分布系数取 0.22。取交通量年增长率为 5%,剩余设计基准期内设计车道标准荷载累计作用次数为:

$$N_e=\frac{N_s[(1+g_r)^t-1]\times365}{g_r}\eta=\frac{7\ 000\times[(1+0.05)^{20}+1]\times365}{0.05}\times0.22=1.859\times10^7(次)$$

属重交通等级。

(2)初拟路面结构

初拟沥青混凝土面加铺层厚度为 0.1m,按表面层 40mm 细粒式沥青混凝土和下面层 60mm 粗粒式沥青混凝土两层铺筑。

(3)旧混凝土路面的相对刚度半径

旧混凝土板的相对刚度半径为:

$$r=0.537h\sqrt[3]{E_c/E_t}=0.537\times0.23\times\sqrt[3]{29\ 000/100}=0.818(\mathrm{m})$$

(4)荷载疲劳应力

按式(24-31),标准轴载在临界荷位处产生的荷载应力计算为:

$$\sigma_{ps}=0.077r^{0.6}h^{-2}=0.077\times0.818^{0.6}\times0.23^{-2}=1.29(\mathrm{MPa})$$

由 $h=0.23\mathrm{m}$,$E_c/E=290$ 查图 24-3,得 $\zeta=1.64$。按式(24-32)计算有沥青混凝土上面层得旧混凝土板在临界荷位处产生的荷载应力为:

$$\sigma_{psa}=(1-\zeta h_a)\sigma_{ps}=(1-1.64\times0.1)\times1.29=1.08(\mathrm{MPa})$$

因纵缝为设拉杆平缝,裂缝传荷能力的应力折减系数 $k_r=0.87$。考虑设计基准期内荷载应力累计疲劳作用的疲劳应力系数 $k_f=N_e=(1.859\times10^7)^{0.057}=2.596$。根据公路等级,考虑偏载和动载等因素对路面疲劳损坏影响的综合系数 k_c 取 1.25。

按式(24-1),荷载疲劳应力计算为:

$$\sigma_{pr}=k_rk_fk_c\sigma_{psa}=0.87\times2.596\times1.25\times1.08=3.05(\mathrm{MPa})$$

(5)温度疲劳应力

由表 24-1 查,Ⅳ区,$h_a=0.1\mathrm{m}$,最大温度梯度取 40℃/m。板长 4m,$l/r=4/0.818=4.89$,由图 24-2 可查旧混凝土面层 $h=0.23\mathrm{m}$,$B_x=0.57$。最大温度梯度时混凝土面层的温度翘曲应力为:

$$\sigma_{tm}=\frac{\alpha_cE_chT_g}{2}B_x=\frac{1\times10^{-5}\times29\ 000\times0.23\times40}{2}\times0.57=0.76(\mathrm{MPa})$$

温度疲劳应力系数 k_t 为:

$$k_t=\frac{f_r}{\sigma_{tm}}\left[a\left(\frac{\sigma_{tm}}{f_r}\right)^c-b\right]=\frac{4.5}{0.76}\left[0.841\times\left(\frac{0.76}{4.5}\right)^{1.323}-0.058\right]=0.13$$

据此得到温度疲劳应力为:

$$\sigma_{tr}=k_t\sigma_{tm}=0.13\times0.76=0.10(\mathrm{MPa})$$

由 $h=0.23\mathrm{m}$,$E_c=29\ 000\mathrm{MPa}$ 查图 24-3,得 $\zeta'=0.75$。按式(24-33)计算有沥青混凝土上面层的旧混凝土面层温度疲劳应力为:

$$\sigma_{tra}=(1+\zeta'h_a)\sigma_{tr}=(1+0.75\times0.10)\times0.10=0.11(\mathrm{MPa})$$

一级公路的安全等级为二级,目标可靠度为 90%。相应于安全等级二级的变异水平等级为低~中级。再据查得的目标可靠度和中级变异水平等级,确定可靠度系数 $\gamma_r=1.23$,则:

$$\gamma_r(\sigma_{pr}+\sigma_{tra}) = 1.23\times(3.05+0.11) = 3.89(\text{MPa}) \leqslant f_r = 4.5(\text{MPa})$$

因而,所选沥青混凝土加铺层厚度(0.1m),使得旧混凝土面层可以承受剩余设计基准期内荷载应力和温度应力的综合疲劳作用,且尚有富余。为防止沥青混凝土上面层发生反射裂缝,应采取相应的处理措施。

第二节　贫混凝土基层

20 世纪 70 年代以来,尤其是近十几年来,世界上不少国家将贫混凝土用于路面基层。英国、德国、巴西、澳大利亚和比利时等国家的高速公路混凝土路面多采用贫混凝土基层。此外,贫混凝土基层水泥混凝土路面在法国也得到应用,自 20 世纪 70 年代中期以来,重交通道路几乎都采用贫混凝土基层。美国 20 个州的 50 条新干线高速公路和机场跑道基层使用了贫混凝土,并取得了满意的效果。我国也有将贫混凝土用作基层的实践。广西、河北等省区对于重载交通的混凝土路面采用了贫混凝土基层。1988 年某机场修筑时,针对道面 2m 以下有弱膨胀土的实际情况,采用贫混凝土作为机场道面基层。此外,一些省区和单位对于贫混凝土用作水泥混凝土路面基层进行了研究。

与水泥稳定碎石、二灰碎石等半刚性基层材料相比,贫混凝土具有更高的强度、刚度和其他良好路用性能。由于贫混凝土水泥用量变动范围较大,以及水泥强度等级选用的不同,其强度和模量可有较大调整。其 28d 抗压强度为 5 ~ 20MPa,甚至更大,相应的弯拉强度为 1.5 ~ 3.0MPa,弯拉弹性模量为 $1.5\times10^4 \sim 2.5\times10^4$MPa。较高强度和刚度的基层可以为混凝土面层提供更为均匀而坚实的支承;可以增加路面结构的整体刚度,从而减少面层板边和角隅处的挠度,保障接缝的传荷能力及耐久性;还可以减少基层在荷载反复作用下的塑性变形,从而减少面层板底的脱空。此外,贫混凝土具有良好的抗疲劳性能。

同时,贫混凝土具有优良的抗冲刷、抗裂及抗冻等路用性能。优良的抗冲刷性能可以有效减少水泥混凝土路面唧泥及错台等病害的出现,延长其使用寿命。其优良的抗裂性能可以减少面层出现裂缝的机会,从而减少水向基层的渗入量,并可减少唧泥等病害的发生。良好的抗冻性能,为贫混凝土在冰冻地区的应用提供了条件。

贫混凝土基层的应用范围较广,它可以用作高级路面的基层,也可以视为路面的下面层。随着行车轴载的增大,轴次的增多,贫混凝土愈来愈多地用于承受重载交通的道路。用作道路基层时,对材料要求可以适当放宽,便于就地取材,还有可能利用再生混凝土集料。有条件的地方,可适当掺用粉煤灰,减少水泥用量,并改善贫混凝土的工作性和提高密实性,减少收缩裂缝,提高后期强度。

由于强度较高的贫混凝土基层会产生收缩裂缝,导致混凝土面层出现反射裂缝,因此贫混凝土基层的强度不宜过高,一般弯拉强度不宜超过 3.0MPa。当其弯拉强度超过 1.8MPa 时,应与面层接缝相对应设置横向缩缝,而一次摊铺宽度大于 7.5m 时,还应设置纵向缩缝。根据贫混凝土基层水泥混凝土路面应力分析结果,并兼顾施工等要求,贫混凝土基层的厚度的适宜范围为 120 ~ 200mm。

一、配合比设计

1. 组成材料

(1)水泥

贫混凝土基层可使用各种硅酸盐类水泥品种，即道路水泥、普通水泥、矿渣水泥、粉煤灰水泥、火山灰水泥和复合水泥。不掺粉煤灰时，为减少开裂，宜使用强度等级较低的水泥。当掺用粉煤灰等掺和材料时，只能使用道路水泥、硅酸盐水泥和普通水泥。

应选用终凝时间较长的水泥，不得使用快硬水泥及已受潮变质的水泥。水泥的抗压及抗折强度、安定性、凝结时间必须检验合格，其品质须符合有关水泥技术标准的要求。

(2)粉煤灰

贫混凝土基层掺加粉煤灰时应采用符合表20-9规定的Ⅲ级或Ⅲ级以上粉煤灰，不得使用等外粉煤灰。代替水泥的粉煤灰掺量与超量取代系数同碾压混凝土的相关要求。

(3)粗、细集料

粗、细集料的技术要求应符合普通水泥混凝土组成材料中的相关要求。此外，质量优良、含泥量不大于5%的级配碎石、级配砂砾，经试验如满足贫混凝土基层强度、工作性及耐久性等要求，也可使用。

此外，贫混凝土基层所用水和外加剂应符合普通水泥混凝土组成材料中的相关要求。

2.设计要求

贫混凝土基层配合比设计应符合以下技术要求。

(1)强度

各国对贫混凝土基层的强度要求差别较大。澳大利亚对高速公路用碾压贫混凝土的7d无侧限抗压强度要求为5MPa。美国加利福尼亚州要求贫混凝土的7d无侧限抗压强度为5.4MPa。而德国要求贫混凝土的28d抗压强度达到12MPa。英国要求贫混凝土的7d无侧限抗压强度为6~15MPa，并分四个等级，7d抗压强度分别要求达到4.5MPa、7.0MPa、10.0MPa、15.0MPa。我国现行施工技术规范对贫混凝土基层的强度要求见表24-2。

贫混凝土基层的设计强度(MPa) 表24-2

交通等级	特重	重	中等	使用场合
7d抗压强度	10.0	7.0	5.0	施工及质量检验
28d抗压强度	15.0	10.0	7.0	配合比设计
28d弯拉强度	3.0	2.0	1.5	路面结构设计

但需注意的是，为减少收缩及反射裂缝，贫混凝土的强度不宜过高，28d弯拉强度最好控制在2.0~2.5MPa以下。

(2)工作性

贫混凝土的工作性根据施工方式的不同，具有如表24-3所示的不同要求。

贫混凝土基层不同施工方式的工作性要求 表24-3

施工方式	碾压施工	振捣施工	滑模施工
指标	改进VC值(s)	维勃稠度(s)	摊铺坍落度(mm)
允许范围	25~35	10~30	20~50

表24-3中贫混凝土碾压施工的工作性指标改进VC值为通过改进VC法测定，该法是目前英、美、日等大多数国家所采用的干硬性混凝土稠度的测定方法，被国际标准化组织所接受。改进的VC值是在原维勃稠度仪圆盘上加配重17.25kg。将25kg拌和均匀的混凝土，直接装入振动台上的圆柱体筒中，分两层插捣，每层50下，插捣棒用16cm弹头棒，插捣

方法与做坍落度时相同。开启振动台至半圆面积出浆的时间即为 VC 值，此时的含水率为最佳含水率。

3. 设计方法

同普通水泥混凝土一样，贫混凝土的配合比设计也要经过四个步骤，即计算初步配合比，提出基准配合比，确定试验室配合比，最终换算工地配合比。贫混凝土的配合比设计可采用经验公式法或试验法。

(1)经验公式法

1)计算初步配合比

贫混凝土的初步配合比可表示为 $C_o: W_o: S_o: G_o$，其中 C_o、W_o、S_o 及 G_o 分别表示 $1m^3$ 贫混凝土中水泥、水、砂、石子的用量(kg/m^3)。

①确定试配强度

贫混凝土采用 28d 弯拉强度作为其配合比设计强度，要求如表 24-2 所示。条件不允许时，也可采用 7d 或 28d 抗压强度作为设计强度，对应关系参考表 24-2 确定。

试配强度按式(24-34)计算。

$$f_{rf} = 1.15f_{rd} \tag{24-34}$$

式中：f_{rf}——贫混凝土试配强度，MPa；

f_{rd}——贫混凝土设计强度，MPa。

②求水灰比

水灰比根据经验回归公式(24-35)计算。

$$\lg f_{r28} = \lambda_1 f_{rc}\left(\frac{C}{W}\right) + \lambda_2 \tag{24-35}$$

式中：$\frac{C}{W}$——灰水比；

f_{r28}——贫混凝土 28d 抗弯拉强度，MPa；

f_{rc}——水泥 28d 抗弯拉强度，MPa；

λ_1、λ_2——回归系数，通过试验确定，无试验资料时可参考应用 $\lambda_1 = 0.113$，$\lambda_2 = -0.519$。

③确定砂率

砂率的选择见表 24-4。贫混凝土的水灰比变化范围很小，影响其和易性与密实程度的因素主要是砂的粗细程度，应尽量选择中砂至粗砂。

砂率的选择 表 24-4

砂细度模数	2.1~2.5	2.6~3.0	3.1~3.3
砂率	32~35	36~38	39~42

此外，砂率也可采用式(24-36)计算。

$$S_p = \alpha(\rho_{fs} \cdot V_G)/(\rho_{fs} \cdot V_G + \rho_{fG}) \tag{24-36}$$

式中：S_p——砂率，%；

α——砂剩余系数，又称拨开系数，一般取 1.2~1.4，砂越细，取值越小；

ρ_{fs}，ρ_{fG}——分别为砂和石子的堆积密度，g/cm^3；

V_G——石子空隙率，%。

④确定单位用水量或最佳含水率

对于碾压施工的贫混凝土,其用水量可选用击实法或振动法确定。

a. 击实法

以最佳含水率为6%左右,按重型击实法并依据《公路工程无机结合料稳定材料试验规程》(JTJ 057—94),求得最佳含水率 $W\%$ 为:

$$W\% = \frac{W_o}{C_o + S_o + G_o} \times 100\% \tag{24-37}$$

b. 振动法

利用振动法测拌和物的改进 VC 值,多次试拌得出湿贫混凝土的单位用水量 W_o。

试验结果表明,利用振动法测得的最佳含水率较击实法大 10% ~11%,前者更符合碾压贫混凝土的施工情况。且用击实参数及静压法测得贫混凝土的抗压强度小于振动法,平均约小 20%。因此宜采用振动法求得贫混凝土的最佳含水率或单位用水量。

对于振捣施工的贫混凝土,稠度用维勃稠度控制,参考用水量约为 130 ~150kg/m^3。

⑤求单位水泥用量与砂石用量

水泥用量和砂石用量的计算可采用假定表观密度法或绝对体积法。

a. 假定表观密度法

已知单位用水量 W_o 时,单位水泥用量 C_o 由式(20-10)确定。单位砂石用量 S_o 和 G_o 可以依据式(20-12)求得。

已知最佳含水率 $W\%$ 时,依据方程组(24-38)求取 C_o、S_o、G_o。

$$\left.\begin{aligned} &W\% = \frac{W_o}{C_o + S_o + G_o} \times 100\% \\ &C_o + W_o + S_o + G_o = \rho_{cp} \\ &S_p = \frac{S_o}{S_o + G_o} \times 100\% \end{aligned}\right\} \tag{24-38}$$

式中符号意义同前。

b. 绝对体积法

已知单位用水率 W_o 时,单位水泥用量 C_o 由式(20-10)确定。单位砂石用量 S_o 和 G_o 依据方程组(20-13)求得。

已知最佳含水率 $W\%$ 时,依据方程组(24-39)求解 C_o、S_o、G_o。

$$\left.\begin{aligned} &W\% = \frac{W_o}{C_o + S_o + G_o} \times 100\% \\ &\frac{C_o}{\rho_C} + \frac{W_o}{\rho_W} + \frac{S_o}{\rho_S} + \frac{G_o}{\rho_G} + 10\alpha = 1\,000 \\ &S_p = \frac{S_o}{S_o + G_o} \times 100\% \end{aligned}\right\} \tag{24-39}$$

式中符号意义同前。

2)确定试验室配合比及施工配合比

①稠度的调整

a. 试拌:取施工现场实际材料,配制 0.015m^3 混凝土拌和物。

b. 测定稠度:观察黏聚性和饱水性。

c. 调整配合比：如黏聚性和饱水性不良，应调整砂率；如流动性过小，应在水灰比不变的情况下，增减水泥浆的用量；如流动性过大，应保持砂率不变，增加砂石用量。

d. 提出基准配合比。

②强度的校核

a. 制备抗弯拉强度试件：按基准配合比，增加和减少水灰比 0.03，计算两组配合比，用三组配合比制备抗弯拉强度试件，同时测定贫混凝土的湿表观密度。

碾压贫混凝土试件的成型方法为：根据振动法确定的最大干密度计算出满足压实度要求的每个 150mm × 150mm × 550mm 试模所需材料用量，将拌和物分两层装入试模中，并用直径 25mm 的弹头棒插捣，每层 25 次，于试模顶面放置荷重为 $48.1g/cm^2$ 的钢铁制的压板，放在振动台上振动到拌和物与试模顶面齐平时出浆为止，修整表面。

b. 根据弯拉强度试验结果，并按混凝土的实测密度校正，计算试验室配合比。

③施工现场修正

根据施工现场的砂石含水率进行施工配合比的修正，方法同普通混凝土。

④设计参数的测定或换算

实测弯拉强度后，可以换算为设计参数，即劈裂强度和弯拉弹性模量。

(2) 试验法

①取样：从料场选取有代表性的试样。

②确定砂率：砂率 S_p 的确定同经验公式法。

③选择不同水泥剂量进行稠度和强度试验。

水泥剂量 $C\%$ = 水泥质量/（砂质量 + 石子质量）。贫混凝土作道路基层材料时所用水泥剂量可取 7%、8%、9%、10%、11%，具体根据配制强度和水泥的强度等级确定，可参考表 24-5。

参考水泥用量　　表 24-5

28d 设计弯拉强度（MPa）	1.0	1.5	2.0	2.5	3.0
42.5 级水泥参考用量（kg）	120	130	140	150	160
32.5 级水泥参考用量（kg）	140	150	160	170	190

④求最佳含水率

碾压贫混凝土的最佳含水率通过击实的方法求得；振捣贫混凝土的最佳含水率由维勃稠度试验求得。

⑤强度校核

首先按选定的水泥用量制备弯拉强度试件，同时测定贫混凝土的湿表观密度。再根据弯拉强度试验结果，确定满足设计强度要求的水泥用量。设计强度应满足式（24-34）。

⑥确定试验室配合比

试验室配合比按式（24-40）计算：

$$\left.\begin{aligned} S_p &= \frac{S_o}{S_o + G_o} \times 100\% \\ C\% &= \frac{C_o}{S_o + G_o} 100\% \\ W\% &= \frac{W_o}{C_o + S_o + G_o} \times 100\% \\ C_o + W_o &+ S_o + G_o = \rho'_{cp} \end{aligned}\right\} \tag{24-40}$$

式中：ρ'_{cp}——实测表观密度，kg/m^3；

其余符号意义同前。

试验法试验室配合比及施工配合比的确定同经验公式法。

对于掺外加剂和加掺和料的贫混凝土的配合比，外加剂和掺和料的用量设计方法同普通水泥混凝土。

我国幅员辽阔，混凝土粗细集料千差万别，外加剂及掺和料种类繁多，全国统一用一个水灰比公式是不现实的，有条件的单位，应回归合理的水灰比公式与系数。

二、施工

贫混凝土按照施工方法及用水量的不同，可分为碾压贫混凝土和振捣贫混凝土。其中，前者类似于碾压混凝土和普通水泥稳定碎石基层，后者则接近于普通面层混凝土。普通混凝土的施工工艺，对于贫混凝土均可适用，因此，贫混凝土基层可采用碾压施工、三辊轴机组与小型机具施工以及轨道摊铺机与滑模摊铺机施工等工艺。

1. 施工前的准备工作

贫混凝土基层施工前应做好测量放样、基层复检及模板的安装工作。施工前，应对底基层压实度、宽度、厚度、平整度、高程、横坡、轴线偏位等进行检测，均应符合规范要求，并将下承层清扫干净。同时，对相关机械进行调试，准备施工工具。

测量放样完成后，立支贫混凝土基层模板。由于贫混凝土基层的厚度、平整度、中线平面偏位、路面宽度、纵段高程、横坡等都与模板有关，所以应采用钢模板，使纵直面平，具有足够的强度、刚度、稳定性，且平整、严密不漏浆。模板立支牢固、耐久、顺直，在施工过程中不移位。模板的平面位置和高程控制用经纬仪、水准仪放样校核，不平度应不大于5mm。模板立支后立即检验拟浇筑的厚度是否符合要求，发现问题立即调整。

2. 施工

贫混凝土基层施工的工艺流程如图24-5所示。

(1)拌和与运输

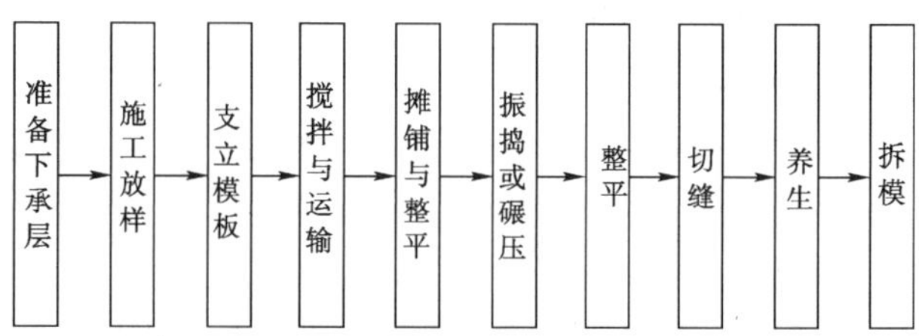

图24-5 贫混凝土基层施工工艺

拌和应采用具有电子计量装置的强制式混凝土搅拌站。拌和的关键在于按配合比准确称量材料，严格控制用水量。质量控制的重点是拌和物的稠度和强度。拌和时间应不少于70s。通过试验确定材料配合比是否为最佳配合比。每工作班制备试件2组。通过试件试验，验证强度是否达到设计要求。拌和物要求色泽一致，无花白现象。拌和结束时，拌和物的含水率应均匀，并较最佳含水率大1%左右，同时无粗细颗粒离析现象。

搅拌站距离施工现场一般不大于2km，宜采用自卸汽车运输拌和物。自卸车的车槽应平整光滑、不漏浆，且装料以前清洗干净，后车门关闭紧密、不变形。运输时注意车速并且要尽量行驶平稳，以防拌和物离析。在炎热、多雨、大风等天气条件下，应采用有效的防热、防雨、防风等措施。

(2)摊铺与整平

摊铺由摊铺机械进行，工程规模不大或公路等级不高时，可采用人工配合自卸汽车的方法进行摊铺。摊铺前用洒水车将底基层表面洒水湿润,然后将拌和物均匀地摊铺在预定的宽度上,松铺系数先定为1.3。养生前进行抄平,通过测量高差来调整,确定松铺系数。人工送料时铁锹应反扣,避免离析现象。严格按照所挂米字线进行整平,摊铺工序的控制重点是平整度和外形尺寸。

(3)振捣或碾压

对振捣贫混凝土,振捣时,先用振捣棒成梅花形对混合料进行振捣,间距为40cm左右。在使用振动棒时,均匀规则插棒,缓慢提棒,避免盲目乱插、漏振现象。然后用平板振动器振动2~4遍,每次重叠15cm,振捣应密实。振动器在每一位置的持续振捣时间不宜过短,也不宜过振,保证不产生分层离析。在边角部位应反复振捣以达密实,防止边角断裂。在振捣的同时人工跟以精平。当发现有局部不平,应及时处理,以满足基层的平整度要求。质量控制重点是平整度、密实度、厚度及强度。

贫混凝土碾压施工时,可先用1台振动压路机稳压1遍,振动2遍,再用2台18~21t光轮压路机碾压2遍,每次错轮30cm,在水泥终凝时间(6h)以前碾压完毕。对于边缘处,进行轻压,工作缝等压路机碾压不到的地方,用人工配合电夯夯实。有超高和横坡时,碾压从最低处到最高处。应及时检测压实度,跟班作业,以确定最佳碾压时间和遍数。

(4)表面修整

贫混凝土基层采用5m直尺控制施工过程的平整度,直尺连续交叉量验,直至平整度符合设计要求。

(5)切缝

切缝应由有经验的人员进行,以保证切缝及时、顺直。横向缩缝的位置应与混凝土面板的接缝位置一致,以防止错位引起面板反射裂缝。切缝时机根据施工气温等确定,与普通混凝土面层类似,可参考相关要求进行。

(6)养生

每一段振捣整平或碾压完成后,立即开始养生。养生可采用覆盖不透水材料如塑料薄膜、养生剂、沥青乳液等,也可采用保湿的透水材料,如麻袋、草帘、麦秸覆盖,洒水车洒水养生。养生期对于不掺粉煤灰的贫混凝土应不少于7d,掺粉煤灰的贫混凝土不少于14d。

在养生期间除洒水车外,应封闭交通。在采用覆盖措施的贫混凝土基层上,如不能封闭交通时,应限制重车通行,可通行车辆的车速不应超过30km/h。

(7)拆模

拆模时不能碰伤贫混凝土基层的边角,并避免出现危及混凝土面层性能的缺陷。

3.其他施工工艺

贫混凝土基层采用三辊轴机组、滑模摊铺机或轨道摊铺机施工时,其机械设备、搅拌、运输及摊铺等主要工艺均与普通混凝土面层基本相同,不同之处是其施工质量可按基层的标准进行控制。此外,贫混凝土基层表面不需制作抗滑构造,而仅保持平整的表面。

第三节　碾压混凝土基层

碾压混凝土铺筑的路面具有强度高、密度大、节约水泥等优点,但表面平整度及耐磨性不易保证,只可用于二级及其以下等级公路及服务区停车场的路面。此外,碾压混凝常用作混凝土路面的基层或被视为下面层,而形成复合式路面。

一、配合比设计

1. 材料组成

(1)水泥

碾压混凝土用作面层时,其水泥要求与普通水泥混凝土面层相同;用作基层时,可使用各种硅酸盐水泥。不掺用粉煤灰时,宜使用强度等级32.5级以下的水泥;掺用粉煤灰时,使用硅酸盐水泥、普通水泥及道路水泥。水泥的抗压强度、抗折强度、安定性和凝结时间必须检验合格。

(2)集料

碾压混凝土由于靠压路机碾压成型,与普通混凝土集料依赖振捣形成密实结构有较大差别。由于成型时水泥尚不具有强度,须使振动碾压密实后的粗、细集料形成骨架密实结构,才能支撑压路机的荷载作用。因此,路面碾压混凝土用粗、细集料要符合逐级充填密实理论,组成密实的混合料,其合成级配应满足表24-6的要求。

面层碾压混凝土粗细集料合成级配适宜范围 表24-6

筛孔尺寸(mm)	19.0	9.5	4.75	2.36	1.18	0.60	0.30	0.15
质量通过率(%)	90~100	50~70	35~47	25~38	18~30	10~23	5~15	3~10

(3)外加剂

碾压混凝土中外加剂的使用要求,除应满足前述掺外加剂混凝土配合比设计中的要求之外,应预先通过碾压混凝土性能试验优选品种和掺量,确认满足各项性能要求后方可使用。为保证施工的连续性,提高表面平整度,延长碾压段长度,常须掺加缓凝剂。

(4)掺和料

为节约水泥、改善和易性和提高耐久性,通常均宜掺加粉煤灰。粉煤灰的技术性质应满足表20-9的要求,代替水泥的粉煤灰的掺量应符合前述加掺和料混凝土配合比设计的要求。粉煤灰超量取代系数k对Ⅰ级灰可取1.4~1.8,Ⅱ级灰可取1.6~2.0,碾压混凝土基层和复合式路面下面层用Ⅲ级灰宜取1.8~2.2。

2. 配合比设计

(1)设计要求

路面碾压混凝土的配合比设计应满足下列技术要求。

1)弯拉强度

碾压混凝土设计弯拉强度f_r要求同普通水泥混凝土,应符合表20-14的要求。

碾压混凝土配制28d弯拉强度f_{cc}可按式(24-41)求得。

$$f_{cc}=\frac{f_r+f_{cy}}{1-0.04C_v}+ts \tag{24-41}$$

式中:f_{cc}——碾压混凝土配制28d弯拉强度均值,MPa;

f_{ny}——碾压混凝土压实安全弯拉强度,是为弥补因压实不足所引起的弯拉强度损失,在设计弯拉强度上加大的强度值,MPa,其值可据式(24-42)求得。

$$f_{cy}=\frac{a}{2}(\gamma_{c1}+\gamma_{c2}) \tag{24-42}$$

式中:γ_{c1}——弯拉强度试件标准压实度(95%);

γ_{c2}——路面芯样压实度下限值,由芯样压实度统计得出;

a——相应于压实度变化1%的弯拉强度波动值,该值通过试验得出。

在缺少 γ_{n2} 和 a 统计数据的情况下，可根据施工弯拉强度变异系数 C_v 统计结果，参考表24-7 确定相应的试配弯拉强度。

路面碾压混凝土试配弯拉强度参考表 表 24-7

公路等级、可靠度及强度保证率（系数）	二级公路、结构目标可靠度 85%，强度保证率 90%，$t=1.28$					三、四级公路、强度保证率 85%，$t=1.04$				
弯拉强度变异系数 C_v（%）	8	10	12	14	15	9	12	14	16	18
$(1-tC_v)^{-1}$	1.11	1.15	1.18	1.23	1.24	1.10	1.14	1.17	1.20	1.23
压实安全强度 f_{ny}（MPa）	0.80	0.73	0.75	0.63	0.60	0.75	0.73	0.70	0.65	0.60
试配弯拉强度 f_{cn}（MPa）	5.9	6.0	6.2	6.3	6.3	5.8	6.0	6.0	6.2	6.3

2）工作性

路面碾压混凝土以“改进 VC 值”为配合比工作性指标，拌和物出机时改进 VC 值宜为 5 ~ 10s；碾压时的改进 VC 值宜控制在 30s ±5s。试验中的“试样表面出浆评分”宜为 4s ~5s。

3）耐久性

路面碾压混凝土宜符合下述耐久性要求：

①处于严寒和寒冷地区的碾压混凝土面层或基层，应使用引气剂，其含气量宜符合表 20-8 的规定。

②面层碾压混凝土满足耐久性要求的最大水（胶）灰比和最小单位水泥用量宜符合表 24-8的要求。

面层碾压混凝土耐久性要求的最大水（胶）灰比和最小单位水泥用量 表 24-8

公路等级		二级公路	三、四级公路
最大水（胶）灰比		0.4	0.42
抗冰冻要求最大水（胶）灰比		0.38	0.4
抗盐冻要求最大水（胶）灰比		0.36	0.38
最小水泥用量（kg/m^3）	42.5 级	290	280
	32.5 级	305	300
抗冰（盐）冻要求最小水泥用量（kg/m^3）	42.5 级	315	310
	32.5 级	325	320
掺粉煤灰时最小水泥用量（kg/m^3）	42.5 级	255	250
	32.5 级	265	260
抗冰（盐）冻掺粉煤灰最小水泥用量（kg/m^3）	42.5 级	260	265

在满足上述三项技术要求的前提下，碾压混凝土配合比应尽可能经济，常以单位质量水泥（胶材总量）获得的弯拉强度最大为依据。

（2）设计方法

碾压混凝土的配合比设计国内外采用的方法主要有绝对体积法、填充包裹法、经验公式法、递推渐进法、试算法、最大密度近似法及综合设计法等。公路路面碾压混凝土配合比设计，一般采用经验公式法或称简捷法，重大或大规模工程，可使用正交试验法。正交试验法的应用如前所述，这里着重叙述经验公式法。

1）掺外加剂碾压混凝土的配合比设计

掺外加剂但不掺粉煤灰的碾压混凝土运用经验公式和粗集料填充体积经验值进行配合比设计。

①计算单位用水量

根据工作性设计指标——改进 VC 值，按经验公式(24-43)推算初步配合比的单位用水量。

$$W_{oc}=137.7-20.55\lg VC \tag{24-43}$$

式中：W_{oc}——碾压混凝土的单位用水量，kg/m^3；

VC——碾压混凝土拌和物改进 VC 值，s。

②计算灰水比

根据试配 28d 弯拉强度设计指标 f_{cc}(MPa)，水泥胶砂抗折强度 f_s(MPa)，由式(24-44)计算灰水比。

$$\frac{C}{W}=\frac{f_{cc}}{0.2156f_s}-0.798 \tag{24-44}$$

计算灰水比的倒数，即为水灰比。由弯拉强度计算得到的水灰比与表 24-8 中满足耐久性要求的最大水灰比相比较，两者当中取小值。

③计算单位水泥用量

由单位用水量 W_{oc}，满足弯拉强度和耐久性要求的灰水比 C/W，按式(24-45)计算单位水泥用量。

$$C_{oc}=W_{oc}\times\frac{C}{W} \tag{24-45}$$

式中：C_{oc}——碾压混凝土单位水泥用量，kg/m^3。

单位水泥用量 C_{oc} 应与表 24-8 中满足耐久性要求的最小水泥用量相比较，两者当中取大值。

④确定粗、细集料的单位用量

a. 选定粗集料填充体积率

根据砂细度模数的实测结果，参照表 24-9 选定配合比中粗集料填充体积百分率 V_g(%)。

粗集料填充体积百分率 表 24-9

砂细度模数 M_x	2.40	2.60	2.80	3.00
粗集料填充体积 V_g(%)	75	73	71	69

b. 计算粗集料用量

按式(24-46)计算粗集料用量。

$$G_{oc}=\gamma_{cc}\cdot\frac{V_g}{100} \tag{24-46}$$

式中：G_{oc}——碾压混凝土粗集料单位体积用量，kg/m^3；

γ_{cc}——碾压混凝土单位质量，kg/m^3；

V_g——粗集料填充体积率，%。

c. 计算细集料用量

已知粗集料、水泥和水的单位用量 G_{oc}、C_{oc} 和 W_{oc} 及其相应密度，按绝对体积法由式(24-47)计算砂的单位体积用量 S_{oc}(kg/m^3)。

$$\frac{C_{oc}}{\rho_C}+\frac{W_{oc}}{\rho_W}+\frac{S_{oc}}{\rho_S}+\frac{G_{oc}}{\rho_G}+10a=1000 \tag{24-47}$$

⑤计算外加剂用量

根据试验优选的外加剂掺量和单位水泥用量 C_{oc}，由式(24-48)计算外加剂单位用量。

$$Y_{oc} = y \cdot C_{oc} \tag{24-48}$$

式中：Y_{oc}——碾压混凝土中单位外加剂用量，kg/m^3；

y——外加剂掺量。

如不掺外加剂，取 $y=0$，即为普通碾压混凝土的配合比设计。

2)掺外加剂和粉煤灰碾压混凝土的配合比设计

掺外加剂和粉煤灰碾压混凝土运用经验公式和粗集料填充体经验值进行配合比设计。

①计算粗集料用量

按表24-9选定的粗集料填充体积百分率 V_g(%)，由式(24-46)计算粗集料用量 G_{oc}。

②选定粉煤灰掺量

按前述碾压混凝土材料组成中对于掺和料的要求，初选粉煤灰超量取代系数 k，并根据经验或正交试验结果选定代替水泥的粉煤灰掺量 F_C。

③计算单位用水量

根据工作性指标——改进VC值(s)和粉煤灰掺量 F_C(%)，按掺外加剂和粉煤灰经验公式(24-49)计算单位用水量 W_{ofc}(kg/m^3)。

$$W_{ofc} = 135.5 - 21.1\lg VC + 0.32F_c \tag{24-49}$$

④计算基准胶材总量

根据试配28d弯拉强度 F_{cc}(MPa)、粉煤灰掺量 F_c(%)和选定的粗集料填充体积百分率 V_g(%)，由经验公式(24-50)计算基准胶材总量。

$$J = 200(f_{cc} - 7.22 + 0.025F_c + 0.023V_g) \tag{24-50}$$

式中：J——碾压混凝土中单位体积基准胶材总量，kg/m^3。

⑤计算单位水泥用量及单位粉煤灰用量

由基准胶材总量 J(kg/m^3)、粉煤灰掺量 F_c(%)和粉煤灰超量取代系数 k，由式(24-51)和式(24-52)计算单位水泥用量 C_{ofc}(kg/m^3)和单位粉煤灰用量 F_{cc}(kg/m^3)。

$$C_{ofc} = J\left(1 - \frac{F_c}{100}\right) \tag{24-51}$$

$$F_{cc} = C_{ofc} \times F_c \times k \tag{24-52}$$

其中，单位水泥用量 C_{ofc}应与表24-8中满足耐久性要求的最小水泥用量相比，两者当中取大值。

⑥计算水胶比

由单位用水量 W_{ofc}(kg/m^3)及满足弯拉强度并同时满足耐久性要求的最小水泥用量 C_{ofc}(kg/m^3)，由式(24-53)计算总水胶比 J_z。

$$J_z = \frac{W_{ofc}}{C_{ofc} + F_{cc}} \tag{24-53}$$

由上式计算得到的水胶比应与表24-8中满足耐久性要求的最大水胶比相比，两者当中取小值。

⑦计算砂用量

已知粗集料、水泥、粉煤灰、水的单位用量 G_{oc}、C_{ofc}、F_{cc}和 W_{ofc}及其相应密度，可由式(24-47)绝对体积法计算单位用砂量 S_{oc}(kg/m^3)，计算时应计入设计含气量 a(%)。

⑧计算外加剂用量

根据试验优选的外加剂掺量 γ_f，由式(24-54)计算单位外加剂用量 Y_{ofc}(kg/m³)。

$$Y_{ofc} = \gamma_f(C_{ofc} + F_{cc}) \tag{24-54}$$

二、施工

碾压混凝土的施工工艺类似于贫混凝土基层的碾压施工，此处不详述。

第四节　多孔混凝土排水基层

多孔混凝土用作道路排水基层最早始于法国。1974 年和 1976 年，法国修建了多孔混凝土路面试验路，1979～1981 年在戴高乐机场水泥混凝土道面结构中，将 10cm 厚的多孔贫混凝土铺设于面层板与水泥处治基层之间，以增强排水功能。这种多孔贫混凝土排水基层在欧洲的一些国家逐渐应用，并用于硬路肩下。国内长安大学及广西交通科研所等单位对多孔混凝土进行了系统研究，并修筑了一系列试验路。

由于这种混合料不含或含有很少细集料，其硬化后的混凝土中存在着较大、较多的空隙，有效空隙率可达 25%～30%。此外，多孔混凝土水泥含量大致为 160～200kg/m³。较之稳定类排水材料，多孔混凝土具有更高的排水性能和强度，其 7d 抗压强度达 4～10MPa，28d 弯拉强度可达 1.3～2.5MPa。此外，多孔混凝土还具有较小的温度收缩和干燥收缩性，具有良好的抗冲刷性及良好的抗冻性能。

一、配合比设计

1. 原材料要求

(1)水泥

水泥是多孔混凝土的重要组成材料，虽然用量少，却是决定多孔混凝土强度的重要因素。道路工程中常用的五大品种水泥均可应用，对于高铝水泥、膨胀水泥、快硬水泥等一般不宜采用。由于从拌和到压实，一般需要 2h，应优先选用终凝时间较长的水泥。

与目前大多基层用水泥类似，多孔混凝土宜选用 32.5 级水泥，当强度不能满足设计要求时，也可采用 42.5 级水泥。水泥的各项品质应满足相关技术规范的要求。

(2)粗集料

集料应选用洁净、坚硬而耐久的碎石。多孔混凝土水泥用量有限，水泥石与集料的黏结强度是多孔混凝土中最薄弱的部分，因此集料应不含有机质、风化物或其他有害杂质，集料的含泥量及针片状含量应满足表 24-10 的要求。此外，集料最大粒径及压碎值要求也列入表 24-10 中。

多孔混凝土用粗集料技术要求　　表 24-10

最大粒径	压碎值	含泥量	针片状含量
≤层厚的 2/3	30%	≤1%	≤15%

(3)其他

多孔混凝土拌和物要有足够的水，以满足水泥水化和压实的需要。此外，多孔混凝土具有开放式空隙，施工中水分容易损失，使混合料表面的水泥浆过早初凝，造成表面颗粒松散现象，影响其强度。在高温天气施工时，可以通过使用外加剂使拌和物保水与缓凝。

2. 集料级配

(1)多孔混凝土的级配设计

多孔混凝土的强度来源主要是水泥浆的黏结力和集料之间的嵌挤作用,水泥用量相对较少,集料级配的嵌挤作用相对较大。多孔混凝土和普通混凝土的级配设计,在工程中的出发点不同(表24-11)。前者要求一定的空隙率以便能充分排水或透水,同时也应具有一定的力学强度;而后者则偏重力学强度,空隙率应尽可能小。

设计出发点　　表24-11

种类	普通水泥混凝土	多孔混凝土
出发点	1. 空隙率最小,混合料最密实 2. 集料间具有最大摩阻力	1. 混合料空隙率满足一定要求 2. 集料间有最大摩阻力,混合料有一定力学强度

理想的多孔混凝土是粗集料受压后在排列中互相嵌挤又不互相干涉,相互之间有较大的摩擦力,形成排列紧密的多级空间骨架结构。根据泰波公式及国外的经验,设计出4种级配见表24-12。

多孔混凝土集料级配要求　　表24-12

筛径(mm)	质量通过百分数(%)			
	级配1	级配2	级配3	级配4
31.5	100	100		
25			100	100
20	76~87	76~87	90~100	
16				25~60
10	0~5	50~71	20~55	
5		0~5	0~10	0~10
2.5			0~5	0~5

(2)集料级配的表征

集料级配是一种分布,进行多孔混凝土组成设计时,需寻求有效的指标表征其级配组成。实践表明,有效粒径和均匀系数常可作为描述集料级配的有效指标。此外,由于多孔混凝土的设计指标之一为空隙率,则集料的骨架间隙率也可作为评价集料级配的间接指标。

1)有效粒径

筛分曲线中小于某一粒径者占材料总质量$x\%$的那种颗粒直径称为有效粒径D_x。当$x=10$时,也可称为Hazen有效粒径。有效粒径D_{10}是材料渗透性的表征,大于有效粒径D_{10}的颗粒越多,材料的粒径越大,渗透性则越强。

2)均匀系数

均匀系数C_u是颗粒通过率占60%的粒径与占10%的粒径之比,即:

$$C_u = D_{60}/D_{10} \tag{24-55}$$

颗粒的均匀系数是一个颗粒尺寸扩展程度的表征,它说明了材料级配的密实情况,同时也是颗粒材料渗透性的间接表示。开级配材料具有较低程度的均匀系数,其范围一般是2~6;密级配的均匀系数范围在20~50;如果颗粒材料全部由等粒径的球形颗粒所组成,均匀系数为1。

大有效粒径和小均匀系数的组合可以产生很高的渗透系数。对表24-12中所示4种级配的集料,可求得其有效粒径D_{10}和均匀系数C_u,见表24-13。

集料的有效粒径和均匀系数 表 24-13

级配	级配 1	级配 2	级配 3	级配 4
有效粒径 D_{10}(mm)	10.68	5.47	5.56	5.84
有效粒径 D_{60}(mm)	16.56	9.94	13.12	18.33
均匀系数 C_u	1.551	1.636	2.360	3.139

3. 设计标准

多孔混凝土组成设计是道路内部排水设计的主要内容之一,与普通贫混凝土不同,多孔混凝土在集料的级配组成、水泥用量及水灰比等方面都有一些特殊的要求,既要保证其多孔性,又要保证作为路面结构组成部分的力学强度。然而,高渗透性和强度之间是此消彼长的关系,因此需要综合考虑各方面的因素,确定出最优的方案。

多孔混凝土的组成设计,应同时满足空隙率、渗透性及强度三方面的要求。

(1)空隙率

空隙是指混凝土总体积扣除固体骨架所占体积后的剩余部分,它由三部分组成即连通空隙、半连通空隙以及封闭空隙,三者之和为全空隙。顾名思义,连通空隙是相互连通的空隙;封闭空隙是和其他空隙不连通的、孤立的那部分空隙;半连通空隙,也称为死端空隙,它有一端与其他空隙连通,另一端封闭。从排水角度,空隙又分为有效空隙和无效空隙。有效空隙是指能通过水、排出水的空隙。从水流运动的角度讲,只有相互连通的空隙才是有效的。半连通空隙中的水是相对停滞的,从水运动的角度来说是无效的,但其中的水在疏干时能排出,对于排水来说是有效的。因此,有效空隙应由连通空隙和半连通空隙两部分组成,封闭空隙是无效空隙。

全空隙率是全空隙体积占混合料总体积的百分比。习惯上,直接用全空隙率表征多孔混凝土空隙的特性,并简称空隙率,有效空隙率则是指有效空隙体积占混合料总体积的百分比。

空隙率最常用的测定方法是量体积法。对于表面不平整又不宜再切割的试件,用量体积法测出的空隙率精度偏低,可以采用改进蜡封法测定试件的全空隙率及有效空隙率。

空隙率越高,排水性能越好。为了迅速排除渗入路面结构内部的自由水,必须充分保证多孔混凝土的多空隙性。按照文献[1]重正化群分析结果,排水基层的临界空隙率应不小于 17.33%。对于多孔混凝土排水基层来说,考虑到施工过程中的不确定因素,如少许水泥浆堵塞空隙,养生期表面被杂物污染等现象,确定多孔混凝土的设计有效空隙率为 20% ~30%。

(2)渗透系数

渗透系数或称渗透率、水力传导系数,是表征多孔介质输运流体能力的标量,此处可作为多孔混凝土排水基层排水性能的指标。当水力坡度 $I=1$ 时,渗透系数在数值上等于渗透速度。由于水力坡度无量纲,渗透系数具有速度的量纲,即渗透系数的单位和渗透速度的单位相同,常用 cm/s 或 m/d 表示。

渗透系数与水的物理性质和多孔介质的性质有关,前者如密度和黏度等,后者主要指孔径大小、空隙分布、连通度及空隙率等。当水的物理性质一定时,渗透系数取决于多孔介质的性质。此时,Darcy 定律表示为:

$$v = k\,I \tag{24-56}$$

式中:v——水的渗流速度,cm/s;

I——水力梯度;

k——渗透系数,cm/s。

需要指出的是，式(24-56)仅适用于水在多孔介质的流动状态为层流时。判断水在多孔介质中的流动状态可以采用类比的方法，将判断管道流动中区分层流和紊流的准则，即雷诺数 R_e 定义为：

$$R_e = qd/v \tag{24-57}$$

式中：q——比流量；

d——多孔介质的某种长度尺寸；

v——水的运动黏度。

只要根据式(24-57)计算得出的雷诺数在 1 ~ 10 之间，Darcy 定律就是适用的。

渗透系数的测试相对麻烦，通过研究建立其与空隙率的关系式可知，随着空隙率增大，渗透系数增长很快，当有效空隙率为 20% 时，渗透系数为 1.05cm/s；而当有效空隙率为 30% 时，渗透系数达 9.35cm/s。据此确定多孔混凝土排水基层的渗透系数不得小于 1.05cm/s。

(3)力学强度

排水基层作为路面结构的组成部分，承受荷载作用，因此应保证在排水能力的基础上满足混合料的强度或者模量要求。

多孔混凝土介于多孔水泥稳定碎石和普通贫混凝土之间，参考不同交通等级道路对于水泥稳定碎石基层的强度要求，及国内外对普通贫混凝土基层的强度要求，并结合多孔混凝土的有关特性，多孔混凝土基层的强度应满足表 24-14 要求。

多孔混凝土基层的设计抗压强度与弯拉强度 表 24-14

交通等级	特重	重
7d 设计抗压强度(MPa)	5 ~ 8	3 ~ 5
28d 设计弯拉强度(MPa)	1.5 ~ 2.5	1.0 ~ 2.0

4. 配合比设计方法

多孔混凝土配合比设计时应根据材料性能及设计要求，在确保混凝土强度及渗透性的前提下，以采用最小的水泥用量为原则进行设计。多孔混凝土单位体积的质量应为 $1m^3$ 紧密状态的集料质量、水泥用量及水泥水化水质量之和。

在大量试验的基础上，得出多孔混凝土的两种配合比设计方法，即经验公式法和试验法两种。

(1)经验公式法

1)计算初步配合比

①确定试配强度及设计空隙率

a. 试配强度

根据前述配合比设计标准，按表 24-14 确定多孔混凝土基层的 7d 设计抗压强度，再由式(24-58)确定其试配强度。

$$f_{c,o} = 1.15 \cdot f_{c,d} \tag{24-58}$$

式中：$f_{c,o}$——多孔混凝土 7d 试配抗压强度，MPa；

$f_{c,d}$——多孔混凝土 7d 设计抗压强度，MPa。

进行路面结构设计时，多孔混凝土基层的设计指标一般为弯拉强度。当进行材料配合比设计要求的指标为某一具体的弯拉强度值时，可根据多孔混凝土抗压强度与弯拉强度之间相关性良好的关系式，将弯拉强度换算为抗压强度，再根据式(24-58)确定试配强度。

b. 设计空隙率

多孔混凝土设计有效空隙率为 20% ~30% 。

②确定集料用量

首先根据现有集料情况,结合空隙率和强度要求,从表 24-13 中选取一种级配。利用与多孔混凝土成型相同的方式,即振动成型法测得该种级配集料的松方密度。

多孔混凝土的集料用量为:

$$G = 0.98 \cdot \rho \tag{24-59}$$

式中:G——多孔混凝土单位体积的集料用量,kg/m^3;

ρ——集料的松方密度,kg/m^3。

③确定水泥用量

a. 根据试配强度确定水泥用量 $C_1(kg/m^3)$

试件振动成型时:

$$C_1 = 63.168 + 2.379D_{10} + 20.162f_{c,o} \tag{24-60}$$

式中:D_{10}——集料有效粒径,mm。

b. 根据空隙率确定水泥用量 $C_2(kg/m^3)$

$$C_2 = 468.954 - 9.13n_e \tag{24-61}$$

式中:n_e——多孔混凝土有效空隙率,%。

比较 C_1 和 C_2 的大小,当 $C_1 > C_2$,应调整试配强度和空隙率要求,按式(24-60)和式(24-61)重新计算水泥用量,直至 $C_2 > C_1$,此时取 C_1 作为水泥用量 $C(kg/m^3)$。

④确定合理水灰比及用水量

已知有效粒径 D_{10} 和水泥用量 C 的前提下,根据式(24-61)求得水灰比 W/C。

$$W/C = 0.755 + 0.123f_{c,o} + 0.015D_{10} - 6.08 \times 10^{-3}C \tag{24-62}$$

实际操作时,也可根据经验判断水灰比是否合适。若用水量太小,水泥浆不能包裹集料;用水量过大,水泥浆过于稀薄而沉积于底部,也不能充分包裹集料,影响混凝土的整体强度及均匀性。合适的用水量时,水泥浆均匀包裹集料,无水泥浆下滴现象,表面呈现金属光泽。根据经验,水灰比较合适范围为 0.33 ~0.42。

2)提出基准配合比

通过上述各式计算得到的配合比,是参照经验公式和参数确定的初步材料用量,它同材料的实际情况存在一定的差异。因此,必须通过试验进行配合比调整。

①试拌

按上述初步定出的配合比,配制不少于 $0.015m^3$ 的多孔混凝土拌和物。试配用的原材料,要与实际工程所用的材料相同,粗、细集料的称量均以自然风干状态为基准,即含水率小于 1.0% 的细集料和含水率小于 0.5% 的粗集料。如用非干燥集料配制,称料时应在用水量中扣除集料的含水量,集料值应相应增加。

②观察含水量

按照前述原则,观察拌和物含水量情况,保证水泥浆均匀包裹集料,无水泥浆下滴现象,表面有金属光泽。

③调整配比

若集料表面干燥,水泥浆不能包裹集料,应适当增大水灰比;若水泥浆含量过大,出现水泥浆下滴现象,应适当减小水灰比,直至符合要求。

④提出基准配合比

3)确定试验室配合比

①制备试件、检验强度和空隙率

按基准配合比,以初选水灰比为中心,按0.02增减幅度选定2~4个水灰比,制作试件;也可保持水灰比不变,以初选单位水泥用量为中心,按10~15kg/m^3增减幅度选定2~4个单位水泥用量,配制几组配合比的多孔混凝土拌和物,浇制抗压强度试件,并测定其毛体积密度。标准养生7d,对试件进行强度和空隙率测试。

②确定试验室配合比

通过调整得到符合强度和空隙率要求的配合比后,还应按多孔混凝土的实测密度校正其计算密度。多孔混凝土的计算密度为经试拌调整后每立方米混凝土各项材料用量之和。校正系数δ为实测密度与计算密度之比值。各项材料用量均乘以校正系数,即可定出试验室配合比或称设计配合比。

4)换算施工配合比

试验室配合比是按自然风干状态的集料计算的。施工现场的集料含水率经常变化,因而,须根据拌制时集料的实际含水率对试验室配合比进行调整。在集料中的水分应在用水量中扣除,由于水分所减少的集料数量则在集料用量中补足,由此得到施工配合比。

(2)试验法

①确定试配强度:试配强度的确定方法同经验公式法。

②取样:从料场选取具有代表性的材料,并调整级配,使其满足表24-15的要求。

集料隔离层的级配 表24-15

筛孔孔径(mm)	38.1	19.1	5	0.42	0.075
通过百分数(%)	100	95~100	50~80	20~35	5~12

③确定集料用量:集料用量的确定同经验公式法。

④确定水泥用量:水泥用量C可用灰集比C/G表示,多孔混凝土作基层时可采用1:8、1:8.5、1:9、1:9.5、1:10,集料用量已知的情况下,得出每种灰集比对应的水泥用量。

⑤确定用水量:对于每种水泥用量的多孔混凝土,都存在一个最佳用水量。对于每种水泥用量,按经验公式法确定较合适的水灰比范围为0.33~0.42,可从中选取一值,并增大或减小0.03进行试拌,按上述原则确定最佳水灰比W/C。

已知水泥用量和水灰比的前提下,得出单位体积多孔混凝土的用水量。

⑥强度及空隙率校核:按选定的水泥用量和用水量制备抗压强度和空隙率试件,同时测定多孔混凝土的毛体积密度。标准养生至7d,测其抗压强度和空隙率,根据测试结果,确定满足设计要求的水泥用量和用水量。

⑦提出试验室配合比:由强度及空隙率校核结果,提出试验室配合比。

⑧换算施工配合比:同经验公式法。

二、施工

目前,对于多孔混凝土排水基层及路面结构内部排水系统的施工尚无通用的工艺规程,还处于经验积累的阶段。最常用的施工工艺是采用机械或人工摊铺及压路机碾压的方式。

多孔混凝土排水基层施工过程中,须注意使其满足压实度和空隙率的要求。关键是掌握好压路机吨位、碾压遍数和松铺系数三个要素,并注意防止污染。

1. 工艺流程

多孔混凝土排水基层施工的工艺流程如图 24-6 所示。

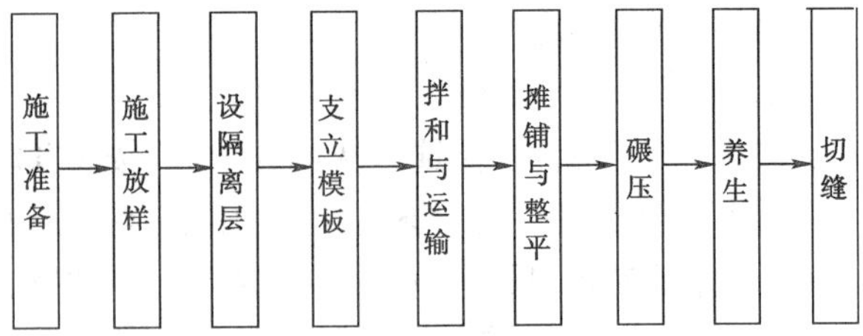

图 24-6　多孔混凝土基层施工工艺

(1)施工准备

铺筑多孔混凝土排水基层前,需对底基层进行检查,务使底基层平整、密实,无任何松散的材料和软弱处,并检查每个断面的高程是否满足设计要求。洒水清扫底基层,调试相关施工机械,使混合料的颗粒组成和含水率都达到规定要求,并准备施工工具。

(2)施工放样

在底基层恢复中线,直线段每 15 ~20m 设一桩,平曲线段每 10 ~ 15m 设一桩,并在两侧路肩边缘外设指示桩。进行水平测量,在两侧指示桩上用明显标记标出多孔混凝土基层边缘的设计高。

施工过程中,标桩如有丢失或移动,应及时补桩抄平。如果多孔混凝土基层铺筑在符合要求的新建下承层上,可以不再进行施工放样。

(3)设隔离层

为防止使用过程中多孔混凝土基层的水下渗浸泡底基层或路基,影响其刚度和强度,以及由于唧泥现象使细屑造成对排水基层的污染,基层和底基层或路基之间需设置隔离层。目前,常见的方法主要有喷洒乳化沥青或热沥青稀浆封层、铺设防水土工织物、采用密级配集料隔离层等。

此外,当底基层是密级配的水泥稳定集料时,由于这种材料透水性很低,且抗冲刷能力较强,多孔混凝土基层透下的水可以沿着其表面横坡向两侧排走,不致影响其刚度和稳定性,此时基层与底基层之间可不必设额外的隔离层。

1)乳化沥青或热沥青稀浆封层

乳化沥青或热沥青稀浆封层是一种最为常用的隔离层,这种封层是在彻底清扫干净底基层的表面上,首先洒布乳化沥青或热沥青,前者待乳化沥青破乳后撒布石屑,后者则直接撒布石屑,总厚度一般不宜小于 5mm。

2)防水土工织物

防水土工织物也称为复合土工膜,或“两布一膜”,即两层无纺土工布中间夹一层不透水土工织物,属非降解型。

土工织物应具有足够的强度,保证在施工过程中不被破坏。铺设土工织物时应足够小心,铺筑基层材料时也必须格外小心谨慎,使土工织物不被移动和破坏,并保证土工织物的合适搭接。在施工过程中必须保证土工布隔离层的完整性。

3)密级配集料隔离层

集料隔离层必须具备以下重要的功能:首先,集料隔离层必须具有足够的强度,以便为排水基层的施工提供稳定的作业平台,在铺设过程中集料隔离层不允许出现任何车辙和推挤现象;第二,集料隔离层的级配必须经过严格挑选,以防止细屑从路基中唧泥进入排水基层;第三,集料隔离层应具备较低的渗透系数,隔离层的作用像个隔栅,只允许水透入,然后引向排水边沟。

表 24-15 即为一种典型的集料隔离层级配,可用于工程实践。

目前,美国许多州公路局用土工织物代替集料隔离层。在有些情况下,例如细粒土含量很高的路基,使用土工布作隔离层将是一种更好的选择。

(4)支立模板:模板支立要求牢固、耐久、顺直,高度差不大于 5mm。

(5)拌和与运输

对于普通水泥稳定粒料基层,按拌和方法的不同,其施工方法主要有三种。第一种方法是就地拌和法或称路拌法。这种方法施工时,先将需稳定的粒料摊铺在下承层上,整型后在上面摊铺水泥;也可在已翻松整型的原路基上或老路面上摊铺水泥,然后用多程式拌和机或单程式拌和机进行拌和,并整平和压实。第二种方法是用移动式拌和机沿路线拌和。第三种方法是中心站拌和法或称集中厂拌法,即集中在某一场地,用固定式拌和机拌和水泥粒料混合料,用自卸卡车将拌成的混合料运送到铺筑工地,进行摊铺和压实。一般而言,轻交通路面的水泥稳定粒料基层和底基层可采用路拌法施工,对于中等交通路面,应采用专用的稳定粒料拌和机或使用集中拌和法制备混合料。对于重交通路面,直接铺筑在土基上的底基层下层可用稳定粒料拌和机进行路拌法施工,当土基上层已用石灰或固化剂处理时,底基层的下层也宜用集中拌和法拌制混合料。其上的各个稳定粒料层都应用集中厂拌法拌制混合料,并用摊铺机摊铺混合料。基层分两层施工时,在铺筑上层前,应在下层顶面先撒薄层水泥或水泥净浆。

多孔混凝土一般用于重交通或中等交通路面的基层,其施工过程中应采用集中厂拌法拌和,以保证拌和质量。采用中心站厂拌法施工时,需要的机械主要有三类:①用于准备工作,在料场或取土坑需要推土机、装载机或皮带运输机,有时可能还需要筛分机、粉碎机和自卸卡车等;在道路上准备下承层,需要平地机和压路机,有时还可能需要洒水车和水泵等。②在中心站拌制水泥稳定粒料,需要专用稳定粒料拌和机和装载机等。通常,稳定粒料拌和机均为连续式的,有条件时,可采用水泥混凝土常用的间歇式搅拌机,从而更容易保证拌和质量。③在道路铺筑现场,需要自卸卡车、摊铺机、压路机、平地机和洒水车等。

多孔混凝土集中厂拌时应注意以下事项:

①拌和机与摊铺机的生产能力应互相匹配。对于重交通路面,为了保持摊铺机连续摊铺,拌和机的产量宜大于400t/h。

②在拌制生产水泥稳定粒料之前,必须先调试所用设备,使混合料的颗粒组成和含水率达到规定的要求。原材料的组成发生变化时,应重新调试设备。

③配料应准确,拌和应均匀。拌和时应严格控制水灰比、水泥用量及集料的用量,由拌和楼电脑控制输入水泥、水、集料的用量,按照要求进行拌制。由于水泥用量有限,拌和物拌和的时间要相对延长。

④多孔混凝土排水基层材料空隙率大,水分散失快,拌和时拌和物的用水量应比规定值高出1%~2%,使混合料运到现场摊铺后碾压的含水率不小于最佳值。因此,在拌和过程中应根据集料和混合料含水率的大小,及时调整加水率。

⑤当采用连续式稳定粒料厂拌设备拌和时,应保证集料的最大粒径和级配符合要求。

将拌和好的混合料从拌和机直接卸入自卸卡车,根据水泥的凝结时间及现场的气候条件控制拌和物的运输时间,注意勿使运输距离过长,以防拌和物中水分蒸发及水泥初凝,尽快送到铺筑现场。车上的混合料应覆盖,以减少水分损失,如有必要掺加缓凝剂。

(6)摊铺与整平

目前用于混合料铺筑的方式有用摊铺机、平地机、布料机和人工摊铺四种方式。对于重交通路面的多孔混凝土基层,必须采用沥青混凝土摊铺机或专用的稳定粒料摊铺机摊铺。最好采用两台摊铺机一前一后、错列前进,同时摊铺。在只能采用一台较小型的摊铺机工作时,可以在两条线或几条工作道上交替摊铺,但任何一条工作道都不能比邻接的工作道摊铺得太前。相邻接工作道上任一地点摊铺混合料的间隔时间不能超过25min。摊铺均匀布料后应立即碾压。当摊铺机允许的摊铺宽度较大时,也可采用单台摊铺机一次摊铺成型,但要注意摊铺过程中避免混合料的离析。对于其他交通路面,有条件时宜采用摊铺机摊铺,但至少必须采用平地机摊铺,个别面积较小的路段可以采用人工摊铺。

摊铺机或平地机摊铺多孔混凝土基层时,松铺系数约为1.15;采用人工配合自卸汽车的方法进行时,松铺系数按照经验确定约为1.22。摊铺工序的控制重点是平整度和外形尺寸。

多孔混凝土空隙率大,水分容易散失。当施工温度较高时,为减少水分的迅速蒸发,应在摊铺完成立即加盖塑料薄膜,够一个作业段后,掀开塑料薄膜进行碾压,或者直接在塑料薄膜上进行碾压。碾压完成后,塑料薄膜直接铺在基层表面以供养生之用。

(7)碾压

多孔混凝土基层碾压可采用振动压路机弱振和光轮压路机碾压配合的方式进行,碾压组合方式和碾压遍数由试铺试压确定。多孔混凝土是一种骨架空隙结构,压路机吨位和碾压遍数不宜过大,否则可能压碎集料,堵塞空隙,使其强度和空隙率降低,影响其路用性能。根据松铺系数等于松铺厚度与压实厚度的比值,在试验室已知对应于规定空隙率毛体积密度的前提下,最后定出松铺系数。

碾压可先采用18t压路机静碾一遍,错轮60cm,弱振一遍,最后再静碾一遍。若轮迹明显,最好采用轻型光轮压路机碾压一遍,条件不允许时,可人工利用铁锹等工具拍打整平。碾压过程应由边到中,由慢到快地进行。

碾压过程中,多孔混凝土基层的表面应始终保持湿润。前已述及,当水分蒸发过快,为防止表面出现松散现象,较好的办法是在基层表面覆盖塑料薄膜碾压。严禁压路机在已完成的或正在碾压的路段上掉头或紧急制动,保证基层表面不受破坏。

(8)边缘集水沟、管或盲沟的设置

对于设置边缘集水沟(管)的排水基层排水系统,集水沟设在土路肩下面,底面与下基层底面平齐,底宽40cm,底面和两侧围以反滤织物。集水管采用10cm或15cm不透水PVC管,并将其预先摆放在集水沟底部中间,每隔50m左右并结合路面原有排水设施设置横向不透水的出水管,管径与集水管相同,坡度不小于5%。

摊铺多孔混凝土基层时将集水沟一起回填。由于集水沟处于土路肩下面,承受很小的荷载,故对沟内多孔混凝土不进行碾压,而利用材料本身的自密实性成型。摊铺完成集水沟覆盖塑料薄膜。

为防止啮齿动物破坏合成土工布和排水管,及在集水管和出水管道内做窝,可使用啮齿动物防护网。鉴于冲刷掉的细土颗粒会淤积在防护网处堵塞出水管口,宜设计成易于移开的防护网,以便定期清理出水管口。此外,还应采用一定的参照标记标识出水口的位置,以使在检查和养护时更容易找到出水出口位置。

对于设置路面边缘横向出水盲沟的排水基层,盲沟的组成材料亦采用多孔混凝土,宽为50cm,与基层同厚。盲沟的间距视排水需要确定,并考虑立支模板的要求,横向坡度不宜小于5%。盲沟采用人工摊铺、击实的方法修筑,压实度、空隙率的要求与多孔混凝土基层相同。盲沟四周用不透水土工布包裹,与多孔混凝土基层的衔接处至少有10cm的搭接。盲沟出水口处路基边坡用干砌片石防护,出水口及横向出水管下方边坡应设置砂浆抹面泄水道,以防水流冲刷。

(9)养生

多孔混凝土基层碾压结束,经检验压实度、高程、平整度及厚度均达到要求后,应立即养生。养生可在碾压时已铺塑料薄膜的基础上,采用塑料薄膜,润湿的草簾、粗麻袋、稻草、麦秸或其他合适的材料覆盖,防止其中水分蒸发,使基层表面经常保持湿润,避免表面干燥及忽干忽湿,以保证水泥充分水化。当发现表面干燥时,应可采用洒水车洒水养生,每天洒水的次数应视气候情况而定。整个养生期间应始终保持稳定粒料层表面潮湿。

试验段在已铺塑料薄膜的基础上,再加覆一层塑料薄膜养生,养生期间注意观察,当塑料薄膜底面充满水汽,则不需洒水,否则应定期采用洒水车洒水养生。

对于重交通和中等交通路面,多孔混凝土基层的养生期不宜少于7d。养生期间除洒水车外,严禁其他车辆通行。养生期结束后,铺面层之前,应禁止施工车辆通行,并注意防止污染,以免影响其排水能力。

碾压结束经检验压实度、高程、平整度及厚度均达到要求后,立即覆盖或喷养生剂并洒水养生,不得采用湿砂堆积养生以防污染。

(10)切缝

多孔混凝土排水基层通常不切缝。有切缝要求时,切缝和填缝需按普通水泥混凝土路面有关规定进行。

2. 施工质量控制

(1)混合料水泥浆含量

拌制好的合适的多孔混凝土,其表面具有金属光泽且水泥浆均匀地包裹集料表面,没有水泥浆下滴现象。如果发现与上述不符合的现象,须立即检查是否有多加水或少放水泥的情况发生。

如果对拌和物质量产生怀疑,可取部分拌和物进行水泥浆含量的测定。具体操作如下:取拌和物5kg,用水洗净后将集料烘干,称重为G,则水泥浆含量为$(5-G)/G$,试验结果与理论配合比相对照,以误差不超过±5%为控制。

(2)强度及空隙率

现场质量控制需从拌和机中取料,采用与试验室做法相同的成型方法成型试件,测定其7d,28d抗压强度,28d弯拉强度及空隙率,使各指标满足前述设计要求。

第二十五章　施工质量管理与验收

公路基础设施具有公益属性，公路工程质量有着特殊的重要性。公路工程质量不仅关系到施工企业的生存，尤其关系到国计民生和人们出行的生命财产安全，与公众利益息息相关。公路建设投资巨大，良好的公路工程质量可以延长其使用寿命，充分实现公路的使用价值，带来巨大的社会经济效益；质量低劣的工程不仅不能实现其使用价值，而且需要增大后期养护维修费用，是对国家财富的极大浪费。

第一节　全面质量管理

对于公路施工企业来说，建成的公路就是它的产品。与生产一般产品的企业一样，要为用户生产出优质的产品，必须采取合理的质量管理手段，在企业内部建立完善的质量保证体系。

质量管理的发展，大致经历了三个阶段。第一阶段是质量检查阶段，大约从20世纪20年代到30年代，这一阶段的质量管理主要是靠事后检查把关，在大量产品中剔出废品；第二阶段是统计质量管理阶段，即20世纪30年代至50年代，管理方法是采取积极预防、检查与预防相结合，用数理统计的方法分析生产中可能影响产品质量的因素和环节，并进行控制和协调；第三阶段是从20世纪50年代末、60年代初开始的全面质量管理阶段。

全面质量管理是企业为了保证和提高产品质量，组织全体职工以及有关职能部门，共同参与质量控制，综合运用管理技术、专业技术和科学方法，经济合理的开发、研制、生产优质产品的管理方法。全面质量管理中质量的含义，不仅指传统的最终产品的质量，而且包括工序质量和工作质量。工序质量是指产品生产过程各个工序中所体现的产品质量，综合考虑人、机器、材料、施工方法和环境等对产品的作用。工作质量是指企业的经营管理、技术组织、思想政治等工作的质量，它不像产品质量那样直观，而是体现在企业的一切生产经营活动中，并通过经济效果、生产效率、工作效率和产品质量集中体现出来。全面质量管理的核心是强调提高人的工作质量，保证工序质量，以工序质量保证产品质量，质量控制贯穿产品生产经营的全过程，从过去的事后检验把关为主，变为预防、改进为主，从管结果变成管因素，从控制影响产品质量的因素下手，从产品生产的每一个环节下手，重点抓住主要矛盾，依靠科学理论、程序和方法，发动全体员工和部门，使生产经营的全过程都处于受控状态。

全面质量管理阶段继承了前两个阶段的优点，是两者的延伸和完善，是向广度和深度两方面发展，其特点主要表现为一个“全”字。首先，全面质量管理已超越了产品质量的范围，同时强调了工作质量，改变只有少数人管质量的状况，强调全体员工和部门参与管理；其次，全面质量管理采取以预防为主的观点，对整个生产过程的每一个环节中影响产品质量的因素进行预防性控制；第三，全面质量管理的观点是“下一道工序就是用户”，每一个工序对于下一工序来说就是产品，一道工序中的质量问题一定即时解决，不能遗留给下一道工序；第四，全面质量管理注重好、快、省的结合，不仅注意产品质量本身，而且还要重视工期和成本，在保证产品质量的同时争取最大的效益。另外，全面质量管理不仅关注最终产品的质量，而且关注产品交付用户后使用阶段的质量，为产品一定时期内的使用质量负责。将产品的交付作为质量管理的新起点，只有这样，企业才能树立良好的信誉，在竞争中生存。

第二节　质量保证体系

公路是一种特殊的产品，投资巨大，工期长，影响因素多，对于公路施工企业来讲，必须采取全面质量管理，建立完善的质量保证体系，对公路施工的全过程进行质量控制，才能保证最后的质量。

质量保证体系是指以保证和提高工程质量为目标，运用系统的概念和方法，把企业的各部门、各环节的质量管理职能组织起来，形成的一个有明确任务、职责、权限，互相协调、互相促进、互相监督的有机整体，使质量管理制度化、标准化，建造出优质工程，并为用户提供良好的服务。对于公路建设，具体来讲，完整的质量保证体系包括“政府监督、社会监理、企业自检”，按照施工规范、规程，制定企业规范和有关质量管理规定，严格进行管理。在整个施工过程中，实行施工单位自检，监理单位监督、控制，及审查施工单位自检资料并抽检，质量监督部门抽检。路面施工质量管理应该贯穿路面施工整个过程，包括施工准备、施工过程、交工验收三个阶段的质量管理。施工中各个环节均应严格把关，对出现的异常情况或检验出的问题，立即进行纠正或停工整顿，多方会商寻找解决问题的方法。

对于施工企业来说，应建立以质检工程师和质检员为主的质量控制系统，建立和健全相应的专职质量控制机构，确定各级质量管理机构的职责、权限及相互关系，明确各部门、人员在实现质量总目标中的任务、具体的责任和权限。实行技术责任制和岗位责任制，各级技术工作均有专人负责，每一个职工都有自己的责任和权限，对自己承担的工作负责，做到每一件事情都有人负责。对职工的技术培训也是质量保证的重要组成部分。

典型的质量控制系统应设质检工程师，专职负责项目的质量控制。各施工工序均设工序质检员，负责本工序的质量自检。由试验室负责按照规定的检验项目和频率完成检测试验工作。各级质量控制部门的职责划分如下。

1. 业主

工程建设关系到业主的投资利益，因此业主对工程质量问题有最终决策权。承包商对施工每一步的质量情况都应形成文字材料，作为进行下一步工作的依据，应及时报告业主并听取意见，避免大量返工。

2. 监理工程师

监理工程师应按照合同要求对影响过程质量的各个因素和环节进行全过程、全方位的控制。每道工序开工前，承包商必须提出开工申请单，说明材料、设备、工艺和人员的准备情况，开工申请得到监理工程师的批准后才能开工。监理工程师在审核开工申请时，应确认施工单位的人力、材料、机具设备等已准备充足，材料经过检查认可，前道工序已经过验收，否则不得批准开工申请。

3. 项目经理

现代大型工程项目建设是在有限的时间、空间范围内交叉运用多种现代化的施工技术、管理技术的过程，项目经理的职责是对这一复杂过程进行有效的组织和管理，保证工程的顺利进行和项目目标的实现。

4. 质检工程师

质检工程师负责质量控制制度的贯彻实施。其具体职责有:(1)研究施工对象的质量要求;通过研究质量控制存在的问题,提出质量管理的重点;(2)从质量控制的角度出发,对施工组织计划进行审查,提出建议;(3)编写质量管理的相关规章制度,包括内部质量控制方面的政策、法规、技术标准、施工规范及施工细则;(4)组织质量控制制度的实施,报告结果;(5)听取工程建设各方关于质量控制的申请和要求,包括向各有关部门传达必要的质量措施。质检工程师有权停止不符合验收标准的工作,有权决定需要进行试验室分析的项目并亲自准备样品、监督试验工作等。

5. 中心试验室

中心试验室对原材料、半成品、水泥混凝土的内在质量的检验数据负责,包括检测项目取样方法及频度、制作方法、试验方法及原始数据的记录、计算、报告以及对试验结果的分析等。具体职责为:(1)设计检测和试验方案,制订试验检测实施计划,按照规定的检测试验项目、频度及时完成检测试验工作;(2)根据有关标准规范,制定每一项目检测及试验的操作规程及补充细则,对感观性、描述性的项目要设计制定有效的、标准的评价方式和表达语言;(3)调查偶然性缺陷的原因,报告调查结果,并随时采取纠正措施;(4)对所用仪器、量具、设备进行检定、校准、保养和维修,保证计量设备的精度;(5)编制检测试验工作的报告。

6. 机务部

机务部负责保证机械技术状况完好、附件齐全、工作装置调整正确。监督机械操作手的工作,并定期向质检工程师提供机械技术状况的报告。

7. 材料部

材料部对所购进材料的质量负责。所有材料应有出厂质量保证书、合格证及应有的化验报告,并配合中心实验室进行抽检。

8. 工程技术部

工程技术部负责有关施工和质检的技术标准、规范、规程的贯彻执行。出现的质量问题由工程技术部负责调查解决,组织修整,甚至返工,并提出有关人员应负的责任和处罚意见。工程技术部要在施工技术和工艺上保证施工质量,编制操作工艺细则。

9. 质检员

质检员是每道工序的质量负责人。质检员每天要认真填报质量日报表,标准的原始数据要由质检员亲自或旁站检测,如实记录,班、组长签认后逐级上报。

检测项目和频度,由质检工程师根据施工规范制定。班组长和操作手直接对其完成的工序质量负责。每道工序完成后,由班组长填报“项目质量自检单”,对本工序的质量做出自我评定。由工序质检员会同试验检测人员对所完成的工作,按自检规定的项目和频度进行抽检,并在“项目质量自检单”上如实填写,同时对班组长自检做出评价。上述自检单经检测人员、施工操作者和工序质检员签字后,上报质检工程师。

施工企业应制订明确的质量计划,包括提高工程质量的综合计划以及各项目、各部门的具体计划,形成一套完整的质量计划体系,并且有检查,有分析。另外,还要建立一套灵敏的质量信息反馈系统,只有保证信息的流动畅通,顺利反馈,才能进行准确的质量控制。质量信息的来源有企业外部和企业内部两方面。企业外部的信息包括材料、设备等的产品质量信息,用户对产品使用要求的信息,上级机关的指示、文件及有关信息,协作单位的信息。企业内部信息包括工序测试、质量检验结果、施工工艺和工序质量反馈、群众的建议等。

施工企业应制定本单位的现场质量管理制度,包括现场会议制度、现场质量检验制度、质量统计报表制度、质量事故报告处理制度,完善计量和质量检测技术和手段。对于重复出现的质量管理业务,均按客观要求分类归纳,将处理方法制定成规章制度,使管理流程程序化、制度化,质量管理活动有据可依,以避免职责不清,防止出现问题后互相推诿。

对于水泥混凝土路面工程,施工质量控制的依据有:

(1)业主和施工单位签订的合同文件;

(2)批准的设计文件和图纸;

(3)《公路工程技术标准》(JTJ B01—2003);

(4)《公路工程质量检验评定标准》(JTG F80/1—2004);

(5)《公路路面基层施工技术规范》(JTJ 034—2000);

(6)《公路路基路面现场测试规程》(JTJ 059—95);

(7)《公路水泥混凝土路面设计规范》(JTG D40—2002);

(8)《公路水泥混凝土路面施工技术规范》(JTG F30—2003);

(9)《公路工程水泥混凝土试验规程》(JTT/T E30—2005);

另外,施工单位内部还应制定水泥混凝土路面施工技术规程和实施细则。

第三节　三阶段质量控制

在全面质量管理体系中,质量的控制分为三个阶段事前控制、事中控制、事后控制、事前控制指正式生产之前的控制,主要指对各种准备工作、原材料、半成品、设备装置、生产工艺等的质量控制;事中控制指正式生产过程中的控制,主要是对各工序质量的控制,这是质量控制的关键;事后控制指产品完成后的质量控制,包括对产品的检查验收、事后服务等,这是保证质量的重要弥补工作。质量控制的对象主要为五大因素:人(Man),包括操作者的技术素质和管理者的技术资质;材料(Material),包括原料、半成品、构配件;机械(Machine),指设备设施;方法(Method),包括工艺技术、施工组织设计、施工方案;环境(Environment),包括技术条件、项目管理条件。五种质量因素统称为4M1E。

对于公路工程施工来讲,相应为施工准备、施工过程、交工验收三个阶段的质量管理。

一、施工准备阶段质量管理

施工准备阶段的质量管理工作如下所述。

1. 施工队伍技术资质审查(主要由业主来进行)

2. 原材料检验

原材料、采购配件以及施工设备的质量是路面施工质量的基础,对其进行质量控制,是质量管理的重要组成部分。

水泥、外加剂和掺和料应有出厂质量保证书、合格证和出厂检验报告单。砂石材料和用水的供应来源应预先充分调研,进行抽样检验。

各种原材料进场前,必须由施工单位进行检验,向监理工程师提供试验报告以供审查,并提供试验样品以供监理工程师复试。经监理工程师同意后方可进场使用。表25-1为面层原材料的质量检验内容。

面层原材料的质量检验内容及频率 表25-1

材料	检查项目	检验频率	
		高速公路、一级公路	其他等级公路
水泥	抗折强度、抗压强度、安定性	机铺1 500t一批	机铺1 500t、小型机具500t一批
	凝结时间、标准稠度需水量、细度	机铺2 000t一批	机铺3 000t,小型机具500t一批
	f-CaO、MgO、SO_3含量,铝酸三钙、铁铝酸四钙,干缩性、耐磨性、碱度,混合材料种类及数量	每标段不少于3次,进场前必测	每标段不少于3次,进场前必测
	温度、水化热	冬、夏季施工随时检测	冬、夏季施工随时检测
粉煤灰	活性指数、细度、烧失量	机铺1 500t一批	机铺1 500t,小型机具500t一批
	需水量比、SO_3含量	每标段不少于3次,进场前必测	每标段不少于3次,进场前必测
粗集料	针片状、超径颗粒含量、级配、表观密度、堆积密度、空隙率	机铺2 500m^3一批	机铺5 000 m^3,小型机具1 500 m^3一批
	含泥量、泥块含量	机铺1 000m^3一批	机铺2 000m^3,小型机具1 000m^3一批
	坚固性、岩石抗压强度、压碎指标	每种粗集料每标段不少于2次	每种粗集料每标段不少于2次
	碱集料反应	怀疑有碱活性集料进场前测	怀疑有碱活性集料进场前测
	含水率	降雨或湿度变化随时测	降雨或湿度变化随时测
砂	细度模数、表观密度、堆积密度、空隙率、级配	机铺2 000m^3一批	机铺4 000m^3,小型机具1 500 m^3一批
	含泥量、泥块、石粉含量	机铺1 000m^3一批	机铺2 000m^3,小型机具500m^3一批
	坚固性	每种砂每标段不少于3次	每种砂每标段不少于3次
	云母含量轻物质与有机物含量	目测有云母或杂质时测	目测有云母或杂质时测
	含盐量(硫酸盐,氯盐)	必要时测,淡化海砂每标段3次	必要时测,淡化海砂每标段3次
	含水率	降雨或湿度变化随时测	降雨或湿度变化随时测
外加剂	减水剂减水率、液体外加剂含固量和相对密度、粉装外加剂的不溶物含量	机铺5t一批	机铺5t,小型机具3t一批
	引气剂引气量、气泡细密程度和稳定性	机铺2t一批	机铺3t,小型机具1t一批
钢纤维	抗拉强度、弯折性能、长度、长径比、形状	开工前或有变化时,每标段3次	开工前或有变化时,每标段3次
	杂质、质量及其偏差	机铺50t一批	机铺50t,小型机具30t一批
养生剂	有效保水率、抗压强度比,耐热性、膜水溶性、耐磨性	开工前或有变化时,每标段3次	开工前或有变化时,每标段3次
	含固量、成膜时间	试验路段测,施工每5t测1次	试验路段测,施工每5t测1次
水	pH值、含盐量、硫酸根及杂质含量	开工前和水源有变化时	开工前和水源有变化时

注:①开工前,所有原材料项目均应检验;当原材料规格、品种、生产厂、来源变化时,必须检验。

②机铺是指滑模、轨道、三辊轴机组和碾压混凝土摊铺,数量不足一批时,按一批检验。

3. 配合比审批

原材料检验合格后,可进行配合比的设计和试验。施工单位应准备用于配合比试验的原材料每类两份，一份用于配合比试验，一份用于监理验证试验。

施工单位应提供用于试验的 3 ~5 个不同配合比，进行施工性能和抗压、抗折试验，根据结果推荐施工用配合比，经监理工程师同意后方可用于正式施工。

4. 试验室检查

试验室的设备、仪器和量具应在开工前准备齐全，并进行检定、校准。试验人员应经过培训，熟悉各种试验、检测工作，做好保养和维修工作，始终保证各种仪器设备的精确性。

5. 施工机械检查

对于重要的机械包括搅拌楼和三轴机、大型摊铺机等，应审核其技术性能指标，不符合质量要求的不得使用。各种施工机具的型号、规格、数量和性能均应符合要求，试运行正常。

6. 对工程中所采用的新技术、新设备、新工艺等，均应审核其技术鉴定书。没有经过试验或无技术鉴定书的，不得使用。

7. 检查施工现场的标高、样线及高程水准点。

8. 试验路段铺筑

二级以上混凝土路面工程，使用滑模、轨道、三辊轴机组、碾压混凝土机械施工时，在正式摊铺混凝土之前，需铺筑试验路段。试验路段长度不应小于 200m，宜选在主线以外，路面厚度、摊铺宽度、接缝设置、钢筋设置等均应和实际工程相同。试铺中，施工单位应做好记录，出现问题及时解决。铺筑试验路段的目的在于：

(1) 检验各种机具的性能及机具选型配套的合理性，包括检验搅拌站和三轴机的性能和生产能力，确定合理的搅拌制度。

(2) 检验混凝土拌和物的坍落度、含气量、泌水性、离析性、工作性并据此调整施工配合比，确定搅拌站的上料速度、拌和容量、拌和时间等。

(3) 通过试铺确定合理的摊铺系数、摊铺速度、振捣和滚压的遍数、摊铺机械合适的作业段长度等工作参数，以及模板架设固定方式或基准线设置方式。

(4) 使全体人员熟悉整个施工工艺流程以及各自的岗位职责，施工人员熟悉机具的操作，掌握正确的施工方法，质检人员熟悉全部质量指标检验方法。

(5) 检验施工组织设计的合理性，合理安排劳动力组织。

(6) 根据实际能达到的生产能力，确定合适的进度计划。

二、施工过程阶段质量管理

在面层的施工中，具体的质量管理程序为：

1. 开工许可

面层施工前，必须由施工单位提出开工申请单，递交监理或管理部门，说明材料、设备、工艺和人员的准备情况，得到主管部门的开工令后，方可开工。监理工程师在审核开工申请时，应确认施工单位的人力、材料、机具设备等已准备充足，材料经过检查认可，前道工序已经过验收，否则不得批准开工申请。

2. 质量自检

在每道工序开工前和施工中，施工单位都应随时对施工质量进行自检。对于自检项目和频率，原材料应按表 25-1 规定进行；拌和物应按表 25-2 规定进行；成型的混凝土路面应按表 25-3 规定进行；监理工程师或质量监督人员应进行抽检或旁站监督，对承包商的检验结果进行检查认定。当施工、监理、监督人员发现异常情况，应加大检测频率，找出原因，及时处理。

在恢复正常后，再返回规定的检测频率。当发现强度、厚度、平整度等重要指标不稳定或有个别数据不达标时，应停止施工，分析原因，并采取有效的改正措施。

3. 质量监督

施工中，除承包商自检外，监理和质量监督部门应按表25-1、表25-2和表25-3规定频率的1/3进行抽检。

混凝土拌和物的质量检验项目和频率　　表25-2

检查项目	检验频率	
	高速公路、一级公路	其他等级公路
水灰比及稳定性	每5 000m^3抽检一次，有变化随时测	每5 000m^3抽检一次，有变化随时测
坍落度及其均匀性	每工班测3次，有变化随时测	每工班测3次，有变化随时测
坍落度损失率	开工、气温较高和有变化随时测	开工、气温较高和有变化随时测
振动黏度系数	试拌、原材料和配合比有变化时测	试拌、原材料和配合比有变化时测
钢纤维体积率	每工班测2次，有变化随时测	每工班测1次，有变化随时测
含气量	每工班测2次，有抗冻要求不少于3次	每工班测1次，有抗冻要求不少于3次
泌水率	必要时测	必要时测
视密度	每工班测1次	每工班测1次
温度、凝结时间、水化发热量	冬、夏季施工，气温最高、最低时，每工班至少测1～2次	冬、夏季施工，气温最高、最低时，每工班至少测1次
离析	随时观察	随时观察
VC值及稳定性、压实度、松铺系数	碾压混凝土作复合式路面底层时，检查频率与其他公路相同	每工班测3～5次，有变化随时测

注：混凝土拌和物振动黏度系数试验方法见《公路水泥混凝土路面滑模施工技术规程》(JTJ/T 037.1—2000)附录A。

混凝土路面的检验项目、方法和频率　　表25-3

项次	检查项目	检验方法和频率	
		高速公路、一级公路	其他等级公路
1	弯拉强度	每班留2～4组试件，日进度<500m取2组；≥500m取3组；≥1 000m取4组，测f_{cs}、f_{min}、C_v	每班留1～3组试件，日进度<500m取1组；≥500m取2组；≥1 000m取3组，测f_{cs}、f_{min}、C_v
	钻芯劈裂强度	每车道每3km钻取1个芯样，硬路肩为1个车道，测平均f_{cs}、f_{min}、C_v，板厚h	每3km每车道钻取1个芯样，硬路肩为1个车道，测平均f_{cs}、f_{min}、C_v，板厚h
2	板厚度	路面摊铺宽度内每100m左右各2处，连接摊铺每100m单边1处，参考芯样	路面摊铺宽度内每100m左右各1处，连接摊铺每100m单边1处，参考芯样
3	3m直尺平整度	每半幅车道100m^2处10尺	每半幅车道100m 1处10尺
	动态平整度	所有车道连续检测	所有车道连续检测
4	抗滑构造深度	铺砂法：每幅200m^2处	铺砂法：每幅200m 1处
5	相邻板高差	尺测：每200m纵横缝2条，每条3处	尺测：每200m纵横缝2条，每条2处
6	连接摊铺纵缝高差	尺测：每200m纵向工作缝，每条3处，每处间隔2m^3尺，共9尺	尺测：每200m纵向工作缝，每条2处，每处间隔2m^3尺，共6尺

续上表

项次	检查项目	检验方法和频率	
		高速公路、一级公路	其他等级公路
7	接缝顺直度	20m 拉线测：每 200m 6 条	20m 拉线测：每 200m 4 条
8	中线平面偏位	经纬仪：每 200m 6 点	经纬仪：每 200m 4 点
9	路面宽度	尺测：每 200m 6 处	尺测：每 200m 4 处
10	纵断高程	水准仪：每 200m 6 点	水准仪：每 200m 4 点
11	横坡度	水准仪：每 200m 6 个断面	水准仪：每 200m 4 个断面
12	断板率	数断板面板块占总块数比例	数断板面板块占总块数比例
13	脱皮裂纹缺边掉角	量实际面积，并计算与总面积比	量实际面积，并计算与总面积比
14	路缘石顺直度和高度	20m 拉线测：每 200m 4 处	20m 拉线测：每 200m 2 处
15	胀缝饱满度	尺测：每 200m 接缝测 6 处	尺测：每 200m 接缝测 4 处
16	切缝深度	尺测：每 200m 6 处	尺测：每 200m 4 处
17	胀缝表面缺陷	每条观察填缝及啃边断角	每条观察填缝及啃边断角
18	胀缝板连浆	每条胀缝板安装时测量	每条胀缝板安装时测量
	胀缝板倾斜	尺测：每块胀缝板每条两侧	尺测：每块胀缝板每条两侧
	胀缝板弯曲和位移	尺测：每块板每条 3 处	尺测：每块板每条 3 处
19	传力杆偏斜	钢筋保护层仪：每车道 4 根	钢筋保护层仪：每车道 3 根

注：①路面钻芯劈裂强度应换算为实际面板弯拉强度进行质量评定。

②钢纤维混凝土弯拉强度试验见《公路工程水泥混凝土路面施工技术规范》（JTG F30—2003）附录 D。

铺筑完毕的混凝土面层，可通过现场钻取圆柱试件进行劈裂强度试验来确定其实际强度。工程所用圆柱劈裂强度 f_{sp} 和小梁弯拉强度 f_c 之间的经验公式通过累积试验资料确定，如果没有合适的经验公式，可参考应用公式（25-1）和式（25-2）。

石灰岩、花岗岩碎石混凝土：

$$f_c = 1.868 f_{sp}^{0.871} \tag{25-1}$$

玄武岩碎石混凝土：

$$f_c = 3.035 f_{sp}^{0.423} \tag{25-2}$$

施工过程是质量控制的重点，除了加强试验和检测外，应加强施工工艺管理以及工序质量管理，主要是及时督促检查已制定的施工工艺文件的执行，操作规程的遵守等。质检工程师应按照施工阶段质量控制的基本原则，切实依靠自己的质量控制系统，根据工程项目质量目标要求，监督施工人员严格按图纸、按工艺、按标准和操作规程施工，加强对施工现场及施工工艺的监督管理，加强工序质量控制。混凝土施工时，施工工序的衔接十分重要，要严格工序间交换检查，以防人为因素造成缺陷影响混凝土整体质量。

三、交工验收阶段质量管理

混凝土路面施工结束后，施工单位应全线每 1km 为一个评定路段，按混凝土路面铺筑质量的要求和施工过程规定的检验项目、频率，提交检测结果、实验数据、施工总结报告及原始记录等全部资料，申请交工验收。

1. 交工验收资料

交工验收时应提供下列资料：

(1)设计文件和交工资料；
(2)交工验收报告；
(3)混凝土试件的试验报告；
(4)全部自检资料；
(5)基层检查记录；
(6)工程重大问题处理文件。

2. 交工验收要求

业主、监理和质检部门收到承包人的申请交工验收报告并确认其资料齐全后，核查承包人自检报告数据与监理、质检部门在施工阶段的抽查数据是否一致，并按照表25-4规定的检查项目进行交工检查和验收。

混凝土路面实测项目和铺筑质量要求 表25-4

<table>
<tr><th rowspan="2">项次</th><th rowspan="2" colspan="3">检 查 项 目</th><th colspan="2">允 许 值</th></tr>
<tr><th>高速公路、一级公路</th><th>其他等级公路</th></tr>
<tr><td>1</td><td colspan="3">弯拉强度[①](MPa)</td><td colspan="2">100%符合JTJ F30－2003附录A.1的规定</td></tr>
<tr><td>2</td><td colspan="3">板厚度(mm)</td><td colspan="2">代表值≥－5；极值≥－10，C_v符合设计规定</td></tr>
<tr><td rowspan="3">3</td><td rowspan="3">平整度</td><td colspan="2">σ(mm)</td><td>≤1.2</td><td>≤2.0</td></tr>
<tr><td colspan="2">IRI(m/km)</td><td>≤2.0</td><td>≤3.2</td></tr>
<tr><td colspan="2">3m直尺最大间隙Δh(mm)</td><td>≤3(合格率应≥90%)</td><td>≤5(合格率应≥90%)</td></tr>
<tr><td rowspan="2">4</td><td rowspan="2" colspan="2">抗滑构造深度(mm)</td><td>一般路段</td><td>0.70～1.10</td><td>0.50～0.90</td></tr>
<tr><td>特殊路段[②]</td><td>0.80～1.20</td><td>0.60～1.00</td></tr>
<tr><td>5</td><td colspan="3">相邻板高差(mm)</td><td>≤2</td><td>≤3</td></tr>
<tr><td>6</td><td colspan="3">连接摊铺纵缝高差(mm)</td><td>平均值≤3，极值≤5</td><td>平均值≤5，极值≤7</td></tr>
<tr><td>7</td><td colspan="3">接缝顺直度(mm)</td><td colspan="2">≤10</td></tr>
<tr><td>8</td><td colspan="3">中线平面偏位(mm)</td><td colspan="2">≤20</td></tr>
<tr><td>9</td><td colspan="3">路面宽度(mm)</td><td colspan="2">≤±20</td></tr>
<tr><td>10</td><td colspan="3">纵断高程(mm)</td><td>≤±10</td><td>≤±15</td></tr>
<tr><td>11</td><td colspan="3">横坡度(%)</td><td>±0.15</td><td>±0.25</td></tr>
<tr><td>12</td><td colspan="3">断板率(%)</td><td>≤2</td><td>≤4</td></tr>
<tr><td>13</td><td colspan="3">脱皮印痕裂纹露石缺边掉角(‰)</td><td>≤2</td><td>≤3</td></tr>
<tr><td>14</td><td colspan="3">路缘石顺直度和高度(mm)</td><td>≤20</td><td>≤20</td></tr>
<tr><td>15</td><td colspan="3">填缝饱满度(mm)</td><td>≤2</td><td>≤3</td></tr>
<tr><td>16</td><td colspan="3">切缝深度(mm)</td><td>≥50</td><td>≥50</td></tr>
<tr><td>17</td><td colspan="3">胀缝表面缺陷</td><td>不应有</td><td>不宜有</td></tr>
<tr><td rowspan="3">18</td><td colspan="3">胀缝板连浆(mm)</td><td>≤20</td><td>≤30</td></tr>
<tr><td colspan="3">胀缝板倾斜(mm)</td><td>≤20</td><td>≤25</td></tr>
<tr><td colspan="3">胀缝板弯曲和位移(mm)</td><td>≤10</td><td>≤15</td></tr>
<tr><td>19</td><td colspan="3">传力杆偏斜(mm)</td><td>≤10</td><td>≤13</td></tr>
</table>

注：①路面钻芯劈裂强度应换算为实际面板弯拉强度进行质量评定。

②特殊路段指高速公路、一级公路的立交、平交、变速车道等处；其他公路系指急弯、陡坡、交叉口或集镇附近。

四、多孔混凝土基层质量控制

贫混凝土基层的质量控制程序和面层相同，质量检测项目碾压施工时参考水泥稳定碎石基层，振捣施工时与普通水泥混凝土面层相同。多孔混凝土基层的质量控制程序和面层相同，只是其中某些质量控制检测项目有所不同。其原材料的检测项目见表 25-5。

多孔混凝土基层原材料的试验项目 表 25-5

试验项目	材料名称	目　的	频　率	仪器和试验方法
含水率	砂砾、碎石	确定原始含水率	每天使用前测 2 个样品	烘干法、酒精燃烧法、含水率快速测定仪
含泥量	砂砾、碎石	评定集料含泥量是否过大	每天使用前测 2 个样品	粗集料含泥量试验
颗粒分析	砂砾、碎石等集料	确定级配是否符合要求确定材料配合比	每种集料使用前测 2 个样品，使用过程中每 2 000m^3 测2 个样品	筛分法
压碎值	砂砾、碎石等	评定石料的抗压碎能力是否符合要求	同上	集料压碎值试验
水泥强度等级、初终凝时间等	水泥	确定水泥的质量是否适宜使用	做材料组成设计时测 1 个样品，料源和强度等级变化时重测	水泥胶砂强度检验方法，水泥凝结时间检验方法

表 25-6 和表 25-7 分别给出多孔混凝土基层在施工过程中的质量控制检测项目。

多孔混凝土基层外形尺寸检查项目、频度和质量标准 表 25-6

项　目		频　　度	质量标准	
			重交通路面	中等交通路面
纵断高程(mm)		重交通路面每 20 延米 1 个断面，每个断面 3 ~ 5 个点；中等或轻交通路面每 20 延米 1 点。	+5，-10	+5，-15
厚度(mm)	均值	每 1 500 ~ 2 000m^2 6 个点	-8	-15
	单个值		-10	-20
宽度(mm)		每 40 延米 1 处	+0 以上	+0 以上
横坡度(%)		每 100 延米 3 处	±0.3	±0.5
平整度(mm)		每 200 延米 2 处，每处连续 10 尺	8	12
		连续式平整度仪的标准差(mm)	3.0	—

多孔混凝土基层质量控制的项目、频度和质量标准 表 25-7

项　目	频　度	质量标准
含水率	据观察，异常时随时试验	满足 JTJ 034-2000 规定
水泥浆含量	据观察，异常时随时试验	误差不超过 ±5%
级配	每 2 000m^2 1 次	满足 JTJ 034—2000 规定
集料压碎值	据观察，异常时随时试验	不超过 JTJ 034—2000 规定值
水泥	每 2 000m^2 1 次，至少 6 个样品	不小于设计值-1.0%
拌和均匀性	随时观察	水泥浆均匀
压实度	每一作业段或不超过 2 000m^2 检查 6 次以上	重交通路面基层 98% 中等交通路面基层 97%
强度与空隙率	每一作业段或每 2 000m^2 6 个抗压试件，3 个空隙率试件	7d 抗压强度大于 4MPa 有效空隙率大于 25%

表25-8中给出了多孔混凝土基层在交工验收时的实测项目。除此之外，还应进行外观鉴定。基层表面应平整密实、无坑洼、无明显离析。施工接茬平整、稳定。

多孔混凝土基层实测项目 表25-8

<table>
<tr><th rowspan="2">项次</th><th rowspan="2" colspan="2">检查项目</th><th colspan="2">规定值或允许偏差</th><th rowspan="2">检查方法和频率</th><th rowspan="2">规定分</th></tr>
<tr><th>重交通路面</th><th>中等或轻交通路面</th></tr>
<tr><td rowspan="2">1</td><td rowspan="2">压实度(%)</td><td>代表值</td><td>98</td><td>97</td><td rowspan="2">按JTJ 071—98附录B检查每200m每车道2处</td><td rowspan="2">30</td></tr>
<tr><td>极 值</td><td>94</td><td>93</td></tr>
<tr><td>2</td><td colspan="2">平整度(mm)</td><td>8</td><td>12</td><td>3m直尺：每200m测2处×10尺</td><td>15</td></tr>
<tr><td>3</td><td colspan="2">纵断高程(mm)</td><td>+5，-10</td><td>+5，-15</td><td>水准仪：每200m测4断面</td><td>5</td></tr>
<tr><td>4</td><td colspan="2">宽度(mm)</td><td colspan="2">不小于设计值</td><td>尺量：每200m测4处</td><td>5</td></tr>
<tr><td rowspan="2">5</td><td rowspan="2">厚度(mm)</td><td>代表值</td><td>-8</td><td>-10</td><td rowspan="2">按JTJ 071—98附录H检查每200m每车道1点</td><td rowspan="2">20</td></tr>
<tr><td>极 值</td><td>-15</td><td>-20</td></tr>
<tr><td>6</td><td colspan="2">横坡(%)</td><td>±0.3</td><td>±0.5</td><td>水准仪：每200m测4断面</td><td>5</td></tr>
<tr><td>7</td><td colspan="2">强度(MPa)
空隙率(%)</td><td colspan="2">符合设计要求</td><td>参考JTJ 071—98附录G检查</td><td>20</td></tr>
</table>

参 考 文 献

[1] 胡长顺、王秉纲. 复合式路面设计原理与施工技术. 北京:人民交通出版社,1999.

[2] 姚祖康. 路面(第二版). 北京:人民交通出版社,1999.

[3] 严家伋. 道路建筑材料(第三版). 北京:人民交通出版社,1999.

[4] 杨韵华,王秉纲. 碾压混凝土材料组成设计方法的研究. 东北公路,1996.

[5] 徐江萍,王秉纲,白祥林,等. 道路基层碾压贫混凝土最大干密度确定方法的研究. 公路交通科技,2002.

[6] 郑木莲,王秉纲,胡长顺. 大孔混凝土组成设计及路用性能. 长安大学学报,2003.

[7] 中华人民共和国行业标准. 公路水泥混凝土路面设计规范(JTG D40—2002). 北京:人民交通出版社,2003.

[8] 河南省交通厅公路管理局,长安大学公路学院. 贫水泥混凝土基层路面研究. 河南省交通厅科技项目研究报告,2002.

[9] 中华人民共和国行业标准. 公路路面基层施工技术规范(JTJ 034—2000). 北京:人民交通出版社,2000.

[10] 中华人民共和国行业标准. 公路水泥混凝土路面施工技术规范(JTG F30—2003). 北京:人民交通出版社,2003.

[11] 王秉纲. 水泥混凝土路面的配筋设计. 公路,2002.

[12] 王秉纲. 有沥青上面层的水泥混凝土路面的应力分析. 公路,2002.

[13] 刘伟. 贫混凝土基层混凝土路面结构设计研究. 长安大学硕士学位论文,2003.

[14] 仰建岗. 贫混凝土基层沥青路面结构分析与设计研究. 长安大学硕士学位论文,2003.

[15] 戴时云,胡长顺,王秉纲. 复合式路面温度应力分析. 西安公路交通大学学报,1995.

[16] 胡长顺. 碾压水泥混凝土与沥青混凝土复合式路面结构研究. 西安公路交通大学博士学位论文,1997.

[17] 谈至明,姚祖康. 水泥混凝土路面疲劳温度应力的计算. 中国公路学报,1994.

[18] 胡长顺,王秉纲. 水泥混凝土与沥青混凝土复合式路面研究综述. 中国公路学报,1994.

[19] 王秉纲,胡长顺. 碾压混凝土与沥青混凝土复合式路面结构研究. 中国公路学报,1996.

[20] 徐江萍,刘伟,王秉纲,等. 振捣式贫混凝土道路基层的施工. 公路交通科技,2002.

[21] 徐江萍,王秉纲,等. 道路基层贫混凝土抗压抗折强度特性的研究. 东北公路,2002.

[22] 郑木莲,徐江萍,王秉纲. 大孔隙混凝土排水基层的施工与检测. 公路,2003.

[23] 何挺继,胡永彪. 水泥混凝土路面施工与施工机械. 北京:人民交通出版社,2000.

[24] 宣国良,李晋三. 道路施工技术. 北京:人民交通出版社,2001.

[25] 吴初航等. 水泥混凝土路面施工及新技术. 北京:人民交通出版社,2000.

[26] 杨长友,王蕴芝. 真空混凝土工艺与设备. 北京:中国铁道出版社,1988.

[27] 中华人民共和国行业标准. 公路水泥混凝土路面滑模施工技术规范(JTJ/T 037.1—2000). 北京:人民交通出版社,2000.

[28] 交通部水泥混凝土路面推广小组编. 水泥混凝土路面设计、施工与养护. 北京:人民交通出版社,1992.
[29] 胡长顺,王秉纲,戴经梁. 旧水泥混凝土路面上加铺水泥混凝土设计理论与方法研究. 西安公路学院学报,1992.
[30] 刘秉京. 混凝土技术. 北京:人民交通出版社,1998.
[31] 胡长顺,黄辉华. 高等级公路路基路面施工技术. 北京:人民交通出版社,1994.